U0711855

　　国家社科基金项目"环境行政执法中刑案移送与司法承接衔接机制研究"（16BFX144）的最终成果

　　国家社科基金重大项目"污染环境犯罪多元治理机制研究"（19ZDA161）前期成果

环境行政执法中刑案移送与司法承接的衔接机制研究

蒋兰香◎著

HUANJING XINGZHENG ZHIFA
ZHONG XINGAN YISONG

YU SIFA CHENGJIE
DE XIANJIE JIZHI YANJIU

中国政法大学出版社

2020·北京

声　明　　1. 版权所有，侵权必究。

　　　　　　2. 如有缺页、倒装问题，由出版社负责退换。

图书在版编目（ＣＩＰ）数据

环境行政执法中刑案移送与司法承接的衔接机制研究/蒋兰香著. —北京：
中国政法大学出版社，2020.12
ISBN 978-7-5620-5450-4

Ⅰ.①环…　Ⅱ.①蒋…　Ⅲ.①环境保护法－行政执法－研究－中国
Ⅳ.①D922.680.4

中国版本图书馆CIP数据核字(2020)第271215号

出 版 者	中国政法大学出版社
地　　址	北京市海淀区西土城路 25 号
邮　　箱	fadapress@163.com
网　　址	http://www.cuplpress.com (网络实名：中国政法大学出版社)
电　　话	010-58908435(第一编辑部) 58908334(邮购部)
承　　印	固安华明印业有限公司
开　　本	880mm×1230mm　1/32
印　　张	12.5
字　　数	322 千字
版　　次	2020 年 12 月第 1 版
印　　次	2020 年 12 月第 1 次印刷
定　　价	56.00 元

前　言

2017 年，党的十九大首次提出我国经济已经由高速增长阶段转向高质量发展阶段。生态环境保护、污染治理、绿色发展成为高质量发展的主旋律。目前，我国自然资源急剧减少，环境污染仍然十分严重，地方政府为了追求经济利益而忽略环境保护的现象仍然存在，生态环境保护工作还面临诸多问题。从生态环境执法层面来看，部分执法者素质不高、执法能力不强，滥用职权、违规执法的情况或多或少存在，执法机关本位主义现象依然严重，对涉嫌构成环境犯罪的案件有案不移、以罚代刑，导致司法机关运用刑事手段保护环境的作用没有得到充分发挥。

习近平总书记在 2018 年全国生态环境保护大会上指出，应当"用最严格制度最严密法治保护生态环境，加快制度创新，强化制度执行，让制度成为刚性的约束和不可触碰的高压线"。这既是我国新时代推进生态文明建设的一项重要原则，也是当前生态环境执法司法领域的一条重要守则。环境犯罪系严重污染环境、破坏资源的行为，其固有的特征是行政从属性或曰行政依赖性，案发线索大多来源于生态环境行政执法。生态环境行政执法机关发现环境违法案件涉嫌构罪时，应依照法律及时将案件移送给司法机关进行处理，司法机关对于生态环境执法机关移送过来的案件应当及时启动刑事诉讼程序进行承接。由于环境行政执法权与刑事司法权属于两类不同性质的权力，在生态环境执法机关和刑事司法机关跨职能移送环境犯罪案件时，行使两类不同权力的机关如何有效衔接生态环境犯罪直接关系到这类犯罪的制裁效果。在我国大力开展生态文明建设、通过环境法治建设美丽中国的今天，环境行政执法中有案不移、以罚代刑等渎职、失职现象亟需通过体制机制来解决。体制上，国家已经整合了之前比较分散的生态环境行政执法部门，成立了专门的生态环境保护综合行政执法机构，集中行使生态环境行政执法权。机制上，国家相关管理部门也建立了许多行之有效的环境犯罪移送承接衔接机制，但这些机制在实施中仍然存在落实不力等问题，急需对之予以解决。

环境犯罪具有危害后果潜在性、因果关系的难以证明性、证据的难以确定性和易消失性、案件移送承接复杂性等不同于一般刑事犯罪的特征，环境犯罪刑事案件的移送与司法承接的衔接机制也有其独特之处。建立、健全环境行政执法和刑事司法衔接机制，消除环境犯罪案件移送承接过程中的衔接障碍，实现行政处罚和刑事处罚无缝对接，既可以提高刑事司法机关追究环境犯罪的效率，也可以威慑、遏制生态环境犯罪行为，进而达到运用执法司法手段间接保护环境的目的。

本书以"衔接机制"为写作的逻辑起点和终点，尝试解决环境犯罪移送制度、承接制度以及移送承接的衔接机制、监督机制等问题。在具体写作思路上，首先，阐述概念、特征、理论、价值、功能、基本原则、依据等学理问题。其次，探讨我国环境犯罪案件的移送制度与承接制度，然后论述环境犯罪移送承接的衔接机制、监督机制。最后，在借鉴国外经验的基础上发现、解决移送承接衔接机制运行中的问题。

环境问题的解决是一个宏大的系统工程。党和国家正在大力推行的生态文明建设和绿色发展即是国家宏观政策层面高瞻远瞩的伟大举措。立法层面，我国已基本建立了能够满足生态文明建设和绿色发展需要的法律体系。环境行政执法和环境刑事司法保护环境资源的力度也在不断加强。环境犯罪制裁机制中，如何衔接好行使行政权的生态环境行政执法机关和行使刑事司法权的司法机关的职能是一个需要着力解决的问题。尽管笔者尽了最大努力尝试解决这一难题，但囿于能力水平和资料（尤其是外文资料）有限，写作中肯定存在着这般那样的问题。本书旨在抛砖引玉，期盼同行们高屋建瓴的真知灼见。

作　者

2020 年 9 月 15 日

目 录

绪　论

一、研究背景

环境之于人类，既是生存之本，也是发展之需。人类社会形成之前，人是环境的要素，与环境融为一体。人类群体的不断壮大和人类社会的形成使得人类在众多环境要素中迅速崛起并成为环境的主宰。随着人类社会的持续不断发展，人类对环境和资源的依赖越来越大，环境对于人类的承载力出现了日益严重的危机。尤其在工业革命后，生产力的大幅度提高直接带来了严重的环境污染问题——消耗了大量的资源和能源，导致资源稀缺，能源短缺。自此，环境和资源保护被提上了意识日程，各国开始采取各种切实可行的措施应对随时可能出现的环境和资源能源危机。

在中国，环境成为问题的历史并不长。中华人民共和国成立前，我国工业化程度极低，基本没有环境污染问题。中华人民共和国成立后，我国经历了大跃进、"文化大革命"，1978 年 12 月开始实行对内改革、对外开放的政策。改革开放前这一时期，我国经济不发达，工业化程度不高，环境污染程度也不严重，污染对生产生活影响不大，当时对环境问题没有足够的重视，"甚至认为环境问题是资本主义国家特有的现象，社会主义国家不存在环境问题"[1]。虽然这一时期我国对环境问题没有形成完整性、系统性、

---

〔1〕　刘建伟："建国后中国共产党对环境问题认识的演进"，载《理论导刊》2011年第 10 期。

理论性的认识，但时任党和国家领导人的毛泽东、周恩来等同志开始意识到了环境恶化的危害性和环境保护的重要性。毛泽东关于环境与经济发展关系的真知灼见主要反映在"水利建设、工业布局、植树造林、勤俭节约、资源利用、控制人口等方面"[1]。周恩来的环境保护思想主要表现在护林造林、治理江河、保持水土、综合利用、源头治污、保护环境等方面[2]。他曾谈到工业公害是一个新问题，要消灭公害就必须提倡综合利用[3]。周恩来同志是我党环境保护工作的开拓者。在他的积极推动下，我国 1972 年 6 月 5 日派代表团参加了第一次联合国人类环境会议。为了落实这次会议的精神，我国于 1973 年召开的第一次全国环境保护会议通过了《关于保护和改善环境的若干规定》，确定了 32 字[4]环境保护方针。第一次全国环境保护会议召开后，党和国家对环境保护问题开始重视，1974 年国务院成立了环境保护领导小组。该小组成立后于 1974 年至 1976 年先后发布了《环境保护规划要点和主要措施》《关于环境保护的 10 年规划意见》以及《关于编制环境保护长远规划的通知》等环境保护文件。遗憾的是，这些环境保护规定、规划要点、规划意见在经济社会发展中并没有得到实质性的落实。

十一届三中全会开创了我国社会主义事业发展的新时期，中国共产党坚持走自己的路，建设有中国特色的社会主义，国家的工业化程度不断提高，经济开始腾飞，我国开始进入改革开放和现代化建设新阶段。与高度工业化相伴而来的是资源开始短缺，环境污染

---

〔1〕 高凌云、吴东华："毛泽东生态文明思想探析"，载《人民论坛》2012 年第 5 期。

〔2〕 杨明伟、张晓彤："周恩来生态文明思想及其开创性实践"，载《毛泽东研究》2016 年第 5 期。

〔3〕 李琦主编：《在周恩来身边的日子——西花厅工作人员的回忆》，中央文献出版社 1998 年版，第 32~33 页。

〔4〕 32 字环境保护方针是：全面规划、合理布局、综合利用、化害为利、依靠群众、大家动手、保护环境、造福人民。

加剧，自此，环境保护和能源问题开始引起了党和国家的高度重视。改革开放后，高度工业化和飞速发展的经济带来了日益严重的环境问题，党和国家开始高度重视对资源的有效利用，将"加强环境保护、维持生态平衡"[1]作为经济发展的战略。为了解决日益严重的环境问题，党和国家开始实施节约资源和保护环境的基本国策，大力推行可持续发展战略，提出科学发展观，建设"生态文明""两型社会"，发展"循环经济"。十八大之后，中国生态环境保护呈现"思想认识程度之深、污染治理力度之大、制度出台频度之密、监管执法尺度之严、环境质量改善速度之快"五个"前所未有"[2]的态势。我国开始"实行最严格的生态环境保护制度""着力解决突出环境问题"，强化"严惩重罚制度""统一行使监管城乡各类污染排放和行政执法职责"，"坚决制止和惩处破坏生态环境行为"。十九大更是将"绿色发展""污染防治攻坚战""绿色低碳""美丽中国""生态环境根本好转""生态文明将全面提升"作为目标，并采取一系列举措保证目标的实现。

"良好的生态环境是社会生产力持续发展和人们生存质量不断提高的重要基础。"[3]历史上看，没有哪个时代将环境保护和生态文明建设提升至目前高度。目前，政治指引、经济引领、法律保障、社会参与的生态文明建设已经成为我国的基本国情。法律上，2018年3月11日修改的宪法已经将"生态文明""生态文明建设"内容纳入其中。国家机构改革后，我国已经对自然资源、生态环境

---

〔1〕　中国共产党第十三次代表大会工作报告。

〔2〕　环保部部长李干杰语。参见"中财办副主任、环保部部长答记者问（全文）"，载 http：//www.xinhuanet.com/politics/19cpcnc/zb/zb13/index.htm#wzsl，最后访问日期：2020年1月28日。

〔3〕　参见胡锦涛："在中央人口资源环境工作座谈会上的讲话"，载《光明日报》2004年4月5日，第1版。

保护部门进行了整合，成立了自然资源部[1]和生态环境部[2]，分别行使环境保护和自然资源保护不同的行政职能。

"在生态环境保护问题上，就是要不能越雷池一步，否则就应该受到惩罚。"[3] 环境问题的本质就是污染生态环境，破坏自然资源，以牺牲环境、浪费志愿者为代价来发展经济。生态环境问题既是政治问题、经济问题，也是社会问题，解决生态环境问题既需要政治、经济、社会手段，也需要法律手段；既要从政治上引领、经济上约束、文化上引导，也需要社会全体成员参与，更需要法律上的保障。法律上的生态环境保障机制既有行政保障机制，也有民事保障机制，还有刑事保障机制。这三种不同的法律保障机制既独立运行，又互相依赖，尤其是环境刑事保障机制，很大程度上就依赖于环境行政执法保障机制。2014年10月23日《中共中央关于全面推进依法治国若干重大问题的决定》对行政执法和刑事司法衔接提出了要求，要"健全行政执法和刑事司法衔接机制，完善案件移送标准和程序，建立行政机关、公安机关、检察机关、审判机关信息共享、案件通报、案件移送制度，坚决克服有案不移、有案难移、以罚代刑现象，实现行政处罚和刑事处罚无缝对接"。由于环境刑事保障机制主要是通过对破坏生态环境资源的人定罪量刑来威慑、防范犯罪人及社会上其他人破坏生态环境，故其保护生态环境的手段具有间接性。司法机关对被告人定罪量刑需要行政机关和全体社

---

〔1〕 根据《深化党和国家机构改革方案》，自然资源部的主要职责是，对自然资源开发利用和保护进行监管，建立空间规划体系并监督实施，履行全民所有各类自然资源资产所有者职责，统一调查和确权登记，建立自然资源有偿使用制度，负责测绘和地质勘查行业管理等。

〔2〕 根据《深化党和国家机构改革方案》，生态环境部的主要职责是，拟订并组织实施生态环境政策、规划和标准，统一负责生态环境监测和执法工作，监督管理污染防治、核与辐射安全，组织开展中央环境保护督察等。

〔3〕 中共中央宣传部：《习近平总书记系列重要讲话读本》，学习出版社、人民出版社2016年版，第237页。

会成员的大力支持。对于一般刑事案件而言，公安机关立案侦查的案件主要来源于人民警察在行使维护社会治安的职责中发现的犯罪事实或犯罪嫌疑人，公民的报案、举报、扭送嫌犯，被害人的报案、控告以及犯罪人的自首。但环境犯罪不同于一般刑事犯罪，公安机关主动发现的案件并不多，绝大多数环境刑事案件来源于生态环境行政执法机关的移送以及公民（含被害人）的报案或举报。基于这种情况，环境行政执法中刑事案件的移送很多情况下成为环境刑事司法的源泉。环境行政执法机关和环境刑事司法机关属于不同性质的国家机关，前者行使行政职能，后者行使司法职能，环境行政执法的依据是环境行政法，环境刑事司法的依据是刑法和刑事诉讼法。环境行政机关向司法机关移送刑事案件属于"两法衔接"[1]的范畴，属于跨部门跨职能衔接，其衔接中存在诸多问题，使得环境刑事司法的作用受到了很大的限制，司法保障生态文明建设和绿色发展的职能没有得到充分发挥。因此，有必要清除衔接障碍，理顺衔接机制，以实现对环境犯罪的必究机制。

二、研究意义

我国高度工业化带来十分严重的环境问题之时，推进生态文明建设，保护环境，实现绿色发展事关我国发展全局。目前来看，我国保护环境大多使用行政手段，刑事手段仅为补充性措施。环境犯罪具有行政从属性，其案发线索大多来源于环境行政执法。生态环境行政机关发现自己查处的环境违法案件涉嫌犯罪时，依法应当及时将涉嫌犯罪的案件移送给有管辖权的司法机关进行处理，司法机关对于环保执法机关移送来的案件应当启动刑事诉讼程序进行承接。由于环境行政执法权与刑事司法权属于两类不同性质的权力，

---

〔1〕"两法衔接"（指行政执法与刑事司法衔接）是检察机关、监察机关、公安机关、政府主管部门和有关行政执法机关探索实行的旨在防止以罚代刑、有罪不究、渎职违纪等社会管理问题而形成行政执法与司法合力的工作机制。

在跨职能移送环境犯罪案件时会涉及两类权力如何进行有效衔接的问题。目前，环境行政执法中有案不移现象比较严重，亟需通过相应措施予以解决。《中共中央关于全面推进依法治国若干重大问题的决定》（2014 年）、中共中央、国务院《关于加快推进生态文明建设的意见》（2015 年）、《生态文明体制改革总体方案》（2015）、《关于深化生态环境保护综合行政执法改革的指导意见》（以下简称《指导意见》）等文件已经明确提出要健全行政执法和环境司法衔接机制，要实现行政处罚和刑事处罚无缝对接。在我国大力开展生态文明建设，实施绿色发展之际，对环境行政执法中刑案移送和司法承接的衔接机制进行研究，具有重要的理论意义和应用价值。

（一）理论意义

1. 开拓学术视野。环境行政执法中刑案移送和司法承接的衔接工作本来是实务中的一个应用性问题，但由于涉及其中一些悬而未决、争执较大的问题，需要学界从理论上对之进行深入研究。本书用系统思维方法，站在跨职能协作的视野对环境刑事法律实务操作中的案件移送机制、司法承接机制及两者的衔接机制、监督机制等问题进行研究，对环境犯罪移送承接机制运行中取得的成绩、存在的问题及完善的对策进行了全方位的研究，是一种全新的学术视野。

2. 夯实理论基础。运用社会系统理论、整体性治理理论、权力制衡理论以及社会共治理论对环境犯罪衔接问题进行研究，为完善和创新环境行政执法中刑案移送与司法承接的衔接机制提供理论支撑。移送衔接的基本原则、证据转换、折抵机制、外围衔接机制、监察委设置后的监督机制、环境督察制度等都是学界没有研究或者研究薄弱的领域。本研究一定程度上还可以弥补这些领域的学术盲点，夯实学术薄弱环节，进而指导立法和司法。

3. 丰富交叉法学领域研究成果。环境行政执法中刑案移送与司法承接的衔接机制属于多学科交叉问题，既涉及政治学、经济学，也涉及法学。法学领域既涉及环境法学、行政法学、刑法学，也涉及刑事诉讼法学、行政诉讼法学乃至民事诉讼法学。对该问题进行探讨可以拓宽研究领域，丰富交叉法学研究成果。

（二）应用价值

1. 有助于消除环境刑事案件移送障碍。环境犯罪不同于一般刑事犯罪，其具有危害后果的潜在性、因果关系的难以证明性、证据的难以确定性、案件移送的复杂性等特点。较之于一般的行政犯，环境犯罪案件的移送与司法承接的衔接机制有其特殊性，因而急需消除环境刑事案件移送的障碍，建立顺畅的移送承接机制。由环境行政执法部门先行查处的涉嫌环境犯罪的案件到底应否移交、如何移交、案件移交应当遵循什么样的原则和程序、移交后进入刑事司法程序时环境行政执法机关应当如何协助案件的处理、环境行政执法机关对涉嫌环境犯罪的案件应当移交而不移交应当承担何种后果等跨职能衔接问题在理论和实务中尚未得到完全解决。这些问题既需实务部门思考，也需学术界进行深入研究。

2. 有助于解决环境犯罪移送承接中的疑难问题。环境刑事案件移送和承接中，环境行政执法证据应当如何转化为刑事司法证据证明涉嫌犯罪的事实、应当如何减少乃至消除有案不移、移送承接工作机制应当如何构建、对移送衔接过程如何监督等疑难问题亟需解决。本课题拟对这些问题逐一进行探讨，为环境行政执法部门、司法机关提供理论支撑以及具体的制度、方案建议。

3. 可以提高刑事司法机关追究环境犯罪的效率。生态文明建设中，环境刑事手段是最严厉的法律手段。大多数情况下，环境行政执法机关先行发现环境犯罪。要追究环境犯罪者的刑事责任，环境行政执法机关则需及时将自己在环境行政执法中发现的涉嫌环境犯罪的案件移送给有管辖权的刑事司法机关处理。由于实践中有案不移现象十分严重，因此理顺环境犯罪移送承接机制，找出有案不移、移案不立的原因，提出具体的应对策略，建立移送承接过程监督机制，可以提高刑事司法追究环境犯罪人的责任的效率。

第一章　学理基础

第一节　环境刑案移送与司法承接
衔接机制的概念和特征

一、相关概念界定

（一）环境行政执法

环境行政执法是行政执法的一种。何谓行政执法，学界大体有三种不同的观点：一是广义概念，认为行政执法是行政机关实施宪法、法律、行政法规、地方性法规、自治条例和单行条例、规章等法律、规范性文件的活动，包括行政机关行政决策行为、行政规划、行政立法以及行政机关执行法律和实施国家行政管理的各种行为[1]；二是较广义概念，认为行政执法是指具体行政行为，即"主管行政机关依法采取的具体的直接影响相对一方权利义务的行为，或者对个人、组织的权利义务的行使和履行情况进行监督检查的行为"[2]；三是狭义概念，认为行政执法是与行政立法、行政司法相对而言的，"是指行政机关及其行政执法人员为了实现国家行政管理的目的，依照法定职权和法定程序，执行法律、法规和规章，直接对特定的行政相对人和特定的限制事务采取措施并影响其

---

[1]　参见王连昌主编：《行政法学》，四川人民出版社1993年版，第188页。

[2]　参见罗豪才主编：《行政法学》，中国政法大学出版社1999年版，第183页。

权利义务的行为"[1]。本文认为，行政执法就是行政机关执行法律的活动总称，即行政执法是指国家行政机关以及法律、法规授权的组织依照法律规定的权限和程序依法行使行政职权，对社会事实具体管理的具体行政活动。在我国，行政执法的主体是国家行政机关、法律法规授权的单位及其工作人员。行政执法具有执行性、主动性、广泛性、裁量性、具体性、效率性、服务性等特征[2]。

　　生态环境行政执法（现为生态环境保护综合行政执法）是国家行政执法活动的一个组成部分，如何界定其概念学界也有一定的争执：有学者认为其是指"一国的行政机关以及法律、法规授权的组织在环境行政管理活动中，依照法定职权和法定程序，将环境法律、法规和规章直接应用于个人或组织，使国家环境行政管理职能得以实现的活动"[3]；另有学者认为其是指"国家环境保护机关的执法机构以环境相关法律法规为依据，为保证实现环境保护目标、保护生态环境以及公众健康而实施的监督检查、行政处罚以及行政强制等一系列行政行为"[4]；还有学者认为其是指"有关行政管理机关执行环境法律规范的活动"，即"国家机关按照法定权限和程序将环境法规范中抽象的权利义务变成环境法主体的具体的权利义务的过程，或者说是国家有关机关将环境法规范适用于具体环境法主体的过程"[5]；另有学者从行政执法的单方性出发界定概念，认为环境行政执法是指"环境行政主体实施的外部单方行政法律行

　　〔1〕　参见杨惠基：《行政执法概论》，上海大学出版社1998年版，第2页。

　　〔2〕　参见宋大涵主编：《行政执法教程》，中国法制出版社2011年版，第4~8页。

　　〔3〕　赵星："我国环境行政执法对刑事司法的消极影响与应对"，载《政法论坛》2013年第2期。

　　〔4〕　李清宇、蔡秉坤："我国环境行政执法与司法衔接研究"，载《甘肃社会科学》2012年第3期。

　　〔5〕　王灿发主编：《中国环境行政执法手册》，中国人民大学出版社2009年版，第3页。

为，即环境行政主体对公民、法人或其他组织所实施的，并由环境行政主体单方面意思表示而形成的具有行政法律效力的行为"[1]。上述定义大同小异，都将环境行政执法的主体、职责权限、法定程序以及具体行政行为描述进了概念之中，区别在于第一种观点对环境行政行为的描述更为全面，第二种观点对环境行政执法的依据和目的进行了描述，第三种观点着重于描述环境法规范的实施活动，第四种观点着眼于环境行政执法行为的单方性。应该说上述不同观点并无本质不同，但国家机构改革后环境行政执法主体发生了根本性变化。随着 2018 年 12 月中共中央办公厅、国务院办公厅《指导意见》的印发实施，环境行政执法变成了生态环境保护综合行政执法，其概念的内涵和外延都与之前不同。根据前述《指导意见》，生态环境保护综合行政执法是指国家生态环境保护综合行政执法机关在法定职责和权限范围内，严格依照法定程序，将环境法律法规直接适用于行政相对人的行政管理活动。

　　生态环境行政综合执法具有如下特征：其一，执法主体的单一性。《深化党和国家机构改革方案》实施前，我国生态环境执法机构呈多样性，环境保护、海洋、自然资源、农业、水利、林业等管理部门都具有执法权。国家机构改革方案实施后，《指导意见》就明确规定整合环境保护和国土、农业、水利、海洋等部门相关污染防治和生态保护执法职责，构建生态环境保护综合行政执法队伍，以本级生态环境部门的名义统一行使污染防治执法和生态保护执

---

　　[1]　蓝文艺、丁晓波："正确理解和把握环境执法行为概念和特征"，载中国环境科学学会编：《2007 中国环境科学年会学术年会优秀论文集（下）》，中国环境科学出版社 2007 年版，第 343 页。

法〔1〕。其二，执法手段的多样性。首先，生态环境保护综合行政执法要行使传统行政执法中的处罚手段，"环境行政处罚、环境行政处分、环境行政强制、环境行政许可、环境行政奖励、环境行政监督检查、环境行政处理、环境行政要求等"〔2〕。这些执法处罚手段既"包括以说服教育为主的申诫罚，也包括经济制裁性质的财产罚和能力罚，还包括制裁严重违法行为的人身罚、刑事罚等"〔3〕。其次，生态环境保护综合行政执法手段要创新执法方式。根据《指导意见》，环境综合行政执法要"推进'互联网+执法'"方式，要"大力推进非现场执法，加强智能监控和大数据监控，依托互联网、云计算、大数据等技术，充分运用移动执法、自动监控、卫星遥感、无人机等科技监侦手段，实时监控、实时留痕，提升监控预警能力和科学办案水平"。其三，执法的技术性和预防性。环境污染本身与医学、鉴定等科学技术直接相关，认定难度大，如在确定被排放且导致危害后果的污染物质的危害性方面证明困难，对实施的污染行为及排放的污染物导致的危险结果乃至实害结果的判断较为复杂，对有些废弃物是否能造成某种危害结果在科学上无法证明等〔4〕，执法机关要确定危害后果，证明因果关系要依赖于医学等科学技术。此外，环境行政执法大多数情况下是在危害结果发生前或者造成比较轻微的危害结果的情况下进行的，而非在危害结果发

---

〔1〕 根据《指导意见》，生态保护执法是指生态环境保护综合执法队伍依法查处破坏自然生态系统水源涵养、防风固沙和生物栖息等服务功能和损害生物多样性的行政行为。其主要职能是依法查处生态环境违法行为，依法开展污染防治、生态保护、核与辐射安全等方面的日常监督检查。

〔2〕 蔡守秋：《环境行政执法和环境行政诉讼》，武汉大学出版社1992年版，第117页。

〔3〕 王灿发主编：《中国环境行政执法手册》，中国人民大学出版社2009年版，第3页。

〔4〕 参见杨春洗、向泽选、刘生荣：《危害环境罪的理论与实务》，高等教育出版社1999年版，第143~145页。

生后进行的，执法本身具有预防性、超前性。其四，执法司法的衔接性。生态环境行政执法机关在执法过程中可能会发现不在自己职权范围内需要移送至司法机关的犯罪行为。这种情况下环境行政执法机关必须与环境刑事司法机关进行衔接，以便依法处理犯罪案件。

（二）"刑案"

刑案简单地说就是刑事案件。本书由于研究环境行政执法中刑案移送与司法承接的衔接机制，故刑事案件在本书中有其特定的内涵和外延，是指环境刑事案件，也即环境犯罪案件。环境刑事案件有广狭两义。广义上的环境刑事案件包括所有破坏环境资源的刑事案件，狭义环境刑事案件仅指污染环境的刑事案件，不包括破坏资源的刑事案件。本书"刑案"是指广义上的环境刑事案件，既包括破坏环境的刑事案件，也包括破坏资源的刑事案件。刑法上涉嫌环境刑事案件的环境犯罪罪名主要有 15 个：污染环境罪，非法处置进口固体废物罪，擅自进口固体废物罪，非法捕捞水产品罪，非法猎捕、杀害珍贵、濒危野生动物罪，非法收购、运输、出售珍贵、濒危野生动物、珍贵、濒危野生动物制品罪，非法狩猎罪，非法占用农用地罪，非法采矿罪，破坏性采矿罪，非法采伐、毁坏国家重点保护植物罪，非法收购、运输、加工、出售国家重点保护植物、国家重点保护植物制品罪，盗伐林木罪，滥伐林木罪，非法收购、运输盗伐、滥伐林木罪。此外，还有几个罪名分散在破坏社会主义市场经济秩序罪和渎职罪中，如走私废物罪、环境监管失职罪等。走私废物案件的先行查处机关不是环境行政执法机关而是海关，虽然海关从最广义上讲也可以通过查处违反海关法规的案件履行部分环保职责，但其基本职责还是负责对外贸易的监管，实施海关法，故本书不将其纳入移送的刑事案件范围。

环境犯罪属于行政犯，依赖于环境行政法而存在，与环境行政违法本质并无不同，仅是危害程度的差异。20 世纪早期，"德国学者认为行政违法是违反服从义务的行为，其关系行政利益的侵害，属于'义务的警告'；刑事犯罪是具有特定法益侵害性的行为，是一种'伦理、社会之非难'"[1]。时至今日，环境违法早已突破了之前环境违法的范畴，已不再仅仅是一种"义务的警告"，同样存在"伦理、社会的非难"，与环境犯罪相比仅是违法性程度不同而已。所以，环境犯罪或者说环境刑事案件实际上是环境违法行为或者说是环境行政违法案件的升级版，二者同样具有行政违法性，只是环境犯罪还必须违反刑法，具有"双重违法性"。尽管有学者对环境犯罪的双重违法性持有异议，认为赋予环境犯罪行政从属性危害巨大[2]，但不可否认的是，环境犯罪确实依赖于环境行政法律法规而存在。

（三）刑案移送与司法承接

环境刑案移送是指行为人实施上述环境犯罪被环境行政执法机关查获后，环境行政执法机关将不属于自己管辖而应该由司法机关[3]管辖的案件移送给司法机关的活动。环境行政执法中的刑案移送涉及诸多问题，如应当制定统一的移送规章制度、建立统一的移送标准，构建规范的证据确认转换规则、建立高效的联动协调机制等[4]。

环境刑案的司法承接与刑案移送是对行性概念，是指司法机关对环境行政执法机关移送的刑事案件进行受理和处理的司法活动。对于环境行政执法机关移送过来涉嫌环境犯罪、需要立案侦查的刑

---

〔1〕　参见林山田：《经济犯罪与经济刑法》，三民书局 1981 年版，第 116~117 页。

〔2〕　参见赵星著：《环境犯罪论》，中国人民公安大学出版社 2011 年版，第 93~94 页。

〔3〕　公安机关的性质是行政机关。但公安机关行使的刑事侦查权又有司法化特征。为了阐述上的方便，本书将行使刑事立案、侦查权的公安机关视为准司法机关对待。后面阐述中都是将其作为刑事司法机关的有机组成部分。

〔4〕　何爱群："环境行政执法与刑事司法如何链接？"，载《中国环境监察》2015 年第 1 期。

事案件，公安机关审查后需要视情况进行处理。公安机关对于根据刑法不构成犯罪的案件，应当退回环境行政执法机关，由其进行行政处罚；对于已经构成环境犯罪的刑事案件，司法机关应当受理并进行立案侦查，在证据确实充分的情况下，公安机关应当撰写起诉意见书并送交检察机关进行起诉，由人民法院进行审判后定罪量刑。

环境犯罪有多种案件发现渠道：一是公安机关在自己履行职责的过程中主动发现，这种情况极少；二是人民群众向公安机关检举揭发；三是环境行政执法机关在环境行政执法中发现。第三种渠道是最为常见的环境犯罪案件发现方式。环境行政执法机关发现的环境刑事案件必须移送给司法机关。移送承接过程中存在众多实体、程序问题，环境行政执法机关和司法机关必须对之一一进行解决。

（四）衔接机制

1996 年出版的《现代汉语词典》中"机制"有四个方面的含义：①机器的构造和工作原理；②有机体的构造、功能及相互关系；③某些自然现象的物理、化学规律；④泛指一个工作系统的组织或部分之间相互作用的过程或方式，如市场机制、竞争机制等[1]。在社会学领域，机制是指"事务相互作用过程中的内在联系。具体而言是指事物在运动中各相关因素（包括内部结构和外部条件）由一定向度的、相互衔接的律动所产生的作用联系"[2]。衔接机制是机制的一种方式，是指不同部门之间因某一事物的联系所建立起来的分工、合作及协调的工作方式和工作关系。衔接机制可以从横向和纵向进行诠释，"从横向上看，衔接机制是一种由各有

---

〔1〕 中国社会科学院语言研究所词典编辑室编：《现代汉语词典》，商务印书馆1996 年版，第 582 页。
〔2〕 于真、严家明主编：《社会主义社会学原理》，知识出版社 1991 年版，第253~254 页。

关方面组成的制度化的'关系结构'……从纵向上看，衔接机制是一种由各方面参与的规律化的'行动体系'"[1]。衔接机制不是一个政治性实体，而是协调解决问题的各方共同行动，需要相关各方参与，其参与的目的是解决某一方面的问题。简单地说，衔接机制就是相关各方通过建立某种联系以共同解决问题的工作方式。

（五）环境行政执法中环境犯罪移送与司法承接衔接机制

环境行政执法中环境犯罪移送与司法承接的衔接机制源自于行政执法与刑事司法的"两法衔接"机制。何谓"两法衔接"机制，学术界和实务界有不同的理解。第一种观点认为"两法衔接"机制是指"行政执法机关在依法查处行政违法行为的过程中，发现涉嫌犯罪的行为及时移送公安机关、检察机关等司法机关处理，以形成行政执法和刑事司法工作合力的机制"[2]。这种观点比较详细地描述了移送的时间、移送的主体、移送的对象、移送的目的，有利于对概念的辨识。第二种观点认为"两法衔接"机制是指"行政执法主体将行政执法过程中发现的涉嫌犯罪的案件和线索移交给刑事司法主体，刑事司法主体将刑事司法过程中发现的涉嫌行政违法的案件和线索移交给行政执法主体的双向协作机制"[3]。这种观点认为"两法衔接"机制既包括了行政执法主体向刑事司法主体移送，也包括了刑事司法主体向行政执法主体移送，而普遍的观点认为只是行政执法主体向刑事司法主体移送犯罪案件。第三种观点认为，"两法衔接"机制是指"在查处涉嫌犯罪的行政违法案件过程中，各有关部门在各司其职、各负其责的前提下，相互配合、相互制

---

〔1〕 刘远、汪雷、赵玮："行政执法与刑事执法衔接机制立法完善研究"，载《政法论丛》2006 年第 5 期。

〔2〕 刘海鸥："环境污染犯罪案件中行政执法与刑事司法衔接的问题与对策"，载《中国环境法治》2014 年第 2 期。

〔3〕 王刚："域外行政执法与刑事司法衔接"，载《理论与现代化》2016 年第 3 期。

约，确保依法追究涉嫌犯罪人员的刑事责任的办案协作制度"[1]。这种观点将"两法衔接"机制确定为"办案协作制度"有点不妥。"两法衔接"机制不是制度，而是工作方法。将制度混同于工作方法显然属于概念错误。此外，学界还有其他与前述观点相似的各种界定。本书赞成前述第一种观点。第二种观点中所主张的刑事司法主体发现有行政违法案件时将案件通过一定的渠道交由行政执法主体不能称之为移送，这种情形虽然也涉及两个不同职能的主体协作，但与一般意义上的"两法衔接"具有本质上的不同。第三种观点将"两法衔接"机制与衔接制度混为一谈，没有准确把握衔接机制的本质。比较而言，第一种观点比较切合实际。

本书认为，环境行政执法中环境犯罪移送与司法承接的衔接机制是指在生态环境行政执法过程中，执法主体将自己履行职责时发现的超越行政执法范畴、根据刑法规定涉嫌构成环境犯罪的案件交由司法机关处理，双方相互协作、相互配合、相互监督以解决涉嫌环境犯罪案件刑事责任的工作方式。简单地说，就是协调生态环境行政执法机关刑案移送与司法机关案件承接之间关系以制裁环境犯罪、提高环境犯罪追诉效率的各种方法，具体包括四个方面的内容：①环境行政执法机关向公安机关移送涉嫌犯罪案件、司法机关承接涉嫌环境犯罪案件时的衔接机制；②环境行政执法机关向监察机关移送涉嫌环境职务犯罪的衔接机制；③检察机关、国家监察机关等对环境行政执法机关移送环境刑事案件、公安机关接受环境行政执法机关移送涉嫌环境犯罪案件进行的立案监督、纪检监督与责任追究机制；④审判机关审判环境刑事案件时与环境行政执法机关、公安机关、监察机关、检察机关等的衔接机制。这四个衔接机制既相互独立，又相互联系，其中环境行政执法机关向公安机关移

---

〔1〕 刘远："行政执法与刑事司法衔接机制研究"，载《法学论坛》2009 年第 1期。

送案件，检察、监察机关对环境行政执法机关、公安机关的立案监督是衔接机制的核心内容。

"行政违法与行政犯罪在行为表现上的同一性和社会危害性等方面相互衔接性，进一步决定了行政执法与刑事司法的内在一致性和互相衔接的切实可行性。"[1] 我国高度的工业化发展带来了十分严重的环境问题。总体上看，我国运用法律保护环境大多使用行政手段，对环境犯罪进行惩罚的刑事手段仅为补充性措施。但不能忽视的是，对破坏环境者进行刑事制裁却是最严厉、最有效的手段。基于环境犯罪的行政从属性，我国环境犯罪案件的线索大多来源于环境行政执法机关的行政执法。环境行政执法机关若发现自己处理的环境违法案件构成犯罪，依照法律应当及时将案件移送给司法机关进行处理，司法机关对于环保执法机关移送来的案件应当启动刑事诉讼程序进行承接。由于行政执法权与刑事司法权分别属于行政权与司法权，这就存在环境行政执法机关移送刑事案件与司法机关承接移送来的案件如何进行有效衔接的问题。

在我国，党和国家已经意识到了行政执法中案件移送与刑事司法承接案件衔接中存在的问题，并已经在政策层面提出了解决问题的导向性意见：《中共中央关于全面推进依法治国若干重大问题的决定》（2014 年）明确要求"健全行政执法和刑事司法衔接机制，完善案件移送标准和程序，建立行政执法机关、公安机关、检察机关、审判机关信息共享、案情通报、案件移送制度……实现行政处罚和刑事处罚无缝对接"；《中共中央、国务院关于加快推进生态文明建设的意见》（2015 年）也提出要"加强法律法规间的衔接"，"健全行政执法与刑事司法的衔接机制"；中共中央办公厅、国务院办公厅《指导意见》同样提出要"健全行政执法与司法衔接机制。

---

[1] 刘艳红、周佑勇：《行政刑法的一般理论》，北京大学出版社 2008 年版，第 176 页。

完善案件移送标准和程序，建立生态环境保护综合执法队伍与公安机关、人民检察院、人民法院之间信息共享、线索和案件移送、联合调查、案情通报等协调配合制度……实现行政执法和司法无缝衔接"。运用多学科交叉研究方法对环境行政执法中刑案移送与承接的衔接机制探讨，有助于从法律层面推进生态文明体制机制建设。

二、环境刑案移送与司法承接衔接机制的特征

环境行政执法中刑事案件的移送与司法承接属于跨职能衔接的范畴，手续复杂，参与主体多。概括起来具有以下特征：

（一）参与主体的复杂性

环境行政执法中刑案移送与司法承接事关两类职能完全不同的部门：一是移送的主体是各级各类环境行政执法机关及其工作人员。中共中央《深化党和国家机构改革方案》出台后，环境行政执法的权力主要在自然资源部[1]和生态环境部[2]。《指导意见》印发后，环境行政执法机关主要是指整合环境保护和国土、农业、水利、海洋等部门的相关污染防治和生态变化执法职责的生态环境保护综合行政执法部门。环境行政执法工作主要由这个部门的工作人员负责实施。二是承接的主体应当是刑事司法机关、监察机关及其工作人员。我国行使刑事司法权、刑事调查权的机关主要有公安机关、监察机关、人民检察院和人民法院。直接承接移送环境犯罪案件的机关是公安机关和监察机关，公安机关负责一般环境犯罪的侦查工作，监察机关负责环境职务犯罪的侦查工作。检察机关负责对环境犯罪移送和承接的监督工作、对环境犯罪的审查起诉工作，人

---

〔1〕 自然资源部的主要职责是"对自然资源开发利用和保护进行监管，建立空间规划体系并监督实施，履行全民所有各类自然资源资产所有者职责，统一调查和确权登记，建立自然资源有偿使用制度，负责测绘和地质勘查行业管理等"。

〔2〕 生态环境部的主要职责是"拟订并组织实施生态环境政策、规划和标准，统一负责生态环境监测和执法工作，监督管理污染防治、核与辐射安全，组织开展中央环境保护督察等"。

民法院负责环境犯罪的审判工作。环境犯罪移送和承接主体在环境犯罪交接过程中互相配合，紧密联系，共同解决环境犯罪处理问题。三是监督的主体主要有生态环境、自然资源主管部门、检察机关、监察机关、区域环境督查局、中央生态环保督察工作领导小组、人民代表大会、纪律检查委员会等单位。这些单位负责对生态环境行政执法机关向刑事司法机关、监察机关移送刑事案件进行监督。

（二）时间差序性

"差序"在汉语词汇中是等级的意思。本书中，时间差序是指时间的先后顺序。在环境行政执法中，环境行政机关先行发现涉嫌犯罪的案件，在衔接机制的工作顺位中处于第一位。环境行政执法部门对于涉嫌环境犯罪的案件，首先需要根据刑法和相关司法解释的规定判断其到底是一般环境行政违法行为还是环境犯罪行为。由于环境犯罪的情况千差万别，而立法又高度抽象，在司法解释的周延性不够或者不明确的情况下，环境行政执法机关对案件性质是否为刑事案件判断不一定准确。环境行政执法机关发现涉嫌环境犯罪后，根据相关法律法规必须将案件移送至刑事司法机关，此时刑事司法机关才接触环境犯罪案件。所以衔接程序的工作顺位中刑事司法机关处于第二位。只有当环境行政执法机关将案件移送过来时，刑事司法机关才对该案启动刑事司法程序。当然，在环境行政执法机关没有移送案件的情况下，刑事司法机关可以依职权或者根据公民的举报线索主动调查环境犯罪案件。这种调查虽然需要环境行政执法机关的配合，但由于案件不是环境行政执法机关移送而来，故这种协作中不存在时间差序性问题。

（三）依赖共济性

环境行政执法机关发现刑案时将其移送刑事司法机关的目的就是让环境犯罪者承担其应当承担的刑事责任。在目的上，行政执法机关与刑事司法机关是一致的。但由于国家权力的分工不同，对犯罪人定罪量刑的职能只能由司法机关行使，环境行政执法机关无权滥用国家司法权力来处理犯罪案件。基于国家分权，环境行政执法机关在发现涉嫌环境犯罪的刑事案件时必须移送至有权处理刑事案件的司法机关。在这类环境犯罪的查处中，环境行政执法机关与刑事司法机关互相依赖，同舟共济。环境行政执法机关发现环境犯罪是司法机关刑事案件立案的线索和来源，但最终的处理结果需要依赖司法机关行使司法权。司法机关承接移送来的环境犯罪案件后进行立案、侦查、起诉乃至审判时都需要环境行政机关的配合和协助，良好的环境行政执法状况能够节约刑事司法资源，严格的环境行政执法可以提供重要的证据线索，有利于顺利开展刑事司法，环境刑事司法能够相对减少环境行政执法，有效监督环境行政执法，二者相互促进、相互补充。[1] 相反，环境行政执法机关及其工作人员如果玩忽职守，要么大量的环境犯罪行为无法被发现、无法得到有效控制和惩罚，要么即便发现了环境犯罪行为，但证据粗糙，证明犯罪的证据链没有形成，刑事司法机关接手后又需要花费大量的成本和精力重新取证。所以，无论是在移送承接的衔接程序上还是对环境犯罪结果的追求上，环境行政执法与刑事司法都相互有一定的依赖性。

（四）难以协调性

环境行政执法行使的是行政权，刑事司法行使的是司法权，尽管二者的目的都是保证国家法律法规的实现，但二者是性质完全不同的权力，行使权力的依据、处理案件的程序、证据要求等都不同。从目的和价值来看，"司法权的目的价值在于追求合法性，行政权则追求合目的性"[2]。环境行政执法机关和司法机关是两类平

〔1〕 曾粤兴、周兆进："论环境行政执法与刑事司法的衔接"，载《青海社会科学》2015 年第 1 期。
〔2〕 谢佑平、万毅：《刑事侦查制度原理》，中国人民公安大学出版社 2003 年版，第 160 页。

行的机关，没有共同的主管部门，加之在程序启动、证据要求等方面完全不同，使得环境犯罪案件的移送承接工作协调难度很大。必须通过建立相关的工作衔接机制，制定必要的衔接规则才能顺利地完成交接工作。

（五）内容程序性

环境行政执法中刑事案件移送与司法承接围绕环境犯罪的交接程序而展开。"程序是一套可以反复工作的机制，其本质特征应当是过程性和交涉性，具有限制恣意、理性选择、'作茧自缚'效应和'反思性整合'等显著优点"[1]。环境违法行为是否构成犯罪，构成什么环境犯罪法律已有明确的规定，环境行政执法主体和环境刑事司法主体根据刑法的规定和相关司法解释基本可以准确判断出犯罪的性质。由于处理犯罪行为需要启动刑事诉讼程序，不属于环境行政执法主体的职责范围，故当环境行政执法主体发现查处的行为不是一般环境违法行为而是环境犯罪时，就需要将犯罪案件移送刑事司法机关，由司法机关根据刑法和刑事诉讼法解决其刑事责任问题。环境犯罪移送和承接过程中环境行政机关需要强化行政控权，而司法机关需要遏制环境行政保护领域政府的行政扩权，衔接过程需要解决环境行政执法主体的移送程序和司法机关受理程序等问题，这些问题的核心都是程序衔接问题[2]。所以，环境犯罪移送和承接的衔接机制研究的更多的还是程序方面的内容。

三、环境刑案移送与司法承接的衔接机制的特殊性

环境刑案即环境犯罪案件，是指违反环境资源保护法规和刑法规定，破坏人类环境和其他生态环境，构成犯罪的刑事案件。环境

---

〔1〕 石佑启、杨治坤："中国政府治理的法治路径"，载《中国社会科学》2018年第1期。

〔2〕 刘艳红、周佑勇：《行政刑法的一般理论》，北京大学出版社2008年版，第176页。

犯罪案件较之于其他刑事案件具有独特性：其一，犯罪行为具有一定潜伏性。某些环境犯罪行为实施后其危害后果的产生有些需要一个较长的潜伏期，几年甚至几十年的时间才能表现出来，一旦后果出现，则已经无法挽救，危害性极大。其二，犯罪行为本身比较复杂。环境犯罪行为的复杂性不仅表现在环境犯罪行为与其所造成的损害结果之间的因果关系难以查明，而且表现在环境犯罪行为具有一定的促进社会发展的价值，即环境犯罪行为通常属于各环境主体在创造社会财富、进行正常生产经营中的不当附属行为，一方面为社会增进了生产力，创造了社会财富，另一方面又在一定范围内给人类和社会造成了不同程度的危害，即污染和破坏了人类赖以生存的环境。这就使得人们对环境犯罪行为的价值评判有某种不利于非难的倾向。其三，环境犯罪行为的间接性。传统杀人、放火、抢劫等犯罪行为一般都直接针对受害人本身，行为所造成的损害后果非常明显。但环境犯罪却不同，行为人污染环境、破坏自然资源的行为首先作用的是环境这个载体，然后再通过环境作用于受害人。其四，因果关系证明困难。在环境犯罪的因果关系认定上，不仅需要一般的刑事推理手段，通常还需采用疫学证明法、间接反证法等因果关系推定原则证明犯罪事实。其五，环境犯罪行为带来的后果的极其严重性。环境犯罪行为给人类带来的危害已经触目惊心。人类若再不采取有效措施解决环境问题，加大惩治环境犯罪的力度，那么人类本身的繁衍都将变成问题。

基于环境犯罪的上述特点，生态环境行政执法中刑事案件的移送与司法承接的衔接机制也有其特殊性，这种特殊性表现在：其一，环境犯罪案件移送主体特殊。移送机关是生态环境执法部门，其执法活动具有高度的专业性。其二，衔接程序的复杂性。环境犯罪的移送与承接衔接机制无论在移送程序、启动标准等方面都严重依赖生态环境、自然资源的行政执法。此外，由于环境犯罪与经济发展直接相关，可能影响地方经济的发展，故其移送难度较之于其他行政犯更大。其三，环境犯罪案件承接后刑事侦查手段的特殊性。环境犯罪尤其是污染类环境犯罪的证据难以固定，容易灭失。司法机关承接环境犯罪案件后，其侦查取证基本依赖生态环境、自然资源等主管部门。查处环境犯罪行为的过程中，需要大量的环境科学研究成果、环境技术标准等生态环保专业技术，而直接关系到环境犯罪成立与否的因果关系判断也需要环保专业知识。与其他行政犯侦查手段不同的是，环境监测、环境检测、环境损害鉴定等技术性手段运用广泛。其四，对环境犯罪移送承接的监督方式具有独特性。除了通常意义上的行政内部监督、检察监督、监察监督以及人民代表大会、中国人民政治协商会议、公众等的监督，对环境犯罪移送与承接的监督还有生态环保督察等独特方式。因此，研究环境行政执法中刑案移送与司法承接的衔接机制十分必要。

第二节　理论依托

构建环境行政执法中刑案移送与司法承接的衔接机制源于社会系统治理与合作方面的理论，这些理论主要有：

一、社会系统理论

社会系统理论是德国著名社会学家尼克拉斯·卢曼的社会学理论，创始人是美国著名的管理学家切斯特·巴纳德，代表人物有美国社会学学者帕森思（T. Parsons）、霍曼斯（George C. Homans）、赛兹尼克（Philip Selznick）、卡兹（Daniel Katz）、卡恩（Robert L. Kahn）、伦敦塔夫人群关系研究所（Tavistock Institute of Human Relations in London）等。社会系统理论认为，任何一种组织本身就是一个社会系统，其中又包含许多小社会系统。适应、达成目标、模式维持、整合是任何社会系统都具备的四项基本功能。如巴纳德认为，组织是一个复杂的、由个人组成的协作系统，个人行为必须同他人共同协作才能发挥作用。系统管理者在这个系统中是相互联系的中心，负责协调有效协作。组织作为一个协作系统主要包括三个基本要素：可以互相进行信息交流的人；这些人愿意做出自己的贡献；为了实现一个共同的目的。社会系统就是从社会学的视角来分析和研究管理问题。卢曼认为，现代社会究其本质就是一个复杂性社会，所以需要创造复杂的系统理论来解决复杂的社会问题。"系统本身的特征是'基于封闭性的开放性'（Openness Through Closure），封闭与开放并不是矛盾的"[1]。卢曼认为，"对于高度分化的现代社会而言，要处理法律与社会间的复杂关系，应当从系统理论出发，运用系统/环境这一主导性区分（Guiding Distinct）进行分析"[2]。卢曼认为，具有不同功能的法律必须连接在一起，"法律中的任何一个运作，信息的每一个法律处理都同时采取了规范和认知取向——同时而且必须连接在一起，但是并不具有同样功能"[3]；法律还必须与社会其他系统连接，因为"如果没有与社会中其他功能系统结构耦合这一联系，现代意义上的法律就会崩溃"[4]。社会系统理论对解决社会中纷繁复杂的问题包括法律问题具有很大的指导意义。环境行政执法中刑事案件移送与司法承接的衔接就是一个比较小的社会与法律系统，这个系统中所有的问题同样应当通过相关部门、相关人员、相关程序的协作，甚至有些情况下需要移送与承接机关的上级主管部门来协调、沟通解决。

---

〔1〕 肖文明："观察现代性——卢曼社会系统理论的新视野"，载《社会学研究》2008年第5期。

〔2〕 杜健荣："法律与社会的共同演化——基于卢曼的社会系统理论反思转型时期法律与社会的关系"，载《法制与社会发展》2009年第2期。

〔3〕 杜健荣："法律与社会的共同演化——基于卢曼的社会系统理论反思转型时期法律与社会的关系"，载《法制与社会发展》2009年第2期。

〔4〕 杜健荣："法律与社会的共同演化——基于卢曼的社会系统理论反思转型时期法律与社会的关系"，载《法制与社会发展》2009年第2期。

二、整体性治理理论

整体性治理理论是针对各自为政的狭隘部门主义、本位主义而提出来的一种有关政府治理理论，代表人物是希克斯和邓利维。该理论产生的背景是以功能为导向的官僚制组织运作模式产生了日益狭隘的服务视野，出现了"政府制定的政策目标与实现手段相互冲突、资源重复浪费、政府机构设置重叠、公共服务碎片化分布于各部门之间，无法从整体上提供公民所需要的服务，造成'功能裂解型治理'"[1]。新出现的公共管理追求效率，从各国政策制定来看，决策者共同面临的治理问题越来越多，如果仅靠某一个行政区域内有限的政府治理能力，很可能无法达到有效的治理，因此应当依靠跨越边界进行协调、合作来共同实现整体性跨域治理，这就迫使政府必须进行整体性考虑。[2] 整体性政府的目标是让不同部门间目标和主张能够在开放的过程中充分沟通，实现服务和治理的连贯性以提高行政效率。因此，整体性政府治理是"以风险社会理论为基础……以满足公民需求为主导的治理理念，以信息技术为治理手段，以协调、整合和责任为治理策略，促使各种治理主体协调一致，实现治理层级、功能和公私部门的整合，以及碎片化的责任机制和信息系统的整合，充分体现包容性和整合性的整体性政府运作模式"[3]。与整体性治理理论相似的理论还有跨部门协同理论。跨部门协同治理理论是对整体性治理理论的回应和细化，这种理论强化政府之间的协调与合作，促进政府功能的整合及部门之间资源的

---

〔1〕　Perri 6. Diana Leat. Kimberly Seltzer and Gerry Stoker〔A〕. Towards Holistic Governance：The New Reform Agenda〔C〕. New York：Palgrave, 2002.

〔2〕　参见曾凡军、韦彬："后公共治理理论：作为一种新趋向的整体性治理"，载《天津行政学院学报》2010 年第 2 期。

〔3〕　参见曾凡军、韦彬："后公共治理理论：作为一种新趋向的整体性治理"，载《天津行政学院学报》2010 年第 2 期。

共享，目的在于打破分割模式下的组织壁垒和自我封闭状态。[1] 整体性治理理论虽然是解决政府内部治理的一种理论，但放大至国家治理层面也可以作为国家治理的基础理论。对于一个国家而言，新的社会问题无时无刻不在产生，这些问题有些依靠政府部门可以解决，许多跨域问题仅靠政府不能解决，需要政府和其他权力部门合作，环境问题便是其中之一。"由于环境问题的开放性、复杂性、广泛性，环境部门法与其他部门法之间在对话、沟通与互动的基础之上，形成整体性的跨部门协同的法律合力至关重要。"[2] 对于我国存在的环境问题，政府可以采取行政手段进行治理，但仅靠行政手段显然不行，还必须依赖于法律手段。当环境行政机关发现的破坏环境资源的问题十分严重构成犯罪时，如果环境行政机关不与刑事司法机关合作，就无法解决环境犯罪问题。因此，从国家治理环境问题、制裁环境犯罪的层面，整体性治理理论不失为一种行之有效地解决问题的理论基础。

此外，与整体性治理理论同一时期产生且相似但又有区别的理论还有协同治理理论和协作性公共管理理论。协同治理理论最早兴起与西方，是指"为实现共同目标对具有不同程度自主性的个人和组织进行指导、控制和协调的方式"[3] 的理论，也有学者认为是指"通过与政府以外的生产者共同努力，并与之以共享自由裁量权的方式追求官方选定的公共目标"[4] 的理论。协作性公共管理理

---

〔1〕 参见温顺生："跨部门协同视野下的组织化动员运行机制研究：以广西集中连片特殊困难地区基础设施建设大会战为例"，载《中国农村研究》2014 年第 1 期。

〔2〕 柯坚："当代环境问题的法律回应——从部门性反应、部门化应对到跨部门协同的演进"，载《中国地质大学学报（社会科学版）》2011 年第 5 期。

〔3〕 Imperial，Mark T．Using Collaboration as a Governance Strategy：Lessons from Six Watershed Management，Programs［J］．Administration and Society，2005，37（3）：pp．281-320．

〔4〕 John Donahue，Richard J Zeckhauser．Public-Private Collaboration［M］//Robert Goodin，Michael Moran，Martin Rein．Oxford Handbook of Public Policy．UK：Oxford University Press，2008．

论基于一个公共目的，有时需要一个或者更多的组织参与到有目的的官方伙伴关系或者契约安排中，包括制定政策、计划和实施项目以及资金管理而产生的一种理论[1]，其目的是解决"在多组织安排中的促进和运行过程，以解决单个组织不能解决或者不易解决的问题"[2]。协同治理理论与协作性公共管理理论非常相似，解决的是政府与其他组织的合作、协作治理问题。这些理论虽然是将政府作为协同的主要主体和协同的主角，但其主张合作的观点也可以成为环境行政执法中刑案移送与司法承接协同[3]的理论参考。

三、社会共治理论

社会共治理论也称为社会共治制度，最早源自于 Jan Kooiman 提出的三种治理模式，即自治、共治和层级式治理。其中共治是指"不同的群体在平等基础上的合作，包括各种形式的联合、网络化以及公司伙伴关系和公私合营机构。社会共治并不等于简单地把相关的机构和组织聚合在一起，更重要的是能够形成各主体之间持续互动的机制，从而获得预期的治理效果"[4]。社会共治理论是建立在前面几种理论基础上从社会治理层面提出的理论，反映了高度发达的时代国家、政府以及社会分工合作治理的要求。社会共治理论已经得到了我国党和政府的高度认同和推崇。政府层面，2014 年，政府工作报告提出"注重运用法治方式，实行多元主体共同治理"。

---

〔1〕 ［美］罗伯特·阿格拉诺夫、迈克尔·麦圭尔：《协作性公共管理：地方政府新战略》，李玲玲、鄞益奋译，北京大学出版社 2007 年版，第 2~8 页。

〔2〕 ［美］罗伯特·阿格拉诺夫、迈克尔·麦圭尔：《协作性公共管理：地方政府新战略》，李玲玲、鄞益奋译，北京大学出版社 2007 年版，第 63 页。

〔3〕 有学者认为环境行政执法与刑事司法协同是将环境行政执法力量与司法力量相结合，实现行政部门与司法部门在环境治理方面的协调与合作。参见李巧玲、范红霞："环境行政执法与刑事司法的协同整合"，载《产业与科技论坛》2015 年第 5 期。

〔4〕 刘国翰、郅玉玲："生态文明建设中的社会共治：结构、机制与实现路径——以'绿色浙江为例'"，载《中国环境管理》2014 年第 4 期。

2015 年，政府工作报告又强调"加强和创新社会治理……支持群团组织依法参与社会治理"，2016 年和 2017 年，政府工作报告提出"加强和创新社会治理……支持工会、共青团、妇联等群团组织参与社会治理"。2018 年，政府工作报告提出"打造共建共治共享社会治理格局"。这些举措实际上也是在提倡、支持社会共治。党的政策层面，十九大报告提出，要"打造共建共治共享的社会治理格局"，要"完善党委领导、政府负责、社会协同、公众参与、法治保障的社会治理体制"，对于"突出环境问题"要"坚持全民共治、源头防治"。此外，社会共治作为治国理政的一种创新方式，在法律法规上也得到体现。2015 年修订的《中华人民共和国食品安全法》（已失效）第 3 条就规定了"社会共治"原则。2016 年国务院办公厅《控制污染物排放许可制实施方案》（国办发〔2016〕81 号）也将"社会共治"作为基本原则。可见，社会共治理论已经成为我国治理国家的一个重要理论依据。环境犯罪作为严重破坏环境与资源、阻碍生态文明建设和绿色发展的犯罪，既需要自然资源和生态环境保护行政管理机关在环境行政执法中发现与移送，也需要刑事司法机构的追诉与制裁。而要完成制裁环境犯罪的行为，绝非一个部门能够完成，同样需要构建社会多元治理机制，既分工又合作，共同完成对环境犯罪的制裁。

四、权力制衡理论

权力制衡理论是现代权力制度的基石。孟德斯鸠有云："一切有权力的人都容易滥用权力，这是万古不易的一条经验。有权力的的人们使用权力一直遇到有界限的地方才休止。"[1] 权力制衡理论"实际上就是权力控制理论，是指在公共政治权力内部或者外部存在着与权力主体相抗衡的力量，这些力量表现为一定的社会主体，

---

〔1〕〔法〕孟德斯鸠：《论法的精神》（上册），商务印书馆 1982 年版，第 153 页。

包括个人、群体、机构、组织等。这些社会主体在权力行使过程中对权力进行监督和制约,以保证权力运行中的正常、廉洁、有序、高效等,使国家各部门权力在法律授权的范围内运行且保持总体平衡"[1]。权力制衡理论有广狭两义,广义的权力制衡是指所有国家权力之间的制衡和社会力量对国家权力的制衡;狭义的权力制衡就是通常所说的三权分立。我国不是三权分立的国家,实行人民代表大会制度,一切权力属于人民。在国家权力架构上,立法权、司法权和行政权分别由国家立法机关、司法机关和行政机关行使。根据权力制衡的要求,"一方面司法权对行政执法活动需要进行有效的监督与制约,另一方面行政权对刑事司法活动也具有一定的监督和制约功能。但主要是前面一种监督与制约"[2]。环境行政执法中环境犯罪案件的移送和司法承接的衔接中,移送机关行使的是环境行政权,承接机关行使的是刑事司法权,二者属于完全不同的权力。其中的权力制衡既需要控制、平衡环境行政执法权,也要监督、控制司法权,还要对环境行政执法权与环境刑事司法权交接过程进行制衡、监督。在我国,行政机关和司法机关内部都有自己的监督机制。外部监督来看,行政权不能监督司法权,司法权可以制约行政权。这两种权力的衔接不仅需要行政权和司法权自身依法、自觉、积极主动推进,更需要其他强有力的权力机关对交接过程进行全方位的外部监督,否则两种权力会互不买账,造成权力行使懈怠,犯罪案件交接不畅。所以,权力制衡理论也应当被用来作为解决环境犯罪移送和承接问题的理论。

---

〔1〕 王圆圆:《行政执法与刑事司法衔接研究——以食品安全两法衔接为视角》,中国政法大学出版社 2016 年版,第 20 页。

〔2〕 参见徐燕平:"行政执法与刑事司法相衔接工作机制研究——兼谈检察机关对行政执法机关移送涉嫌犯罪案件的监督",载《犯罪研究》2005 年第 2 期。

第三节　价值和功能

环境行政执法与刑事司法的合作或者说衔接是国家行政职能和司法职能分开行使的必然存在。基于解决环境犯罪问题的目的，构建环境行政执法中刑案移送与司法承接的衔接机制必不可少，对此可以发挥环境行政执法和环境刑事司法应有的价值和功能。

一、价值

（一）实现环境执法、司法领域的公平、公正和正义

公平、公正和正义是所有法律的首要价值，也是环境法律领域最基本的价值。有法可依、有法必依、执法必严、违法必究是社会主义法治的基本准则。我国正在进行的生态文明建设和绿色发展需要对环境进行严格的保护，对污染环境和破坏自然资源的违法犯罪行为进行制裁，包括对环境违法行为进行行政制裁，对环境犯罪行为进行刑事制裁。但环境行政执法中若发现环境违法行为性质严重，违反刑法构成环境犯罪的情形，依职权分工不能由环境行政执法机关进行处理，必须要移交给有刑事司法权的司法机关来处理。若环境行政执法机关擅自决定不将犯罪行为移交给司法机关，实际上就是应该追究刑事责任的仅追究行政责任，其越权行为实则就是将有罪按无罪处理的滥用职权行为，会扰乱基本的行政和司法秩序，处理结果有违公平、公正的司法原则和要求，刑事案件也不可能在必需经过的司法程序中实现正义。因此，必须在环境行政执法中界分行政违法和刑事违法，将构成环境犯罪的刑事案件移送给司法机关，双方衔接好案件的交接工作。司法机关承接案件后应该继续请求环境行政执法机关配合，以保证依法有序地处理好移送过来的环境犯罪。

（二）提高环境行政执法与刑事司法的效率

环境犯罪通常具有促进经济发展和破坏环境资源的正负双重属

性。环境犯罪很多情况下属于牺牲环境发展经济，其本身可以给行为人带来经济利益，可以带动地方政府 GDP 的发展，故司法机关在处理环境犯罪中往往受到各种因素的干扰。而环境行政执法机关主动移送环境犯罪案件可以直接给刑事司法机关带来案件线索和来源。况且，环境行政执法机关移送过来的环境犯罪案件与一般公民举报和司法机关自己查处环境犯罪案件相比，优势非常明显：其一，有些案件事实已经查清；其二，有些证据材料已经收集；其三，司法机关后续的查证过程还可以依赖环境行政执法机关的专业技术来确定证据的证明力；其四，司法反促执法，双方合作能够带来共赢，刑事司法机关对环境犯罪案件的判决可以警戒他人，使潜在的违法犯罪者不再实施违法犯罪行为，这样反促环境行政执法工作，一定程度上减轻了环境行政执法的负担。所以，环境行政执法与刑事司法承接的有效衔接可以提高执法与司法的效率。

（三）保证环境行政执法和刑事司法的基本秩序

环境行政执法中刑事案件的移送与司法承接的衔接机制没有混淆行政职能和司法职能，而是让职能各归其位。环境行政执法机关只能查处环境行政违法案件，当发现环境违法已经构成犯罪时及时移送司法机关是其职责的当然要求。刑事司法机关承接所移送来的刑事案件也是司法职责使然。环境行政机关若不移送犯罪案件、司法机关若也不承接移送来的案件则构成典型的行政、司法渎职。因此，唯有进行顺畅的交接，方能保证基本的、正常的环境行政执法和刑事司法秩序。

二、功能

环境行政执法中刑案移送与司法承接的衔接机制的构建，总体上可以发挥环境行政执法与刑事司法的互补优势，实现资源共享，可以整合执法司法资源，强化法律的过程监督，形成打击环境犯罪合力，实现依法行政、司法公正，保证环境犯罪的有效追诉。具体来说，衔接机制的构建有以下功能：

（一）畅通移送承接渠道

基于环境犯罪移送中公平、公正、效率、秩序价值的需要，环境行政执法中刑事案件的交接需要简单、明了、合法。由于行政权与司法权是两种完全不同的权力，如果机制不畅，交接中难免会出现摩擦和纠葛。如对于生态环境行政执法机关来说，可能为了行使行政执法权而有案不移，以罚代刑，对于公安等司法机关来说，由于自身工作繁重等原因，有时不愿接受原来并不重视的涉嫌环境犯罪的案件，即便接受案件，司法机关提出的种种取证要求，如核实当事人身份信息、查实转运路径等生态环境部门很难做到。这些纠葛使得移送承接工作不顺畅，会直接影响环境犯罪的追诉工作。因此，环境犯罪交接双方建立切实可行的衔接机制可以有效保证刑事案件的顺利追查。

（二）衡平环境行政执法权与刑事司法权[1]

环境行政执法刑案移送与司法承接的衔接机制可以实现权力的双向制约，司法权可以制约、衡平行政权，行政权也可以一定程度上约束司法权，其中司法权制约行政权居多。实务中，行政权行使往往具有高度扩张性。行政权和司法权管辖的范围有时在法律上界限不是特别清晰，如果移送犯罪的机关和承接机关关系没有理顺，对于行政权和司法权来说，要么"激发两种权力的扩张冲动"，要么"造成两种权力的萎缩和消极处置，尤其是在本身就具有强势扩张这一天然特性的行政权面前，司法权更容易限于萎缩和消极退让境地"[2]。所以应当通过构建完善的衔接、监督机制来制约两种权

---

〔1〕 [德] 哈特穆特·毛雷尔：《行政法学总论》，高家伟译，法律出版社 2000年，第 238~239 页。

〔2〕 闻志强："'两法衔接'之功能与价值分析——基于法治中国建设全局视野下的考察"，载《西南交通大学学报（社会科学版）》2016 年第 1 期。

力。对于环境行政执法机关来说，其发现涉嫌环境犯罪的案件自然应当交由司法机关进行处理。对于该移交而不移交的案件，应当通过监察机关、检察机关的监督进行纠正或者处理。移送过程若没有相关的监督制约机制，环境行政机关就很有可能滥用行政权。从这个视角看，对环境犯罪案件移送和承接建立行之有效的衔接机制和监督机制，一定程度上可以控制环境行政权的滥用。另外，行政权也可以约束司法权。对于环境行政机关移送的环境犯罪案件，司法机关刑事审判后应当将处理结果告知行政机关。若司法机关玩忽职守、徇私舞弊不作犯罪处理，或者裁判中重罪轻判或者轻罪重判，行政机关可以请求检察机关抗诉。环境行政机关对司法机关工作人员渎职构成犯罪的，也可以直接到检察机关或者监察机关控告。

（三）治理环境行政执法顽症

"有案不移""以罚代刑"是我国环境行政执法中的顽症。所以必须消除执法中的地方保护主义和部门保护主义。环境行政执法领域中"有案不移""以罚代刑"现象比较常见，尤其对于涉嫌污染环境的犯罪行为而言这种现象更为严重，已到了"环境污染行为之刑事责任阙如"[1]的地步。这种"顽症"是行政渎职的结果，既造成了有罪不究削弱了环境犯罪的制裁力度，又减小了刑事法律的威慑力；既造成了环境行政权排斥刑事司法权的权责不分，也容易滋生环境行政执法权力中的腐败。究其原因，一是行政权自身膨胀的结果。因为在处理环境行政执法时发现的环境犯罪中，行政权

---

〔1〕　颜九红："论环境污染行为之刑事责任阙如"，载《北京政法职业学院学报》2009年第4期。该文所称"刑事责任的阙如"是指"本应进入司法领域，受到指控、审判和处罚，却由行政主管机关'一罚了之'，出现了极为明显的'刑事处罚鲜有发生'的现象"。应该说，这种阙如现象在当时确实存在。但《中华人民共和国刑法修正案（八）》将重大环境污染事故罪修改为污染环境罪后，刑事处罚力度在不断加大，但有罪不罚、以罚代刑现象仍然存在。《中华人民共和国刑法修正案（十一）》颁布实施后，污染环境罪又增加了一档法定刑，刑事处罚力度更大，但有罪不罚、以罚代刑现象是否就此得到遏制值得期待。

要先于司法权介入环境犯罪案件。一般来说，权力部门都不愿意将自己到手的果实拱手让给别人，更何况是具有高度经济性的环境行政执法权。二是环境行政执法中本位主义比较严重，有些地方还将行政执法与本部门经济利益挂钩，环境行政中执法者基于利益自然会产生执法冲动。如果将环境犯罪案件移交给司法机关，对于环境行政执法工作人员来说则失去了可以通过"罚款"获取利益的空间。三是基于地方政府 GDP 的压力而"不敢"移送。因为一旦移送环境犯罪案件，对于地方政府来说就会带来企业关停并转、GDP 下降、就业压力等各方面的风险。四是由于在法律规定中环境违法行为到底是否构成犯罪难以界定。如对于污染环境罪来说，法律规定构成犯罪的标准是"严重污染环境"。尽管最高人民法院先后 3 次对污染环境罪"情节严重"进行了司法解释，即 2006 年针对重大环境污染事故罪所作的《最高人民法院关于审理环境污染刑事案件具体应用法律若干问题的解释》以及《2013污染解释》和《2017 污染解释》。但具体达到何种程度的环境违法行为是情节严重仍然不明确[1]，仍然会造成行政权与司法权发生

---

〔1〕 2020 年 12 月 26 日通过、2021 年 3 月 1 日实施的《中华人民共和国刑法修正案（十一）》对污染环境罪进行了修改，将《中华人民共和国刑法修正案（八）》规定的"后果特别严重"修改为"情节严重"，法定刑仍然为"3 年以上 7 年以下有期徒刑，并处罚金"。此外还增加了一档法定刑，即"有下列情形之一的，处 7 年以上有期徒刑，并处罚金：①在饮用水水源保护区、自然保护地核心保护区等依法确定的重点保护区域排放、倾倒、处置有放射性的废物、含传染病病原体的废物、有毒物质，情节特别严重的；②向国家确定的重要江河、湖泊水域排放、倾倒、处置有放射性的废物、含传染病病原体的废物、有毒物质，情节特别严重的；③致使大量永久基本农田基本功能丧失或者遭受永久性破坏的；④致使多人重伤、严重疾病，或者致人严重残疾、死亡的"。如此修改后，又出现了新的问题，即作为定罪标准的"严重污染环境"与作为加重法定刑情节的"情节严重"如何区分？法定刑为 7 年以上有期徒刑的四种情形之前是作为"后果特别严重"的情形存在，修改后自然应当从"情节严重"中剔除。《中华人民共和国刑法修正案（十一）》颁布后，急需发布新的司法解释厘定"严重污染环境""情节严重"与加重法定刑的"四种情形"的界限。

冲突[1]。此外，环境行政执法与刑事司法机制衔接不畅、对环境行政执法有案不移、以罚代刑监督没有到位等[2]也是"顽症"发生的原因。只有畅通环境犯罪案件的移送与刑事司法承接的关系，加大对环境行政执法机关的监督和追责[3]，构建全方位监督追责机制，这种"顽症"的治理效果才会显著。值得提及的是，我国生态文明建设和绿色发展为环境犯罪移送与承接机制完善提供了良机。在我国经济不断发展的今天，党和国家、全社会都在高度关注环境问题。环境犯罪的移送问题也受到了全社会的监督。在此背景下，环境犯罪移送中的"顽症"治理有望得到加强。

（四）发挥"行刑合力"实现环境犯罪共治

虽然环境问题的解决需要全社会参与，但仍然以国家、政府为主要力量。法律层面，对于社会其他力量参与环境保护，我国2014年《中华人民共和国环境保护法》（以下简称《环境保护法》）已经规定了"公众参与"环境保护原则。实务操作中，为了保障公民的环境保护参与权，2015年环境保护部还印发了《环境保护公众参与办法》。但无论在哪个国家，在哪个地区，公众参与环境保护只是环境保护中的辅助力量，环境问题的根治仍然主要依赖于国家的立法、司法和行政权力。在国家环境保护权力体系中，行政权保护又是最主要的力量，司法权仅是最后的保护手段，这是由两种权

---

〔1〕 不过，这种冲突某种程度上可以理解。况且，根据疑罪从宽、疑罪从无的司法原则，不按犯罪处理也符合基本法理。问题在于执法中有时候会存在环境行政执法人员对犯罪标准理解人为轻缓化故意将犯罪按违法处理的现象。

〔2〕 参见孙杰："环境执法中的'以罚代刑'现象及其规制"，载《山东社会科学》2017年第3期。

〔3〕 《行政处罚法》第61条对不移交犯罪案件行为的处罚进行了规定："行政机关为牟取本单位私利，对应当依法移交给司法机关追究刑事责任而不移交，以行政处罚代替刑罚，由上级行政机关或者有关部门责令改正；拒不纠正的，对直接负责的主管人员给予行政处分；徇私舞弊、包庇纵容违法行为的，依照刑法有关规定追究刑事责任。"实践中来看，对不移送刑事案件真正进行追责的情况不多，所以"顽症"依然存在。

力的性质决定的。环境行政执法权与环境刑事司法权在价值目标上不同，环境行政执法权以效率为首要价值，刑事司法权以人权保障、公平、公正为主要价值。环境行政权的运作过程中，行政执法对行政相对人的权利保障显然不如刑事司法。此外，二者分属不同的法律体制，在适用对象、处理范围、惩罚强度和实施效果方面差异很大。环境行政执法与刑事司法应该是环境犯罪问题治理中的"两条腿"，两者既不能互相取代，又不能越俎代庖，唯有相辅相成，才能共同为维护国家的政治、经济、文化、社会秩序的稳定发挥重要作用[1]。环境犯罪是严重破坏环境和资源的行为，对之进行制裁既离不开生态环境行政执法机关的执法，也离不开刑事司法机关的严厉制裁和刑罚威慑。环境行政执法过程中，发现犯罪，收集、固定、保全、完善证据等工作可以为刑事司法追究环境犯罪人的刑事责任节省大量的时间和精力，刑事司法机关工作的精细化反过来又可以促进环境行政执法工作。环境行政执法和刑事司法二者形成"行刑合力"，可以更好地打击环境违法犯罪，实现环境违法犯罪共治，进而更好地促进我国生态文明建设和绿色发展。

第四节 基本原则

一、环境刑案移送与司法承接衔接的基本原则

环境行政执法中，刑案移送与司法承接的衔接机制构建依赖于环境行政机关和刑事司法机关的互相合作。由于权力性质不同，双方在合作交接中必须坚持一些基本的原则方能完成交接任务。这些原则大体包括：

---

[1] 刘福谦："行政执法与刑事司法衔接工作的几个问题"，载《国家检察官学院学报》2012 年第 1 期。

（一）有案必移与移案必接原则

有案必移和移案必接是移送和承接环境犯罪刑事案件中必须坚持的基本原则。之所以必须坚持，既是国家职能分工的当然需要，也是衔接工作的基本要求。我国《中华人民共和国行政处罚法》（以下简称《行政处罚法》）第22条规定的"违法行为构成犯罪的，行政机关必须将案件移送司法机关，依法追究刑事责任"，环境保护部（现生态环境部）、公安部、最高人民检察院《环境保护行政执法与刑事司法衔接工作办法》（以下简称《工作办法》）第5条[1]、第7条[2]规定的内容就是该原则的体现。该原则包括两部分内容：一是对于环境行政执法机关而言，必须坚持有案必移，即在环境行政执法中发现行政相对人涉嫌实施了环境犯罪，依照刑法和刑事诉讼法的规定应当将其移送至刑事司法机关追究刑事责任。对于刑事司法机关而言，必须坚持移案必接，因为"刑法是关于犯罪与刑事责任的法律，又是行政法得以实施的保障法。即行政法不能顺利实现行政管理目的、不能有效地抑制某种危害行为时，就需要发动刑法"[3]。依照刑法、刑事诉讼法的规定，制裁犯罪是刑事司法机关的法定职责，所以对于环境行政执法机关移送来的环境犯罪案件，必须先接受或者受理。受理后经审查发现犯罪事实清楚、证据确实充分的，必须对其进行立案、侦查、起诉乃至审判后定罪量刑。有案必移和移案必接原则既是职责权限的要求，理论上也是制裁违法行为应当坚持比例原则使然。比例原则最早源自于普鲁士行政法，适用于所有的行政领域。该原则的具体内涵在于：

[1] 该条规定："环保部门在查办环境违法案件过程中，发现涉嫌环境犯罪案件，应当核实情况并作出移送涉嫌环境犯罪案件的书面报告。本机关负责人应当自接到报告之日起3日内作出批准移送或者不批准移送的决定。"
[2] 该条规定："对环保部门移送的涉嫌环境犯罪案件，公安机关应当依法接受，并立即出具接受案件回执或者在涉嫌环境犯罪案件移送书的回执上签字。"
[3] 张明楷："行政刑法辨析"，载《中国社会科学》1995年第3期。

"①妥当性，即所采取的措施可以实现所追求的目的；②必要性，即除采取的措施之外，没有其他给关系人或公众造成更少损害的适当措施；③相称性，即采取的必要措施与其追求的结果之间并非不成比例（狭义的比例性）。"法律保护制裁体系中，环境违法行为的危害性相对较轻，只需由环境行政执法机关进行环境行政处罚即可。环境犯罪的社会危害比较严重，如果仅对之进行行政处罚，则严重的违法行为和处罚显然不成比例，故必须交由处罚更为严厉的刑事司法机关进行刑事处罚，如此方能做到罚当其罪，达到制裁环境犯罪的目的。比例原则在环境行政执法和刑事司法交接中的核心问题在于环境违法行为是否构成犯罪，是否需要将此案件移送给司法机关。要解决这个核心问题，判断移送的必要性十分关键。一种违法行为到底是否应当移送至刑事司法机关，主要就是判断其是否具侵犯了具有重要价值的法益。一般来说，只有具有重要价值的那些法益才值得由刑法进行保护，但"某种法益是否具有重要价值，不可能通过数学公式计算出来，只能进行经验性的判断"[1]。移送的必要性不是一种主观标准而是一种客观标准。这种客观标准一般通过立法或者司法文件明确规定出来。立法上，如果立法者在立法时认为这种行为的社会危害性达到某种程度，不能再由行政执法机关通过行政执法来解决，而应当交由司法机关通过刑事司法途径进行惩治时，就会在刑法中将这种严重的违法行为规定为犯罪。司法上，由于刑法规定的环境犯罪规范很多情况下比较抽象，司法官员仅根据刑法高度抽象的刑法规范不能准确判断犯罪时，就会根据实际需要制定相关司法文件对犯罪成立的标准进行细化以把握犯罪的界限。从这个意义上说，环境行政执法机关有案必移和刑事司法机关的移案必接原则所要解决的核心问题实际上就是根据环境犯罪的定罪标准以确定移送必要性。

---

[1] 张明楷："法益保护与比例原则"，载《中国社会科学》2017 年第 7 期。

（二）及时移送承接原则

及时移送和承接环境刑事案件既是提高环境刑事案件追诉效率、进行权力制衡的需要，也可以保证案件移送承接的基本秩序，避免有案不移或以罚代刑。及时移送承接环境犯罪案件有明确的法律依据和政策依据，如《行政处罚法》第 7 条第 2 款规定："应当依法追究刑事责任，不得以行政处罚代替刑事处罚。" 2020 年 8 月国务院颁布的《行政执法机关移送涉嫌犯罪案件的规定》（以下简称《行政移送规定》）第 1 条规定的立法目的就是"为了保证行政执法机关向公安机关及时移送涉嫌犯罪案件"；2007 年《国家环保总局、公安部、最高人民检察院关于环境保护行政主管部门移送涉嫌环境犯罪案件的若干规定》（已失效）（环法〔2007〕78 号）第 3 条、2013 年发布的《环境保护部、公安部关于加强环境保护与公安部门执法衔接配合工作的意见》（环法〔2013〕126 号）、《工作办法》第 6 条[1]等都有及时移送和承接的有关规定。生态环境行政执法机关及时移送、刑事司法机关及时承接涉嫌环境犯罪的刑事案件可以保证衔接工作的顺利交接，实现效率、秩序等移送承接程序价值。

（三）协调配合原则

环境行政执法与刑事司法承接中，协调配合原则是指环境行政执法机关移送环境犯罪案件以及刑事司法机关承接环境犯罪、追究环境犯罪人刑事责任过程中，环境行政执法机关与刑事司法机关遇到自身无法解决的问题时，请求对方提供职务上的协助或配合，被请求方支持请求方实现司法或行政职能的基本准则。环境犯罪案件移送承接中主要是刑事司法机关请求环境行政执法机关协助配合。协调配合原则是环境行政与司法承接机制的当然要求。环境行政执

---

[1] 该条第 1 款规定："环保部门移送涉嫌环境犯罪案件，应当自作出移送决定后 24 小时内向同级公安机关移交案件材料，并将案件移送书抄送同级人民检察院。"

法机关在行政执法中发现有涉嫌环境犯罪的案件后将案件移送给有司法职能的刑事司法机关本身就是协助配合司法机关开展刑事追究工作。中共中央办公厅、国务院办公厅转发国务院法制办等部门《关于加强行政执法与刑事司法衔接工作的意见》（中办发［2011］8号）规定了协调配合原则："各地区各有关部门要针对行政执法与刑事司法衔接工作的薄弱环节，建立健全衔接工作机制，促进各有关单位之间的协调配合，形成工作合力。"《工作办法》第3条[1]也规定了该项原则。其他相关文件所确定的协作机制、联动执法联席会议制度、执法联络员制度、联动执法程序、经济紧急案件联合调查机制、信息共享机制等无不贯彻了衔接工作中的协助配合原则。可以说，环境犯罪移送和刑事司法承接只有通过协调配合方能完成衔接工作。离开了该原则，环境行政执法与刑事司法将变成了互不相关的两个独立平行机构，不会完成工作上衔接。

（四）监督制约原则

环境行政执法属于行政权，刑事司法属于司法权。行政权旨在追求行政效率，行政处罚一般在行政机关内部完成，处理过程中程序设计比较简单，没有非常严苛的程序要求。正因为如此，行政权行使中扩张现象比较严重。刑事司法权有明确的案件受理范围、有严格的刑事诉讼程序，处理刑事犯罪有严格的证据和诉讼规则要求。滥权现象虽然也存在，但较之于行政领域相对要少。不可否定的是，无论是行政权还是司法权，在行使过程中都会存在玩忽职守、滥用职权、徇私舞弊等有法不依、执法不严、违法不究的违法犯罪现象。环境行政执法与刑事司法衔接中不可避免也会存在这类问题。环境犯罪具有行政从属性，破坏环境的行为是否构成犯罪将

---

〔1〕 该条规定："各级环保部门、公安机关和人民检察院应当加强协作，统一法律适用，不断完善线索通报、案件移送、资源共享和信息发布等工作机制。"

全部或部分取决于该行为是否违反环境行政法的要求[1]。司法实践中，环境犯罪的追诉大多以行政执法介入为先导，这种情况不仅"滋生了很多不当行政干预和地方保护主义"[2]，也"助长行政权排斥司法权的风气，并容易造成环境行政执法和行政管理的强势地位，使环境刑事手段存在被架空的巨大危险"[3]。因此，为了保证行刑程序的有效衔接，十分有必要对移送与承接过程中行使权力的行为进行强有力的内部和外部监督及制约。由于衔接工作跨行政与司法两大职能领域，这种监督制约方式较之于只在一个职能领域难度更大。更为重要的是，单纯的部门内部监督不能涵盖移送承接全过程，也无法从本质上解决问题，因此移送承接过程更需要第三方进行监督制约。从我国目前的监督制约制度设计来看，检察机关和监察机关被赋予了监管的职责。《工作办法》第 4 条[4]明确规定了检察监督。《中华人民共和国监察法》（以下简称《监察法》）实施后，监察机关也当然成为移送承接过程的监督制约机关。此外，还有人大、政协、政党、媒体、公众等各种监督渠道。只有通过检察机关和监察机关等国家、社会的监督和制约，"环境执法与司法的断裂"[5] 才可以得到弥补和控制。

---

〔1〕 参见杨春洗、向泽荣、刘生军：《危害环境罪的理论与实务》，高等教育出版社 1999 年版，第 116~122 页。

〔2〕 赵旭光："'两法衔接'中的有效监督机制——从环境犯罪行政执法与刑事司法切入"，载《政法论坛》2015 年第 6 期。

〔3〕 赵星："环境犯罪的行政从属性之批判"，载《法学评论》2012 年第 5 期。

〔4〕 该条规定："人民检察院对环保部门移送涉嫌环境犯罪案件活动和公安机关对移送案件的立案活动，依法实施法律监督。"

〔5〕 赵旭光："'两法衔接'中的有效监督机制——从环境犯罪行政执法与刑事司法切入"，载《政法论坛》2015 年第 6 期。

二、关于环境行刑衔接中刑事优先原则问题

(一) 行刑衔接刑事优先的学术争执

"刑事优先"概念最早来源于刑民诉讼交叉领域，是诉讼冲突时程序优先选择的一项原则。20 世纪 80 年代以前，刑事优先被认为是"自然法则"且派生出了"刑事追赃优先"原则[1]，"几乎被公认为'两法'衔接适用中不证自明的基础理论"[2]。20 世纪 80 年代后期，随着我国政治、经济体制的改革开放，刑事优先原则开始受到了部分学者的质疑。但是，从目前来看，"'刑事先于行政'不仅是学界近乎一致的共同认识和司法实务部门的通行做法，而且得到了各地、各行业系统规范性文件日益明确的认同和肯定"[3]。传统意义上，刑事优先原则被解释为行政诉讼和刑事诉讼或者民事诉讼与刑事诉讼发生冲突时应当采取的原则。如方世荣认为，"两种诉讼程序的运用必须实行'刑事诉讼优先'的原则"[4]。金文彤认为，"同一案件同时涉及刑事与民事两个诉讼时，法律赋予刑事诉讼以相对的优先权"[5]。周福民、白江认为，"在一个案件中，出现可能同时违反刑事法律规范和民事法律规范的情况时，应当优先审理刑事法律关系"[6]。在我国刑事诉讼中，刑事优先被认为有明确的法律依据。现行《中华人民共和国刑事诉讼法》（以

---

〔1〕 马济林："从刑事优先到民事优先"，载《法学评论》2008 年第 5 期。

〔2〕 顾向一、曹婷："'两法'衔接：从刑事优先原则到同步协调原则"，载《西部法学评论》2018 年第 1 期。

〔3〕 田宏杰："行政优于刑事：行刑衔接的机制构建"，载《人民司法》2010 年第 1 期。

〔4〕 方世荣："行政诉讼与刑事诉讼的冲突及处理"，载《法学研究》1994 年第 5 期。

〔5〕 金文彤："论'刑事优先'原则及其适用"，载《法学评论》1995 年第 6 期。

〔6〕 周福民、白江："刑事优先原则中的法律理念冲突"，载《法学》2006 年第 2 期。

下简称《刑事诉讼法》）第101条[1]和第104条[2]很明显体现了"刑事优先"原则[3]。境外诉讼立法一般也将刑事优先作为诉讼冲突时适用法律的基本原则，且不同法系规定了平行式和附带式两种不同的刑事优先模式。平行模式主要为英美法系国家的立法所采纳，具体是将刑事诉讼和民事诉讼完全分离，在时间差上先进行刑事诉讼，民事诉讼依赖于刑事诉讼的结论而作出判决。附带模式通常为大陆法系国家立法所采纳，一般通过刑事附带民事诉讼的方式进行。尽管诉讼冲突中两大法系国家立法和实务均采取刑事优先原则，但基于公平公正理念，各国对刑事优先原则也进行了一些适当的限制。[4]

行刑衔接中，行政机关将行政执法中发现的涉嫌行政犯罪的刑事案件移送给刑事司法机关优先追究刑事责任是否属于刑事优先的范畴理论上存在争执，有赞成说和质疑否定说两种截然不同的观点。赞成说认为行刑衔接过程中刑事追责优先于行政追责就是刑事优先。如张智辉认为，"'刑事优先'原则是指在一切调查处理程序中发现有犯罪事实存在时，应当首先由有权管辖该案件的侦查或

〔1〕　第101条规定："被害人由于被告人的犯罪行为而遭受物质损失的，在刑事诉讼过程中，有权提起附带民事诉讼。被害人死亡或者丧失行为能力的，被害人的法定代理人、近亲属有权提起附带民事诉讼。如果是国家财产、集体财产遭受损失的，人民检察院在提起公诉的时候，可以提起附带民事诉讼。"

〔2〕　第104条规定："附带民事诉讼应当同刑事案件一并审判，只有为了防止刑事案件审判的过分迟延，才可以在刑事案件审判后，由同一审判组织继续审理附带民事诉讼。"

〔3〕　金文彤："论'刑事优先'原则及其适用"，载《法学评论》1995年第6期。该观点以1979年《刑事诉讼法》第53条、第54条为依据进行的诠释。2018年《刑事诉讼法》第101条、第104条的内容与1979年《刑事诉讼法》第53条、第54条基本一致。

〔4〕　参见樊崇义等：《刑事诉讼法修改专题研究报告》，中国人民公安大学出版社2004年版，第330~331页。

者司法机关依照刑事诉讼程序进行追究"[1]。周佑勇、刘艳红认为，"在适用程序上衔接行政处罚与刑事处罚的关系，首先必须遵循刑事优先原则"[2]。宣炳昭认为，"同一案件既是行政违法案件，又是行政犯罪案件时，原则上应先由司法机关按刑事诉讼程序解决行为人的刑事责任问题，再由行政机关依行政处罚程序解决行为人的行政处罚责任"[3]。黄福涛也认为，"程序上刑事优先原则指对于涉嫌行政犯罪、依法追究法律责任的案件，刑事诉讼程序优先于行政处罚程序适用"[4]。还有一些赞成观点将刑事优先解释为行刑衔接中优先进行刑事处罚。如陈兴良认为，"在对行政犯罪实行双重处罚的时候，应当遵守刑事优先原则。所谓刑事优先，是指对行政犯罪需要同时予以刑罚处罚与行政处罚时，应当优先追究其刑事责任"[5]。张晗认为，刑事优先原则就是"刑事责任的实现优先于行政责任的承担"[6]。这种观点的内核在于，一种违法行为既构成行政、民事违法也构成刑事犯罪，既需要进行行政、民事处罚也需要进行刑事处罚的情况下，自然应当本着先重后轻原则优先启动刑事追诉程序进行刑事处罚，理由如周佑勇、刘艳红教授所述："①行政犯罪与行政违法行为相比，社会危害性更严重，应优先审查；②刑罚处罚与行政处罚相比，制裁程度更为严厉，应优先施

---

〔1〕 张智辉："刑法改革的价值取向"，载《中国法学》2002年第6期。

〔2〕 周佑勇、刘艳红："论行政处罚与刑罚处罚的适用衔接"，载《法律科学》（西北政法学院学报）1997年第2期。

〔3〕 宣炳昭、王远伟："行政处罚与刑事处罚的适用衔接及立法完善"，载戴玉忠、刘明祥主编：《犯罪与行政违法行为的界限及惩罚机制的协调》，北京大学出版社2008年版，第200页。

〔4〕 黄福涛："论行政犯责任之实现"，载杨永华主编：《行政执法和刑事司法衔接的理论与实践》，中国检察出版社2013年版，第75页。

〔5〕 陈兴良："论行政处罚与刑罚处罚的关系"，载《中国法学》1992年第4期。

〔6〕 张晗："行政执法与刑事司法衔接之证据转化制度研究——以《刑事诉讼法》第52条第2款为切入点"，载《法学杂志》2015年第4期。

行；③行政机关先对行为人作出行政处罚，并不是司法机关审理行政犯罪案件的必经程序。"[1]

对于上述刑事优先的赞成观点，有学者提出了质疑与否定。质疑与否定者主要有两种不同的观点：一种观点认为，行刑衔接中优先追究刑事责人不属于刑事优先。如练育强从刑事优先原则依存的社会基础是否还存在、刑事处罚是否必然严于行政处罚、"两法"衔接的目的是否优先追究刑事责任等三个方面对刑事优先原则进行了检讨[2]，他认为《行政处罚法》第 7 条第 2 款[3]强调的是应当追究刑事责任而非优先追究刑事责任，第 22 条规定的"违法行为构成犯罪的，行政机关必须将案件移送司法机关，依法追究刑事责任"要求"必须移送"而不是"优先"适用[4]。况且，"并不是涉嫌犯罪的违法行为在移送司法机关追究刑事责任后一概不能做出行政处罚决定……在涉嫌行政犯罪的案件移送司法机关追究刑事责任后，行政执法机关仍能对相关的违法行为进行调查，并可以作出相应的违法行为"[5]。所以，刑事优先原则不是绝对的，只是有限的优先，是人身权和财产权的优先。谢治东也否定行刑衔接中的刑事优先权，认为"刑事优先"不适用于行政处罚与刑事处罚竞合的案件，而是适用于同一法院审理的一些刑民交叉案件。在行政执法机关移送犯罪案件和司法机关承接犯罪案件中适用刑事优先原则，

---

〔1〕　周佑勇、刘艳红："论行政处罚与刑罚处罚的适用衔接"，载《法律科学》（西北政法学院学报）1997 年第 2 期。

〔2〕　参见练育强："'两法'衔接视野下的刑事优先原则反思"，载《探索与争鸣》2015 年第 11 期。

〔3〕　《行政处罚法》第 7 条第 2 款规定："违法行为构成犯罪，应当依法追究刑事责任，不得以行政处罚代替刑事处罚。"

〔4〕　参见练育强："行政执法与刑事司法衔接制度沿革分析"，载《政法论坛》2017 年第 5 期。

〔5〕　参见练育强："行刑衔接中的行政执法边界研究"，载《中国法学》2016 年第 2 期。

"不利于及时制止行政违法犯罪行为的继续实施，不具有可行性"[1]。顾向一、曹婷主张应当"根据具体案件，以能有效追究犯罪刑事责任为宗旨，将制度构建原则从'刑事优先'转变为'同步协调'，将同步协调原则作为'两法'衔接机制实现的首要原则"[2]。另一种观点认为，行刑衔接中不应当适用刑事优先原则，而应当坚持"行政优先于刑事"原则。如张智辉认为，"刑事司法程序运行以行政违法本质的认定为前提、刑事证据规则的审查以细致专业知识的运用为保障"[3]。理由在于，刑事责任的承担与行政责任的实现相比仅处于补充地位，行政权较之于司法权更具主动性，行政违法是刑事违法产生的根本前提，刑事违法事实查证所需证据大量存在于经济行政管理活动之中。[4] 田宏杰也认为，"刑事司法程序启动的正当性奠基于行政秩序的恢复和保障……以行政优先为原则，刑事先理为例外"[5] 建构行刑衔接机制，因为刑事司法程序的运行以行政违法性认定为前提，刑事证据规则的审查以细致、专业的知识的运用为保障。还有学者主张放弃刑事优先原则，以效率优先为支撑，采取同步协调原则[6]。综上，学界对刑事优先原则的质疑和否定主要体现在对内涵、外延以及该原则价值的理解上。否定论者的核心观点在于：其一，刑事优先只适用于同一案

---

〔1〕 谢治东："行政执法与刑事司法衔接机制中若干问题理论探究"，载《浙江社会科学》2011 年第 4 期。

〔2〕 顾向一、曹婷："'两法'衔接：从刑事优先原则到同步协调原则"，载《西部法学评论》2018 年第 1 期。

〔3〕 张智辉主编：《中国检察》（第 18 卷），中国检察出版社 2009 年版，第 19 页。

〔4〕 参见关振海："行政犯罪视野下行刑衔接问题三论"，载杨永华主编：《行政执法和刑事司法衔接的理论与实践》，中国检察出版社 2013 年版，第 15～17 页。

〔5〕 田宏杰："行政优于刑事：行刑衔接的机制构建"，载《人民司法》2010 年第 1 期。

〔6〕 练育强："问题与对策：证券行政执法与刑事司法衔接实证分析"，载《上海政法学院学报》（法治论丛）2018 年第 4 期。

件同时面临刑事诉讼和其他诉讼冲突的场合，其他场合的适用不能称之为刑事优先；其二，在行刑冲突的情况下完全可以通过同步协调、行政优先等途径解决。

（二）行刑衔接中刑事优先的基本内涵

刑事优先观点的形成在我国有其源远流长的文化、社会背景。古代社会刑民不分，民事纠纷均用刑事手段予以解决，这便形成了重刑轻民的法律习惯。现代社会，由于很长一段时间行政实务存在管理不力和管理疏漏等现象，在"重义务轻权利、重集体轻个人"等深厚的法律文化背景下，重刑轻民、过于倚重刑罚效果的观念、理念也自然而然形成了[1]。刑事优先不是普遍意义上的法定原则，但我国各种立法还是蕴含了一定条件下刑事优先的精神。刑事优先并非约定俗成的概念，学者们基于立法精神从自己的研究领域诠释刑事优先概念并不存在合适与否的问题。从理论研究的角度看，学者们完全可以打破传统概念的藩篱，根据立法蕴含的理念赋予刑事优先概念全新的领域特色。

本书认为，刑事优先应当是指刑事程序上的优先适用，既包括诉讼冲突中的刑事优先，也应当包括行刑衔接中的刑事优先。诉讼冲突刑事优先已经得到了法律和学界的支持，无需再予深究。行刑衔接中对于行政执法机关发现的涉嫌行政犯罪案件优先追究刑事责任也存在刑事程序与行政程序的选择，将其纳入刑事优先范畴并无不可。尽管行刑衔接时刑事优先被学者视为"是对'刑事优先原则'错误理解和不适当滥用"[2]，但行刑衔接中刑事优先适用具有明确的法律依据。行刑衔接时，行政执法机关查处涉嫌行政犯罪的

---

〔1〕　参见游伟："对经济行为慎用'刑事优先'"，载《检察风云》2014年第1期。

〔2〕　谢治东："行政执法与刑事司法衔接机制中若干问题理论探究"，载《浙江社会科学》2011年第4期。

案件会面临选择继续实施行政处罚还是选择将涉嫌构成犯罪的案件移送司法机关启动刑事诉讼程序的问题。《行政处罚法》第7条第2款、第22条[1]、第28条[2]等条文既然要求行政执法机关将涉嫌构成犯罪的案件移送至司法机关，自然就意味着司法机关此时应当优先启动刑事司法程序，行政执法程序一般情况下应当中止。此外，最高人民法院、最高人民检察院以及公安部共同发布的《关于在审理经济纠纷案件中发现经济犯罪必须及时移送的通知》，行政机关和司法机关共同发布的有关行刑衔接的意见、规定等一系列政策、文件也都蕴含了刑事优先原则的内容[3]。所以，行刑衔接中行政机关将行政犯罪移送至司法机关先行追究刑事责任实际上也是一种刑事优先适用方式。

与诉讼冲突中刑事优先不同的是，行刑衔接刑事优先具有如下特征：其一，刑事程序启动的依赖性。即行刑衔接中刑事程序启动有赖于行政机关移送犯罪案件至司法机关来实现。其二，优先启动刑事追诉程序的法定性。对于行政执法机关而言，其在行政执法中发现的刑事案件法律明确规定应当有案必移，绝对不能有案不移。所以，就行政执法机关移送案件本身来说，优先启动刑事追诉程序是法定的、绝对的、必然的。其三，刑事处罚优先的相对性。程序上的刑事优先与处罚上的刑事优先是两个不同层次的优先问题。程序优先为第一层次的优先，处罚优先为第二层次的优先。在对刑事案件具体追责时，刑事优先又是相对的。特殊情况下可能会实施行

---

[1] 第22条规定："违法行为构成犯罪的，行政机关必须将案件移送至司法机关，依法追究刑事责任。"

[2] 第28条规定："违法行为构成犯罪，人民法院判处拘役或者有期徒刑时，行政机关已经给予当事人行政拘留的，应当依法折抵相应刑期。违法行为构成犯罪，人民法院判处罚金时，行政机关已经给予当事人罚款的，应当折抵相应罚金。"该条规定的是行刑折抵制度，同样蕴含了刑事优先的内容。

[3] 详见练育强："'两法'衔接视野下的刑事优先原则反思"，载《探索与争鸣》2015年第11期。

政处罚后再进行刑事处罚。行刑衔接的主体是行使不同国家职能的行政执法机关和刑事司法机关，衔接程序十分复杂，在行政犯罪的处理上需要这些部门进行通力合作，有时还要依赖于行政执法机关的先行处罚。若追究行为人刑事责任后再来解决行政处罚问题可能会带来诸多弊端，不利于实现公平和效率价值时就不能适用刑事处罚优先。所以，刑事优先原则只能作为行刑衔接中法律适用的一般原则。一直以来，我国诉讼法学界和司法实务处理诉讼冲突时就存在"先刑后民""先刑后行"，即刑事优先；"先民后行""先行后刑"，即民事优先、行政优先两种不同的观点和操作方式。但无论如何，刑事优先仍然是解决诉讼冲突和行刑衔接问题的主要方式。

（三）行刑衔接中刑事优先适用的正当性

作为行刑衔接时的一般适用原则，刑事优先不仅有前述法律规定的合法性，而且具有以下法理上的正当性：

1. 可以实现社会整体利益与个人利益保护之间的平衡。刑事案件侵犯的是重要的国家利益、社会利益以及公民个人利益，行政案件侵犯的国家利益、社会利益和个人利益较之于刑事案件要轻，民事案件侵犯的主要是公民个人利益。从法益上衡量，重要的国家利益、社会利益较之于轻微的国家利益和社会利益自然更为重要，国家利益、社会利益一般情况下较之于公民个人利益也更重要。与行政执法相比，刑事制裁的违法行为性质更为严重。基于重大利益优先保障原则，适用刑事优先是最基本的要求，能够满足实质正义，"有利于打击犯罪，实现刑法的防卫机能"[1]。而且，"刑事优先原则受制于现代刑法维护秩序与保障自由的价值平衡，在限制中适用必将推动法律的终极目标——社会正义的实现"[2]。

---

[1] 陈兴良："论行政处罚与刑罚处罚的关系"，载《中国法学》1992年第4期。

[2] 周福民、白江："刑事优先原则中的法律理念冲突"，载《法学》2006年第2期。

2. 可以提高诉讼效率。刑事追诉程序对证据的要求比行政执法要高，刑事裁判认定的犯罪事实需要达到排除合理怀疑的标准，刑事裁判结果更加客观和真实，将其用来处理行政案件更具说服力，可以避免重复取证、重复审理。[1] 刑事取证具有专门的侦查人员和侦查装备，强制性更强，取证方法更为多样，收集证据的效率自然更高，会"缩短在行政违法处理和刑事司法犯罪认定之间的'时间差'，最大限度整合执法资源"[2]，还可以帮助被害人解决举证上的困难[3]。如果先行政后刑事，优先进行行政追诉，犯罪人可能会毁灭罪证逃避刑事法律追究。此外，刑事优先还可以保证多种处罚轻重并举。为了节省诉讼资源，有些需要追究多重法律责任的刑事案件可以通过刑事附带民事、刑事附带行政诉讼等方式将两种不同的诉讼进行合并，在判刑或者免刑后通过非刑罚处理方法中判处赔偿经济损失、责令赔偿经济损失，或者由主管部门予以行政处罚等方式追究民事责任、行政责任。

3. 可以实现案件处理中的公平和公正。法律追责中秉承的基本原则是比例原则，即违法犯罪行为与处罚要适当。在案件性质交叉导致诉讼冲突以及行为兼具刑事违法和行政违法的行刑衔接领域，刑事优先追责不仅贯彻了先重后轻的处罚原则，还可以避免案件处理中对行政违法犯罪人员轻纵，进而保证公平和公正，实现法律正义。

---

〔1〕 参见杨亚民、蔡桂生："刑事优先原则的现代转型探析"，载《人民检察》2006 年第 5 期。

〔2〕 闻志强："'两法衔接'之功能与价值分析——基于法治中国建设全局视野下的考察"，载《西南交通大学学报（社会科学版）》2016 年第 1 期。

〔3〕 薛进展、刘琪、王志坚："刑事优先原则适用与限制的具体途径"，载《法学》2006 年第 2 期。

第五节　刑案移送与司法承接的衔接
依据及相关问题说明

一、刑案移送与司法承接的衔接依据

环境行政执法机关行使环境行政权，环境犯罪追诉机关行使司法权。两项权能系完全不同的权力。环境违法行为与环境犯罪行为并无本质区别，大多数环境犯罪具有依赖环境行政违法的前置评价特征，即"首先要接受国家行政管理的评价和处罚，只有某一行为超出了国家行政规制手段的控制限度，才会转向求助于刑事应对手段"[1]。环境犯罪的这种特征，使得其行政执法移送和司法承接成为必然。对于国家机关来说，"法无授权不可为"，环境行政执法机关将自己行政执法中发现的涉嫌环境犯罪的刑事案件移送给具有司法权的刑事司法机关，必须是在法律法规的框架内行使权力，否则涉嫌滥用职权。环境行政执法中移送承接环境犯罪案件的依据既包括法律法规[2]，也包括相关建设性意见和政策，概括起来主要有：

（一）环境行政执法所依据的法律法规

环境行政执法的主要法律法规依据有：①高位阶的法律有《中华人民共和国宪法》（以下简称《宪法》）[3]《监察法》；②一般行政法，包括《中华人民共和国行政强制法》、《中华人民共和国行政许可法》、《中华人民共和国行政复议法》（以下简称《行政复议法》）、《行政处罚法》等；③环境行政法，包括《环境保护法》

---

[1]　赵星："环境犯罪的行政从属性之批判"，载《法学评论》2012年第5期。

[2]　本书此处所说法律法规是广义上的，包括宪法，法律，行政法规、地方性法规、自治条例和单行条例。

[3]　宪法中相关环境保护的规定有：宪法序言中规定了"推动生态文明"内容，第9条、第10条、第26条都规定有环境保护的内容。

《中华人民共和国海洋环境保护法》《中华人民共和国水污染防治法》《中华人民共和国大气污染防治法》《中华人民共和国噪声污染防治法》《中华人民共和国森林法》《中华人民共和国矿产资源法》《中华人民共和国土地管理法》《中华人民共和国水法》《中华人民共和国野生动物保护法》《中华人民共和国环境影响评价法》《中华人民共和国清洁生产促进法》《中华人民共和国可再生能源法》等；④环境行政保护法规，包括《中华人民共和国水污染防治法实施细则》《中华人民共和国海洋石油勘探开发环境保护管理条例》《中华人民共和国防止船舶污染海域管理条例》《中华人民共和国海洋倾废管理条例》《防止拆船污染环境管理条例》等；⑤环境保护部门规章，包括《环境行政处罚办法》《环境行政复议办法》《环境行政处罚听证程序规定》《规范环境行政处罚自由裁量权若干意见》《行政主管部门移送适用行政拘留环境违法案件暂行办法》《环境执法人员行为规范》等环境保护地方性法规、环境保护地方性行政规章等；⑥党政规范性文件：2015 年 8 月，中共中央办公厅、国务院办公厅《党政领导干部生态环境损害责任追究办法（试行）》；等等。

（二）环境刑事司法所依据的法律及司法解释

环境刑事司法的法律依据主要是《中华人民共和国刑法》（以下简称《刑法》）、《刑事诉讼法》、《监察法》以及 2009 年 8 月 27 日全国人大常委会通过的立法解释《关于〈中华人民共和国刑法〉第 228 条、第 342 条、第 410 条的解释》。由于环境犯罪依赖于环境行政法律而存在，具有行政违法和刑事违法双重属性，故前述行政执法的法律依据也应当属于环境刑事司法的法律依据。环境刑事司法的法规、政策依据主要是相关司法解释，主要有：①最高人民法院 2000 年公布施行的《关于审理破坏土地资源刑事案件具体应用法律若干问题的解释》；②最高人民法院 2000 年公布施行的《关于审理破坏野生动物资源刑事案件具体应用法律若干问题的解释》；

③最高人民法院 2000 年公布施行的《关于审理破坏森林资源刑事案件具体应用法律若干问题的解释》；④原国家林业局、公安部 2001 年发布实施的《关于森林和陆生野生动物刑事案件管辖及立案标准》；⑤最高人民法院 2005 年公布施行的《关于审理破坏林地资源刑事案件具体应用法律若干问题的解释》；⑥最高人民法院 2006 年公布施行的《关于审理环境污染刑事案件具体应用法律若干问题的解释》（已失效）；⑦最高人民检察院、公安部 2008 年公布实施的《关于公安机关管辖的刑事案件立案追诉标准的规定（一）》；⑧最高人民法院 2012 年公布施行的《关于审理破坏草原资源刑事案件应用法律若干问题的解释》；⑨2013 年公布实施的《最高人民法院、最高人民检察院关于办理环境污染刑事案件适用法律若干问题的解释》（已失效，以下简称《2013 污染解释》）；⑩2016 年公布、2017 年施行的《最高人民法院、最高人民检察院关于办理环境污染刑事案件适用法律若干问题的解释》（以下简称《2017 污染解释》）；⑪最高人民法院、最高人民检察院 2016 年公布施行的《关于办理非法采矿、破坏性采矿刑事案件适用法律若干问题的解释》；⑫最高人民法院、最高人民检察院、公安部、司法部、生态环境部印发的《关于办理环境污染刑事案件有关问题座谈会纪要》（以下简称《2019 座谈会纪要》）；等等。

（三）环境刑案移送与司法承接衔接所依据的法规及建设性意见

环境行政执法移送刑事案件与司法机关承接移送来的案件之间并无法律明确规定，仅有相关行政执法机关与刑事司法机关之间联合发布的建设性意见，本书将这些建设性意见称之为建设依据。这些依据有些针对所有行政犯罪移送承接，有些仅针对环境行政犯罪移送与承接。具体有以下几类：

1. 适用于所有行政执法机关移送犯罪案件的法规及建设性意见。这些依据主要有：①国务院 2001 年 4 月 27 日《关于整顿和规

范市场经济秩序的决定》（国发［2001］11 号）；②国务院 2020 年
8 月 7 日公布的《行政移送规定》（国务院令第 730 号）；③最高人
民检察院于 2001 年 12 月 3 日公布的《人民检察院办理行政执法机
关移送涉嫌犯罪案件的规定》（高检发释字〔2001〕4 号，以下简
称《检察规定》）；④最高人民检察院、全国整顿和规范市场经济
秩序领导小组办公室、公安部 2004 年 3 月 28 日发布的《关于加强
行政执法机关与公安机关、人民检察院工作联系的意见》（高检会
［2004］1 号）；⑤最高人民检察院、全国整顿和规范市场经济秩序
领导小组办公室、公安部、监察部 2006 年 1 月 26 日公布的《关于
在行政执法中及时移送涉嫌犯罪案件的意见》（高检会〔2006〕2
号，以下简称《移送意见》）；⑥中共中央办公厅、国务院办公厅
于 2011 年 2 月发布的《关于加强行政执法与刑事司法衔接工作的
意见》（中办发〔2011〕8 号，以下简称《衔接意见》）；⑦公安
部关于印发的《公安机关受理行政执法机关移送涉嫌犯罪案件规
定》的通知（公通字［2016］16 号，以下简称《受理规定》）；
等等。

2. 适用于环境犯罪移送与环境刑事司法衔接的建设性意见。
这些依据主要有：①2007 年 5 月 17 日国家环境保护总局、公安部、
最高人民检察院《关于环境保护行政主管部门移送涉嫌环境犯罪案
件的若干规定》（环发［2007］78 号，已失效）；②2013 年 11 月 4
日环境保护部、公安部《关于加强环境保护与公安部门执法衔接配
合工作的意见》（环发［2013］126 号，以下简称《2013 工作意
见》）；③国务院办公厅《关于加强环境监管执法的通知》（国办
发〔2014〕56 号）；④原环境保护部、公安部、最高人民检察院
2017 年 1 月 25 日印发《工作办法》（环环监［2017］17 号）；等
等。除了国家层面的上述建设性意见，各省市自治区也发布了本地
的意见、建议，如福建、广东、湖南、辽宁等。

3. 对环境犯罪移送承接进行监督的法规及政策依据。根据我

国目前监督监察体制，对环境犯罪移送承接进行监督的政策依据主要有：①2018 年 4 月 16 日，中央纪委、国家监察委发布的《国家监察委员会管辖规定（试行）》；②2018 年 4 月 16 日中央纪委、国家监察委、最高人民检察院联合发布的《国家监察委员会与最高人民检察院办理职务犯罪案件工作衔接办法》《国家监察委员会移送最高人民检察院职务犯罪案件证据收集审查基本要求与案件材料移送清单》；③2018 年 6 月 24 日，《中央纪委国家监委监督检查审查调查措施使用规定（试行）》；④2018 年 12 月 4 日中共中央办公厅、国务院办公厅印发的《关于深化生态环境保护综合行政执法改革的指导意见》；2019 年 7 月 1 日中央全面深化改革领导小组第十四次会议通过的《环境保护督察方案（试行）》；⑤2019 年中共中央办公厅、国务院办公厅印发《中央生态环境保护督察工作规定》；等等。

　　上述法律、法规、司法解释、建设性意见分别对实体问题和程序性规则作了许多规定，既有实体性的衔接，也有程序性衔接。实体性衔接方面，主要通过环境行政法律中的刑法规范"包括环境犯罪成立要件上行政法标准的介入、环境司法过程中行政标准的参与"[1] 将行政违法与刑事违法衔接起来。环境行政法中的刑法规范搭建了行政违法通向刑事违法的桥梁，另外，刑法空白罪状的立法模式可以直接协调环境犯罪的行政违法性基础问题。上述法律法规和建设性文件总的来说呈现"原则规定多，实务规定少"[2] 的特征。由于当时的法律、文件、意见有些规定不明确，可操作性不

---

〔1〕　焦艳鹏："生态文明保障的刑法机制"，载《中国社会科学》2017 年第 11 期。

〔2〕　周腾："行政执法与刑事执法相衔接工作机制初探"，载《广西政法管理干部学院学报》2005 年第 2 期。

强，使得环境犯罪刑事案件交接中出现了"四多四少"[1]现象，故环境犯罪移送和处理整体来说成效没有达到最佳状态。

需要说明的是，由于我国国家机构和国家职能改革正在进行，上述法律、行政法规和建设性意见也会因国家机构的调整、国家职能的变化而需要进行修改。如国家监察委员会设置后，检察机关之前对国家公职人员行使的一般职务犯罪的侦查职能、预防职务犯罪等职能基本不复存在，检察机关的监督范围显然缩小了许多。这种情况下，已有法律、法规以及建设性意见中规定的检察监督职能自然应作相应调整。在相关法律法规、司法文件、建设性意见没有做出新的修改的情况下，本书在已然规定的基础上会继续援引相关规定内容，但会对相关情况进行说明。

此外，环境行政执法中移送涉嫌环境犯罪的刑事案件、司法机关承接移送案件需要援引的法律法规条文非常多，既有一般性规定，也有专门针对环境犯罪案件处理的专门性规定。本书着重以专门性规定为研究对象，对一般性规定必要时也进行诠释。

二、相关问题说明

1. 中央党和国家机构改革后，原来颁布的法律法规和建设性意见中许多机构的称谓、职能已经发生变化，如原来由检察机关行使的职务犯罪侦查职能现在变成了由监察机关行使调查权等。本书认为，在新的法律法规、建设性意见出台前，与《监察法》等修改后的法律不抵触的内容、方法、方案仍然可以继续使用。研究阐述时对相关问题进行了说明。

———————

[1] 即时任最高人民检察院副检察长孙谦2003年9月26日在"建立行政执法与刑事执法相衔接工作座谈会上的讲话"中对衔接中存在的问题进行的概括，具体是指：对破坏市场经济秩序的犯罪案件，实际发生多、查处少；行政处理多，移送司法机关追究刑事责任少；查处一般犯罪人多，追究幕后操纵主犯少；判处缓刑多，判处实刑少。参见李和仁："形成打击经济犯罪的合力——建立行政执法与刑事执法相衔接工作机制座谈会述要"，载《人民检察》2003年第12期。

2. 关于"环境行政执法"的概念。党和国家机构改革前，我国生态环保机关的执法称之为"环境行政执法"。党和国家机构改革后，原环境保护部已经被整合为"生态环境部"。2018年12月5日中共中央办公厅、国务院办公厅印发《指导意见》后，环境行政执法变成了"生态环境保护综合行政执法"。为了与国家社科基金项目成果的著作名称保持一致，本书仍使用"环境行政执法"概念，个别地方使用了"生态环境保护综合行政执法"[1]。若无特别说明，本书"环境行政执法"与"生态环境保护综合行政执法"含义相同。

3. 关于公安机关法律性质的说明。公安机关的法律性质是国家行政机关，但公安机关在行使刑事立案侦查权时又成为刑事司法机关。本书为阐述上的方便将行使刑事立案侦查权的公安机关纳入刑事司法机关的范畴。公安机关对环境违法行为决定予以行政拘留处罚时行使的权力仍然是行政处罚权。

4. 本书中，"刑案"与刑事案件、环境犯罪案件同义。

5. 本书中，对环境"刑案"的移送和承接活动进行监督的机制自成一章，不在前面章节中深入论述，但会在相关章节中提及监督及法律责任。

6. 本书虽然研究广义上的环境犯罪移送承接机制，但为了阐述上的方便，研究内容大多以污染类环境犯罪为逻辑起点。

7. 为了使书中标题简单明了，故本书相关内容标题中的"衔接机制"之前省略了"环境行政执法中刑案移送与司法承接的"等文字或者简化了表述。

---

〔1〕 生态环境执法的具体事项参见国务院办公厅2020年2月28日批准、生态环境部办公厅2020年3月12日印发的《生态环境保护综合行政执法事项指导目录（2020年版）》。

第二章 我国环境刑案移送制度与
司法承接制度

环境犯罪案件的移送与承接涉及环境犯罪与环境违法行为的辨识与厘定,但这二者实则并无本质不同。环境违法行为属于比较轻微的违反环境行政法律的行为,环境犯罪则属于比较严重的违反环境行政法律的行为。对环境违法行为进行处罚属于生态环境行政执法机关行使行政处罚权的范畴。行政处罚在大陆法系国家又称为"行政罚",是指根据一般统治权对违反行政法上规定的义务的行为给予的制裁[1]。我国学者认为,行政处罚是指行政执法机关对做出违反行政法律规范的违法行为的行政相对人进行的法律制裁[2]。行政处罚权是环境行政执法机关的一项重要权力。为了防止国家行政执法权的滥用,全国人民代表大会于 1996 年 3 月 17 日制定并通过了《行政处罚法》(历经 2009 年、2017 年两次修改)。该法对行政处罚的一般原则、种类和设定、实施机关、管辖和适用、决定、执行及法律责任都进行了明确规定。为了规范、强化环境行政执法工作,原环境保护部于 2010 年 1 月 19 日又专门发布了《环境行政处罚办法》。所以,环境行政机关对一般环境违法行为进行处罚既

---

〔1〕 参见〔日〕我妻荣等:《新法律学辞典》,董璠舆等译,中国政法大学出版社 1991 年版,第 181 页。

〔2〕 参见姜明安:《行政法与行政诉讼》,中国卓越出版公司 1990 年版,第 265 页。

要适用《行政处罚法》，又要适用《环境行政处罚办法》。

环境犯罪是严重破坏生态环境和自然资源的行为。当环境违法行为发展至"严重分裂社会的程度，以致行政法的追究不能满足对行为人惩处和对潜在行为人威慑的需要，必须借助刑法这一最后保障手段予以惩治，于是产生了环境刑事犯罪"[1]。刑法是"打击环境犯罪的有力武器，需要借助于刑法与环境法的对话、沟通与互动来构筑环境保护的最后防线"[2]。对环境犯罪的制裁属于刑事司法机关根据刑法和刑事诉讼法行使刑事司法权的范畴。刑事司法权与行政处罚权是并行的互不交集的国家权力，当环境行政执法机关在行政执法中发现环境犯罪时，必须将其移送给刑事司法机关处理。环境犯罪交接的过程需要环境行政执法机关和刑事司法机关双方进行衔接。

环境犯罪的行政与司法交接的衔接工作直接关系环境犯罪查处的成败。对于环境行政执法机关来说，自己行使职权中发现的环境犯罪案件到底应否移交、如何移交、案件移交应当遵循什么样的程序、移交后进入刑事司法程序时应当如何协助刑事案件的处理、对环境犯罪应当移交而不移交应当承担什么样的后果等问题在理论和实务中尚未得到完全解决。对于刑事司法机关来说，应当如何及时有效地承接案件、承接后应当如何与环境行政执法机关一起解决环境犯罪的刑事追诉中的问题等也尚未完全厘清。这些移送承接中的实际问题既需要实务部门进行思考，也需要学术界进行深入研究。尤其需要考虑的是，环境犯罪不同于一般刑事犯罪，其具有因果关系的难以证明性、证据的难以确定性等特点，与其他行政犯罪的移

---

〔1〕　侯艳芳：《环境资源犯罪常规性治理研究》，北京大学出版社 2017 年版，第120 页。

〔2〕　柯坚："当代环境问题的法律回应——从部门性反应、部门化应对到跨部门协同的演进"，载《中国地质大学学报（社会科学版）》2011 年第 5 期。

送承接相比，环境行政执法中刑事案件的移送承接有其特殊性，需要环境行政执法部门和刑事司法部门逐一解决。

　　具体来说，环境行政执法机关移送涉嫌环境犯罪案件、司法机关承接该类案件时双方既是合作关系，也是互相监督的关系，移送承接双方需要履行相关职责，承担相应的义务，这些职责和义务的实施构成移送承接的基本工作机制[1]（见图2-1）。对于移送方而言，环境行政执法机关需要履行的职责和义务包括：①审查违法事实；②妥善保存和提供有关证据；③提供有关材料；④在法定期限内与司法机关办结交接手续；⑤不得以行政处罚代替移送；⑥接受监察机关和人民检察院的监督。对于承接方来说，刑事司法机关需要履行的职责和义务包括：①接受案件并在移送回执上签字以及依照管辖权转送；②审查材料；③决定立案或不予立案；④进行立案复议；⑤对不予立案的案件材料进行退回；⑥接受人民检察院和监察机关的监督。本书拟对这些职责义务实施机制进行逐一探讨。

---

〔1〕　参见李和仁："形成打击经济犯罪的合力——建立行政执法与刑事执法相衔接工作机制座谈会述要"，载《人民检察》2003年第12期。

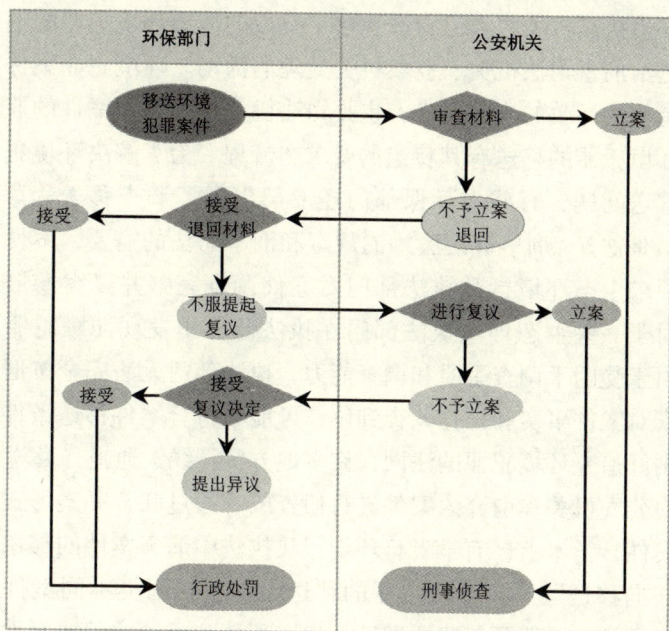

图 2-1　行政执法机关与刑事司法机关对环境犯罪移送承接衔接流程图

第一节　环境刑案移送制度

我国环境问题已经成为国家问题、社会问题、政治问题、法律问题、全民关注的问题，"因环境问题引发的群体事件以年均 29%的速度递增"[1]。环境保护机关在生态文明建设、推行绿色发展中发挥了巨大的作用，环境行政执法机关通过对环境违法行为的制裁、对环境犯罪的移送强化环境行政执法工作。环境犯罪移送制度

---

〔1〕 蔡守秋："关于建立环境法院（庭）的构想"，载《东方法学》2009 年第 5期。

是指环境执法机关将自己行政执法中发现的涉嫌环境犯罪的刑事案件移送给刑事司法机关、监察机关处理的活动。环境犯罪案件的移送既是依法行政的当然要求，也是司法机关处理犯罪案件的职责使然。环境犯罪的移送有其特定的要求和流程。为了解决环境犯罪案件的移送问题，有些省环保部门还专门出台了调查移送程序[1]。根据《刑法》《刑事诉讼法》的规定和刑事司法的需要，案件移送工作要求生态环境行政执法部门对案件调查完整并以案卷形式移送。对于一些生态环境执法部门在执法监管中发现涉嫌犯罪的案件，由于受困于调查手段和调查能力，执法部门无法完全按刑事司法要求对案件事实和证据调查到位，可能不符合案件移送条件。为了编制好追究环境犯罪的法网，许多地方实行线索通报（移送）程序，由公安机关提前介入案件进行侦查或者通过联合办案形式共同查办案件。学术上，有学者将环境行政执法中刑事案件的移送称之为"正向移送"[2]。环境犯罪的移送大体包括两类不同案件的移送：一类是对一般环境犯罪即破坏生态环境和资源的犯罪案件进行移送；另一类是对环境监管失职等渎职犯罪进行移送。对环境行政机关移送的这两类案件进行承接的机关不同。第一类案件由公安机关进行承接，公安机关审查后再决定是否进行侦查。根据现行法律规定，第二类案件应当由享有职务犯罪调查权的监察机关承接，由监察机关进行立案调查。为了使框架结构更为合理，本书将第二类环境渎职犯罪案件的移送承接问题置于第四章解决。第二章重点探讨一般环境犯罪的移送承接问题。

---

〔1〕 如山东省原环境保护厅 2013 年 8 月 14 日印发了《全省环境保护部门调查与移送涉嫌环境污染犯罪案件的工作程序》（录环办〔2013〕27 号），对涉嫌污染环境犯罪的立案调查部门、调查要求、移送部门、移送条件、公安机关提前介入、移送的材料、移送的期限、配合机制、渎职后果等都做了明确的规定。

〔2〕 孙洪坤、张毅："环境行政执法与刑事司法相衔接的程序失灵研究"，载《政法学刊》2017 年第 3 期。

总体来看，环境行政执法机关在执法中发现自己办理的案件涉嫌构成犯罪时：其一，应当移送给司法机关；其二，应当及时移送；其三，应当将案卷材料及证据全部移送；其四，应当按照一定的程序和要求进行移送；其五，应当协助司法机关办理所移送的环境犯罪案件；其六，为了确保行政机关及时移送环境犯罪案件，需要在内部和外部采取各种监督约束机制。根据前述流程，环境犯罪案件移送制度应当包括涉嫌环境刑事案件的移送主体、移送环境犯罪案件的范围、移送的基本条件、移送的时间限制、移送的材料、对司法机关承接案件后的处理进行回应或者救济等内容。

一、移送的主体

行政执法的主体是行政机关。对于环境行政执法而言，其主体理所当然就是生态环境行政机关，即"参加环境行政法律关系，依法拥有环境行政职权，能以自己的名义行使行政职权，并能独立为自己行使职权的行为产生的后果承担相应的法律责任的国家机关或其他（社会）组织"[1]。2018 年国家机构改革前，我国环境保护工作并非生态环境部门一家或几家的责任，而是牵涉到众多行政职能部门和相关组织，曾有学者将其概括为以下五类：①经法律、法规授权的各级人民政府；②依法设立的各级环境保护行政主管部门及其派出机构；③依法律、法规授权的政府职能部门，如海洋、港务监督、渔政渔港监督、军队环境保护部门、各级公安、交通、铁路、民航管理部门、土地管理部门、地质矿产管理部门、林业部门、农业部门、水利管理部门、卫生管理部门、城乡建设部门等；④依法行使环境行政职能的组织；⑤环境保护行政主管部门委托的

---

[1] 王灿发主编：《中国环境行政执法手册》，中国人民大学出版社 2009 年版，第 16 页。

特定组织。[1] 立法上，2015 年《环境保护法》第 10 条[2]也明确规定了环境行政执法主体，具体包括：①国务院环境保护主管部门；②县级以上地方人民政府环境保护主管部门；③县级以上人民政府有关部门和军队环境保护部门。基于当时我国环境行政执法机构设置的情况，有学者认为这种环境管理体制虽然发生了变化，但还是存在一些问题，具体表现为由原来的"各部门分工管理逐步转变为统一监督管理和分工负责相结合的管理体制。在体制转变过程中只注重对新机构的授权，不注意对原有机构及其相关职能整合，从而就发生了某些环境管理机构重复设置的现象，导致了政府内部某些管理机构的职能错位、冲突、重叠等体制性障碍"[3]。还有学者认为，2003 年 11 月在国家环境保护总局内部专门设立的环境监察局（现生态环境部环境监察局）是我国负责环境行政执法的专门机关，但存在职能不明晰，内部架构设置粗放、外部设置重复，缺乏专业的跨部门联合协调机构等问题[4]。这些观点指出了我国当时环境行政执法机构设置的各种弊端，说明彼时分散、重叠的执法体制机制已经不能满足我国生态环境保护的需要，亟需进行改变。

党和国家早已洞察了当时环境行政执法体制机制中的问题。中

---

〔1〕 王灿发主编：《中国环境行政执法手册》，中国人民大学出版社 2009 年版，第 18~22 页。

〔2〕 该条内容是："国务院环境保护主管部门，对全国环境保护工作实施统一监督管理；县级以上地方人民政府环境保护主管部门，对本行政区域环境保护工作实施统一监督管理。县级以上人民政府有关部门和军队环境保护部门，依照有关法律的规定对资源保护和污染防治等环境保护工作实施监督管理。"

〔3〕 贺思源："论我国环境执法机构的重构"，载《学术界》2007 年第 1 期。该文主张应当根据权威独立原则、依法设置原则、精干效能原则制定综合性的环境管理体制法，科学划分统管部门与分管部门的执法权限，建立环境保护综合协调机构和咨询机构，设置区域性和流域性执法机构并实行垂直监管。这些主张有些已经在我国机构改革中得到了实现。

〔4〕 参见赵星："我国环境行政执法对刑事司法的消极影响与应对"，载《政法论坛》2013 年第 2 期。

共中央2018年3月印发的《关于深化党和国家机构改革方案》对原有体制进行了改革，将与环境保护有关的职能全部进行了整合[1]，由生态环境部及其下级生态环境机构行使管理权，职权包括"生态环境监测和执法工作，监督管理污染防治、核与辐射安全，组织开展中央环境保护督察"[2]等职能。自然资源所有者职能由自然资源部及其下属机构行使，统一行使"全民所有自然资源资产所有者职责，统一行使所有国土空间用途管制和生态保护修复职责"[3]等职能。根据2016年9月中共中央办公厅、国务院办公厅印发的《关于省以下环保机构监测监察执法垂直管理制度改革试点工作的指导意见》，县级生态环境局被调整为市级生态环境局的派出分局，由市级生态环境局直接管理，不再是县级政府职能部门。《深化党和国家机构改革方案》实施后，2018年12月中共中央办公厅、国务院办公厅印发了《指导意见》，要求全国各地市级生态环境部门整合生态环境、自然资源和规划、农业农村、水利等部门相关污染防治和生态保护执法职责组建生态环境保护综合执法队，以市生态环境局的名义统一行使污染防治、生态保护、核与辐射安全的行政处罚权以及与行政处罚相关的行政检查、行政强制权。目前，我国生态环境行政执法权由整合后的生态环境保护综合

---

　　[1]　根据《深化党和国家机构改革方案》，将国土资源部的职责，国家发展和改革委员会的组织编制主体功能区规划职责，住房和城乡建设部的城乡规划管理职责，水利部的水资源调查和确权登记管理职责，农业部的草原资源调查和确权登记管理职责，国家林业局的森林、湿地等资源调查和确权登记管理职责，国家海洋局的职责，国家测绘地理信息局的职责整合，组建自然资源部，作为国务院组成部门。将环境保护部的职责，国家发展和改革委员会的应对气候变化和减排职责，国土资源部的监督防止地下水污染职责，水利部的编制水功能区划、排污口设置管理、流域水环境保护职责，农业部的监督指导农业面源污染治理职责，国家海洋局的海洋环境保护职责，国务院南水北调工程建设委员会办公室的南水北调工程项目区环境保护职责整合，组建生态环境部，作为国务院组成部门。

　　[2]　参见《深化党和国家机构改革方案》第（二十五）。

　　[3]　参见《深化党和国家机构改革方案》第（二十四）。

行政执法机关行使。生态环境行政执法自上而下的体制框架为：生态环境部和各省生态环境厅设立生态环境执法局，地市级生态环境局成立生态环境保护综合行政执法支队，县级生态环境派出局成立生态环境保护综合行政执法大队，实行垂直管理。这种管理体制改革强化了生态环境保护部门的独立性和执法权力，一定程度上可以保证环境行政执法权不受地方政府的干预。

值得注意的是，县级生态环境管理部门目前没有独立的环境行政执法权。市级生态环境局统一行使环境行政执法权这种管理体制调整后，县级生态环境局成为市级生态环境局的派出机构，失去了独立的法人资格，也失去了独立执法办案权，县级生态环境分局向同级公安机关移送涉嫌环境犯罪的案件只能以设区的市生态环境局的名义进行，凭空增加了许多环节，移送程序不是很畅通，移送成本增加，移送效率受到了影响，各地县级生态环境部门对此也颇有微词。县级生态环境局不能独立行使环境行政执法权与前述《指导意见》"加强市县环境执法工作""环境执法重心向市县下移""强化属地环境执法"等要求和目标相悖，会直接影响执法效率。为了破除执法中的体制机制纠葛，提高环境犯罪移送效率，建议相关环境立法在管理体制中明确赋予县级生态环境分局执法主体资格，使其享有独立的环境行政执法权。

二、移送案件的范围

移送案件的范围就是环境行政执法机关移送环境犯罪案件的范围。2007 年 5 月 17 日国家环境保护总局、公安部、最高人民检察院《关于环境保护行政主管部门移送涉嫌环境犯罪案件的若干规定》（已失效）第 2 条列举了 8 个方面的犯罪案件[1]。2017 年

---

〔1〕 8 个方面的犯罪是指走私废物罪、重大环境污染事故罪（现污染环境罪）、非法处置进口的固体废物罪、擅自进口固体废物罪、滥用职权罪、玩忽职守罪、环境监管失职罪以及其他涉及环境的犯罪。

《工作办法》对移送案件范围没有规定。本书研究中对环境犯罪案件作广义理解，包括《刑法》第六章第六节破坏环境资源保护罪及其他相关条文规定的与环境有关的犯罪，大体是指以下三类犯罪：其一，污染环境方面的犯罪，包括污染环境罪、非法处置进口的固体废物罪、擅自进口固体废物罪、走私废物罪。如2017年7月10日，福建省沙县环保局接到匿名举报，称有人在高新技术产业开发区金沙园内倾倒恶臭泥土，可能污染环境。执法人员现场调查后初步判断可能为危险废物。执法人员随即通知公安、检察机关共同开展调查。调查后发现该非法倾倒危险废物的数量达235吨，属于后果特别严重的情形，涉嫌严重环境污染的犯罪，环保局随后将案件移送给沙县公安局进行处理[1]。其二，资源破坏方面的犯罪，包括破坏动植物资源、土地资源、矿产资源等方面的犯罪，罪名有：非法捕捞水产品罪，非法猎捕、杀害珍贵、濒危野生动物罪，非法收购、运输、出售珍贵、濒危野生动物、珍贵、濒危野生动物制品罪，非法狩猎罪，非法占用农用地罪，非法采矿罪，破坏性采矿罪，非法采伐、毁坏国家重点保护植物罪，非法收购、运输、加工、出售国家重点保护植物、国家重点保护植物制品罪，盗伐林木罪，滥伐林木罪，非法收购、运输盗伐、滥伐林木罪。其三，环境监管渎职方面的犯罪，包括环境监管失职罪。

三、移送的基本条件

环境行政执法中移送涉嫌环境犯罪的基本条件就是环境行政执法机关向刑事司法机关移送刑事案件时需要达到的标准或者需要具备的条件。环境行政执法机关移送的刑事案件仅为涉嫌环境犯罪，故不能要求所移送的案件标准达到确实构成犯罪的程度。移送涉嫌

---

〔1〕 参见郄建荣："环保部：福建一公司非法倾倒危废235吨 公安部挂牌督办"，载 http：//news.ifeng.com/a/20171112/53190113_0.shtml，最后访问日期：2020年1月28日。

环境犯罪案件的条件应当根据刑事立法、相关司法解释、立案标准、相关建设性意见的规定来确定。

法律法规层面，《刑事诉讼法》第110条规定了立案的材料来源和对立案材料的接受和处理："任何单位和个人发现有犯罪事实或者犯罪嫌疑人，有权利也有义务向公安机关、人民检察院或者人民法院报案或者举报"。该条规定报案或者举报犯罪的基本条件是"发现有犯罪事实或者犯罪嫌疑人"。《行政移送规定》是适用于所有行政机关移送行政犯罪的法规，自然也适用于环境行政执法机关移送环境犯罪案件，其中第3条规定："行政执法机关在依法查处违法行为过程中，发现违法事实涉及的金额、违法事实的情节、违法事实造成的后果等，根据刑法关于破坏社会主义市场经济秩序罪、妨害社会管理秩序罪等罪的规定和最高人民法院、最高人民检察院关于破坏社会主义市场经济秩序罪、妨害社会管理秩序罪等罪的司法解释以及最高人民检察院、公安部关于经济犯罪案件的追诉标准等规定，涉嫌构成犯罪，依法需要追究刑事责任的，必须依照本规定向公安机关移送。"该条规定向公安机关移送刑事案件的条件是"涉嫌构成犯罪"，而犯罪的判断根据是刑法规定及司法解释发布的追诉标准。《行政移送规定》第18条还规定："行政执法机关在依法查处违法行为过程中，发现贪污贿赂、国家工作人员渎职或者国家机关工作人员利用职权侵犯公民人身权利和民主权利等违法行为，涉嫌构成犯罪的，应当比照本规定及时将案件移送人民检察院。"2018年3月《监察法》实施后，我国国家工作人员职务犯罪刑事调查体制已经发生改变。根据《监察法》的规定，这条规定中"将案件移送人民检察院"应当修改为"将案件移送监察委员会"。

建设性意见层面，2011年《衔接意见》规定，"行政执法机关在执法检查时，发现违法行为明显涉嫌犯罪的，应当及时向公安机关通报"。2017年《工作办法》第5条后段对环境犯罪的移送规定了两个基本条件："向公安机关移送涉嫌环境犯罪案件，应当符合下列条件：①实施行政执法的主体与程序合法；②有合法证据证明有涉嫌环境犯罪的事实发生"。《衔接意见》和《工作办法》相比有两个方面的不同：一是涉嫌犯罪需要达到"明显"的程度；二是规定应当向公安机关"通报"而非"移送"。应该说《工作办法》的规定更加科学、细致，操作性更强。环境违法行为是否构成环境犯罪既是一种主观判断，更是一种客观判断，需要环境行政执法者具有良好的刑法专业素养，能够根据案件和证据作出比较准确的犯罪与否的判断。环境行政执法中只要发现涉嫌构成犯罪的案件就应当向公安机关移送，《衔接意见》规定"明显涉嫌犯罪"有多此一举之嫌。

《工作办法》是目前国家机关发布的落实移送方面的法律法规最新的操作细则。根据《工作办法》，环境行政执法机关移送涉嫌环境犯罪案件的条件可以归纳为：

（一）环境行政执法主体合格，执法程序合法

移送环境犯罪的主体方面，只有各级生态环境行政主管部门下设的生态环境保护综合行政执法支队（大队）有资格对环境行政执法中发现的涉嫌环境犯罪案件进行移送。执法程序合法是行政执法、刑事诉讼程序公正的体现。执法程序合法比较常见的有执法者要求2人以上、执法全过程记录、重大执法决定法制审核、取证程序合法等。没有取得环境行政执法权或者执法程序虽然不合法，但执法单位和个人若发现涉嫌环境犯罪的行为或犯罪嫌疑人的，虽然不能直接移送给公安机关，但根据《刑事诉讼法》第110条的规定，仍然可以向公安机关报案或者举报。公安机关经审查认为确实涉嫌构成犯罪的，仍然应当立案侦查。

（二）有合法证据证明涉嫌环境犯罪事实

合法证据是指行政机关根据《行政处罚法》第36、37条的规定全面、客观、公正地调查、检查时合法收集的证据。涉嫌犯罪是

指环境行政执法人员根据刑法、刑事司法解释、刑事立案标准等规定初步判断可能构成犯罪的情况。环境行政执法人员在判断环境违法行为构成犯罪时，应当根据刑法规范、司法解释以及自己对刑法和司法解释的精准理解予以确定[1]且有证据证明。需要提及的是，环境行政执法机关运用合法证据对涉嫌犯罪事实的证明标准不可能达到审判机关所要求的定罪量刑的证明标准。刑事证明标准是指"刑事诉讼中法律规定的运用证据证明待证事实所要达到的程度和要求"[2]。囿于职能和侦查手段，环境行政执法过程中证明犯罪的标准不可能与司法机关相比。即便在刑事诉讼过程中，立案侦查阶段、起诉阶段和审判阶段的证明标准也不相同。如在德国，法官作出有罪判决的刑事证明标准是"法官内心确信"，但德国《刑事诉讼法》第 152 条规定的提起公诉的标准是"有足够的事实根据"证明存在犯罪嫌疑。[3] 对于我国环境行政执法中涉嫌犯罪的证明标准，有学者主张"行政执法机关案件移送的标准应当适当低于侦查机关的立案标准，可以不必要求行政执法机关对需要追究刑事责任的违法事实查证属实，只需有证据证明违法事实涉嫌构成犯罪即可"[4]。应该说这种观点值得赞同。行政执法中涉嫌的环境犯罪不是达到足以定罪量刑标准的犯罪，无需达到"有犯罪事实需要追究刑事责任"的立案标准，更不需要达到"犯罪事实清楚，证据确实充分"的排除合理怀疑的有罪证明标准，只要达到构成犯罪的可能

---

〔1〕 环境犯罪与非罪的界限系环境刑事实体法研究的范畴，不是本书研究的主要内容，故在此一笔带过。如何区分环境犯罪与非罪的界限，可参见有关学者环境刑法方面的著作。

〔2〕 陈光中主编：《刑事诉讼法学（新编）》，中国政法大学出版社 1996 年版，第 141 页。

〔3〕 参见杨诚、单民主编：《中外刑事公诉制度》，法律出版社 2000 年版，第 196 页。

〔4〕 参见刘艳红、周佑勇：《行政刑法的一般理论》，北京大学出版社 2008 年版，第 179~180 页。

性很大的标准即可。

四、移送的时间期限

根据前述及时移送原则，环境行政执法机关应当及时将自己执法中发现的涉嫌环境犯罪案件移送给司法机关。对于环境行政执法机关移送刑事案件的具体时间，《刑事诉讼法》和《行政处罚法》都没有明确的规定，但《行政移送规定》《移送意见》《工作办法》进行了明确。上述规定移送时间最具操作性的当属《行政移送规定》。根据这些法规、意见、办法，环境行政执法机关移送涉嫌环境犯罪的案件有五个时间节点：一是核实犯罪情况的环节，《行政移送规定》第5条前段规定："行政执法机关对应当向公安机关移送的涉嫌犯罪案件，应当立即指定2名或者2名以上行政执法人员组成专案组专门负责，核实情况后提出移送涉嫌犯罪案件的书面报告，报经本机关正职负责人或者主持工作的负责人审批"。二是审批环节，《行政移送规定》第5条中段规定："行政执法机关正职负责人或者主持工作的负责人应当自接到报告之日起3日内作出批准移送或者不批准移送的决定"。三是移送环节，《行政移送规定》第5条第2款规定："……决定批准的，应当在24小时内向同级公安机关移送……"《工作办法》第6条第1款也进行了相同的规定："环保部门移送涉嫌环境犯罪案件，应当自作出移送决定后24小时内向同级公安机关移交案件材料，并将案件移送书抄送同级人民检察院。"四是办理交接手续的时间。《工作办法》第10条第1款规定："环保部门应当自接到公安机关立案通知书之日起3日内将涉案物品以及与案件有关的其他材料移交公安机关，并办理交接手续。"五是没有及时移送的补送时间。《移送意见》第1条意见规定："对未能及时移送并已作出行政处罚的涉嫌犯罪案件，行政执法机关应当于作出行政处罚10日以内向同级公安机关、人民检察院抄送《行政处罚决定书》副本，并书面告知相关权利人。"

　　在上述五个时间节点中，其中四个时间节点都是程序问题，所以时间规定非常明确，分别是 3 日、24 小时、10 日、3 日。这四个时间的规定是比较科学且有效的。行政执法机关的负责人作出是否批准移送的决定事关环境违法行为人的责任方式变化，对违法人来说意义重大，所以应当慎重，给出 3 天时间已经可以帮助负责人作出决定。决定移送后规定 24 小时要移送至司法机关也是切实可行的，因为作出移送的决定后只需要将案卷材料递交给司法机关，1 天时间足矣完成该事项。未能及时移送且已作出行政处罚的案件情况相对复杂，行政执法机关既要权衡行政处罚与刑事处罚之间的关系问题，也要对该类案件进行核实，收集整理相关涉嫌环境犯罪的证据材料，还要告知行政相对人，及时与相关权利人沟通，所以时间规定 10 天也在情理之中。环保机关接到公安机关立案通知书后移送案件材料、办理交接手续，3 天时间也已充足。上述五个环节唯一没有时间限制的是核实犯罪情况的环节。这个环节之所以不规定时间节点，与犯罪事实这个刑事实体问题的不确定性有关。行政执法机关所查处的案件是否构成犯罪事实比较复杂，尤其是环境污染类犯罪案件，由于证据难以确定，因果关系难以证明，故核实犯罪事实时所需时间相对较长。移送环境犯罪案件意味着要追究环境违法者的刑事责任，事关重大，仓促定性可能造成冤假错案。所以，对犯罪事实核实环节不确定具体时间是正确的。尽管相关规定没有限制环境执法机关核实犯罪事实的时间，环境行政执法机关还是应当采取积极、主动的工作态度，尽最大的努力尽快核实犯罪，否则会影响环境犯罪追诉的效率，也可能使环境犯罪的证据遭到灭失。

　　前述文件没有规定移送完成的具体时间。实务中既不需要、也不可能规定移送完成的时间。因为环境行政执法机关将案件移送给公安机关、监察机关后，有一系列工作需要配合公安、监察完成，这些工作要随环境犯罪查处的诉讼流程而定。如相关证据调查中环境数据的监测及认可、环保检验的事实认定及报告的撰写等技术证据。即便到了检察院起诉和法院审判环节，公安机关移送案件后的协助、配合工作仍会延续。所以，从配合、协助刑事案件查处和实践中有无必要看，无需规定移送完成时间。

五、需要移送的具体材料

环境行政执法机关移送环境犯罪案件，应当将行政执法中收集到的所有涉嫌犯罪的材料都移交给司法机关。具体应当移送哪些材料，《行政移送规定》第4条、《衔接意见》第1条第3项、《工作办法》第6条、《受理规定》第2条等作了明确的规定。概括起来，环境行政执法机关向刑事司法机关移送刑事案件时应当移送下列材料：

（一）涉嫌环境犯罪的案件移送书

环境犯罪案件移送书应当载明移送环境行政执法机关的名称、环境违法行为涉嫌的环境犯罪罪名，涉嫌环境犯罪的主要依据、涉嫌环境犯罪案件的主办人及联系电话等情况。环境犯罪案件移送书还应当附上移送材料的清单，并加盖移送单位的公章（格式详见附件1）。案件移送书送达后，承接单位应当出具案件移送书回执（格式详见附件2）。

（二）涉嫌环境犯罪案件情况的调查报告（格式详见附件3）

调查报告的撰写格式可以概括为以下四个部分：

1. 涉嫌环境犯罪的基本情况，包括涉嫌环境犯罪案件嫌疑人、刑事被害人[1]的身份、涉嫌的环境犯罪是否为被告人所实施、涉嫌的具体环境犯罪罪名等。

---

[1] 环境犯罪被害人是指因合法权益遭受环境犯罪侵害的自然人和法人。其特征主要有：难以证明自身受到的损害，被害原因较为复杂，被害结果具有累积性，被害人具有群体性特征等。参见郑志：《环境犯罪被害人的法律保护》，社会科学文献出版社2018年版，第22~26页。

2. 涉嫌环境犯罪的事实，包括犯罪嫌疑人涉嫌实施环境犯罪的原因、时间、地点、后果、手段，是否属于共同犯罪及其在共同犯罪中的地位和所起的作用，嫌疑人有无从重、从轻、减轻、免除处罚的情节，嫌疑人之前是否受过环境行政处罚等事实情况。

3. 环境行政执法机关对涉嫌环境犯罪的环境违法行为处理、处罚情况。

4. 其他情况说明。

（三）相关证据材料

环境行政执法中，"为规范环境行政处罚证据的收集、审查和认定，保证事实认定的准确性和环境行政处罚案件的办理质量，提高行政执法效能"[1]，当时的环境保护部于 2011 年 5 月专门编制了《环境行政处罚证据指南》（环办［2011］66 号）。根据该证据指南，环境行政处罚的证据类型有：①书证，包括环境影响评价文件、企业生产记录、环保设施运行记录、合同、发票等缴款凭据、环保部门的环评批复、验收批复、排污许可证、危险废物经营许可证、举报信等；②物证，包括厂房、生产设施、环保设施、排污口标志牌、暗管、污水、废气、固体废物，受污染的农作物、水产品等；③视听资料，包括录音、录像、照片等；④证人证言，包括企业附近居（村）民的陈述、污染受害人的陈述等；⑤当事人陈述，即当事人就案件情况向环保部门所作的陈述，包括申辩意见、当事人的听证会意见等；⑥环境监测报告，即具有资质的监测机构，按照有关环境监测技术规范，运用物理、化学、生物、遥感等技术，对各环境要素的状况、污染物排放状况进行定性、定量分析后得出的数据报告和书面结论，包括水、气、声环境监测报告等；⑦自动

---

[1] 参见 2011 年 5 月 30 日环境保护部办公厅《环境行政处罚证据指南》。

监控数据，即以污染源自动监控系统、DCS 系统[1]、GEMS 系统[2]等计算机系统运行过程中产生的反映案件情况的电子数据，包括污染源自动监控数据、DCS 系统数据、GEMS 系统数据、监控仪器运行参数数据等；⑧鉴定意见[3]，即具有资质的鉴定机构，受环保部门、当事人或相关人委托，运用专门知识和技能，通过分析、检验、鉴别、判断对专门性问题作出的数据报告和书面意见，包括环境污染损害评估报告、渔业损失鉴定、农产品损失鉴定等；⑨现场检查（勘验）笔录，即执法人员对有关物品、场所等进行检查、勘验时当初制作的反映案件情况的文字记录，包括现场检查笔录、现场勘验笔录等；⑩调查询问笔录，即执法人员向案件当事人、证人和其他有关人员询问案件情况当场制作的文字记录，包括对当事人的询问笔录、对证人的询问笔录、对污染受害人的询问笔录等。运用这些证据可以证明的案件事实包括当事人的身份，违法事实及其性质、程度，从重、从轻、减轻、免除处罚的情节，执法程序的合法性与否，行政处罚前置程序是否已经实施，案件管辖权，执法人员身份以及其他案件事实，等等。该证据指南还对证据收集中的工作要求、收集方式、证据要求，证据审查中的工作要求、审查内容、审查方法以及证据认定等作了详细的规定。附录中"常见证据的证明对象示例""常见环境违法行为的事实证明和证据收集示例""常见证据制作示例"具有极强的操作性。据此，环境违法行为的证据收集、审查和认定在规则层面上已经非常完善。环境污染事故发生后，环境保护行政执法机关应当根据当事人的申请或者根据自己的职权范围"对污染工厂、设备、污染物和环境介

---

〔1〕　是指集散控制系统，简称 DCS，其主要特征是集中管理和分散控制。

〔2〕　全称 General Execution-driven Multiprocessor Simulator，是一种多核模拟器，它接触商业化的虚拟机在全系统的环境下负责解释程序的执行。

〔3〕　《环境行政处罚证据指南》上规定的是"鉴定结论"，2012 年《刑事诉讼法》第 48 条已经将"鉴定结论"这类证据修改为"鉴定意见"。

质进行的查封、扣押、记录、监测、处罚的行为,可以起到固定、保存证据的作用"[1]。如江苏省泰州市姜堰区人民法院对南通某化工有限公司污染环境罪的刑事判决中,搜集到的该公司污染环境罪的证据就包括:物证照片、书证、证人证言、对危险废物的鉴定意见、现场勘查笔录、指认现场笔录、辨认笔录、视听资料以及被告人的供述与辩解等证据[2]。这些证据大多由生态环境移送部门提供或协助搜集。

环境行政处罚证据与环境刑事处罚证据在证据收集方式、证据审查方式、证据证明标准等方面差别较大,不能直接等同,行政处罚证据不能直接用来作为证明刑事犯罪案件事实的证据使用。在环境刑事司法中,很多刑事证据却仍然依赖于环境行政执法中收集的证据。环境行政执法发现涉嫌环境犯罪事实的情况下,为了防止环境犯罪证据灭失,节省证据收集时间,提高刑事司法效率,环境行政执法机关应当在查处环境违法行为的过程中"妥善保存所收集的与违法行为有关的证据。对查获的涉案物品,应当如实填写涉案物品清单。对易腐烂、变质物品,应当采取措施,留取证据;对需要检验、鉴定的,应当出具检验报告或者鉴定结论[3]"[4],并且须将证据材料移送给承接案件的司法机关。根据《刑事诉讼法》和前述相关文件的规定,环境犯罪移送的相关证据材料大体包括:

1. 勘验、检查材料,包括环境执法过程中获取的现场检查(勘验)笔录、调查询问笔录、现场勘验图、采样记录单;

---

〔1〕 王旭光:"环境损害司法鉴定中的问题与司法对策",载《中国司法鉴定》2016 年第 1 期。

〔2〕 参见江苏省泰州市姜堰区人民法院(2015)泰姜环刑初字第 00001-1 号刑事判决书。

〔3〕 现为"鉴定意见",笔者注。

〔4〕 别涛:"环境犯罪案件移送的程序规则",载《中国环境报》2002 年 7 月 13 日,第 3 版。

2. 视听资料，包括环境执法拍摄的现场照片、录音录像资料及整理的清单。这些资料中均应载明需证明的案件事实对象、拍摄人是谁、拍摄时间和地点等；

3. 与涉嫌环境犯罪有关的监测报告、检测数据、检验（测）报告、突发环境事件调查报告、鉴定意见、上级生态环保机关对检测报告等的认定意见；

4. 其他涉嫌环境犯罪的证据材料。

此外，对于各级环境行政执法部门向公安机关移送涉嫌环境犯罪案件前已经作出行政处罚决定的，移送时应当附送行政处罚决定书。根据《受理规定》第2条第3款、《工作办法》第8条等文件规定，公安机关"对材料不全的案件，应当在接受移送案件的24小时内书面告知移送的环境行政执法机关在3日内补正"。

（四）涉案物品清单（格式详见附件4）

应当将已经采取强制措施进行查封、扣押的涉及环境违法犯罪案件物品的名称、数量、特征、存放地等逐一列出并作出说明。同时附上环境行政执法机关所采取的强制措施、现场笔录等能够证明涉案物品来源的相关材料。

六、该移送环境犯罪案件不移送的后果

环境行政执法机关内部，应当制定相应的规章制度督促执法人员及时移送。执法机关外部，可以通过对不及时移送的执法人员进行行政处分，或者将性质恶劣的不移送行为定罪量刑进行制约（第四章详述）。

第二节　环境刑案司法承接制度

环境刑案司法承接制度是指司法机关对环境行政执法机关移送的涉嫌环境犯罪的案件进行受理、处理的活动。环境行政执法机关在执法过程中发现涉嫌构成环境犯罪的案件时，必须将该案件移送至有管辖权的司法机关。司法机关承接环境行政执法机关移送的涉嫌环境犯罪案件是其职责要求。《刑事诉讼法》第109条规定："公安机关或者人民检察院发现犯罪事实或者犯罪嫌疑人，应当按照管辖范围，立案侦查。"环境行政机关只行使环境行政权，只能对环境违法行为进行处罚，无权处罚任何犯罪行为。环境行政执法机关将发现的涉嫌环境犯罪的案件移送司法机关，直接成为司法机关立案的材料来源。涉嫌犯罪案件的立案、侦查、起诉、审判均为行使刑事司法权的活动。环境犯罪承接制度由以下部分组成：

一、承接主体

根据现行《刑事诉讼法》第109条的规定，能够对刑事案件立案侦查的司法机关有两个，一是公安机关，二是检察机关。中共中央《关于深化党和国家机构改革方案》实施后，我国权力体制和监督体制发生了巨大的变化。尤其是原来行使国家公职人员犯罪侦查职能的国家检察机关反贪局、反渎局的工作职能改革后被赋予了国家监察委，检察机关只"对诉讼活动实施法律监督中发现的司法工作人员利用职权实施的非法拘禁、刑讯逼供、非法搜查等侵犯公民权利、损害司法公正的犯罪"[1]行使立案侦查权，不再对其他国家公职人员犯罪行使立案侦查权。根据《监察法》第18条的规定，监察机关对一般公职人员犯罪行使监督、调查职权。从权力分置的原则看，将国家公职人员犯罪的侦查调查权与起诉权授予不同国家机关是科学的。

基于我国刑事程序立法的现有法律框架，以下两个机关对环境行政执法机关移送的环境犯罪案件享有环境犯罪案件承接权：①公安机关承接一般环境刑事案件。公安机关内部基本都由刑事侦查机

---

〔1〕 2018年修改后《刑事诉讼法》第19条。

关负责接手移送过来的环境犯罪案件，有些地方的公安机关专门设立了环境警察大队或者环境警察支队[1]，专门负责环境犯罪的侦查工作。需要注意的是，公安机关在环境违法行为的处罚中担当双重角色：一是对环境行政执法机关移送的涉嫌环境犯罪的案件受理后进行审查，决定立案或者不予立案；二是环境行政执法机关对已经进行了罚款等行政处罚的环境违法案件认为其需要处以行政拘留处罚的，将环境违法案件移送给公安机关予以行政拘留处罚。在这两种不同角色中，公安机关行使权力时依据的法律法规不同。对环境违法行为处以行政拘留时，公安机关依据的是《行政处罚法》《环境行政处罚办法》，受理涉嫌环境犯罪案件后进行审查、作出立案与否的决定、侦查等一系列职权时，公安机关依据的是《刑事诉讼法》。[2] ②监察机关承接环境监管渎职失职案件。监察机关承接环境监管渎职失职案件主要在监督环节，故放在后面章节进行探

---

[1]　如长沙市公安局就设立了食品药品环境犯罪侦查支队，负责掌握全市食品药品环境犯罪动态，分析研究犯罪信息和规律，并拟定预防、打击对策；组织、指导和协调全市食品药品环境犯罪案件的侦办工作；侦办上级领导交办以及社会高度关注的食品药品环境案件；参与区域性食品药品环境安全集中专项整治行动；配合相关部门开展行政监管和联合执法。参见 http://csga.changsha.gov.cn/webjjcluster/artcledetail.jsp? article_sid=6592，最后访问日期：2019 年 12 月 20 日。

[2]　学界对公安机关行使立案侦查权的权力性质是行政权还是司法权存在争执。一种观点认为刑事侦查权是刑事司法权，认为侦查权与审判权、检察权同为司法权。参见王国枢：《刑事诉讼法学》，北京大学出版社 2001 年版，第 231 页；瞿丰、吴秋玫："侦查权若干问题研究"，载《公安大学学报》2002 年第 5 期；等等。另一种观点认为侦查权是行政权，因为侦查权追求效率，维护社会公益，运行方式、目的、侦查主体的组织结构等方面与行政权相似，与司法权的运行相差甚远。参见陈永生："论侦查权的性质与特征"，载《法制与社会发展》2003 年第 2 期；但伟、姜涛："论侦查权的性质"，载《国家检察官学院学报》2003 年第 5 期；等等。还有一种观点认为侦查权是带有司法化特征的行政权。参见樊崇义、刘辰："侦查权属性与侦查监督展望"，载《人民检察》2016 年第 Z1 期；等等。本书认为，将侦查权认定为带有司法化特征的行政权更符合权力行使机关的定位。因为公安机关的法律性质就是行政机关，若将侦查权的属性认定为司法权，则意味着行政机关既行使行政权，也行使司法权，显然与公安机关的行政职能定位不符。但是刑事侦查权确实带有司法化特征，所以与一般行政权又有所不同。

讨。本节主要研究公安机关承接的一般环境犯罪案件。

二、承接职责

环境犯罪案件的承接单位有公安机关和监察机关。监察机关承接的是环境渎职犯罪，这种渎职犯罪与其他渎职犯罪并无二致，故本文只探讨公安机关承接一般环境犯罪案件的职责。

对于环境行政执法机关移送的涉嫌环境犯罪，公安机关应当坚持移案必接的原则进行承接。《公安机关办理刑事案件程序规定》第171条规定："公安机关接受案件时，应当制作受案登记表和受案回执……"《受理规定》第2条规定："对于行政执法机关移送的涉嫌犯罪案件，公安机关应当接受，及时录入执法办案信息系统……"《工作办法》第7条规定："对环保部门移送的涉嫌环境犯罪案件，公安机关应当接受，并立即出具接受案件回执或者在涉嫌环境犯罪案件移送书的回执上签字。"综合上述规定，公安机关作为环境犯罪案件的承接单位，应当行使下列职责：其一，履行接受移送案件的义务，这也是移案必接原则的具体体现；其二，制作受案登记表；其三，及时将接受的涉嫌环境犯罪的信息录入执法办案信息系统；其四，向移送单位出具受理案件回执。出具回执可以通过两种方式进行：一是公安机关出具自己制作的接受案件回执，二是公安机关在环境行政执法机关涉嫌环境犯罪案件移送书的回执上签字。二者比较，前者更具科学性，因为公安机关自己制作的接受案件回执通常有留存联，在案件交接过程中划分责任时会更明确。

三、承接的时间期限

对于公安机关承接受理行政执法机关移送涉嫌案件的时间，正在执行的文件之间的规定不一致。承接受理后涉及的时间期限规定主要有以下几种类型：

（一）决定立案与否的时间

《移送意见》第 5 条规定自受理之日起 10 日以内作出是否立案的决定，案情重大复杂的，《移送意见》第 5 条和《工作办法》第 9 条均规定可以自受案之日起 30 日内决定是否立案。《行政移送规定》第 8 条和《工作办法》第 9 条规定的时间是 3 日以内决定是否应当立案。《工作办法》第 9 条规定："公安机关对环保部门移送的涉嫌环境犯罪案件，应当自接受案件之日起 3 日内作出立案或者不予立案的决定；涉嫌环境犯罪线索需要查证，应当自接受案件之日起 7 日内作出决定……"《行政移送规定》是国务院发布的行政法规，较之于其他文件位阶要高，其他文件之间不存在位阶高低的关系。本书认为，基于《行政移送规定》的法律地位以及行政执法和刑事司法的效率考虑，时间从严把握比较妥当，即根据《行政移送规定》《工作办法》的规定，将司法机关决定移送的环境犯罪立案与否的时间控制在 3 日内，涉嫌犯罪线索需要查证的时间控制在 7 日内，案情重大复杂的案件控制在 30 日内立案与否。这样确定决定立案与否的时间期限可以有效地促进刑事追诉工作，在环境违法行为不构成环境犯罪的情况下还可以保障犯罪嫌疑人的人权。随着环境行政执法机关与刑事司法机关工作机制的不断完善，双方会不断完善工作办法，签署新的合作协议或制定新的工作办法。

（二）不属于本公安机关管辖应当移送有管辖权的公安机关的移送时间

《行政移送规定》第 7 条、《移送意见》第 5 条、《工作办法》一致规定为 24 小时。《工作办法》还明确规定应当通知移送案件的环保部门，并同时抄送同级人民检察院。

（三）不属于公安机关管辖的环境犯罪案件退回原移送机关的时间

《工作办法》第 9 条规定，公安机关受理"环保部门移送的涉嫌环境犯罪案件"，经审查后发现不属于公安机关管辖的，应当在

24 小时以内将案件退回移送案件的环境行政执法机关。

（四）公安机关对于环境行政执法机关移送的环境犯罪案件作出立案、不予立案、撤销案件决定的时间

根据《工作办法》第 9 条第 2 款的规定，"公安机关作出立案、不予立案、撤销案件决定的，应当自作出决定之日起 3 日内书面通知环保部门，并抄送同级人民检察院。公安机关作出不予立案或者撤销案件决定的，应当书面说明理由，并将案卷材料退回环保部门"。

（五）环境行政执法部门申请复议的时间

根据《工作办法》第 11 条的规定，环境行政执法部门若认为公安机关不予立案的决定不当，可以自接到不予立案通知书之日起 3 个工作日内向作出决定的公安机关申请复议。公安机关也应当在收到复议申请之日起 3 个工作日内作出立案或者不予立案的复议决定，并书面通知环保部门。

应该说，相关法规、规定、建设性意见对公安机关承接案件规定的时间期限比较合理，既考虑了移送工作的实际需要，也考虑了移送承接的效率价值，实现了多维程序价值的综合平衡。

四、承接材料

公安机关根据职权所承接的环境行政执法机关移送的涉嫌环境犯罪案件的材料与环境行政执法机关移送的材料一致，包括案件移送书、案件调查报告、案件相关证据等。案件移送书和调查报告主要是让公安机关了解环境行政执法机关移送环境犯罪的基本情况，移送相关证据材料的目的是让司法机关减少证据重复收集工作，节省证据收集时间，提高刑事追诉效率。

对于行政执法收集的证据如何在刑事诉讼中运用，相关立法、司法解释和建设意见已经进行了明确规定。《刑事诉讼法》第 54 条第 2 款规定："行政机关在行政执法和查办案件过程中收集的物证、

书证、视听资料、电子数据等证据材料，在刑事诉讼中可以作为证据使用。"2012年《人民检察院刑事诉讼规则（试行）》第64条第1、2款规定："行政机关在行政执法和查办案件过程中收集的物证、书证、视听资料、电子数据证据材料，应当以该机关的名义移送，经人民检察院审查符合法定要求的，可以作为证据使用。行政机关在行政执法和查办案件过程中收集的鉴定意见、勘验、检查笔录，经人民检察院审查符合法定要求的，可以作为证据使用。"最高人民法院《关于适用〈中华人民共和国刑事诉讼法〉的解释》第65条第1款也明确规定："行政机关在行政执法和查办案过程中收集的物证、书证、视听资料、电子数据等证据材料，在刑事诉讼中可以作为证据使用；经法庭查证属实，且收集程序符合有关法律、行政法规规定的，可以作为定案的根据。"这些材料除调查询问笔录外基本都是客观性证据，环保机关可以直接移送到司法机关，由司法机关进行审查。《工作办法》第20条规定："环保部门在行政执法和查办案件过程中依法收集制作的物证、书证、视听资料、电子数据、监测报告、检验报告、认定意见、鉴定意见、勘验笔录、检查笔录等证据材料，在刑事诉讼中可以作为证据使用。"第21条规定："环保部门、公安机关、人民检察院收集的证据材料，经法庭查证属实，且收集程序符合有关法律、行政法规规定的，可以作为定案的根据。"

上述规定对行政执法中获取的证据在刑事诉讼中的运用进行了明确：其一，行政执法证据可以作为刑事诉讼的证据使用；其二，对于刑事诉讼采纳行政执法证据的条件，《人民检察院刑事诉讼规则（试行）》第64条规定了"经人民检察院审查符合法定要求"，《工作办法》规定了"经法庭查证属实，且收集程序符合有关法律、行政法规规定"。具体环境犯罪中需要什么证据，环境行政执法搜集的证据如何转化为刑事司法证据，应当根据案件情况来定。有些地方的司法机关专门制定了污染环境犯罪案件的移送标准和证据要求[1]。环境行政执法证据转化为环境刑事司法证据是一个应当深入研究的课题，本书后面详述。

五、承接案件后的处理

对于环境行政执法机关移送的涉嫌环境犯罪的案件，公安机关应当根据《刑事诉讼法》的有关规定进行相关处理。具体包括以下环节：

（一）审查移送材料

根据《刑事诉讼法》第112条的规定，公安机关对于环境行政执法机关移送的材料"应当按照管辖范围，迅速进行审查"。根据前述法律法规、衔接的建设性意见以及2012年公安部发布的《公安机关办理刑事案件程序规定》，对于环境行政执法机关移送的涉嫌环境犯罪的案件，公安机关应当自接受案件之日起3日以内进行审查。公安机关审查移送的涉嫌环境犯罪的案件，应当根据刑事诉讼中犯罪的证明标准和证据要求，审查涉嫌环境犯罪人的个人身份或单位性质、主观方面、客观方面、客体等方面的证据，综合判断移送的案件是否符合刑事案件的条件。公安机关审查后认为没有犯罪事实但依法应当追究行政责任的，应当作出不予立案的决定，书面说明理由后在3日内书面通知移送单位环境行政执法机关，将案件材料退回原移送单位。

（二）立案

根据《刑事诉讼法》第112条的规定，公安机关对环境行政执

---

〔1〕 如四川环境保护厅、四川省公安厅共同制定了《四川省污染环境犯罪案件移送标准及证据要求》（以下简称《证据要求》），非常详细地罗列了环境行政执法机关移送环境犯罪需要移送的证据，解决了环境监管领域的"两法衔接"难题。如该《证据要求》对于《2017污染解释》中第1条第7项"致使疏散、转移群众5000人以上的"构罪标准的证明，就需要询问比例、现场检查笔录、现场照片等、涉及危险废物的需提供固体废物的危险性鉴别意见或依据、环境监测报告、应急处置部门等单位的陈述材料、证人证言等其他证据材料。

法机关移送的涉嫌环境犯罪的案件"认为有犯罪事实需要追究刑事责任的时候，应当立案"。对于环境犯罪而言，涉嫌犯罪人的主体身份、主观犯意、客观行为、法益侵害都需要根据相关物证，书证，视听资料，电子数据，监测报告，认定、鉴定意见，勘验、检查笔录等进行判定。环境犯罪客观行为的判断中，区别于环境违法行为的显著特征是犯罪成立的标准。这些标准通常在刑法中做概括性规定，通过司法解释或者发布立案标准进行明确。不同的犯罪标准完全不同。

根据相关司法解释规定的犯罪标准或立案标准，有些司法文件对同一犯罪规定的标准有差异。本书认为，为了保持司法统一性，应当使用最新司法解释规定的立案标准作为环境犯罪移送标准。因为我国社会变迁十分迅速，环境犯罪又是行政犯，与盗窃、诈骗、抢劫、抢夺等自然犯逐渐轻刑化不同的是，我国对环境保护的制裁日益严厉，立法机关和司法机关对环境犯罪制定的定罪标准也会随着社会的发展更加严苛，最高司法机关对污染环境罪的定罪标准的规定即是如此。因此，只有秉承最新司法解释的规定，才能从真正意义上贯彻罪刑法定和罪责刑相适应 刑法基本原则。另外，环境犯罪中有四个犯罪，即非法猎捕、杀害珍贵、濒危野生动物罪，非法收购、运输、出售珍贵、濒危野生动物、珍贵、濒危野生动物制品罪，非法采伐、毁坏国家重点保护植物罪以及非法收购、运输、加工、出售国家重点保护植物、国家重点保护植物制品罪属于行为犯的既遂，不需要犯罪的定量标准。并且值得一提的是，这四个犯罪虽然也具有环境行政违法性和刑事违法性，即违反《中华人民共和国野生动物保护法》《中华人民共和国森林法》和《刑法》的规定，但对这些行为不进行行政处罚，只进行刑事处罚。即只要实施了上述行为，刑事追究就成为制裁该类犯罪的唯一途径，这是具有双重违法性的环境犯罪制裁的例外。

环境行政执法机关行使行政执法权的过程中发现符合构罪标准

涉嫌构成犯罪，且有基本证据予以证明时，就应当将案件移送给公安机关。公安机关经过审查，发现环境行政执法机关移送的涉嫌环境犯罪的案件确实应当追究刑事责任的，应当立案。

（三）不予立案决定及复议

根据《刑事诉讼法》第 112 条的规定，公安机关"认为没有犯罪事实，或者犯罪事实显著轻微，不需要追究刑事责任的时候，不予立案，并且将不立案的原因通知控告人。控告人如果不服，可以申请复议"。据此规定，公安机关审查环境行政执法机关移送过来的涉嫌环境犯罪的案件材料后，认为没有达到构罪标准的，应当决定不予立案，通过书面说明理由后将案件材料退回原移送部门。环境行政移送机关对公安机关不予立案决定不服的，可以向公安机关申请复议。

1. 公安机关作出不予立案决定。我国不仅《刑事诉讼法》第 112 条规定了移案退回制度，现行行政法规、建设意见中也对之作了明确规定。《公安机关办理刑事案件程序规定》第 180 条第 1 款规定："对行政执法机关移送的案件，公安机关……依法不予立案的，应当说明理由，并将不予立案通知书送达移送案件的行政执法机关，相应退回案件材料。"《行政移送规定》第 8 条规定，公安机关对移送案件进行审查后，"认为没有犯罪事实，或者犯罪事实显著轻微，不需要追究刑事责任，依法不予立案的，应当说明理由，并书面通知移送案件的行政执法机关，相应退回案卷材料"。《衔接意见》第 1 条第 4 项规定："……公安机关作出不立案决定或者撤销案件的，应当将案卷材料退回行政执法机关……"《受理规定》第 3 条第 3 项规定："对不属于公安机关管辖的，退回移送案件的行政执法机关，并书面说明理由。"《工作办法》第 9 条第 2 款规定："……公安机关作出不予立案或者撤销案件决定的，应当书面说明理由，并将案卷材料退回环保部门。"根据上述法律法规章的规定，移案退回主要有两种情况：①公安机关对环境行政执法机关移送的案件作出不予立案的决定的。这种情况下公安机关不予立案的原因在于其认为移送的案件没有犯罪事实，或者认为犯罪事实显著轻微不需要追究刑事责任。②公安机关对移案作出撤销案件的决定的。公安机关撤销案件是指对已经立案侦查的涉嫌犯罪的案件，在侦查过程中发现不应对犯罪嫌疑人追究刑事责任，或者发现移送案件情节显著轻微，危害不大，不认为是犯罪，或者发现移送案件已过追诉时效期限，或者发现移送案件经特赦令免除刑罚，或者有其他法律规定免予追究刑事责任等情况时，依法应当对已经立案的刑事案件予以撤销的诉讼活动。相关法律法规对移案退回已经规定得比较明确和具体。公安机关将刑案移送退回时既要退回案件材料，还要书面说明理由。

实际操作中，应当注意移送承接衔接中案件退回的几个细节问题：其一，案件退回时应当制作不予立案通知书。不予立案通知书分为给个人和给单位的两种。对于环境行政执法机关移送给公安机关的环境犯罪案件，公安机关不予立案通知书既要送达给个人，也要送达给移送单位，并且送达给单位的和送达给个人的不予立案通知书内容不一样。其二，要注意登记、保管好案卷材料。因为被公安机关退回的案卷材料还可能作为证据等材料用于环境行政执法机关进行行政处罚，如若丢失，则案件后续的环境行政处罚将难以进行。其三，注意移送退回不同于公安机关将案件移送环境行政执法机关进行处理。《公安机关办理刑事案件程序规定》第177条规定："经过审查，对于不够刑事处罚需要给予行政处理的，依法予以处理或者移送有关部门。"该条规定的"移送有关部门"是指公安机关在主动履行查处违法犯罪活动职责过程中发现有涉嫌违法行为但不属于公安机关处理的案件时，将案件移送给有关部门处理的情况。如环保警察在履职过程中发现有不构成犯罪的环境违法行为，但这种违法行为不属于自己处罚范畴，则应移送给环境行政执法机关进行处理。二者的区别在于，移送退回是环境行政执法机关先行将涉嫌环境犯罪的案件移送给公安机关，公安机关决定不予立案时将不予立案通知书送达给环境行政执法机关，目的是反馈案件移送处理结果。公安主动移送是自己查案中发现的违法行为基于法定职责将案件移送给有管辖处理权的行政机关。前者是对移送后公安处理结果的反馈，后者是案件管辖处理权的移送。

2. 生态环境行政执法机关申请复议。公安机关对不予立案决定复议是指环境行政执法机关移送涉嫌环境犯罪的案件给公安机关后，对公安机关作出不予立案的决定不服而启动的行政救济程序。《公安机关办理刑事案件程序规定》第 181 条规定："移送案件的行政执法机关对不予立案决定不服的，可以在收到不予立案通知书后 3 日以内向作出决定的公安机关申请复议；公安机关应当在收到行政执法机关的复议申请后 3 日以内作出决定，并书面通知移送案件的行政执法机关。"这一规定是刑事诉讼层面建构的刑事移案复议制度。《行政移送规定》第 9 条、《移送意见》第 7 条、《工作办法》第 11 条等行政法规、规章、建设性意见对环境行政执法机关移送环境犯罪案件后公安机关不予立案的复议也作了与前述基本相同的规定。环境刑事移案复议制度是环境行政执法机关监督承接机关依法行使职权，防止和纠正承接机关违法的或者不当履职的一种方式。环境行政执法机关申请复议的前提是其认为公安机关不予立案的决定不当，应予立案。公安机关对环境行政执法机关的复议应当受理，并应在收到复议书申请后 3 个工作日内作出立案或者不予立案的复议决定，然后通知环境行政执法机关。

值得注意的是，环境犯罪移送衔接机制中的复议既不同于行政复议，也不同于环境行政复议。《行政复议法》第 2 条规定的行政复议是指公民、法人或者其他组织认为具体行政行为侵犯其合法权益而向行政机关提出的复议。原环境保护部发布的《环境行政复议办法》第 2 条第 1 款规定了环境行政复议，是指"公民、法人或者其他组织认为地方环境保护行政主管部门的具体行政行为侵犯其合法权益的，可以向该部门的本级人民政府申请行政复议，也可以向上一级环境保护行政主管部门申请行政复议。认为国务院环境保护行政主管部门的具体行政行为侵犯其合法权益的，向国务院环境保护行政主管部门提起行政复议"。涉嫌环境犯罪移送承接中的复议类似于《刑事诉讼法》第112条规定的控告人对控告处理结果不服申请的复议，属于跨行政和司法职能的复议。行政复议的主体是作出具体行政行为的行政机关，移送承接中的复议机关是环境行政执法机关移送环境犯罪的承接机关公安机关，申请复议的内容是移送的涉嫌环境犯罪的案件应否立案。

（四）对环境犯罪进行侦查

1. 环境犯罪侦查的一般要求。公安机关将环境执法机关移送过来的涉嫌环境犯罪立案后就进入刑事侦查程序。《刑事诉讼法》第115条前段规定，"公安机关对已经立案的刑事案件，应当进行侦查，收集、调取犯罪嫌疑人有罪或者无罪、罪轻或者罪重的证据材料"。据此，公安机关对环境犯罪进行侦查时，既要收集、调取涉嫌环境犯罪嫌疑人有罪、罪轻或者罪重的证据，也要收集、调取犯罪嫌疑人无罪的证据。作为移送主体的环境行政执法机关毕竟是行政机关，囿于无外力监控的内部处理案件的思维定式，其判断行为是否构罪的经验和能力肯定不如作为专门侦查机关的公安机关。环境行政执法机关将涉嫌环境犯罪的案件移送至公安机关后，公安机关只进行了初步审查就立案。为了保证案件定性准确，刑事侦查机关必须全面收集证据，根据刑事诉讼的要求证明犯罪嫌疑人有罪或者无罪。对于不构成犯罪的案件应当，公安机关应当将案件材料退回原移送单位，需要对所移送的案件进行行政处罚的，应当交由环境行政执法机关进行行政处罚。

较之于其他犯罪，环境犯罪的侦查有其特殊性。传统犯罪的侦查程序是根据犯罪线索询问证人和犯罪嫌疑人，运用监听器以及电子装置、录音、录像、照相等设备获取视听资料查获犯罪。环境犯罪中，破坏资源类犯罪的侦查与传统犯罪无异，本书不再赘述。本书重点研究污染类环境犯罪的侦查，因为这类环境犯罪的侦查手段很大程度上依赖于环境鉴定等科学技术和环境监测、环境检查手段。公安机关在侦查环境犯罪案件时，必须有生态环境部环保门和污染单位的密切配合。污染类环境犯罪在公司企业生产、经营中具有普遍性。"在广泛的各类工作中，从工厂的建立到设施的安装都可能发现环境犯罪。在有毒物质和其他工业废物产生的地方，都可能产生环境犯罪。"[1] 污染类环境犯罪行为与危害结果发生之间时间间隔很长，因果关系的证明需要高深的科技知识尤其是医学知识，有些技术知识还是人类没有突破的领域，加之案发隐蔽，因而取证十分困难。环保鉴定需要耗费大量资金，有时查处一个环境犯罪需要耗费几十万、几百万乃至数千万元，给执法部门带来了执法难题，加之政府和企业之间为了发展经济而引发的复杂关系，要成功侦查一起环境犯罪案件需要方方面面的配合、协助。

2. 环境犯罪的侦查主体。目前，我国环境犯罪的侦查主体大多数仍然是公安机关中的刑事侦查机关或治安管理机关。公安机关在环境犯罪的侦查方面取得了不俗的成绩[2]。环境犯罪侦查队伍建设不断强化，2008 年，云南省昆明市公安局成立了全国第一支专门的环保警察队伍，2013 年 9 月 18 日，河北省公安厅成立了环境安全保卫总队[3]。此后，全国许多地方如广东、浙江、辽宁、

---

〔1〕 ［美］约翰·F. 黑斯克因斯："环境犯罪侦查"，宫万路译，载《江苏公安专科学校学报》1997 年第 5 期。

〔2〕 如河北省公安厅治安局于 2013 年 1 月至 8 月，共立案污染环境类刑事案件 185 起，破案 122 起，抓获犯罪嫌疑人 183 人，刑事拘留 124 人，逮捕 42 人。其中，28 起案件已侦查终结，并移送检察机关审查起诉。参见马竞、周宵鹏："河北成立全国首支环保警察队伍"，载《法制日报》2013 年 9 月 20 日，第 1 版。

〔3〕 河北环境安全保卫总队成立以后的 2017 年，河北省共破获环境资源类案件 4400 起，抓获犯罪嫌疑人 7859 名，查处治安案件 1.3 万件、治安拘留 1.3 万人。参见刘子阳、董凡超："环保警察是如何执法的"，载《法制日报》2018 年 6 月 6 日，第 3 版。

云南、湖南、北京等自下而上都成立了环保警察队伍，有些地方还将环境犯罪侦查与其他特殊犯罪侦查职责组合起来成立专门侦查大队，如2013年1月，山东省食品药品犯罪侦查总队更名为"食品药品与环境犯罪侦查总队"，下属设区的市也基本成立了相应的侦查支队和侦查大队；2015年6月，内蒙古自治区公安厅成立了"食品药品和环境犯罪侦查总队"；2016年江苏镇江市公安局成立了"食品药品与环境犯罪侦查支队"；2017年5月，湘潭市公安局专门成立了"环境犯罪侦查支队"；2017年7月，四川省眉山市也专门成立了"环境犯罪侦查支队"；等等。广西浦北县"在县森林公安局挂牌成立生态安全警察大队、生态安全综合执法大队，实行'三块牌子一套人员'管理机制，集中办理破坏生态环境资源保护类刑事案件，受理农业、林业、水利、国土、环保、畜牧等部门或生态综合执法大队移交的刑事案件"[1]。目前，我国"环保警察队伍建设主要下设专班、加挂牌子、专设支队、专设总队四种模式"[2]。环保警察队伍的出现使得环境犯罪追诉工作如虎添翼，他们不仅配置了手铐、强光手电等"八大件"[3]，还配有防化服、防毒面具等专业装备，北京市环境保护支队还将为环保警察配备专业的化学品检测检验设备。环境警察"让环境违法案件的查处不再受到环保部门行政执法权的限制。无论是证据收集、案件认定还是违法人员抓捕、审查，都更加迅速和高效"[4]。如广西浦北县成立生态安全警察大队、生态安全综合执法大队后，取得了很好的执法效

---

〔1〕　周仕兴、唐婉婉："'生态卫士'守护绿水青山——广西浦北县首创生态安全执法改革纪实"，载《光明日报》2018年11月3日，第7版。

〔2〕　刘子阳、董凡超："环保警察是如何执法的"，载《法制日报》2018年6月6日，第3版。

〔3〕　警察"八大件"是指手枪、弹夹、手铐、伸缩警棍、防暴喷雾器、电筒、对讲机、巡查记事本。

〔4〕　参见马竟、周宵鹏："河北成立全国首支环保警察队伍"，载《法制日报》2013年9月20日，第1版。

果，"有效打击和震慑了破坏生态安全的违法犯罪者。截至目前，共受理破坏生态安全领域违法犯罪警情 1089 起，立刑事案件 106 起，追究刑事责任 82 人，立行政案件 276 起，行政处罚 298 人，治安拘留 12 人，责令关停非法采砂、占用耕地、林地 700 多处，铲除小散乱点 267 个；罚没款 270 多万元，为国家挽回损失 5000 多万元"[1]。遗憾的是，这些环保警察队伍都是自下而上为了满足环境违法案件查处的需要而建立的，全国范围内并没有建立环境警察制度。目前，环境犯罪案件的侦查工作分为两种情况：一是在设立了环保警察的地方由环保警察负责侦查；二是没有设立环保警察的地方仍然由传统的刑事侦查警察或者治安警察负责侦查。从世界范围来看，"俄罗斯、美国、英国、德国、法国等世界上许多国家和地区成立了生态警察队伍，有的称作绿色警察或者环保警察，主要职责就是同各种破坏环境的违法犯罪行为作斗争"[2]。我国也有人建议加强环保警察的顶层设计，"可借鉴海关、林业、铁路等部门单独设置公安机关的经验，独立设置环保公安局，列入公安部业务司（局）序列，受环保部和公安部双重领导，业务工作以公安部领导为主"[3]。本书认为，随着我国生态文明建设和绿色发展的进一步推进，全国公安机关设置环境警察队伍的地区势必越来越多。据此，环境警察在全国范围内进行普遍设置势在必行。但如何设置是一个值得深入探讨的问题。我国机构改革已经设置了自然资源部和生态环境部，依照前述观点在自然资源部和生态环境部内部设置

---

[1] 周仕兴、唐婉婉："'生态卫士'守护绿水青山——广西浦北县首创生态安全执法改革纪实"，载《光明日报》2018 年 11 月 3 日，第 7 版。

[2] 陈志荣："论环境犯罪侦查之完善——以紫金矿业污染案为视角"，载中国法学会环境资源法学研究会：《生态安全与环境风险防范法治建设——2011 年全国环境资源法学研讨会（年会）论文集》（第三册），第 931~934 页。

[3] 元庆彦："独立设置'环保警察'促环境监察执法"，载《中国环境监察》2016 年第 5 期。

环境警察队伍已经不可能。最佳方案还是在公安系统设置环境警察警种，专司环境违法犯罪案件查处职责。

3. 环境犯罪侦查措施的专门化。环境犯罪的侦查措施与其他犯罪既有联系又有区别。一般情况下讯问犯罪嫌疑人，询问证人和被害人，勘验和检查，搜查、扣押物证和书证，查询、冻结存款和汇款，鉴定，辨认，通缉等都是所有犯罪的常规性侦查措施[1]。环境犯罪具有危害后果的迟滞性、因果关系的间接性和难以证明性等特征[2]，其侦查措施较之于其他犯罪有其自身特质。如对于污染环境罪来说，"侦查人员应当围绕四个方面来收集证据：污染损害产生的区域有导致损害的污染行为；该污染行为在污染损害产生前已存在；污染行为的作用程度与污染损害结果成正比，污染行为越明显，损害后果越严重；污染行为导致污染损害结果的原因，其机理在生物学上并不矛盾"[3]。环境犯罪区别于其他犯罪最具特殊性的侦查措施是环境损害鉴定和环境监测，实践中还创新性的使用了其他一些高科技侦查手段。但这些侦查措施必须依赖于环境行政执法机关才能进行。

（1）环境损害鉴定。环境损害司法鉴定是指"在诉讼活动中鉴定人运用环境科学的技术或者专门知识，采用监测、检测、现场勘察、实验模拟或者综合分析等技术方法，对环境污染或者生态破坏诉讼涉及的专门性问题进行鉴别和判断并提供鉴定意见的活动"[4]。刑事诉讼中，环境损害鉴定是认定环境犯罪最有效的手

---

〔1〕　有学者将刑事侦查措施分为常规性侦查措施、紧急性侦查措施、基础性侦查措施、技术性侦查措施、秘密性侦查措施和特殊性侦查措施等。参见马海舰：《侦查措施新论》，法律出版社 2012 年版，第 1~1387 页。

〔2〕　详见蒋兰香：《环境犯罪基本理论研究》，知识产权出版社 2008 年版；蒋兰香：《污染型环境犯罪因果关系证明研究》，中国政法大学出版社 2014 年版。

〔3〕　王伟："环境污染犯罪侦查研究"，载《环境研究与监测》2018 年第 2 期。

〔4〕　参见司法部、原环境保护部 2015 年发布的《关于规范环境损害司法鉴定管理工作的通知》。

段，"环境损害鉴定评估是环境污染犯罪刑事责任追究最直接、最客观的证据"[1]。环境损害鉴定作为环境犯罪的刑事侦查措施，主要针对环境犯罪行为造成的损失进行鉴定评估，包括环境损害造成的人身、财产、生态环境损害等方面的鉴定评估和调查取证工作。

为规范生态环境损害鉴定评估工作，前农业部、前环境保护部、司法部出台了一系列文件：1996 年，原农业部发布了《农业部水域污染事故渔业损失计算方法规定》[2]；2011 年，原环境保护部发布了《环境保护部关于开展环境污染损害鉴定评估工作的若干意见》（环发［2011］60 号）[3]；2013 年，原环境保护部制定了《突发环境事件应急处置阶段污染损害评估工作程序规定》（环发［2013］85 号）；2014 年，司法部司法鉴定管理局发布了《农业环境污染事故司法鉴定经济损失估算实施规范》（SF/Z JD0601001-2014，已废止）；2015 年，司法部、原环境保护部发布的《司法部、环境保护部关于规范环境损害司法鉴定管理工作的通知》（司发通［2015 年］118 号）；2016 年，原环境保护部组织制定了《生态环境损害鉴定评估技术指南　总纲》和《生态环境损害鉴定评估技术指南　损害调查》（环办政法［2016］67 号）；2016 年，司法部、原环境保护部联合发布了《环境损害司法鉴定机构审核登记评审办法》《环境损害司法鉴定机构登记评审专家库管理办法》（司发通［2016］101 号）；2019 年，司法部、生态环境部又印发了《环境损害司法鉴定执业分类规定》（司发通［2019］56 号）；等等。这些办法对环境损害鉴定的方法、工作程序、环境损害机构、鉴定专家的准入、退出机制、执业分类等进行了明确规

---

〔1〕　柴云乐："环境污染犯罪刑事责任追究过程中的环境损害鉴定评估补充路径之选择与适用"，载《法大研究生》2017 年第 1 期。

〔2〕　该方法发布后，1994 年农业部发布的《水域污染事故渔业资源损失计算方法》被宣布同时废止。

〔3〕　该意见规定了操作性比较强的附录《环境污染损害数额计算推荐办法》。

定，尤其是《环境损害司法鉴定机构审核登记评审办法》和《环境损害司法鉴定机构登记评审专家库管理办法》的出台，对于推动环境损害司法鉴定行政管理与技术管理的结合、建立第三方环境损害司法鉴定机构等都具有重要意义。

环境损害鉴定是污染类环境犯罪侦查中最常见的侦查措施。环境损害鉴定后，需由具备相关资质的司法鉴定机构出具鉴定意见，或者由国务院环境保护主管部门推荐的机构出具检验报告、检测报告、评估报告或者监测数据。这些鉴定意见、检验报告、检测报告、评估报告和检测数据意义重大，可以帮助司法机关收集污染源，确定环境损害的时空范围及程度，确定污染路径，判定环境损害的因果关系以及对各类环境损害进行数额量化[1]。环境损害鉴定一般要委托具有专门鉴定资质的环境鉴定机构实施。根据中国环境科学学会环境损害鉴定评估专业委员会主任高振会的统计，至2016年底，我国经司法行政机关登记的从事环境损害司法鉴定的机构仅有50余家（还包括具有其他鉴定事项的鉴定机构）[2]。据司法部的统计，"至2018年12月底，全国经省级司法行政机关审核登记的环境损害司法鉴定机构达103家，鉴定人1900余名"[3]尽管如此，环境损害鉴定仍远远不能满足日益增加的环境损害鉴定需要。此外，环境损害鉴定结果要成为刑事诉讼中的证据使用，还必须经刑事司法机关查证属实。如《工作办法》第21条就明确规定："……经法庭查证属实，且收集程序符合有关法律、行政法规

---

〔1〕 参见王金南等："环境损害鉴定评估：环境监察执法的一把'钢尺'"，载《环境保护》2015年第14期。

〔2〕 蔡长春："中国环境损害司法鉴定管理步入正轨"，载《法制日报》2016年12月8日。

〔3〕 张晓娜："司法部：全国环境损害司法鉴定机构突破百家"，载《民主与法制时报》2019年1月17日，第1版。

规定的，可以作为定案的根据。"〔1〕

（2）环境监测。环境监测是既是环境犯罪的一种特殊侦查措施，也是环境保护中的一项常规性工作。环境监测是指"间断或连续地测定环境中污染物的浓度，观察、分析其变化和对环境影响的过程"〔2〕。对于生态环境行政执法而言，环境监测是环境保护工作的"哨兵"和"耳目"〔3〕，环境监测数据可以作为环境行政执法和环境民事纠纷处理的证据材料〔4〕。我国《环境保护法》第17条〔5〕规定了国家环境监测制度。环境监测主体是全国各地设立的专门的环境监测站。环境监测数据是判断企业是否违法排污的重要证据，其目的在于准确、及时、全面地呈现环境质量状况及发展趋势，为环境管理、污染源控制和环境规划等提供科学根据。目前，我国各地环境监测站负责环境监测工作。环境监测站隶属于环境保

---

〔1〕 有些民事、行政审判意见中也有类似规定。如山东省高级人民法院《关于审理山东省人民政府提起生态环境损害赔偿案件若干问题的意见》第8条就明确规定，"经开庭质证，可以作为认定污染损害和生态破坏的证据，但有证据证明存在程序不合法、结果不真实等情形除外"。

〔2〕 河北马倍战律师事务所编著：《环境行政执法精要》，中国环境科学出版社2015年版，第145页。

〔3〕 参见信春鹰主编：《〈中华人民共和国环境保护法〉学习读本》，中国民主法制出版社2014年版，第105页。

〔4〕《中华人民共和国水污染防治法》第100条规定："因水污染引起的损害赔偿责任和赔偿金额的纠纷，当事人可以委托环境监测机构提供监测数据。环境监测机构应当接受委托，如实提供有关监测数据"。《固体废物污染环境防治法》第87条规定："固体废物污染环境的损害赔偿责任和赔偿金额的纠纷，当事人可以委托环境监测机构提供监测数据。环境监测机构应当接受委托，如实提供有关监测数据。"

〔5〕 该条规定："国家建立、健全环境监测制度。国务院环境保护主管部门制定监测规范，会同有关部门组织监测网络，统一规划国家环境质量监测站（点）的设置，建立监测数据共享机制，加强对环境监测的管理。有关行业、专业等各类环境质量监测站（点）的设置应当符合法律法规规定和监测规范的要求。监测机构应当使用符合国家标准的监测设备，遵守监测规范。监测机构及其负责人对监测数据的真实性和准确性负责"。

护局，绝大部分属于自收自支事业单位，也有些地方属于财政全额拨款事业单位。环境监测不是为公安机关及其他刑事司法机关进行侦查而专门进行的一项活动，但污染类环境犯罪的侦查绝对离不开环境监测。当公安机关侦查污染类环境犯罪案件时，就需要在环境行政执法机关和环境监测机构的配合下进行该项侦查活动，并由监测机构出具监测报告。监测数据经过法庭查证属实后作为判定案件事实的证据。

　　为了规范环境监测工作，我国出台了一系列相关规章制度：2006 年，国家环保总局发布了《环境监测质量管理规定》（环发〔2006〕114 号）；2007 年，国家环保总局发布了《环境监测管理办法》（中华人民共和国国家环境保护总局令第 39 号）；2015 年环境保护部发布《环境保护部关于推进环境监测服务社会化的指导意见》（环发〔2015〕20 号）；2016 年环境保护部发布了《环境监测数据弄虚作假行为判定及处理办法》（环发〔2015〕175 号）；等等。这些文件对环境监测机构及职责、工作内容、环境监测管理、数据弄虚作假行为的判定及处理等作了详细的规定。

　　生态环境主管部门及其环境监测机构进行的环境监测系环境行政执法行为，其收集的监测数据性质上属行政证据，在行政处罚中作为证据使用没有疑义，但是行政监测数据可否作为刑事处罚证据使用则存疑。应该说，环境监测数据属客观证据范畴，案件客观事实的证明能力很强。对于案件客观事实来说，行政案件和刑事案件并无本质区别。所以，刑事诉讼中"环境监测机构提交的监测数据资料，是判断环境污染犯罪的关键证据，是针对环境污染犯罪人进行定罪量刑的重要依据"[1]。为了有规可依，《2017 污染解释》第 12 条对环境监测数据作为证据使用进行了专门规定："环境保护主

―――――――――
〔1〕　李海娜："浅谈环境监测在生态环境保护中的作用及发展措施"，载《居舍》2018 年第 5 期。

管部门及其所属监测机构在行政执法过程中收集的监测数据，在刑事诉讼中可以作为证据使用。公安机关单独或者会同环境保护主管部门，提取污染物样品进行检测获取的数据，在刑事诉讼中可以作为证据使用。"据此，环境监测机构出具的环境监测数据当然享有了刑事证据资格，无需再经过省级以上生态环境主管部门的认可，但实务中有相当部分刑事判决书中将省厅对环境监测报告的认可（审核）意见（复函、批复）作为定罪量刑的证据[1]。司法实务中运用环境监测数据专门污染环境犯罪事实的案例也比较常见。如河北省馆陶县人民法院对被告人王某甲污染环境罪的一审判决中就将邯郸市环境监测中心邯环站（Q）2013-180 号监检报告中的监测数据（得到了当时河北省环境保护厅的认可）作为定罪的唯一客观证据予以采信[2]，河北省邯郸市中级人民法院的二审判决也认可了该监测数据的证据能力。[3] 成都市双流区人民法院对康某云污染环境罪判决中，也采信了原双流区环境监测站出具的双环监字（2017）第 265 号监测报告。[4] 应该说，在涉嫌大气污染、水污染环境犯罪案件中，环境监测手段所取得的证据在污染环境类犯罪的定罪中发挥了十分重要的作用。[5]

公安机关在涉嫌污染类环境犯罪刑事立案或者初查过程中开展环境监测取证活动有两种方式：一是自行提取污染物品进行检测，二是请求移送环境犯罪的环境行政执法机关配合。由于享有刑事案

---

〔1〕 据笔者对 183 份公司实施的污染环境罪刑事判决书进行统计，其中有 47 份判决书将省级生态环境保护部门对监测报告的认可意见作为刑事证据以强化监测报告的证明力。

〔2〕 参见河北省馆陶县人民法院（2013）馆刑初字第 57 号刑事判决书。

〔3〕 参见河北省邯郸市中级人民法院（2014）邯市刑终字第 52 号二审刑事裁定书。

〔4〕 参见成都市双流区人民法院（2018）川 0116 刑初 624 号刑事判决书。

〔5〕 据笔者对 183 份公司实施的污染环境罪刑事判决书进行统计，其中有 131 份判决书将监测报告作为核心证据，占案件总数的 72%。

件的证据收集权，公安机关自行收集的环境刑事检测、监测数据无需经过生态环保主管部门的认可。公安机关请求生态环境行政执法机关配合，需要对大气、水体、土壤、生物、噪声等进行监测的，生态环境行政执法机关应根据公安机关的"协助事项和要求，指派环境监测人员现场开展监测工作。对污染物自行采样的，必须符合相关技术规范要求"〔1〕。同时，公安机关要做好以下证据收集工作：①做好现场笔录。现场笔录是指能够说明现场情况的详细记录。"一份好的现场检查笔录以及同时收集的证据，应该能使当时不在现场的人通过查阅案卷即可了解到案情及环保部门作出行政行为的根据和依法作出的处理决定是否正确"〔2〕。②收集监测资料。环境行政执法中的监测资料记录了环境违法案件发生时的情况，有重要的证明作用。环境监测最终提交的证据材料是监测报告。监测报告应当详细载明监测要素，包括监测取样方法，采样时间、地点、人员及其说明，样品的固定方法及保存方法、全部监测的原始记录、计算过程的详细记录，等等。③做好勘验笔录。在环境犯罪案件中，勘验笔录主要用于环境犯罪发生后对重大环境事故进行现场勘验时所作的记录。笔录中要注意记录勘验参加人员，要选择科学的方法，勘验全程应当进行详细记录。④请求专门鉴定机构出具鉴定意见，包括对污染物、污染毒性、污染物致害机理、污染病因学以及污染损害情况等方面的鉴定意见。

（3）环境检测。环境检测是指对某种环境、污染源、污染物进行的检验和测试。其目的是"首先，对环境检测地区的污染情况进行深入考察，找出并且控制污染源，防止造成更进一步的污染；其

---

〔1〕　参见殷福才等："地方环境违法案件行政执法与刑事司法衔接机制探讨——以安徽省为例"，载《环境保护》2016年第7期。

〔2〕　张爱花："浅谈环境监测与执法中的证据收集"，载《绿色科技》2011年第12期。

次，对当地的污染情况展开科学研究，用数据支撑来实现对环境污染的准确分析，从而完成对环境污染科学数据的收集工作；最后，通过所获取的环境污染数据对环境检测工作进一步规范，使环境检测工作能够在环境污染防治工作中解决更多的问题，从而有效防止环境污染现象对居民身体和生活造成的伤害"[1]。环境检测主要是满足当事人的委托需求，或者为了满足某种商业目的。环境检测不同于环境监测。环境监测是一种准环境行政行为，是环境行政机关委托下属监测机构实施的带有公益性质的活动。环境监测是一个连续的、动态的过程。而环境检测一般情况下是一种商业行为，一般由商业机构进行，是一种单次的行为。但是，环境监测过程中常常包含环境检测，环境检测是环境监测中的一个有机组成部分。环境检测是公安机关侦查环境犯罪时经常使用且非常有效手段。环境检测报告是证实环境犯罪事实是否存在的一种证明力很强的证据。尤其在污染类环境犯罪中，环境检测报告和环境监测报告证据基本上必不可少。

（4）其他专门侦查手段。破坏资源类环境犯罪案件的侦查方式与传统犯罪并无本质上的不同，但污染类环境犯罪由于其特殊的罪质可能发生在从工厂建立到设施的安装到生产经营再到工关停并转任何环节。因而污染类环境犯罪的侦查方式有不同于其他刑事案件之处，其技术性更强，侦查方式难度更大、证明要求更高，"有必要构建包括情报网络、法医鉴定、金融调查、脱氧核糖核酸（DNA）检测、区域警务合作在内的完备调查体系"[2]。在环境犯罪侦查的程序上，首先应当与环保等专门机构取得联系，制定侦查计划。技

---

〔1〕 马璐平、史娱菲、马常清："环境检测的作用与改进措施探究"，载《环境与发展》2020 年第 2 期。

〔2〕 陈志荣："论环境犯罪侦查之完善——以紫金矿业污染案为视角"，载中国法学会环境资源法学研究会：《生态安全与环境风险防范法治建设——2011 年全国环境资源法学研讨会（年会）论文集（第三册）》，第 933~934 页。

术人员、环保官员及其他人员应当与公安机关协同开展侦查活动。侦查设施上，不仅需要传统的侦查手段，而且需要十分昂贵的设备，可以运用计算机来记录犯罪现场的证据。"采用某些电子设备，如定时录像记录器或由从动摄影机（Slave Cameras）向远处微波电视接收台发射信号，要比未采用这些方法时进行的延伸监控在时间上节约数千美元的费用"[1]。随着侦查设施的完善，我国公安机关开始借助生态环保机关的自动监测、卫星遥感、无人机等新型执法方式开展环境犯罪侦查活动，以提高环境行政执法和刑事司法的效率。如汕头市环保警察就启用了无人机侦查进行侦查。2016 年 8 月，汕头是环保警察队伍成立不久，就发现龙湖区鸥汀街道郊区有一家电镀厂涉嫌污染，侦查人员决定启用无人机侦查，发现了暗管排污，抓获犯罪嫌疑人 4 人。经广东省、汕头市两级环保部门检测认定，该工厂排放的废水总铅超标 128 倍，总铬超标 165 倍。[2]今后，"公安机关应当联合科研院所研发快速检测常见污染物的试纸试剂，以便侦查人员现场对污染物快速进行初步的定性和定量的分析"[3]，方便公安机关对涉嫌污染环境犯罪的企业采取相应的法律措施。

4. 环境犯罪证据的收集和调查。环境犯罪案件侦查过程中取证难，成本高是不争的事实。侦查人员不能因此降低证据和证明标准，必须按照《刑事诉讼法》规定的证据要求取证。公安机关对于侦查环境行政执法机关移送过来的环境犯罪案件，收集和调查犯罪证据应当从以下几个方面着手：

（1）筛选刑案移送材料。环境行政执法机关移送来的案件材料

---

〔1〕 ［美］约翰·F. 黑斯克因斯："环境犯罪侦查"，宫万路译，载《江苏公安专科学校学报》1997 年第 5 期。

〔2〕 欧汉华等："汕头环保警察不一般"，载 http：//static. nfapp. southcn. com/content/201806/08/c1225839. html，访问日期：2019 年 10 月 30 日。

〔3〕 王伟："环境污染犯罪侦查研究"，载《环境研究与监测》2018 年第 2 期。

中能够证明犯罪案件真实情况的材料都可以成为刑事诉讼中的证据。如环境影响评价文件等书证，环保设施、污染物等物证，录音录像照片等视听资料，污染受害人陈述等证人证言，还有当事人陈述、环境监测报告、自动监测数据、鉴定意见、现场勘验、检查笔录、询问笔录等。

公安机关在筛选环境行政执法机关移送的案件材料时，应当对非法证据予以排除。对于环境行政执法中的证据调查原则，之前的环境行政主管部门在相关行政规章中做了明确的要求。如 2010 年原环境保护部《环境行政处罚办法》（部令第 8 号，以下简称《处罚办法》）第 30 条第 2 项、2015 年环境保护部《环境执法人员行为规范》（环发 [2015] 52 号，以下简称《行为规范》）第 16 条第 3 项都规定："依法收集与案件有关的证据，不得以暴力、威胁、引诱、欺骗及其他违法手段获取证据。"《处罚办法》第 46 条第 4 项规定案件审查的主要内容之一就有"调查取证是否符合法定程序"，第 47 条规定："违法事实不清、证据不充分或者调查程序违法的，应当退回补充调查取证或者重新调查取证。"此外，《中华人民共和国治安管理处罚法》（以下简称《治安管理处罚法》）、《公安机关办理行政案件程序规定》等法律、规章也有类似规定。上述禁止性规定和证据审查、退回补充调查或重新调查取证机制都是在环境行政机关内部进行。

对于环境行政执法机关而言，行政效率为首要目标。由于其没有建立起符合诉讼目标的非法证据排除规则，故即便是环境行政执法中非法获取的证据，要求其内部排除难度实在太大。环境行政机关认可的存在非法证据的环境犯罪案件移送给司法机关后，司法机关要审查出证据的非法性难度同样巨大。所以，公安机关既需要对环境行政执法机关先行查获的环境犯罪案件是否开展了非法证据排除进行审查，也需要运用自己的办案经验和"火眼金睛"在审查具体证据时对单个证据的合法性进行审查，努力将环境行政执法机关通过暴力、威胁、引诱、欺骗以及伪造、变造的证据予以排除。

环境行政执法机关行政执法时，单方收集证据、单方作出决定且单方执行，不具有刑事诉讼中证据收集、运用所具有的诉讼化构造，所以，"环境保护机关在取证的全面性上必然会倾向于收集违法、有罪证据，而忽视合法、无罪证据。在行政执法领域，行政执法人员兼具收集证据和审查、认定证据的多重身份，而行政相对人缺乏必要的证据提出和抗辩机制，证据取得公开透明度不高"[1]。公安机关工作人员在审查证据时，既要对收集的证据逐一审查，重点审查证据的关联性、合法性、真实性，也要对全部证据进行综合审查，确定证据材料与案件事实之间的证明关系，排除不具有关联性、合法性、真实性的证据。

（2）补充调查相关证据材料。经过证据筛选，刑事侦查人员对具有片面性的行政证据审查后可能发现有证据缺失或者证据瑕疵。这种情况下需要通过补充侦查的方法予以弥补，全面收集足以证明环境违法者有罪与否的证据[2]。补充调查取证时，取证主体虽然是公安机关工作人员，但环境行政执法机关工作人员及其所属的监测机构也要配合，协助公安机关工作人员取证，否则，取证工作若涉及企业监控视频、环境监测数据、现场采样等专业性强、技术水平高的证据时就无法完成。同时，公安机关也要加强间接证据、传来证据的收集，要提高收集、固定和保全证据措施的科技含量，要注意基础资料和信息的收集与共享。要将主体、主观方面、客体、

---

〔1〕　赵旭光："生态环境执法与刑事司法衔接中的证据问题及解决"，载《证据科学》2017年第5期。

〔2〕　2011年原环境保护部发布的《环境行政处罚证据指南》对刑事诉讼收集证据具有指引作用。此外，浙江省义乌市人民检察院公诉局提供的对环境污染刑事案件取证指引也可以给公安机关收集环境犯罪的证据提供帮助。参见傅忆文等："环境污染案件取证全面指引、问题全面梳理"，载https://www.sohu.com/a/138688205_480606，访问日期：2018年8月7日。

客观方面的证据都纳入证据调查、补充范围。[1] 通过证据调查和补充调查后，环境违法行为是否构成犯罪的判断就比较容易。

一个值得探讨的问题是，企业的自我监控记录或者监控视频可否作为刑事侦查证据进行收集？行政执法上，2017 年中共中央办公厅、国务院办公厅印发的《关于深化环境监测改革提高环境监测数据质量的意见》明确规定："自动监测数据可作为环境行政处罚等监管执法的依据。"《处罚办法》第 36 条也规定："环境保护主管部门可以利用在线监控或者其他技术监控手段收集违法行为证据。经环境保护主管部门认定的有效性数据，可以作为认定违法事实的证据。"原环境保护部 2016 年在对河南省环境保护厅《关于自动在线监控数据应用于环境执法有关问题的复函》（豫环文［2016］255 号）的复函（环办环监函［2016］1506 号)[2]、对天津市环境保护局《关于污染源在线监测数据与现场监测数据不一致时证据适用问题的复函》（环政法函［2016］98 号)[3] 都明确了自动在线监测数据可以作为环境行政执法证据使用。企业的自我监控记录属于实物证据。实物证据经司法机关审查后可以直接作为刑事诉讼证据使用。刑事诉讼上对该问题质疑的关键不在于监控记录是否具有刑事证据的价值，而在于被告不强迫自证其罪的权利应否延伸到保护企业。从证明的价值看，这些监控记录或监控视频实际上是证明污染环境犯罪的主要证据。如果这些证据在刑事侦查中不能使用的话，环保机构和公安机关将很难收集到足够的证据来证明公司曾

---

〔1〕 任惠华、殷福杰："论危害环境犯罪案件的侦查——以证据调查为中心"，载《犯罪研究》2008 年第 3 期。

〔2〕 该复函的主要内容是："污染源自动在线监控数据与其他有关证据共同构成证据链，可以应用于环境行政法。"

〔3〕 该复函的主要内容是："现场监测可视为对企业在线监测设备进行的比对监测。若同一时段的现场监测数据与经过有效性审核的在线监测数据不一致，现场监测数据符合法定的监测标准和监测方法的，以该现场监测数据作为优先证据使用。"

实施环境犯罪，因为几乎所有国家的环保机关都缺乏资源和能力对所有的污染企业进行严密的监控。如果要求涉嫌环境污染犯罪的企业提交监控记录，实际是要求其提交证明自己有罪的证据，从一般意义上看与被告不强迫自证其罪的诉讼原则背离。

应该说，企业的自我监控记录作为关键性的有罪证据，对于污染型环境犯罪证明极为重要。国家在追究污染型环境犯罪和是否赋予企业不自证其罪的权利之间应当如何实现平衡，直接取决于环境保护刑事政策的导向。由于法律没有明确规定被告不强迫自证其罪的特权是否包括公司、企业等组织，学界才引发了争论。如果在刑事司法和刑事检控给予企业过多的保护，就会与环境刑事司法的主要目标背道而驰。当然，这个问题目前在我国环境刑事司法中尚未引起很多争执，究其原因，主要表现在：一是我国对污染型环境犯罪追究数量极为有限，司法中没有碰到被告方提出此类问题；二是司法机关搜集企业检控记录时根本没有考虑到这种行为会与被告自证其罪联系在一起；三是学界还没有深入细致到对此问题进行专门研究的程度。司法实践中也有将企业的自我监控作为证据使用的案例[1]。

本书认为，企业生产中对环保相关数据的自我监控记录是按照环保法律法规实施的合法行为，其数据真实，能够反映企业的排污

---

[1]　我国陕西凤翔血铅中毒事故中因果关系的调查就运用了企业的自我监控记录。陕西凤翔县到 8 月 19 日止共检测出 851 名儿童血铅超标。环保部门环境监测组对事发地唯一的铅锌冶炼企业——陕西东岭冶炼有限公司的监测数据显示，废水、废气、固水淬渣排放符合国家相关标准。根据企业自检记录表明，2008 年 7 月到 2009 年 7 月，有三次废水、废气铅排放超标记录，最大超标倍数为 2.82 倍。企业年铅排放总量为 1.11 吨。同时，本次调查监测结果显示，周边土壤中铅的平均值与 2008 年环保验收监测数据相比呈现上升趋势，但均符合国家土壤环境质量标准，公路旁空气环境铅浓度比远离道路区域明显偏高。监测组认为，陕西东岭冶炼有限公司是造成这次儿童血铅超标的主要成因，也不排除还有其他方面的因素。详细内容参见 http://news.qq.com/a/20090815/001452.htm，最后访问日期：2019 年 12 月 20 日。

事实。在企业超标准排污涉嫌构成污染型环境犯罪的情况下，企业自我监控记录的数据最能证明其是否实施了排放污染物、是否构成污染环境犯罪，甚至还可以直接证明危害结果是否由该排污行为造成。但是，如果刑事侦查人员要求企业提供这些数据，实际就是要求企业自证其罪。刑事立法若明确规定企业不享有自证其罪的特权，司法机关就可以直接要求企业提供这些数据，以达到证明污染环境情节严重的事实存在的目的。在立法没有明文规定的情况下，司法机关如果严格遵循不强迫被告自证其罪的原则，就不应要求涉嫌犯罪的企业提供这些记录。但是，无论是哪个国家、哪个地区，在制裁污染犯罪过程中究竟是选择保护被告权利还是选择惩治环境犯罪，都是一个两难的问题。有时为了惩治犯罪，就得牺牲企业的一些利益。因此，解决企业自我监控是否可以作为证据使用问题的最佳途径是在刑事诉讼立法中明确规定企业不享有不自证其罪特权。

5. 证明是否存在犯罪事实。对于不同环境犯罪来说，需要证明的犯罪事实不一样。但无论何种犯罪事实，均需用证据予以证实或者证伪。如就环境犯罪而言，除了证明犯罪主体基本情况的证据、被告人供述和辩解以及证人证言、查封笔录、扣押清单、勘验检查等常规证据外，大量的是证明污染事实存在与否的关键性证据，这些证据大体包括：生态环境行政主管部门的移送决定书（函）及调查报告、环境污染鉴定意见、环境监测（检测）报告及省级生态环境主管部门对环境监测（检测）报告的认可意见、现场勘验（检查）笔录、危险废物经验许可证和资质、污染源采样原始记录表、废物扣押笔录、扣押决定书、扣押清单及照片、处置协议、运输过磅数量、相关发票明细、银行账户交易明细、租赁协议、合同签订审批单等。其中最为重要的证据应当是监测（检测）报告及省生态环境厅对报告的认可（审核）意见（复函、批复）、污染鉴定意见（报告）以及危险废物认定意见书。司法机关应当综合运用上述证据判断犯罪事实是否存在。《2017 污染解释》第 13

条对污染环境犯罪事实之一的"危险废物"明确规定了事实判断方法："对国家危险废物名录所列的废物，可以依据涉案物质的来源、产生过程、被告人供述、证人证言以及经批准或者备案的环境影响评价文件等证据，结合环境保护主管部门、公安机关等出具的书面意见作出认定。对于危险废物的数量，可以综合被告人供述，涉案企业的生产工艺、物耗、能耗情况，以及经批准或者备案的环境影响评价文件等证据作出认定。"《工作办法》第 28 条也规定了主要环境违法事实的查处和证明方法："环保部门应当重点查明排污者严重污染环境的事实，污染物的排放方式，及时收集、提取、监测、固定污染物种类、浓度、数量、排放去向等……"污染物种类、浓度、数量、排放去向也是严重污染环境犯罪事实查处中需要解决等问题，所以必须及时收集、提取、监测、固定这些证据。

对于环境犯罪来说，需要用证据证明的犯罪事实包括：其一，涉嫌环境犯罪主体的身份。如对于自然人来说，是否能够证明年满 14、16、18 周岁，犯罪嫌疑人是否有前科；对于单位来说，单位的性质是什么，单位的基本情况如何等。其二，涉嫌环境犯罪的主观方面是故意还是过失抑或没有罪过。其三，涉嫌环境犯罪客观方面的事实，以污染环境罪为例，需要证明是否具有实施排放、倾倒、处置污染物的行为，实施排污行为的时间、地点，实施排污行为的参与人员，排放污染物的具体过程和渠道，排污行为实施后产生的后果，排污行为与危害后果之间的因果关系，是否因排污受过行政处罚，是否超标准排污等。其四，法益受损的事实。环境犯罪一般都会造成严重的法益侵害方可构成犯罪，所以公安机关需要用收集来的证据证明刑法保护的环境法益受损的事实。公安机关在侦查阶段需要证明的涉嫌环境犯罪的事实就是环境犯罪构成要件事实，因为只有存在符合犯罪构成要件的事实才能认定为犯罪。

6. 刑事侦查中的环境行政执法协助。环境行政执法中刑案移送与司法承接本来就是一种行政与司法合作共同解决环境犯罪刑事责任问题的衔接机制。这种衔接机制需要双方密切配合。涉嫌环境犯罪刑事侦查过程中，环境行政执法协助是必不可少的环节，相关司法文件、衔接文件对之还作了明确的规定，如《衔接意见》第（二）项对行政机关的协助就进行了明确的规定："……公安机关立案后依法提请行政执法机关作出检验、鉴定、认定等协助的，行政执法机关应当予以协助……"刑事诉讼中能够用来作为证据使用的监测数据、检测数据属于环保技术数据。一般情况下，公安机关需要环境行政执法进行协助才能获取。因为环境行政执法机关移送的涉嫌环境犯罪的案件都与环境有关，环境行政执法机关有丰富的查办环境违法案件的经验。环境犯罪与环境违法除了危害性、情节、后果等方面不同外并无本质区别。所以，对于环境犯罪中有关事实、证据的调查工作，环境行政执法机关有职能上的天然优势，他们既有专门的设备，又有专门的技术，可以驾轻就熟地解决问题。而对于公安机关来说，如果当地设置了专门的环境警察，环境警察调查案件事实、收集证据可以比较熟练地完成。但如果当地没有设置环境警察，对于平时专门查办普通刑事案件的侦查人员来说，查处技术性、专业性很强的环境犯罪案件就会比较费力，需要请求环境行政执法机关就环境监测数据、环境鉴定、工厂的生产工艺和流程、排污路径、因果关系的判断等专门问题进行协助。

7. 对污染者及污染结果的控制。环境犯罪中，污染类环境犯罪的污染主体和危害的控制有其特殊性，故本书对之专门进行阐述。污染者就是环境犯罪行为的实施者。在侦查涉嫌环境犯罪行为的过程中，对污染主体的控制就是刑事侦查阶段对其采取的强制措施，这些措施或为拘传，或为取保候审、监视居住，或为拘留，或为逮捕。对于污染者的控制，《工作办法》第 28 条进行了具体规定："……公安机关应当注意控制现场，重点查明相关责任人员身份、岗位信息，视情节轻重对直接负责的主管人员和其他责任人员依法采取相应的强制措施……"至于对污染者具体实施何种强制措施应当根据涉嫌环境犯罪行为的罪行轻重和比例原则来决定。污染类环境犯罪不同于其他刑事犯罪的特点是，其既破坏生态环境，也能够给国家和地方政府创造 GDP，解决当地就业问题。鉴于污染类环境犯罪的这种正负两面性特征，对污染者采取强制措施时应当本着有利于解决污染问题和与此相关的社会问题的原则，不宜一味采取剥夺污染者人身自由的强制措施，否则会引发新的社会矛盾。

对污染结果的控制就是对污染主体所造成或者可能造成的污染环境后果进行控制。对污染的控制属于环境行政机构的日常工作，本书所指对污染的控制是特定的控制，指环境犯罪发生后，相关治污责任主体对已经发生的环境危险以及可能带来的更大的环境风险所进行的控制。环境犯罪对环境的污染是非常严重的，环境违法或环境犯罪发生后，各地人民政府、司法机关一般会在第一时间立马采取措施予以干预，控制污染的蔓延，治理和修复环境[1]。对于公安机关来说，环境犯罪案件移送公安机关侦查后，公安机关应当根据职责要求，协助环境行政执法机关以及当地政府及时采取措施控制污染环境行为已经发生的危险，防范潜在的环境风险。我国在环境污染的控制和环境风险的化解中已经积累了比较丰富的经验。如紫金矿业环境污染案发生后，福建省上杭县人民政府和司法机关根据专家意见立马于 2010 年 7 月 26 日组织召开专题会议研究紫金

---

〔1〕 对于环境风险和危险的控制，已有环境保护部 2010 年 9 月 286 日发布的《突发环境事件应急预案管理暂行办法》（环发〔2010〕113 号）、国务院办公厅 2014 年 12 月 29 日印发的《国家突发环境事件应急预案》（国办函〔2014〕119 号）、环境保护部办公厅 2015 年 4 月 16 日发布的《突发环境事件应急管理办法》（部令第 34 号）等相关文件。这些文件对预案的编制、应急中责任的划分、风险控制、应急准备、应急处置、事后恢复、信息公开等进行了明确的规定。

山铜矿"7·3"事故后续处置及配合铜矿整治对紫金山金矿限产事宜[1]。对污染的控制和风险防范既是当地政府和环境行政执法部门的责任，也是公安机关的当然职责。实际操作中，对污染的控制一般以人民政府为主导。此外，我国还专门出台了一系列规章文件保证对环境损害和污染的控制，如2006年原国家环保总局印发的《环境保护行政主管部门突发环境事件信息报告办法（试行）》（环发〔2006〕50号，2011年5月1日起废止）；2011年原环境保护部《突发环境事件信息报告办法》（部令第17号）；2013年原环境保护部印发的《突发环境事件应急处置阶段污染损害评估工作程序规定》；2014年国务院办公厅印发的《国家突发环境事件应急预案》（国办函〔2014〕119号）等。这些文件对突发环境污染事件进行了分级，针对不同级别的环境犯罪制定了不同的应急预案，规定了不同的工作程序，对于实际控制污染环境犯罪的后果取得了很好的成效。

8. 刑事侦查后的处理。公安机关对于环境行政执法机关移送的涉嫌环境犯罪的案件进行侦查后，根据不同情况应当进行以下两种处理：

（1）移送人民检察院审查决定。《刑事诉讼法》第162条规定，公安机关对环境行政执法机关移送的涉嫌环境犯罪案件刑事侦查终结后，应当综合判断环境行政执法机关移送和自己侦查中收集的证据。经判断认为移送的案件"犯罪事实清楚，证据确实充分的，并且写出起诉意见书，连同案卷材料、证据一并移送同级人民

---

〔1〕 具体采取的措施包括，对紫金山金矿采取限产措施，要求紫金山金矿在确保环保安全的情况下维持低位生产运行，以减轻金铜矿区环保安全压力，并全面加强紫金山金铜矿区环境安全隐患排查，集中全部力量加快处理铜湿法厂污水渗漏事故进度，全力以赴做好抗击台风的各项准备工作，确保安全度汛。参见朱达俊："中国重大环境案例回顾：紫金矿业水污染案"，载《环境保护与循环经济》2013年第2期。

检察院审查决定"[1]。与此同时，公安机关还应将案件移送人民检察院的情况告知犯罪嫌疑人、辩护律师以及涉嫌环境犯罪案件的移送机关。《工作办法》第 18 条、第 19 条对人民检察院审查决定工作进行了细化。人民检察院收到公安机关移送来的环境犯罪案件材料后，对"符合逮捕、起诉条件的环境犯罪嫌疑人，应当及时批准逮捕、提起公诉。人民检察院对决定不起诉的案件，应当自作出决定之日起 3 日内，书面告知移送案件的环保部门，认为应当给予行政处罚的，可以提出予以行政处罚的检察意见"[2]。人民检察院在审查环境犯罪案件的过程中对"公安机关提请批准逮捕的犯罪嫌疑人作出不批准逮捕决定，并通知公安机关补充侦查的，或者人民检察院对公安机关移送审查起诉的案件审查后，认为犯罪事实不清、证据不足，将案件退回补充侦查的，应当制作补充侦查提纲，写明补充侦查的方向和要求。对于退回补充侦查的环境犯罪案件，公安机关应当按照补充侦查提纲的要求，在一个月内补充侦查完毕。公安机关补充侦查和人民检察院自行侦查需要环保部门协助的，环保部门应当予以协助"[3]。

（2）退回环境行政执法机关。根据《刑事诉讼法》第 163 条的规定，公安机关对环境行政执法机关移送的涉嫌环境犯罪的案件侦查后认为不构成犯罪，或者环境犯罪事实和情节显著轻微，没有必要追究刑事责任，但是应当追究环境行政责任的，公安机关应当及时将相关案件材料退回至移送案件的环境行政执法机关，由该行政执法机关进行行政处罚，同时应当将处罚结果抄送同级人民检察院。有学者将公安机关退回环境行政法机关移送涉嫌环境犯罪的案

---

〔1〕《刑事诉讼法》第 162 条第 1 款之规定。

〔2〕《工作办法》第 18 条之规定。

〔3〕《工作办法》第 19 条之规定。

件称为反向移送[1]。本书认为这种情况不宜称为"反向移送",因为对于环境行政执法机关来说,移送环境犯罪案件是一个单向的线性行为。环境行政执法机关是案件移送的主体,公安机关是环境犯罪案件承接主体。承接主体若发现移送主体移送的涉嫌环境犯罪的案件不符合自己受理案件的条件,根据职责要求当然要退回移送机关。这种退回案件的活动既是处理环境违法行为的需要,也是针对移送部门所移送的案件作出的反馈举措,将其称为"反向移送"显然不妥,称为"退回"更为科学合理。

第三节　我国环境刑案移送承接制度的实践成效

我国环境刑事案件的查处与环境行政执法及政策、环境刑事司法及政策直接相关,与环境行政执法的密度、频率成正比。我国1997年刑法规定了"破坏环境资源保护罪"后,环境行政执法机关开始移送环境犯罪案件。当时刑法对"重大环境污染事故罪"规定的定罪标准是"造成重大环境污染事故,致使公私财产遭受重大损失或者人身伤亡的严重后果",偏向于保护人身权和财产权。当时实践中污染环境行为能够达到这个标准的案件并不多。此外,当时地方政府一味发展经济,忽视对环境的保护,加之环境行政执法机关基于权力的扩张本来就不想移送涉嫌环境犯罪的案件,故这一时期移送的污染

----

〔1〕 孙洪坤、张毅:"环境行政执法与刑事司法相衔接的程序失灵研究",载《政法学刊》2017年第3期。该文认为,公安机关的反向移送包括两种情况:其一,对于环境行政执法机关移送的涉嫌环境犯罪的案件公安机关经过侦查与审查发现不构成犯罪的或者虽然构成犯罪,但不需要进行刑事处罚的案件,应当移送回原环境行政执法机关;其二,公安机关主动根据犯罪线索受理并侦查的涉嫌环境犯罪的案件,发现该行为虽然违法但不构成犯罪时,应移送给有管辖权的环境行政执法机关进行行政处罚。本书认为这两种情况不能称之为移送。第一种情况实则为将案件退回环境行政执法机关,第二种情况属于协调案件的处理问题。

类犯罪案件并不多，司法机关处理的大多属破坏资源类犯罪案件。

随着我国环境污染的加剧和国家对环境保护的高度重视，实务部门运用刑事手段制裁环境犯罪成为常态。刑事立法上，2011年《中华人民共和国刑法修正案（八）》（以下简称《刑法修正案（八）》）第46条将1997年《刑法》中的"重大环境污染事故罪"修改为"污染环境罪"，将犯罪标准修改为"严重污染环境"，降低了犯罪标准，扩大了刑法制裁范围。自此，我国环境行政执法机关对污染类环境犯罪案件移送数量大增。《2013污染解释》出台后，污染类环境犯罪的案件移送数量出现了井喷式增长。《2017污染解释》发布实施后，环境犯罪的移送数量继续猛增。2020年12月26日，全国人大常委会第二十四次会议又通过了《中华人民共和国刑法修正案（十一）》，增加了一档四种情形下"7年以上有期徒刑"的法定刑。除了刑事立法上降低污染环境类犯罪的构罪标准，司法上也明确这类犯罪的具体标准[1]，环境刑事保护力度空前。与此同时，国家强化了对环境犯罪案件移送中环境行政执法机关有案不移、以罚代刑以及公安机关移案不立等不作为、乱作为渎职行为的监督和处理。这些举措的实施大力促进了环境刑案的追诉工作，环境犯罪移送与承接的成效有目共睹，主要表现在：

一、环境犯罪案件移送和承接数量不断增多

1997年《刑法》规定破坏环境资源保护罪后，我国对这类犯

---

[1] 《2013污染解释》和《2017污染解释》某种程度上也降低了污染类环境犯罪的构罪标准。因为这两个司法解释采取了从严解释的原则，有几个"严重污染环境"标准被解释为行为犯，如《2017污染解释》第1条第1项"在饮用水水源一级保护区、自然保护区核心区排放、倾倒、处置有放射性的废物、含传染病病原体的废物、有毒物质的"、第5项"通过暗管、渗井、渗坑、裂隙、溶洞、灌注等逃避监管的方式排放、倾倒、处置有放射性的废物、含传染病病原体的废物、有毒物质的"、第7项"重点排污单位篡改、伪造自动监测数据或者干扰自动监测设施，排放化学需氧量、氨氮、二氧化硫、氮氧化物等污染物的"等。

罪的惩治一直比较重视，但主要为破坏资源类环境犯罪，对污染类环境犯罪的制裁力度不大。如"2002 年至 2011 年，全国法院共审结破坏环境资源保护犯罪案件 81 435 件，其中重大环境污染事故犯罪案件只有 109 件"[1]，其余皆为破坏自然资源环境犯罪案件。2009 年，全国法院新收环境资源犯罪案件 9997 起，其中盗伐林木、滥伐林木、非法占用农用地案件分别为 3724 件、3176 件、1027 件，占了所有环境犯罪案件的 4/5[2]。在黑龙江省，2001 年到 2011 年，各级法院审理的涉及资源开发、环境保护的 5172 起刑事案件均为破坏资源犯罪。[3]

　　我国对污染环境犯罪案件的制裁经历了一个由少到多发展变化的过程。改革开放之初，基于我国贫穷落实的现实，国家需要大力发展经济，对污染环境行为的容忍度较大，且认为污染环境是经济发展过程中的必然现象，故法律、法规对环境违法犯罪行为的谴责、制裁力度相对要小。我国经济迅猛发展后，环境污染问题成为国家和国民十分痛恨的社会问题，清洁环境权成为公众共同的追求，民众对环境违法犯罪行为的容忍度大为降低，我国对环境污染的刑事制裁开始加强。生态环境行政执法机关移送涉嫌污染环境的犯罪案件也同样经历了从无到有，从少到多的过程。通过表 2-1、表 2-2 对环境污染犯罪案件的移送数据进行的统计进行分析[4]，可以窥见出环境犯罪移送与承接中取得的成绩。

---

　　〔1〕 参见袁春湘："我国环境司法的现状、问题及相关建议"，载《中国审判》2013 年第 5 期。

　　〔2〕 参见高皋："2009 年刑事审判情况一览——来自最高人民法院的权威数据分析"，载《法制资讯》2010 年第 4 期。

　　〔3〕 参见袁春湘："2002 年~2011 年全国法院审理环境案件的情况分析"，载《法制资讯》2012 年第 12 期。

　　〔4〕 司法机关对破坏资源环境犯罪案件的制裁呈常规化趋势，一直比较平稳，没有大起大落的态势，故本书没有进行统计和分析。

表 2-1 1997 年~2012 年污染环境违法处罚与犯罪[1]
移送数据[2]（单位：件）

年份	1997	1998	1999	2000	2001	2002	2003	2004	2005	2006	2007	2008	2009	2010
行政处罚数	29 523	39 754	53 101	55 209	71 089	100 103	92 818	80 079	93 265	92 404	109 074	94 897	78 788	116 820
犯罪移送数	0	2	1		5	4	1	2	4		4	4	5	11

表 2-2 2011 年~2018 年污染环境类环境违法与犯罪移送数据[3]（单位：件）

年份	2011	2012	2013	2014	2015	2016	2017	2018
行政处罚数	119 333	117 308	139 059	97 084[4]	102 084	124 000	233 000	186 000
犯罪移送数	26	不详	706[5]	2180	1685	1963	2281[6]	2367（1~11 月）

---

〔1〕 此处环境犯罪包括1997年刑法规定的重大环境污染事故罪和2011年《刑法修正案（八）》颁布后的污染环境罪。

〔2〕 表中数据系笔者根据《中国环境年鉴》发布的数据进行的统计。2013年前，由于环境保护部门发布的数据不一，不同研究人员统计出来的犯罪数据有不一致的地方。如有学者统计的环境行政处罚数2007年为101 325起，2008年度为89 820起，与笔者统计有一定的差异。参见颜九红："论环境污染行为之刑事责任阙如"，载《北京政法职业学院学报》2009年第4期。

〔3〕 表中2016年~2018年行政处罚数据分别来自原环境保护部部长陈吉宁、原生态环境部部长李干杰在2017年~2019年全国环境保护工作会议上的讲话。

〔4〕 《中国环境年鉴》通报的本级行政处罚案件数为97 084件。参见中国环境年鉴编辑委员会：《中国环境年鉴2015》，中国环境年鉴社2015年版，第748页。环境保护部通报的2014年全国共立案查处的环境违法案件数为73 160件。参见童克难："环境保护部转发最高检'破坏环境资源犯罪专项立案监督活动'工作方案 通报去年行政处罚和环境犯罪案件移送情况 要求各级环保部门20内公布处罚决定书全文"，载《中国环境报》2015年4月15日，第1版。

〔5〕 康慧强博士统计的数量为726件。参见康慧强："我国环境行政执法与刑事司法衔接的困境与出路"，载《郑州大学学报（哲学社会科学版）》2017年第1期。

〔6〕 有的报道发布的数据为2736件。参见郄建荣："去年全国环保罚没逾115亿 移送涉嫌环境污染犯罪案件2736件"，载《法制日报》2018年4月10日，第6版。

上述数据可以看出，在 2013 年最高人民法院和最高人民检察院发布《关于办理污染环境刑事案件适用法律若干问题的解释》前，我国污染环境犯罪案件移送数量极少。最多为 2011 年的 26 件。但该解释发布实施后，仅"2013 年一年，全国各级环保部门共向公安机关移送涉嫌环境犯罪的案件就达到 706 件，移送数量超过之前 10 年总和"[1]。2014 年为 2180 起，是过去 10 年总和的 2 倍，超过 2013 年的 3 倍。2014 年江苏省处理的污染环境刑事案件比过去 15 年的总和还要多[2]。自 2014 年开始，我国每年移送数量突破 1000 件，最高数量为 2017 年的 2281 件。2018 年又创新高，1~11 月移送案件就达到 2367 件[3]。地方来看，福建晋江市生态环保部门近 6 年的移送数也达到了 120 件，其中 2013 年为 15 件，2014 年为 38 件，2015 年为 17 件，2016 年为 27 件，2017 年为 14 件，2018 年为 9 件。[4] 实践中，环境行政执法机关在做好日常环境行政执法工作的同时移送环境犯罪的意识不断增强，移送环境犯罪的态度大为转变，一般情况下发现、收集相关犯罪 线索后都会将刑事案件移送给司法机关。环境犯罪移送态度从消极到积极的转变的原因：一是因为党和国家加强环境行政执法工作、大力开展环保督查工作促成，二是因为大力查处有案不移、以罚代刑的案件所致，三是因为生态文明建设和绿色发展的实践需要使然。

环境犯罪移送成果还可以从司法机关处理环境犯罪案件中可以窥见出来。2015 年一年，公安机关一共破获各类环境污染犯罪刑

〔1〕 郄建荣："去年涉嫌环境犯罪移送案件数量大增"，载《法制日报》2014 年 6 月 13 日，第 6 版。

〔2〕 参见郄建荣："专家：环保执法不要过多地依赖行政方法，要尊重企业的合法权益"，载 https：//www.sohu.com/a/209703157_367809，最后访问日期：2020 年 2 月 10 日。

〔3〕 全年数据生态环境保护部没有发布，故没有统计。

〔4〕 数据来自晋江市生态环境局法规科的统计。

事案件 6035 起，抓获犯罪嫌疑人 1.2 万余人；2015 年到 2016 年 8 月，检察机关共批准逮捕破坏环境资源犯罪 9363 件约 1.4 万人，提起公诉约 2.9 万件 4.5 万人，立案查处环境职务犯罪 1939 人。[1] 从地方来看，福建省检察机关自《2017 污染解释》实施至 2019 年 5 月，共受理提请审查逮捕各类破坏生态环境犯罪案件 1085 件，经审查逮捕 895 件 1253 人，同比件数上升 22.4%、人数上升 14.2%。受理移送审查起诉 2578 件，提起公诉 2030 件 3111 人，同比上升 1.2%、人数下降 8.9%。破坏生态环境犯罪案件的类型比较集中。其中，审捕污染环境罪 147 件，占审捕该类案件的 13.5%；滥伐林木罪 191 件，占 17.6%；盗伐林木罪 194 件，占 17.8%；非法采矿罪 246 件，占 22.6%。[2] 2014 年 1 月至 2016 年 6 月，全国法院受理破坏环境资源类犯罪一审案件 39 594 件，审结 37 216 件，生效判决人数 47 087 人。[3] "2016 年 7 月至 2017 年 6 月，各级人民法院共审理环境资源刑事案件 16 373 件，审结 13 895 件，给予刑事处罚 27 384 人"[4]。这些审结的环境犯罪案件，相当部分案源来自环境行政执法机关的移送。

党的十八大以来，我国将环境保护提到了前所未有的高度，环境违法犯罪案件的查处是全党全国、全社会以及全体公民都在关注的问题。近些年来，中央环保督查以势如破竹之势在全国各地查处环境执法违法违规犯罪行为。全国各地的环境公益诉讼也如火如荼。这种环境保护态势使得环境行政执法机关必须做到有法可依、

----

〔1〕 数据来自 2016 年 11 月 2 日全国人大常委会副委员长沈跃跃在第十二届全国人民代表大会常务委员会第二十四次会议上所作的《全国人民代表大会常务委员会执法检查组关于检查〈中华人民共和国环境保护法〉实施情况的报告》。

〔2〕 数据来自福建省检察院第八检察部的统计。

〔3〕 数据来自最高人民法院 2016 年 7 月发布的我国首部《中国环境资源审判》（白皮书）。

〔4〕 数据来自最高人民法院 2017 年 7 月发布的《中国环境资源审判（2016－2017）》（白皮书）。

有法必依、执法必严、违法必究。今后，随着我国对环境违法犯罪行为制裁力度的不断加大，环境行政执法机关移送污染环境案件的数量可能还会进一步提高。

二、移送承接能力不断提高

（一）环境行政执法能力和刑事司法取证能力不断提高

环境行政执法机关发现涉嫌环境犯罪的案件后，首要的任务就是做好证据收集、固定的工作。环境犯罪取证难度大，时间性强[1]，需要较为良好的取证工具去对污染水质、气味、残留等细节进行甄别。近些年来，随着国家对环境保护工作的高度重视，我国加大了对环境保护执法设施的投入，全面改善了执法条件。如湖南已经实现了环境执法移动装备县市区全覆盖，环境执法人员在执法过程中，通过便携式执法记录仪、手持终端 PDA 以及移动执法箱，可以快速地完成现场检查记录、调查询问笔录、现场拍摄、资料上传、文书打印等工作。[2] 这种先进的环保执法设施有效保证了环境行政执法和刑事司法及时、准确地取证。

（二）环境损害鉴定评估制度从不完善逐步走向完善

环境损害鉴定评估制度是污染环境犯罪中运用最为广泛的一种

---

〔1〕 环境污染犯罪案件有其特质，有些案件污染发生后，废水、废气和噪声的状态可能处于随时变化之中。有时环境行政执法机关工作人员赶赴现场取证时，环境污染现象还可能已"时过境迁"，无法取证了。所以，及时取证是环境犯罪取证的基本要求，这就需要现代化的执法装备。

〔2〕 参见刘艺："湖南环境执法移动装备县市区全覆盖"，载华声在线，http：//hunan. voc. com. cn/article/201712/201712050737506208. html，最后访问日期：2019 年 12 月 20 日。这些移动执法箱使用特制材料制造，防撞击；设备装有无线网卡，可直接将现场收集的情况上传到环保部的后台，确保及时、公正、有效。移动执法装备成为打击环境违法行为的有力武器。

制度[1]。我国通过出台一批规范环境鉴定评估工作的规章、文件，不断完善环境损害司法鉴定工作。2005 年，全国人大常委会《关于司法鉴定管理问题的决定》提出将环境损害司法鉴定作为三大传统司法鉴定"法医、物证、声像资料"之外的第一项鉴定类别。2011 年 5 月 30 日，环境保护部出台《关于开展环境污染损害鉴定评估工作的若干意见》（以下简称《污染鉴定意见》）、《环境污染损害数额计算推荐方法》。其中，《污染鉴定意见》厘定了全面完整的环境污染损害的评估范围，即包括人身损害、财产损害、生态环境资源损害、应急处置费用、调查评估费用、污染修复费用、事故影响损害和其他应当纳入评估范围内的损害。2012 年，我国正式开始启动环境污染鉴定评估制度，重点开展案例研究和试点工作，提高环境污染损害鉴定评估工作能力，将环境污染鉴定评估制度和鉴定评估队伍逐步纳入国家司法鉴定体系。对案件所涉的环境污染专门性问题难以确定的，《2013 污染解释》第 11 条规定："由司法鉴定机构出具鉴定意见，或者由国务院环境保护部门指定的机构出具检验报告"；《2017 污染解释》第 14 条对前述规定又进行了完善："依据司法鉴定机构出具的鉴定意见，或者国务院环境保护主管部门、公安部门指定的机构出具的报告，结合其他证据作出认定"；2015 年 12 月，中共中央办公厅、国务院办公厅印发了《生态环境损害赔偿制度改革试点方案》，提出了要规范生态环境损害鉴定评估；2016 年 1 月 8 日司法部、环境保护部联合发布《关于规范环境损害司法鉴定管理工作的通知》；等等。实践中，我国不断加大环境司法鉴定评估队伍建设，培养了一大批具有专业素养的环

---

〔1〕　据笔者对 183 个公司实施的污染环境罪进行统计，环境鉴定意见和环境监测（检测）报告、危险废物认定意见书等证据已经成为认定污染环境罪的核心证据。有72% 的案件中有监测报告，有 32% 的案件中有环境鉴定意见，有 27% 的案件中危险废物认定意见书。有些犯罪证据链条中这几个证据都进行了运用，有些只运用了其中的一个或两个。

境司法鉴定评估专门人才。通过采取这些举措，涉嫌环境犯罪案件中需要进行专业性环境司法鉴定与评估的问题得到了一定程度的解决，这为环境行政执法机关移送案件、公安机关承接环境犯罪后的侦查工作提供了人员和技术的支持。目前，环境鉴定和环境评估工作通行的做法是坚持"两条腿走路"："一条腿"是有资质的部门直接进行鉴定，"另一条腿"是环保部门指定一些机构进行鉴定。随着环境污染案件不断增加，环境损害鉴定今后定当会更加规范。

（三）环境司法专门化效果显著

环境刑事侦查方面，我国许多地方已经设置了环保警察队伍，专门负责环境违法犯罪案件的查处工作。环保警察的出现"有效解决了以往环保执法难、执法软问题"[1]。环保警察专司查处环境违法犯罪职责，专业性强，环境犯罪证据获取、固定、判断比较娴熟，设施装备先进，查获案件的能力较之于一般环境行政执法人员要强很多。某种程度上，环保警察以及环境审判的专门化有效地提升了环境行政执法和环境刑事司法的水平，可以使环境犯罪交接过程更为顺畅。

环境刑事检察方面，检察机关在环境司法追诉中担当国家政策的司法决策者，庭前程序的主导者，环境行政、公安、审判机关之间的联络者等角色。检察机关不仅承担了对涉嫌环境犯罪案件移送承接工作的监督工作[2]，而且负责涉嫌环境犯罪案件的逮捕、起

---

〔1〕 参见刘子阳、董凡超："环保警察是如何执法的"，载《法制日报》2018年6月6日，第3版。

〔2〕 据正义网的消息，2015年1月至2018年5月，全国检察机关共监督行政执法机关移送涉嫌破坏环境资源类案件7860件10057人，监督公安机关立案侦查涉嫌破坏环境资源类案件7872件9712人。载 http://news.sina.com.cn/c/2018-06-25/doc-iheirxyf5521875.shtml，最后访问日期：2020年3月23日。

诉工作〔1〕。检察机关对涉嫌环境犯罪移送承接的监督成效有目共睹，成效十分显著。对涉嫌环境犯罪的起诉工作也卓有成效（见表2-3）。

表2-3 2013年~2018年全国检察系统批捕等破坏环境资源保护犯罪案件情况〔2〕

年月	批捕案件（件）	批捕人数	起诉案件（件）	起诉人数
2013.01~2013.12	5013	7237	不详	20 969
2015.01~2018.05	21 475	31 289	66 731	103 859
2018.01~2018.12	9470	15 095	26 287	42 195

环境刑事审判方面，我国运用刑事手段制裁环境犯罪的力度不断加强。我国对环境犯罪的刑事审判同样经历了从少到多的过程。以污染环境罪为例，2011年前，1997年《刑法》第338条规定的是重大环境污染事故罪，由于构罪标准高，我国审判机关判决的污染环境犯罪数极少。1998年至2010年，环境行政执法机关向公安机关移送的污染环境犯罪数总共只有51起，进入审判程序的案件数自然更少（见表2-4）。2013年我国发布污染环境罪司法解释后，环境保护部门移送涉嫌污染环境犯罪案件大增。2013年达到了706件，超过了前十年总数之和。2014年开始增速更为迅猛，

---

〔1〕 检察机关对污染环境犯罪的惩治采取"零容忍"态度，批捕率很高，如据湖南省人民检察院侦查监督机关工作人员统计，湖南省检察机关近几年对这类犯罪的逮捕率达到了74%~79%。相对不捕率远低于存疑不捕率，从严把关批捕条件。据福建省人民检察院第八检察部统计，福建省检察系统仅2018年就受理提请审查逮捕污染环境刑事犯罪639件974人，批准逮捕521件759人，受理移送审查起诉1560件2336人，提起公诉1210件1760人。

〔2〕 数据系笔者根据最高人民检察院各种新闻发布会和检察机关相关材料公布的数据统计。

2017 年达到峰值，2018 年有所回落[1]。

污染环境罪的追诉，从审判机关刑事判决数的变化也可见一斑。表 2-4 至表 2-6 为审判机关从 1998 年至 2018 年之间对重大环境污染事故罪、污染环境罪判决的基本情况。

表 2-4　1998 年~2010 年间部分年份
污染环境刑事案件审判数[2]（单位：件）

年　份	1998	2002	2004	2010
案件数	2	4	7	19[3]

2011 年，《刑法修正案（八）》颁布实施。《刑法修正案（八）》将重大环境污染事故罪修改为污染环境罪，定罪标准由"造成重大环境污染事故"修改为"严重污染环境"。由于当时最高司法机关并未出台具体的司法解释明确什么是"严重污染环境"，故环境行政执法机关移送污染环境犯罪、审判机关审污染环境犯罪的案件并不多。根据中国裁判文书网发布的判决信息，2019 年 5 月 18 日，以"污染环境、刑事案件、一审、判决书"为关键词进行搜索（表 2-6 搜索条件同），2011 年~2013 年我国以污染环境罪定

---

〔1〕　2018 年污染环境罪移送、审判数量回落原因多种，既有大力治理环境污染、环保督察力度加大原因，也与企业自觉控制污染以及经济整体下行导致企业生产行为减少、隐秘的地方保护主义等有关。参见王峰："2018 年污染环境罪数量下跌背后：隐秘的地方保护"，载《21 世纪经济报道》2019 年 1 月 17 日，第 20 版。

〔2〕　数据来自喻海松、马剑："从 32 件到 1691 件——《关于办理环境污染刑事案件适用法律若干问题的解释》实施情况分析"，载《中国环境报》2016 年 4 月 6 日，第 5 版。当时环境污染案件实则为重大环境污染事故案件。

〔3〕　2010 年审判数据与移送数据不同，可能是由于案件被移送到了公安机关后由于案情复杂，检察机关不一定在当年就提起公诉，案件审判带有一定滞后性。还有一种原因可能是移送数量统计不准确导致。

罪量刑的一审判决总共只有 39 件（见表 2-5）。《刑法修正案（八）》自 2011 年 5 月 1 日起施行，至年底施行了 8 个月，但各地人民法院居然没有审判一起污染环境。2012 年人民法院也只审判了一起污染环境案，而且判决结果为无罪。2013 年 6 月，由于最高人民法院和最高人民检察院联合发布了《2013 污染解释》，2013 年污染环境犯罪审判数开始大量增加，上升到 38 件。

表 2-5　2011 年~2013 年污染环境刑事
判决情况统计表（单位：件）

年　份	判决总数	其中公司犯罪
2011 年	0	0
2012 年	1	0
2013 年	38	0
总计	39	0

2013 年污染环境罪司法解释颁布实施后，我国环境犯罪不论是移送数还是审判数成急剧上升趋势。从 2014 年开始，以污染环境为案由的一审判决继续大量增加。尤其 2016 年 12 月 23 公布、2017 年 1 月 1 日起实施的最高人民法院和最高人民检察院发布的《2017 污染解释》在 2013 年司法解释的基础上又进行了完善，法院判决效果更为明显。2014 年~2018 年 5 年间，我国各级人民法院共作出了 7088 件一审刑事判决（见表 2-6），仅 2014 年一年，我国一审刑事判决数就上升为前三年一审刑事判决总数的 23 倍。2014 年开始，我国刑事审判中公司污染环境犯罪的判决开始大量增加，2017 年达到了创纪录的 135 件。

表2-6　2014年~2018年污染环境
刑事判决情况统计表[1]（单位：件）

年份	判决总数	其中公司犯罪
2014 年	893	24
2015 年	1294	58
2016 年	1209	77
2017 年	1861	135
2018 年	1831	124
总计	7088	418

近年来，全国各级法院通过建立环境资源审判庭、环境资源审判合议庭等机构，大力推进环境司法专门化，环境刑事审判工作取得了很大的成绩，对生态文明建设、绿色发展和环境保护起到了保驾护航的作用。

三、对案件移送承接工作的监督不断完善

对环境犯罪案件移送承接监督制度方面，2015年7月中央深改组第十四次会议审议通过了《环境保护督查方案（试行）》，明确要建立环保督查机制，加强对环保执法工作的监管。环保督查机制建立以后，全国范围内的环境保护工作、被破坏了的环境修复工作、环境保护的整改工作都有所改善。为了"规范生态环境保护督察工作，压实生态环境保护责任，推进生态文明建设，建设美丽中

---

〔1〕 表2-5、表2-6中笔者统计的数据与焦艳鹏教授统计有一定的差异。焦艳鹏教授统计数据2013年为49件，2014年为801件，2015年为714件，2016年为775件，2017年为1211件，2018年为954件。参见焦艳鹏："我国污染环境犯罪刑法惩治全景透视"，载《环境保护》2019年第6期。

国"[1]，2019 年 6 月，中共中央办公厅、国务院办公厅又印发了《中央生态环境保护督察工作规定》。中央生态环保督察机制建立实施后，生态环境行政机关移送污染环境犯罪刑事案件的数量大增，移送承接效果更为显著。此外，随着我国环保体制的改革和国家职能的重新划分，我国构建了全新的国家权力监督体系。环境保护职能机构重新设置自然资源部和生态环境部及其下属环境行政管理部门。权力监督机构除了作为国家法律监督机关的检察机关，2018年国家设立了监察委员会。各级监察委员会成为监督我国国家公职人员违纪违法犯罪的强有力的监督部门。操作层面，为了保障监察机关与检察机关案件办理的衔接性，国家监察委员会和高检院联合制定下发了《国家监察委员会与最高人民检察院办理职务犯罪案件工作衔接办法》。监督机制多管齐下，有效保证了环境犯罪移送工作有序进行。

---

〔1〕《中央生态环境保护督察工作规定》第 1 条。

第三章 环境刑案移送承接衔接机制

环境刑事案件移送承接衔接机制不同于环境犯罪移送承接运行机制。后者是指在涉嫌环境犯罪移送承接过程中，环境行政执法机关如何移送、刑事司法承接机关如何承接、承接后如何开展相关具体工作等问题，内容更多的是移送机关和承接机关如何行使好各自职能。环境犯罪移送承接衔接机制是环境行政执法机关与刑事司法机关之间的合作联动、保障机制，要解决的问题是移送机关和承接机关如何衔接好相关移送承接工作，需要通过何种方法进行合作联动、如何保障移送衔接工作顺利进行以便双方共同解决涉嫌环境犯罪的刑事追诉等工作方式。移送承接运行机制重在建立移送部门、承接部门各自的工作流程、工作机制，移送承接衔接机制重在构建双方的合作及保障机制。

自 20 世纪末开始，我国重大环境事故不时发生，环境犯罪的移送和承接成为常态。在环境犯罪案件交接过程中，环境行政执法机关和刑事司法机关已经建立起一系列切实可行的衔接机制，先后联合发布了《关于环境保护行政主管部门移送涉嫌环境犯罪案件的若干规定》（已失效）、《工作意见》、《关于加强环境监管执法的通知》、《工作办法》等规章文件，初步建立了联席会议制度、联合督办制度等规章制度，建立了环保协助、联合调查、互相监督、信息共享等工作机制，完善了线索通报、案件移送、资源共享和信息发布工作，取得了比较好的效果。近几年来，我国环境行政执法机关移送环境犯罪的数量大增，与刑事司法机关合作更加密切，对刑事司法机关的协助意识更强。尤其是监督制约机制建立后，强化了双方的责任和义务，环境犯罪移送衔接工作更加畅通无阻。与国家规章、文件相呼应，全国各地也纷纷建构了相关执法司法衔接机制，规定了移送程序，如四川省环保厅、省公安厅 2015 年 4 月联合下发《关于加强环境污染违法犯罪案件执法衔接配合工作的通知》，山东省环境保护厅制定了《全省环境保护部门调查与移送涉嫌环境污染犯罪案件的工作程序》等。有些地方建立了查办环境案件人员培训机制、重大案件快速联动机制等。这些地方性规章、文件、机制的构建为促进地方环境行政执法机关顺利交接环境犯罪案件提供了制度保障。如 2016 年 12 月查获的 1900 吨垃圾倾倒长江案件中，江浙沪三地立即联动启动应急预案，长江航运公安局苏州分局、苏州市公安局环食药支队、太仓市公安局、太仓海事局、太仓市环保局组成专案组对此立案侦查。[1] 环保、公安、检察三家建立了环保联席会议制度，迅速完成了该案的查处工作。环境行政执法与刑事司法衔接机制在实务运行中已经取得了较好的效果。随着我国环境行政执法、刑事司法力度的不断加大，环境行政执法机关与刑事司法衔接机制将更加突显其在查处案件中的重要性。

第一节　联动协作机制

环境行政执法与刑事司法之间构建的联动协作机制又称"跨职能协同机制"。跨职能协同机制不同于跨部门协同机制，后者是指在政府行政机关内部进行协同，具体表现为"同级政府之间、同一政府不同职能部门之间的'横向协同'；上下级政府之间的'纵向

---

〔1〕 李显峰："江浙沪联手处置垃圾倾倒长江事件 两船倒 1900 余吨垃圾"，载 http：//www. xinhuanet. com/politics/2016-12/25/c_1120181967. htm. 最后访问日期：2020年 3 月 20 日。

协同'；政府公共部门与非政府组织之间的'内外协同'；反恐或国际援助领域的国家间协同等"〔1〕。跨职能协同是指在行使不同国家职能的部门之间进行协同。本书所指跨职能协同特指环境行政权与司法权、监察权的外部工作协同〔2〕。环境行政执法机关将自己行政执法中发现的涉嫌环境犯罪案件移送给公安机关审查立案，将环境监管失职犯罪案件移送至监察机关进行调查立案，涉及行政执法权和刑事司法权交接、行政执法权与监察权交接。这三种权力由不同国家机关行使相关职能，所以三个不同权力部门之间的衔接属于跨职能协同，需要构建的就是跨职能协同机制。不管是跨部门协同还是跨职能协同，都应当建立联合执法、协助司法等制度〔3〕。环境行政执法与刑事司法的合作也是如此。环境行政执法中发现涉嫌环境犯罪的案件若要移送成功，需要环境行政机关和刑事司法机关的通力合作，需要建立系统的联动协作长效工作机制。

联动协作机制是环境行政执法机关、公安机关、监察机关、检察机关就涉嫌环境犯罪追究而形成的相互联系、相互配合的工作方式。依据职权法定的原则，联动协作机制必须明确各自单位的职责。如环境行政执法机关对涉嫌环境犯罪的案件该移送的必须移送，不能有案不移，以罚代刑；公安机关对环境行政执法机关移送过来的涉嫌环境犯罪的案件应当承接、审查，依法作出立案或不立案的决定；监察机关应当对移送承接工作人员履行职责的全过程进行监督，检察机关作为国家法律监督机关也应当环境行政执法机关执法情况、刑事司法机关司法情况进行监督，对符合起诉条件的环

---

〔1〕 周志忍、蒋敏娟："中国政府跨部门协同机制探析——一个叙事与诊断框架"，载《公共行政评论》2013 年第 1 期。

〔2〕 黄喆："论环境联合执法及其法律规制"，载《广西大学学报（哲学社会科学版）》2016 年第 6 期。

〔3〕 蒋敏娟："法治视野下的政府跨部门协同机制探析"，载《中国行政管理》2015 年第 8 期。

境犯罪案件进行起诉；人民法院对环境犯罪案件进行审判；等等。要走完环境犯罪从移送到审判完结整个流程，相关部门必须进行联动、协作、配合。目前，我国已经在相关建设性意见中对合作联动机制进行了一些规定[1]。如《衔接意见》第 2 条规定了要建立行政执法与刑事司法衔接工作联席会议制度和案件咨询制度，《2013工作意见》第 2 条规定要建立联动执法联席会议制度、联动执法联络员制度、重大案件会商和督办制度、紧急案件联合调查机制等，《工作办法》规定了应建立衔接长效工作机制、双向案件咨询制度、应急处理和联合调查机制等。我国许多地方都已建立了环境行政执法与刑事司法联动协作机制，如 2016 年，河南省高级人民法院联合省检察院、省公安厅、省国土、省环保、省水利（水务）、省林业等六家单位共同签署了《关于建立实施环境资源司法执法联动工作机制的意见》；2016 年，佳木斯市环境保护局、公安局、检察院、法院联合印发了《环境行政执法与司法联动工作机制的通知》；2012 年杭州市环境行政执法机关就已经与公安部门建立了环境执法联动协作机制，2018 年 6 月 1 日，杭州市中级人民法院与市环保局又成立了环境执法与司法协调联动办公室，杭州市检察院驻市环保局检察官办公室也正式揭牌[2]；2017 年 5 月，湖南省人民检察院与湖南省环境保护厅就合作共建了省检察院驻省环保厅检察联络

---

〔1〕　如山东省公安厅、环保厅 2013 年专门印发了《全省公安环保联勤联动执法工作机制实施意见》（鲁公通〔2013〕95 号）。该《意见》对环保部门与公安部门应当进一步完善联席会议、联络员、案件移送等工作机制，环保部门应当主动对接发改、城管、农业等部门，逐步建立部门间信息交流机制，定期开展联合执法行动，完善流域协作机制，加强协调配合、定期会商，开展联合监测、执法、应急等行动等内容进行了明确规定。

〔2〕　魏一骏："杭州推行环境执法与刑事司法联动机制"，载 http：//www. xinhuanet. com/2018-06/02/c_129885464. htm，最后访问日期：2019 年 12 月 30 日。

室[1]；2017 年 2 月，株洲市人民政府制定实施了《株洲市建立生态文明执法联动机制实施方案》，对包括环境行刑衔接机制在内的执法联动机制主要责任进行了分解；2017 年 11 月，福建省检察院联合福建省河长办出台了《关于设立福建省人民检察院驻省河长制办公室检察联络室的意见》（闽检发〔2017〕12 号）[2]；等等。

由于环境犯罪的处理涉及"线索调查、移送、起诉、执行'一条龙'办案流程"[3]，所以环境犯罪移送衔接领域的联动协作机制目前主要有：

一、联席会议制度

联席会议是指环境行政执法机关、公安机关、监察机关、检察机关就涉嫌环境犯罪案件移送承接中的问题以及阶段性工作定期召开会议，协商协调解决方案的工作方式。联席会议应当明确需要议定的事项，确定牵头部门及联络人。一般来说联席会议的每个参与单位都要确定一个联络人，每召开一次会议要确定一个主要联络人，主要联络人负责本次会议的会务工作，与其他联络人一起积极沟通信息，协调工作事项和案例。通常来说，联席会议解决哪个环节的问题就应当由负责该环节的部门牵头组织，主要联络人也应该由该部门人员担任，如要解决涉嫌环境犯罪侦查中的证据问题，就需要由公安机关牵头负责组织联席会议，侦查人员作为主要联络

---

〔1〕 参见郑涛、孙意国、唐龙海："湖南省检察院成立驻省环保厅检察联络室"，载 http：//hn. rednet. cn/c/2017/05/04/4284653. htm，最后访问日期：2020 年 1 月 13 日。

〔2〕 据福建省检察机关的统计，至 2019 年 5 月底，全省已设立各级派驻河长办检察联络室 85 个，派驻检察联络员 146 名，是全国唯一三级检察机关"全覆盖"派驻河长办的省份。依托河长办平台，全省共召开联席会议 325 场次，列席专题会议 301 次，联合开展普法宣传 288 场次，开展联合执法 430 次，督办案件 267 件，移送俺家你线索 91 件，立案监督 15 件，发出检察建议 258 份，已整改落实 211 份，采纳率 81.78%。

〔3〕 贺震："惩治和防范环境污染犯罪须建立环境执法联动机制"，载《环境经济》2013 年第 8 期。

人。根据《工作办法》第 23 条的规定，联席会议的内容包括"通报衔接工作情况，研究存在的问题，提出加强部门衔接的对策，协调解决环境执法问题，开展部门联合培训"。

　　具体来说联席会议制度包括以下内容：①通报办案情况，交流工作经验。公布、公开执法和司法相关信息是"联席会议制度的应有之义"[1]。环境行政执法机关主要通报移送涉嫌环境犯罪案件的情况，公安机关、监察机关、检察机关主要通报对环境行政执法机关移送涉嫌环境犯罪案件的立案、侦查、调查、批捕、公诉等情况，人民法院参加联席会议时应当通报涉嫌环境犯罪判决的情况。这些机关应当就环境犯罪有关的各自业务知识交流工作经验，进行培训，不断提升行政执法和刑事司法业务水平。②对环境行政执法与刑事司法中碰到的具体问题进行研究。如环境监测、环境检测、环境鉴定是当前我国环境行政执法、刑事司法中的疑难问题。环境行政执法机关、公安机关、监察机关、检察机关乃至审判机关应当对此难题展开深入讨论，围绕这些取证中的难题提出解决意见。联席会议还可以就某个案件处理中的存疑问题展开讨论，如某个环境犯罪案件中定罪标准难以把握时可以召开联席工作会议，某个污染环境犯罪案件取证难以解决时也可以召开联席工作会议，共同研究破解难题的途径。③制定和完善涉嫌环境犯罪追究中的线性工作机制。环境犯罪的追究工作是一个由行政、司法机关组成的各负其责、各司其职的系统性工作，各自职责既独立又合作，互相依赖性很强。联席工作会议可以对环境犯罪建立相关追究机制，制定具体的办案流程和监督机制。④要解决履职中存在的问题。针对目前环境犯罪移送承接中存在的互相推诿、工作懈怠、有案不移、移案不接、久拖不决、案件处理信息不畅、程序、文书瑕疵等问题，联系

---

　　〔1〕　参见刘远、汪雷、赵玮："行政执法与刑事执法衔接机制立法完善研究"，载《政法论丛》2006 年第 5 期。

工作会议应当提出解决问题的方案，建立相关的问责机制。

二、双向案件咨询机制

双向案件咨询机制是指环境行政执法机关与刑事司法机关、监察机关就涉嫌环境犯罪案件处理中的有关问题互相咨询的工作方式。根据《工作办法》第 24 条的规定，双向案件咨询机制的内容主要有：①对于环境行政执法机关而言，可以对重大、复杂、疑难的涉嫌环境犯罪案件的立案追诉标准、证据固定和保全等相关问题咨询公安、检察、监察等刑事司法机关和监察调查机关。②对于刑事司法机关和监察机关而言，可以就案件办理中的专业性问题咨询环境行政执法机关。这些专业性问题包括环境损害鉴定的判断、环境监测、检测中的专门技术问题、环境标准等。③双向案件咨询制度应当予以落实。受咨询机关对咨询的问题应当进行认真研究，及时答复。对于书面咨询的，受咨询机关不能拖延太久答复，需在 7 日内给予书面答复。建立双向案件咨询制度的目的，一方面是扬长避短，另一方面是协作互助，共同解决涉嫌环境犯罪案件的刑事责任追究问题。

三、环境技术协助机制

该机制是指环境行政执法机关对公安机关、人民检察院办理涉嫌环境污染犯罪案件提供相关技术和办案条件支持的工作方式。环境污染犯罪的认定需要专门的环境技术，这些技术司法工作人员不可能具有。为了解决犯罪认定中的专业问题，必须由环境行政执法机关支持。根据《工作办法》第 25 条的规定，环境技术协助机制需要满足如下条件：①技术协助的主体是环境行政执法机关，因为环境专业技术是其工作所长，能够提供协助；②技术协助的对象是公安机关、检察机关以及监察机关。尽管《工作办法》只规定了公安机关和检察机关，但《宪法》《监察法》修改后，环境渎职犯罪的调查职能转移到了监察机关，环境渎职犯罪也同样涉及关联环境技术问题；③技术协助的领域大多为涉嫌污染类犯罪案件。其他环境犯罪案件的专业性、技术性相对不高，刑事司法工作人员一般情况下可以解决其中的问题，因而没有必要提供专门的技术协助；④技术协助机制的落实需要环境行政执法机关按照公安、检察、监察机关办理案件的法定时间要求进行，并及时提供办理涉嫌污染环境犯罪案件所需要的现场勘验、环境监测及认定意见；⑤技术协助机制的经费应当列入环境行政执法机关的行政经费预算，由同级财政予以保障。即公安、检察、监察机关在办理涉嫌环境污染犯罪案件中需要环境行政执法机关进行勘验、监测、检测、鉴定等方面的协助时，所需经费不需自己提供，而是由环境行政执法机关在预算后支出。环境污染犯罪案件办理中，技术协助是必然环节，所以环境行政执法机关每年年初应当预算技术协助经费，以免经费不足。《工作办法》第31条后段对技术协助机制中的专家库制度作了明确规定："要逐步建立专家库，吸纳污染防治、重点行业以及环境案件侦办等方面的专家和技术骨干，为查处打击环境污染犯罪案件提供专业支持。"专家库制度是技术协作机制中重要制度。我国在各个领域已经建立的相关的专家库，如环境鉴定专家库等。除了技术协助，相关部门还应当互相提供办案支持。我国已有行政法规、规章对办案协助机制进行了规定，如《受理规定》第6条第2款和第3款就规定了这种互相协助机制："对保管条件、保管场所有特殊要求的涉案物品，公安机关可以在采取必要措施固定留取证据后，商请行政机关代为保管。移送案件的行政执法机关在移送案件后，需要作出责令停产停业、吊销许可证等行政处罚，或者在相关行政复议、行政诉讼中，需要使用已移送公安机关证据材料的，公安机关应当协助。"

四、联合调查机制

联合调查机制是指对涉嫌环境犯罪案件的调查由环境行政执法

机关、公安机关、检察机关、监察机关等单位联合进行的工作方式。这种调查机制是查处环境犯罪最有效的方法，能适应环境犯罪证据、因果关系复杂性调查的需要。如 2017 年，仅北京市环保和公安联合开展执法查处环境违法案件就达到 179 起[1]。联合调查机制通常采取联合执法的措施，公安机关控制当事人，锁定涉嫌刑事犯罪的证据，生态环保机关当天提供监测数据，公安将监测数据作为证据进行立案。启动联合调查机制需要明确以下工作要点：

（一）联合调查的主体

主体是环境行政执法机关、公安机关、检察机关、监察机关等单位，主要是环境行政执法机关和公安机关。这些单位分工不同，但在环境犯罪追诉问题上目标一致，可以通过分工合作的方式解决犯罪案件的调查难题。

（二）联合调查的目的

目的是防止证据灭失。根据《工作办法》第 27 条的规定，相关单位应当依法及时启动相应的调查程序，分工协作，及时固定、收集证据，以防证据灭失。[2]

（三）联合调查的工作重点

工作重点是调查证据、采取强制措施。《工作办法》第 28 条规

---

〔1〕 王大治："北京 2017 环保公安联合执法十大案例公布！这些行为都违法……"，载 http：//www.sohu.com/a/220314128_161623，最后访问日期：2020 年 3 月 20 日。

〔2〕 如浙江省杭州市生态环境局临安分局在办理青山湖街道张某非法倾倒危险废物涉嫌污染环境犯罪案的过程中，与杭州市生态环境局、杭州市临安区公安局联合协同行动，针对案件中倾倒的废油漆桶是否属于危险废物进行了及时鉴定，现场搜集线索仔细全面，及时赴涉案企业调查，调取企业的环评审批资料、危废管理台账等，最后确定倾倒物质系危险废物，顺利将本案作为污染环境刑事案件进入移送程序。联合取证、调查阶段既符合环境保护行政执法的要求，又满足了后期公安、检察部门刑事案件调查的条件。参见"生态环境部公布 2019 年 1-4 月环境行政处罚案件与《环境保护法》配套办法执行情况"，载 http：//www.mee.gov.cn/xxgk2018/xxgk/xxgk15/201906/t20190612_706272.html，最后访问日期：2020 年 3 月 23 日。

定了环境行政执法机关和公安机关的调查重点："环保部门应当重点查明排污者严重污染环境的事实，污染物的排放方式，及时收集、提取、监测、固定污染物种类、浓度、数量、排放去向等。公安机关应当注意控制现场，重点查明相关责任人身份、岗位信息，视情节轻重对直接负责的主管人员和其他责任人员依法采取相应强制措施。"这些工作重点都是基于环境行政执法职责和公安侦查职责划定，符合实际调查需要。

（四）联合调查案件的范围

一般视环境犯罪调查需要而定。《工作办法》没有明确何种情况下需要开展联合调查。实践中看，并非每一个涉嫌环境犯罪的案件都需要进行联合调查，但在法律法规意见中明确联合调查范围有利于联合调查程序的启动。如何规定可以借鉴国家卫生计生委办公厅等 12 个部门联合制定的《关于建立查处违法违规应用人类辅助生殖技术长效工作机制的通知》（国卫办监督发〔2017〕31 号）的规定[1]确定环境犯罪的联合调查范围。本书认为，下列情况可以进行启动环境犯罪联合调查机制：其一，涉嫌重大、疑难环境犯罪的案件；其二，可能会引起群体性事件或者暴力阻挠的涉嫌环境犯罪的案件；其三，突发性案件中涉嫌环境犯罪证据难以保存，需要

---

〔1〕　该《通知》由国家卫生计生委办公厅、中央综治办秘书室、中央网信办秘书局、最高人民法院办公厅、最高人民检察院办公厅、工业和信息化部办公厅、公安部办公厅、民政部办公厅、工商总局办公厅、食品药品监管总局办公厅、国家中医药管理局办公室、中央军委后勤保障部卫生局联合制定，其中规定："对下列情况，各相关职能部门应当及时启动联合调查机制，开展联合执法和调查工作：①在一定区域、时间内案件高发，需联合开展专项行动进行整治、打击的；②成员部门拟对重大案件进行查处前，经与公安机关会商，认为可能会引起群体性事件或者暴力阻挠的；③成员部门在执法检查时遇到恶意阻挠检查、对执法人员进行恐吓或者暴力抗法的情况，认为确有必要需公安机关等有关部门配合的；④案件紧急，证据难以保存，需要各相关职能部门配合同时做好取证等查处工作的；⑤案件复杂、牵涉面广，造成或者可能造成重大社会影响的；⑥经协商确有必要进行联合执法的其他情形。"

各相关职能部门配合同时做好取证等查处工作的案件；其四，牵涉面广，可能造成重大社会影响的涉嫌环境犯罪的案件；其五，其他认为有必要启动联合调查涉嫌环境犯罪的案件。

（五）联合调查的要求

都应规范制作调查笔录，留存现场摄像或者照片以保存证据。联合调查机制是我国处理涉嫌环境犯罪案件的重要工作机制。今后在适用中应当强化在公安机关、检察机关、监察机关的指导下进行规范调查、依法调查和有序调查，不要为了调查而调查，更不能为了追究涉嫌环境犯罪人的刑事责任而进行非法调查取证。联合调查机制的调查方式多种多样，既包括行政机关与司法机关的联合调查，也包括司法机关之间的联合调查，既包括县内、市内、省内行政、司法联合调查；也包括本省与外省行政、司法之间的联合调查。建立环境犯罪联合调查机制的目的在于调查取证，查清涉嫌环境犯罪案件事实存在与否。

五、跨地域侦查协作机制

跨地域侦查协作包括"移案"侦查协作和"非移案侦查协作"。环境犯罪较之于其他犯罪案件的侦查协作难度更大。"生态环境整体性"[1] 的独特属性使得无论环境污染类犯罪案件还是破坏自然资源类犯罪案件都可能跨地域实施。行政主体的环境执法、司法主体的环境刑事司法因环境、司法管辖权的配置表现出极强的地域分割性。跨地域案件不仅环境犯罪侦查困难，环境行政执法同样困难。要解决环境犯罪侦查协作问题，首先必须解决环境犯罪侦查

---

〔1〕 生态环境整体性 "是指从自然地理的角度看，整个地球的生态环境是一个不可分割且紧密相连的整体。污染一旦形成，它将在各种自然或人为力量的推动下不断扩散，从而'牵一发而动全身'，使污染源邻近的环境空间甚至是整个生态环境受到破坏"。参见黄喆："论环境联合执法及其法律规制"，载《广西大学学报（哲学社会科学版）》2016 年第 6 期。

的管辖权。根据《公安机关办理刑事案件程序规定》第 15 条的规定，刑事案件由犯罪地公安机关管辖。由于查处环境犯罪可能会影响当地经济的发展，所以跨地域环境犯罪案件查处可能会碰到地域之间对该案是否均同意查处等问题。若一地查处案件非常积极，另一地则消极懈怠，则环境犯罪侦查的协作机制就难以建立。发生跨地域环境犯罪案件的情况下，专案侦查小组是解决侦查问题的最佳途径。专案侦查小组应当由不同地域的共同上级环保部门、公安部门协调，从相关各地环境行政执法机关、公安机关中抽调人员共同成立专案侦查小组。侦查小组共同商定后制定侦查方案，互相分工，互相协助共同完成侦查工作。为了圆满地解决跨区域联合侦查问题，有些地方已经制定了联合执法工作意见，如 2014 年 4 月 21日，山东省环境保护厅《关于建立行政边界地区环境执法联动工作机制的意见》（鲁环发〔2014〕42 号）。该意见确定了建立行政边界地区环境执法联动工作机制的基本原则包括共防共治、属地管理、预防为主、改革创新等原则，规定环境执法联动工作的内容包括自查自纠、信息共享、联合检查检测、协调应急处置、妥善处理纠纷、联合开展后督察；也建立了联合会商、案件移交移送、联合应急处置、学习交流等制度等。湖南也提出要"强化综合执法体系。整合组建生态环境保护综合执法队伍。市州生态环境局可根据实际对市州辖区生态环境执法机构进行整合，组建跨区域、跨流域生态环境执法机构"[1]。不同地域通过联动工作，可以比较全面地解决案件查处中比较棘手的问题，也可以互相协助做好调查取证工作。

六、重大案件联合督办机制

督办是指对下级机关工作任务执行情况进行监督检查，督促执

---

〔1〕　参见湖南省委办公厅、省政府办公厅 2019 年 5 月印发的《湖南省生态环境机构监测监察执法垂直管理制度改革实施方案》。

行提高完成质量和效率的工作方法。环境行政执法中发现涉嫌重大环境犯罪案件时，应建立起上级环境行政执法、刑事司法部门对下级环境行政执法机关、公安机关、检察机关、监察机关的行政执法、刑事司法情况监督检查、督促实施的工作机制。《工作办法》第 31 条对该机制进行了规定："环保部门、公安机关和人民检察院[1]应当加强对重大案件的联合督办工作，适时对重大案件进行联合挂牌督办，督促案件办理。""挂牌督办"是针对重大案件进行督办的一种方式，是指上级政府和行政主管部门通过社会公示等办法，督促限期完成对重点案件的查处和整改的工作方式。"挂牌督办"旨在提高对重大案件查处的重视程度，及时解决案件查处中的问题。我国在环境保护领域挂牌督办的案件比较多，效果明显。如 2013 年，公安部根据环保部门和各地排查发现的线索，直接挂牌督办了山东桓台某公司非法处置工业渣土污染案、辽宁辽阳"幸福河"污染案以及湖南株洲某化工公司倾倒化工废水案等一批重大案件，并且"派出多个督导组赴涉案地市现场协调督办，要求各地明确责任、彻查彻办"[2]。2016 年，最高人民检察院、环境保护部、公安部首次联合挂牌督办了江苏省靖江市原侯河石油化工厂污染环境犯罪案件，检察机关督办促成了涉案公司签订 1.9 亿元环境修复协议，江苏泰州高新区人民检察院以污染环境罪起诉了周某祥等 3 名被告人。[3] 2017 年，最高人民检察院单独或联合环保部、公安部等挂牌督办 64 起重大污染环境和危害食药安全案件，并对天津市静海区万亩坑塘污染案件、甘肃祁连山系列环境污染案、广西来宾"3·14"非法跨省倾倒危险废物系列案件等重大案件进行

---

〔1〕《宪法》修改后，联合督办的主体还应当包括监察机关。

〔2〕 王晓易："重大污染环境案件将挂牌督办"，载《中国青年报》2013 年 6 月 19 日，第 6 版。

〔3〕 卢志坚、新叶："检察机关促成涉案公司签订 1.9 亿元环境修复协议"，载《检察日报》2016 年 12 月 23 日，第 1 版。

现场督导。[1] 2018 年 1 月~6 月，公安部直接挂牌督办环境犯罪案件就达到 211 起[2]。环境领域重大案件联合督办机制一般具有几个特点：其一，联合督办的主体是上级环保部门、公安机关、检察机关、监察机关。实践来看，公安部、环保部、最高人民检察院等部门联合督办比较常见。其二，联合督办的案件是涉嫌重大环境犯罪案件。其三，联合督办过程中一般先对重大案件进行会商。其四，必要时，环保部门、公安机关、检察机关、监察机关可以联合对涉嫌环境违法犯罪的重大和典型案件进行挂牌督办。

第二节　信息共享机制

一、信息共享机制的概念

环境案件信息是记录环境违法犯罪案件的案情、发案时间、地点、涉嫌违法犯罪行为的主体、证据、材料等基本情况的信息。环境案件信息共享机制包括构建环保大数据信息共享管理平台以及构建其他信息交流机制等。环境案件信息共享机制是解决环境行政执法机关和刑事司法机关"两法衔接"的主要突破口，能够在"环境行政执法与刑事司法之间起到沟通、流转、预警、共享等作用"[3]，可以提高环境行政执法机关移送、司法机关承接环境犯罪案件的效率。利用环保大数据信息共享管理平台可以实现多源、异构数据采集，实时采集污染源、生态等信息，可以实现海量数据处

---

〔1〕　"最高检：2017 年挂牌督办 64 起重大污染环境和危害食药安全案件"，载 http：//www.sohu.com/a/224595058_123753，最后访问日期：2020 年 3 月 20 日。

〔2〕　李欣："公安部重拳打击环境违法犯罪 挂牌督办案件 211 起"，载 http：//www.sohu.com/a/234125091_362042.html，最后访问日期：2020 年 3 月 20 日。

〔3〕　孙洪坤、张毅："环境行政执法与刑事司法相衔接的程序失灵研究"，载《政法学刊》2017 年第 3 期。

理，实现数据实时分析及环保数据挖掘，保障数据安全。[1] 环境案件信息共享机制建立后，监察机关、检察机关可以监督环境行政机关的行政执法和涉嫌环境犯罪移送的情况，可以发现犯罪线索，提出移送建议，进行立案监督。我国大多数地方已经建立了环境执法与司法信息共享平台，如上海浦东新区早在 2005 年就搭建了"行政执法与刑事司法信息共享平台"，将案件线索、材料及环境行政执法的基本情况公布在平台与刑事司法机关、监察机关共享。为了强化生态文明建设，加大保护监测信息化程度，我国有些地方如天津、辽宁等地还建立了"环境监察移动执法系统"[2]。

二、信息共享机制的运行要求

《工作办法》第五章对信息共享机制作了明确规定。根据《工作办法》第 33 条的规定，各级环保部门、公安机关、人民检察院以及监察机关应当"积极建设、规范使用行政执法与刑事司法衔接信息共享平台，逐步实现涉嫌环境犯罪案件的网上移送、网上受理和网上监督"。《2013 工作意见》也规定，"有条件的地区可借助电子化办公系统设置电子化环境保护、公安联合执法系统"。环境违法犯罪信息平台建设是环境执法、司法工作法制化、信息化的当然要求，网上移送、审查、受理、监督可以降低执法司法成本，达到网上衔接、信息共享、沟通便捷、防范有力、查处及时的制裁环境犯罪协作目的。北京、上海、河南、湖北、湖南、辽宁、河北、黑龙江、内蒙古、陕西、西藏、重庆、山东等地均已构建了该类平台。为了完善行政执法与刑事司法衔接信息平台，使平台信息及

---

〔1〕 参见闫甜："环保大数据信息共享管理平台方案研究"，载《中国新通信》2015 年第 19 期。

〔2〕 参见崔金鹏、白东伟、王健："环境监察移动执法系统建设与应用——以天津为例"，载《环境保护》2016 年第 12 期；赵恒心等："环境监察信息化建设的新探索——辽宁省环境监察移动执法系统"，载《环境保护》2015 年第 6 期。

时、准确、有效,《工作办法》第 34 条对录入信息的时间、录入信息的范围进行了明确规定。录入信息的时间为"作出相关决定之日起 7 日内",录入信息的范围包括:①环境行政执法机关应当录入适用一般程序的环境违法事实、案件行政处罚、案件移送、提请复议和建议人民检察院进行立案监督的信息;②公安机关、监察机关应当录入移送涉嫌犯罪案件的立案、不予立案、立案后撤销案件、复议信息;③人民检察院应当录入监督立案后的处理情况,以及提请批准逮捕、移送审查起诉的信息;④监察机关、监察机关、人民法院应当录入监督移送、监督立案以及批准逮捕、提起公诉、裁判结果的信息。上述信息录入范围涵盖了从移送到案件处理完毕的全过程信息,包括案件事实、移送流程、监督流程、处理流程及案件处理结果。信息平台中有关涉嫌环境犯罪的信息应当尽量条目化,可以方便快捷进行操作。从平台记载的信息情况看,目前各地环境行政执法机关移送涉嫌环境犯罪案件的数据比较清楚,但公安、监察、检察进行处理的数据不清,需要加大完善力度。对于尚未建成信息共享平台的环境行政执法机关、公安机关、人民检察院、监察机关,"应当自作出相关决定后及时向其他部门通报前款规定的信息"。为了发挥信息共享平台的作用,《工作办法》第 35 条提出了工作要求,各级环保部门、公安机关、人民检察院、监察机关应当对信息共享平台录入的案件信息及时汇总,进行分析和综合研判,定期总结通报平台运行情况。《2013 工作意见》也规定:"各级环境保护、公安部门应根据各自的专业特长和执法特点相互学习,相互指导,共同研究,努力提高调查取证的能力和证据质量,实现证据的互信和共享。"

第三节　衔接保障机制

衔接保障机制是指为保障衔接工作顺利开展,对环境行政执法机关移送，刑事司法机关、监察机关承接涉嫌环境犯罪刑事案件提供物质、精神、制度等方面保障的措施、方法和支持。具体包括突发环境事件应急机制、案件查办培训机制、移送承接工作奖惩机制等。

一、突发环境事件应急机制

环境领域应急处理机制主要适用于突发环境事件。突发环境事件是指"突然发生，造成或者可能造成重大人员伤亡、重大财产损失和对全国或者某一地区的经济社会稳定、政治安定构成重大威胁和损害，有重大社会影响的涉及公共安全的环境事件"[1]。我国行政意义上的突发环境事件应急机制已经基本建立。近些年来，我国已经制定了一系列突发环境事件应急方面的法律、法规、制度、方案。2007 年我国制定了《中华人民共和国突发事件应对法》；2006 年 5 月国务院办公厅印发的《国家突发环境事件应急预案》（2014 年 12 月进行了修改）；2006 年 1 月国务院制定了《国家突发公共事件总体应急预案》；2006 年 3 月原环境保护部印发了《环境保护行政主管部门突发环境事件信息报告办法（试行）》（2011 年 3 月 24 日原环保部将其修改为《突发环境事件信息报告办法》）；2010 年 9 月原环境保护部印发了《突发环境事件应急预案管理暂行办法》（环发〔2010〕113 号）。为了规范突发环境事件应急处置阶段污染损害评估工作，原环境保护部 2013 年 8 月 2 日还印发了《突发环境事件应急处置阶段污染损害评估工作程序规定》。《工作办法》第 27 条也规定了应急快速响应机制："环保部门、公安机关应当相互依托'12369'环保举报热线和'110'报警服务平台，建立完善接处警的快速响应和联合调查机制……"《2013 工作意见》也要求环境保护机关与公安机关建立紧急案件联合调查机制："遇

---

〔1〕 姚显森："论突发环境事件的司法应急机制"，载《西部法学评论》2013 年第 6 期。

到重大环境污染等紧急情况，环境保护、公安部门要及时启动相应的调查程序，分工协作，防止证据灭失。"[1] 这些法律、法规、制度、意见对突发环境事件的应急解决机制进行了具有可操作性的规定。突发环境事件往往影响大，造成的人身、财产后果严重，既涉及行政违法，也可能涉及刑事犯罪。完善的突发环境事件应急机制不仅包括行政权的应急，也包括司法权的应急，因此既需要构建一般的行政应急机制，也需要建立专门的司法应急机制。

突发环境事件司法应急机制是指对突然发生的重大环境事件司法介入后进行紧急处理，避免事件进一步扩大或事态加重，使损失最大化减少的机制。本书界定的突发环境事件司法应急机制仅指突发环境事件中可能涉嫌构成环境犯罪，需要刑事司法机关紧急介入对涉嫌环境犯罪的人和事进行处理的工作方式。司法应急机制需要在当地政法委的组织、指挥下，公安、监察、检察机关同步跟进，协同处理如下主要问题：是否系人为因素导致突发环境案件发生；人为因素是否涉嫌构成犯罪；人为因素构成犯罪的情况下需要采取的强制措施；是否存在渎职犯罪；存在渎职犯罪情况下的司法措施；等等。突发环境事件司法紧急机制既需要环境行政执法机关的配合协助，也需要司法机关之间的协作互助。尤其在发生突发性重大环境事件的情况下，司法、行政快速联动机制显得尤为重要。因此，各地既要重视构建一般的行政应急机制，也需要构建专门的司法应急机制。当然，在发生重大环境事件时，行政、司法应急机制一般会联动解决问题。

---

[1] 如2019年3月21日发生的江苏响水爆炸事故发生后，生态环境部立即启动了环境应急处理机制。至2019年4月26日，处置了危险废物431.13吨，转运处置危险废物511.1吨，处理污水约19.9万立方米，预计5月底前将余下的9.9万立方米污水全部处理完毕。至此，周边环境质量持续稳定达标，环境风险总体可控，环境应急处理的目标已基本实现。

二、案件查办培训机制

环境犯罪案件的查办专业性很强，环境行政执法主体虽然不是涉嫌环境犯罪案件查办的司法力量，但其在查处环境犯罪案件中发挥着专业优势，仍然处于十分重要的地位。刑事司法机关查办涉嫌环境犯罪的案件需要环境行政执法机关的协助和配合，环境执法机关查处环境违法行为过程中发现涉嫌环境犯罪，也应当及时与刑事司法机关沟通，在公安机关、检察机关、监察机关的指导下按照刑事诉讼的要求收集材料、固定证据。环境行政执法机关拥有环境专业和技术方面的优势，可以提供行政规范方面的信息，司法机关则拥有追诉犯罪的手段、方法、诉讼规则、证据规则等方面的优势。为了使环境犯罪案件的查办更为顺利，环境行政与司法机关的协作没有障碍，定期开展查办环境犯罪案件的培训十分必要。如环境犯罪查办比较多的浙江省就建立了这种机制。2018 年 1 月 11 日浙江省高级人民法院、省人民检察院、省公安厅、省环保厅召开了联席会议。浙江省 2018 年 3 月 27 日发布的《关于办理环境污染刑事案件若干问题的会议纪要（三）》（浙环法〔2018〕15 号）就明确要求"省级层面每年至少开展 1 次联合培训，市、县两级根据工作需要组织开展"。各单位举办环境犯罪查办培训时，应当为相关单位预留培训名额，邀请相关单位主管领导或办案骨干介绍经验，定期或者不定期地开展环境犯罪查办业务交流活动，共同提高环境犯罪查办水平。构建环境犯罪查办培训机制可以让环境行政机关和刑事司法机关弥补各自工作中的短板，各取所长，共同提高环境犯罪案件的查办水平。

三、移送承接奖惩机制

涉嫌环境犯罪案件的移送和承接直接关系环境犯罪的处罚效果。为了督促环境行政执法机关、刑事司法机关依法办事，减少乃至杜绝有案不移、以罚代刑、有案不接、懈怠受理等不作为、乱作为现象，对环境行政执法与刑事司法衔接过程建立奖惩机制很有必要。《2013 工作意见》对这一机制构建提出了明确的要求："各级环境保护、公安部门要将本部门查处打击环境污染违法犯罪、开展联合执法情况等纳入本系统目标考核，组织开展年度表彰奖励工作，有效调动执法人员积极性和主动性。对环境污染违法犯罪案件该查不查、该移送不移送，或者干扰案件查处，甚至包庇纵容的，要依法追究失职、渎职、滥用职权人员的法律责任。"奖惩机制、考核机制只是督促环境执法移送涉嫌环境犯罪案件和公安机关承接移送环境犯罪案件的一种外部制约因素，要解决环境犯罪移送中的问题，仍然需要环境行政执法和公安部门认真履职。

第四节　其他衔接机制

环境犯罪移送承接的目的是制裁犯罪，修复被犯罪破坏的法益，因而，环境犯罪移送承接机制实则为综合性、系统性机制[1]。环境行政执法机关发现涉嫌环境犯罪的案件后，应当将其移送至公安机关进行审查，与公安机关建立衔接工作机制。但是，对于环境行政执法机关来说，涉嫌环境犯罪不是送公安机关处理就结束的事情。在涉嫌环境犯罪被立案侦查，检察机关提起公诉、人民法院进行审判的情况下，环境行政执法机关还会继续对所移送的案件承担协助调查处理的责任。中共中央办公厅、国务院办公厅 2018 年 12 月 4 日印发的《关于深化生态环境保护综合行政执法改革的指导意

---

〔1〕　如浙江、江苏、陕西、福建、湖南、湖北、江西、河南等地由公安机关、检察机关、审判机关、生态环境部门、林业部门以及其他单位共同设立了生态环境司法保护基地，作为承接落实环境替代化修复常态化运行的平台。平台融生态恢复性、公众参与性和宣传教育性于一体，既对破坏生态环境的违法行为人进行惩治，又对生态环境进行良性修复，同时还起到警示教育作用。这类平台的运行必须依赖系统性衔接机制进行运行，否则会形同虚设。

见》规定："公安机关、人民检察院依法要求生态环境部门作出检验、鉴定、认定、调查核实、提供行政执法卷宗等协助和配合的，生态环境部门应当予以协助和配合。"所以，生态环境行政执法部门除了与公安机关直接配合进行工作衔接外，还需要与检察机关、人民法院建立工作衔接机制。这些机制主要有：

一、行检衔接机制

行检衔接机制又称环境行政执法与检察工作衔接机制，是指在检察机关行使检察监督、侦查、审查逮捕、审查起诉和支持公诉等职能时，环境行政执法机关应当配合、协助检察机关做好相关工作。最高人民检察院 2019 年 2 月 12 日发布的《2018-2022 检察改革工作规划》中就规定了要"健全人民检察院与人民法院、行使行政执法权的机关工作协调机制"。《刑事诉讼法》第 192 条第 3 款〔1〕、《检察规定》、《工作办法》等法律、文件对环境行政执法与检察工作衔接机制已经进行了规定，实施中也取得了很好的效果。检察机关是国家法律监督机关，应当对环境行政执法中刑事案件的移送和承接进行法律监督。检察机关与环境行政执法机关除了监督者与被监督者的关系外，二者还应当有工作衔接关系。监察委员会设立前，环境行政执法中若发现有涉嫌环境监管失职等职务犯罪行为，环境行政执法机关应当将这类环境职务犯罪移送给检察机关进行审查，决定立案与否。监察委员会设置后，环境行政执法机关对发现的涉嫌环境犯罪、环境渎职犯罪案件直接移送给公安机关或者监察机关，不会将案件移送给检察机关。但是，检察机关在对环境犯罪行使检察监督、侦查、审查逮捕、审查起诉和支持公诉等职能时，需要与环境行政执法机关进行工作上的衔接，共同解决环

---

〔1〕 该款规定："公诉人、当事人或者辩护人、诉讼代理人对鉴定意见有异议，人民法院认为鉴定人有必要出庭的，鉴定人应当出庭作证。经人民法院通知，鉴定人拒不出庭作证的，鉴定意见不得作为定案的根据。"

境犯罪检察工作中遇到的犯罪事实认定、环境科学技术与证据等问题。环境行政与检察衔接主要有两个方面的工作需要衔接：其一，作为证人出具证人证言帮助认定犯罪事实。环境行政执法机关工作人员是最先查办涉嫌环境犯罪案件的人员，最先了解涉嫌环境犯罪案件的情况。公安机关在收集证据材料时可能会将环境行政执法人员作为证人对之进行取证。检察机关在审查涉嫌环境犯罪案件材料以决定是否逮捕、起诉以及支持公诉过程中需要对证人进行取证，对证人证言进行核实，此时环境行政执法人员应当配合检察机关的检察起诉工作。其二，帮助检察机关甄别环境科学技术中的专门问题。环境犯罪往往涉及对疑难事实的确定。环境行政执法人员具有检察工作人员所不具备的环境科学知识与技术。环境监测、环境检测、环境鉴定等专业技术、专门知识都需要环境行政执法人员进行协助判断。[1] 某种意义上，这种工作上的协助相当于环境行政执法人员就环境科学知识与技术为检察机关工作人员答疑解惑，帮助其判断案情、认定证据。由于环境犯罪的特殊性，环境行政执法与检察工作衔接机制的构建必不可少，有时环境行政执法机关的支持协助还可能成为解决涉嫌环境犯罪起诉工作的关键。

二、行审衔接机制

行审衔接机制又称环境行政执法与审判工作衔接机制，是指人民法院审判涉嫌环境犯罪案件的过程中需要环境行政执法机关参与、支持、配合的工作方式。为配合国家生态文明建设和绿色发展的需要，充分发挥人民法院审判保障职能，最高人民法院于2014年和2016年先后出台了《关于全面加强环境资源审判工作为推进生态文明建设提供有力司法保障的意见》（法发〔2014〕11号）和

---

〔1〕　如《2017污染解释》第14条的规定："对案件所涉的环境污染专门性问题难以确定的，依据司法鉴定机构出具的鉴定意见，或者国务院环境保护主管部门、公安部门指定的机构出具的报告，结合其他证据作出认定。"

《关于充分发挥审判职能作用为推进生态文明建设与绿色发展提供司法服务和保障的意见》（法发〔2016〕12 号）。这些司法政策的出台为强化环境刑事审判作用提供了政策依据。2014 年国务院办公厅《关于加强环境监管执法的通知》明确要求："人民法院在审理环境资源案件中，需要环境保护技术协助的，各级环境保护部门应给予必要支持。"环境行政执法机关移送涉嫌环境犯罪是环境犯罪追诉工作的起点。环境犯罪追诉的最终效果有赖于审判机关的审判。环境犯罪审判过程中，许多问题需要环境行政执法机关的支持和配合，因此应当建立下列环境行政执法与审判工作衔接机制：

（一）环境行政参与审判机制

环境行政参与审判机制是指环境行政执法机关对于自己行政执法中移送的涉嫌环境犯罪，在人民法院进行审判时应当积极参与，并支持审判机关工作的机制。参与审判机制中，环境行政执法机关基于对自己移送案件处罚的关注，应当派员积极关注案件。审判机关基于审判工作的需要，应当创造必要的条件保证环境行政执法机关的审判参与活动。与检察衔接机制相同，环境行政执法机关参与庭审主要通过两种途径进行：其一，担任涉嫌环境犯罪案件的证人（含专家证人）〔1〕参与庭审质证，帮助法院认定事实和证据；其二，经审判机关聘请，在环境科学技术和环境科学专门问题上提供参考，发挥环境行政执法机关的执法优势。

（二）行刑折抵机制

行刑折抵是指在同一案件事实既进行了行政处罚也进行了刑事处罚的情况下，将行政处罚折抵为刑事处罚的方法。行政处罚与刑

---

〔1〕 类似于意大利 1998 年刑事司法改革中引入的录入技术顾问制度。我国目前尚无真正意义上的专家证人制度，但《刑事诉讼法》第 192 条第 3 款规定了鉴定人必要时出庭作证制度，即"人民法院认为鉴定人有必要出庭的，鉴定人应当出庭作证。经人民法院通知，鉴定人拒不出庭作证的，鉴定意见不得作为定案的根据。"

事处罚均属公法责任范畴，二者存在极为密切的联系。[1] 环境犯罪属于行政犯，既违反行政法，也触犯刑法。环境犯罪的这种双重违法性"决定了其责任和处罚的双重性，既要追究其刑事责任，给予刑事处罚，又要追究其行政法律责任，进行行政处罚"[2]。但是，法律责任追诉中有一个基本原则是"一事不再罚"[3]，即"国家不得对任何人同一行为进行再次追诉和惩罚"[4]。一事不再罚在刑事诉讼中是指不得对刑事被告人就同一案件事实进行二次以上的追诉，旨在保护被追诉人的人权，限制公权力的随意行使。环境犯罪的制裁也可能出现行政处罚与刑事处罚同时存在的情况，如环境行政违法行为在环境行政执法阶段就被环境行政机关进行了罚款、行政拘留等处罚，后被发现该环境违法行为涉嫌构成环境犯罪，环境行政执法机关根据职权管辖原则又将已经进行过行政处罚的涉嫌环境犯罪的环境违法行为移送公安机关，若人民法院对该案被告人定罪量刑，如判处了罚金或者剥夺自由的刑罚方法，那么之前行政处罚中的罚款和行政拘留就需要与之后法院判处的罚金、自由刑进行衔接。有学者将这种情况称为行政处罚与刑事处罚竞合[5]。

〔1〕　参见周佑勇、刘艳红："论行政处罚与刑罚处罚的适用衔接"，载《法律科学》（西北政法学院学报）1997 年第 2 期。

〔2〕　张明楷主编：《行政刑法概论》，中国政法大学出版社 1991 年版，第 173 页。

〔3〕　该原则又被翻译为"禁止双重危险原则""一事不再理""一事不二罚""一事不二审""一罪不二审"等。

〔4〕　陈光中、郑未媚："论我国刑事审判监督程序之改革"，载《中国法学》2005 年第 2 期。

〔5〕　参见周佑勇、刘艳红："论行政处罚与刑罚处罚的适用衔接"，载《法律科学》（西北政法学院学报）1997 年第 2 期；许ління磊："刍议刑事不法与行政不法的界限"，载戴玉忠、刘明祥主编：《犯罪与行政违法行为的界限及惩罚机制的协调》，北京大学出版社 2008 年版，第 220~222 页；等等。

如何解决处罚竞合问题，有些国家和地区进行了明确规定。如《德国秩序违反法》第 21 条规定："同一行为构成犯罪行为与违反秩序者，仅适用刑法。但在其他法律规定之从罚仍得宣告之。""前项情形之行为未受刑之宣告者，仍得以违反秩序，处罚之。"根据《德国秩序违反法》，行政处罚与刑事处罚发生竞合时，适用的法律就是刑法，其他法律对该行为进行的从属性处罚仍然要进行宣告，但在犯罪行为没有被宣告刑罚的情况下，仍然应当适用秩序罚即行政处罚。可见德国对处罚竞合采取的是适用刑法原则。在我国台湾地区，其所谓的"社会秩序维护法"第 38 条也规定了处罚竞合适用法律的原则："违反本法之行为，涉嫌违反刑事法律或少年事件处理法者，应移送检察官或少年法庭依刑事法律或少年事件处理法规定办理。但其行为应处停止营业、勒令歇业、罚锾或没入之部分，仍依本法规定处罚。"我国台湾地区的规定也是采取适用刑法或少年事件处理法的处罚原则，但对停止营业、勒令歇业、罚锾以及没收的处罚仍然适用"社会秩序维护法"。

我国相关法律没有规定适用处罚竞合的原则，学界针对处罚竞合提出了代替主义说[1]、双重适用原则说[2]、附条件并科原则

---

[1] 代替主义说又称选择适用说，主张对于同一违法行为只能在刑事处罚、行政处罚中选择一种适用，不能并施。但对于法人或者其他组织犯罪，则追究其刑事责任后不能免除其应负的行政责任。参见陶绪峰："行政处罚与刑罚的竞合"，载《江苏公安专科学校学报》1997 年第 2 期。

[2] 双重适用原则说又称合并适用原则说，认为处罚发生竞合的情况下既要适用刑事处罚也要适用行政处罚。参见周佑勇、刘艳红："论行政处罚与刑罚处罚的适用衔接"，载《法律科学》（西北政法学院学报）1997 年第 2 期。

说[1]、综合原则说[2]四种学说[3]。本书认为，前三种观点都有其合理性，也有其瑕疵。代替责任说符合一事不再罚的责任适用原则，但如果对所有行政处罚和刑事处罚都只单纯选择一种，显然不符合刑事责任的需要。因为刑事责任中不仅有刑罚，也有非刑罚制裁方法。非刑事制裁方法中就包含了行政处分、行政处罚等行政制裁方法。如果涉嫌环境犯罪案件没有被判处非刑罚制裁方法，那么行政处罚中的资格罚在环境犯罪中仍然应当适用。世界上没有任何国家只采取单纯代替主义说。双重责任适用说符合违法必究的执法司法原则，所以世界其他国家适用双重责任原则的现象也较为普遍，如美国 1943 年的 *HESS* 案，法院根据刑事虚伪请求对欺诈国家的 HESS 判处了罚金，又根据民事虚伪请求法又判处其 2 倍额赔偿及民事罚 31.5 美元。[4] 日本和我国台湾地区也有类似判决。但所有案件都适用双重责任原则会加重被告人的法律责任，对被告不公。例如，对环境违法人已经被罚款 5 万元，在该违法行为涉嫌构成污染环境犯罪的情况下，人民法院根据《刑法》第 338 条的规定对被告人判处了有期徒刑，又判处了罚金 10 万元，如果既执行罚

---

〔1〕　附条件并科原则说又称免除代替说，是指行政处罚与刑事处罚可以并科，但是任何一个"处罚"执行后，认为没有必要再执行另一个处罚时，可以免除执行。

〔2〕　综合说认为，对行政处罚和刑事处罚的竞合应当根据不同的情况确定不同的原则：其一，单位（法人）有违法犯罪行为的，除了依法追究直接责任人员的刑事责任外，行政机关还要以对单位适用行政处罚；其二，法院依法对违法犯罪主体已适用了刑法上的人身罚或者财产罚，行政机关还可以依法对其适用吊销许可证等能力罚；其三，行政机关适用了行政处罚中的人身罚或财产罚，该行政处罚就应该折抵刑罚。参见汪永清："行政处罚与刑罚的适用范围和竞合问题"，载《政治与法律》1993 年第 2 期。

〔3〕　参见宣炳昭、王远伟："行政处罚与刑事处罚的适用衔接及立法完善"，载戴玉忠、刘明祥主编：《犯罪与行政违法行为的界限及惩罚机制的协调》，北京大学出版社 2008 年版，第 195 页。

〔4〕　法官判决的理由是，应当区别以保护国家免受经济损失为主要目的的救济性诉讼与为为了表明公共正义以科处刑事罚为目的的诉讼，只有后者才具有进入宪法意义上的危险。参见张明楷：《刑法格言的展开》，法律出版社 1999 年版，第 318~319 页。

款 5 万元，又执行刑事处罚中的罚金 10 万元，则对被告人来说有失公允，毕竟行政罚款是行政上的经济制裁，罚金性也是刑事上的经济制裁，两种处罚针对相同行为制裁，显然会加重刑事犯罪人的法律责任。所以，完全采用双重责任适用说显然不甚合理。如果在行政处罚中对违法行为作出了刑事判决中没有的行政处罚时，则应当采用双重责任适用原则，如行政处罚中有停业整顿、关闭的行政处罚时，则该行政处罚应该与刑罚同时适用。附条件并科原则有其合理性，存在的问题是没有明确什么情况下有必要、什么情况下没有必要适用并科。综合原则说比较符合行政处罚与刑事处罚竞合适用的需要。毕竟实践中行政处罚与刑事处罚的竞合情况非常复杂，加之行政处罚和刑事处罚的方法多种多样，适用单一的原则确实不能完全满足竞合适用的需要。

本书赞同综合原则说。环境行政执法机关的行政处罚与刑事司法机关的刑事处罚发生竞合的情况下，如果两种处罚性质基本相同，都是剥夺自由的处罚，或者都是剥夺金钱的处罚，则应当选择执行刑事处罚，行政处罚应当折抵为刑事处罚；如果行政处罚与刑事处罚性质完全不同，则应当根据情况适用不同性质的处罚。如环境行政执法机关决定对环境违法者吊销排污许可证，后该行为又被法院认定为污染环境罪，被告单位的直接负责的主管人员被判处有期徒刑 2 年，单位被判处罚金 5 万元，则刑罚与行政处罚应当同时适用。总之，行政处罚和刑事处罚的竞合是一个比较复杂的问题，具体处理时应当视情况不同采取不同的方法进行衔接[1]，环境行政执法中的行刑折抵符合禁止双重危险原则的需要[2]。实践中，

---

〔1〕 参见张道许："行政处罚与刑罚竞合时适用问题研究"，载《铁道警官高等专科学校学报》2005 年第 3 期。

〔2〕 参见张仁杰、赵雪松："刍议行刑衔接与人权保障——以'禁止双重危险原则'和'多次'型犯罪为视角"，载杨永华主编：《行政执法和刑事司法衔接的理论和实践》，中国检察出版社 2013 年版，第 1~9 页。

行刑折抵主要有下列三种情况：

1. 罚款折抵为罚金刑。罚款折抵为罚金是指将环境行政执法中已经对被告人进行过的罚款在刑事诉讼中折抵为罚金的方法。有两种情况可能出现罚款折抵为罚金的情况：一是环境行政执法机关先发现环境违法行为，进行了行政罚款，之后发现了该违法行为已经构成了犯罪，遂移送至司法机关；二是环境行政执法机关将涉嫌环境犯罪的案件移送至司法机关后，司法机关迟迟不予立案处理，为了避免企业或者个人逃避法律处罚，环保部门只好先进行行政处罚（罚款）。对于罚款折抵为罚金刑，立法和建设性意见有明确的规定。《行政处罚法》第 28 条规定："人民法院判处罚金时，行政机关已经给予当事人罚款的，应当折抵相应罚金。"《行政移送规定》第 11 条第 3 款规定："依照行政处罚法的规定，行政执法机关向公安机关移送涉嫌犯罪案件前，已经依法给予当事人罚款的，人民法院判处罚金时，依法折抵相应罚金。"如 2015 年 6 月 9 日，山东蓝星清洗防腐公司因污染环境被历城区环保局罚款 10 万元，蓝星公司在 2015 年 6 月 19 日已经缴纳了该项罚款。后发现该公司污染环境的行为构成污染环境罪，山东省济南市历城区人民法院对其判处罚金 20 万元，其缴纳的行政罚款 10 万元予以折抵[1]。山东省济南市中级人民法院也认可了该判决[2]。江苏省泰州医药高新技术产业开发区人民法院对江苏苏百特澄特种钢钢管制造有限公司判处的罚金刑 15.2953 万元中，有 2.2953 万元由行政罚款抵扣[3]。浙江玉环县人民法院对玉环县超川金属型材有限公司污染环境罪判决的 10 万元罚金也是由之前生态行政主管部门决定的罚

---

〔1〕　参见（2015）历城刑初字第 372 号刑事判决书。

〔2〕　参见（2016）鲁 01 刑终 142 号刑事裁定书。

〔3〕　参见江苏省泰州医药高新技术产业开发区人民法院（2017）苏 1291 刑初 317号刑事判决书。

款 10 万元折抵[1]。值得探讨的问题是，环境犯罪案件移送查办经人民法院审判后，如果判处的罚金额低于行政法规规定的处罚下限时，环境行政执法部门是否还有权再进行行政处罚？本书认为，在生态环境机关已经罚款的情况下，人民法院对环境犯罪人判处罚金的数额应当基本与罚款一致，这样便于处理折抵问题。对于生态环境机关没有进行处罚的环境犯罪案件，法院判处的罚金刑数额低于环境保护法律规定的生态环境行政机关可以判处的罚款数额也是正常现象。因为罚金的性质与罚款的性质不同，况且一个环境犯罪案件被人民法院不仅判处罚金还可能被判处了主刑。所以罚金刑若低于可以罚款的金额时，生态环境机关不能再启动行政处罚程序进行罚款。

如果环境行政执法机关对环境违法行为处以了"没收"[2]处罚，该行为后被发现涉嫌环境犯罪，人民法院审理该环境犯罪案件时是否还可以对刑事被告人再判处刑法上的"没收"？如果判处的情况下如何折抵？这也是一个立法没有规定但需要进行研究的问题。刑法中的没收包括两种情况，一种是作为没收财产的附加刑，另外一种是《刑法》第 64 条[3]规定的对犯罪所得之物、所用之物的没收。本书认为，没收财产刑和行政处罚上的没收是性质完全不同的概念，刑法中没收财产刑的判决有时带有强制性，如某些有关破坏经济秩序、侵犯财产的案件刑法强制性规定要并处没收财产，那么这种情况下没收财产刑不可避免。在行政处罚中已经决定了"没收违法所得、没收非法财物"的情况下，刑事审判判处没收财产刑没有法律和法理障碍，可以同时执行，不需要进行折抵，刑事

---

〔1〕　参见浙江省云环县人民法院（2014）台玉刑初字第 1124 号刑事判决书。

〔2〕　即《行政处罚法》第 8 条规定的"没收违法所得、没收非法财物"。

〔3〕　《刑法》第 64 条规定："犯罪分子违法所得的一切财物，应当予以追缴或者责令退赔；对被害人的合法财产，应当及时返还；违禁品和供犯罪所用的本人财物，应当予以没收。没收的财物和罚金，一律上交国库，不得挪用和自行处理。"

判决中不应再判处《刑法》第64条规定的对犯罪所得之物、所用之物的没收。相反，如果刑事判决中对被告人判处了没收财产的附加刑或者《刑法》第64条的没收，则之后进行的行政处罚不能再针对同一违法犯罪行为进行行政上的没收或罚款处罚，因为"针对同一违法犯罪行为，原则上只能给予一次刑事法律上的财产罚"[1]。

2. 行政拘留折抵为刑期。环境行政执法机关对于执法中发现的环境违法行为，根据公安部、工业和信息化部、环境保护部、农业部、国家质量监督检验检疫总局2014年联合印发的《行政主管部门移送适用行政拘留环境违法案件暂行办法》（公治〔2014〕853号）的规定，公安机关可以对环境行政违法人处以行政拘留处罚措施。根据该办法第2条的规定，公安机关对环境违法行为人处以行政拘留的条件和程序是：①县级以上环境行政执法机关办理的环境违法案件不构成犯罪[2]；②环境行政执法部门依法作出了罚款等行政处罚决定；③环境行政执法机关认为有必要由公安机关处以行政拘留；④环境行政执法机关应将环境违法案件移送给公安机关，由公安机关决定行政拘留并予以执行。行政违法人在被拘留期间，该环境行政违法行为若被发现涉嫌构成犯罪需要采取刑事拘留、逮捕等强制措施的，环境行政执法机关应当中止行政处罚措施的执行，将案件移送司法机关转入刑事诉讼程序，由刑事司法机关对其另行采取刑事强制措施。在刑事强制措施获准后，解除行政拘

---

〔1〕　练育强："行刑衔接中的行政执法边界研究"，载《中国法学》2016年第2期。

〔2〕　应该是环境行政执法机关办理环境违法案件时尚未发现涉嫌环境犯罪的行为，后续案件办理过程中发现了新的涉嫌犯罪的事实和证据后，环境违法行为也可能涉嫌构成犯罪。至于环境违法行为可以进行行政拘留的范围，详见《行政主管部门移送适用行政拘留环境违法案件暂行办法》第3~8条，移送公安机关处理的要求见该办法第10~18条。

留与执行刑事拘留、逮捕等刑事强制措施可以同时进行，行政拘留执行机关应当将涉嫌环境犯罪的嫌疑人交由刑事司法机关执行刑事强制措施。根据刑法的规定，对犯罪嫌疑人、被告人羁押 1 日可以折抵拘役、有期徒刑 1 日。那么，由环境行政执法机关决定的行政拘留期是否可以折抵为刑期需值得探讨。对此，《行政处罚法》第 28 条第 1 款规定可以"依法折抵相应刑期"。此外，最高人民法院 1981 年 9 月 17 日给山东、甘肃两省《关于罪犯在判刑前被公安机关收容审查、行政拘留的日期仍应折抵刑期的复函》及此前此后对类似问题的批复、答复[1]中也认为，如果判处刑罚的犯罪行为与之前受行政拘留处罚的行为系同一行为，其被拘留的日期应予折抵刑期。这样折抵的意义，一方面是刑罚适用的公正性、均衡性所致，另一方面折抵能够在一定程度上规范执法机关的行为，满足一事不二罚的需要，也完成了法律之间的有效衔接。[2]

3. 非刑罚处理方法与行政处罚的衔接。《刑法》第 36 条和第 37 条规定了非刑罚处理方法。根据《刑法》第 36 条的规定，对被告人除依法给予刑事处罚外，还应对被告人给予刑事处罚外判处赔偿经济损失；根据《刑法》第 37 条的规定，对犯罪情节轻微不需要判处刑罚的可以免予刑事处罚，但可以根据案件情况责令赔偿损失[3]或者由主管部门予以行政处罚或者行政处分。环境行政执法机关移送涉嫌环境犯罪案件后，人民法院若已经在刑事判决中判处

---

〔1〕 这类批复（均失效）主要有：1957 年 9 月 30 日《关于行政拘留日期应否折抵刑期等问题的批复》，1978 年 7 月 11 日《关于罪犯在公安机关收容审查期间可否折抵刑期的批复》，1979 年 1 月 19 日《关于罪犯在公安机关收容审查单项折抵刑期两个具体问题的批复》以及 1988 年 2 月 23 日最高人民法院研究室《关于行政拘留日期折抵刑期问题的电话答复》，等等。

〔2〕 参见何云笑："行政拘留折抵刑期的实践性思考"，载《黑龙江政法管理干部学院学报》2012 年第 2 期。

〔3〕 具体赔偿标准和数额可根据最高人民法院 2020 年 12 月 29 日发布的《关于审理生态环境损害赔偿案件的若干规定（试行）》确定。

了带有行政处罚性质的非刑罚处理方法，则环境行政机关之后进行行政处罚时应当考虑刑事判决的情况以实现两类不同处罚上的衔接。具体操作时应当注意：其一，性质相似的罚不应再处罚。如人民法院已经判处了赔偿经济损失非刑罚处理方法的，环境行政执法机关就不应再作出罚款的决定，否则刑事被告人没有能力赔偿经济损失；其二，性质不同的罚可以再进行处罚。如人民法院对涉嫌环境犯罪被告人已经进行了人身罚和财产罚，但没有进行资格罚的，环境行政机关可以做出诸如责令停产停业、暂扣或者吊销许可证、暂扣或者吊销执照等处罚。如果已经判处了吊销营业执照等非刑罚处罚方法的，行政处罚中就没有必要再来进行一次吊销决定。

（三）环境行政执法与判决执行衔接机制

环境行政执法与判决执行衔接机制主要体现在对审判的证据支持、对执行的行政协助以及敦促环境犯罪人修复生态。环境犯罪破坏的法益是生态环境和资源。环境刑事司法的目的除了制裁环境违法犯罪，还应当在恢复性司法理念下修复生态环境，促进资源再生。近些年来，我国环境刑事司法领域正在"落实以生态环境修复为中心的损害救济制度，……最大限度修复生态环境"[1]，司法实践中对生态修复的判决大量增加，补种复绿[2]、土地复垦或土地

---

〔1〕　参见最高人民法院《关于充分发挥审判职能作用为推进生态文明建设与绿色发展提供司法服务和保障的意见》（法发〔2016〕12 号）。

〔2〕　如"从 2009 年至 2012 年，福建法院系统审结破坏生态环境资源的各类案件 9331 件，判处罪犯 7713 人，发出'补植令''监管令'等 270 余份，涉及涉林刑事被告人补种、管护林木达 3 万多亩"。李晓郛："恢复性司法在生态刑事案件中的法律困境和完善措施"，载《2014 年〈环境保护法〉的实施问题研究——2015 年全国环境资源法学研讨会（年会）论文集》，第 120～130 页。

恢复原状[1]、净化水域、增殖放流[2]、生态修复费[3]、环境处置费[4]、赔偿经济损失费[5]等修复生态环境的判决成为常态，并且取得了良好的效果。[6] 生态修复判决"一判三赢"：震慑环境犯罪者本人；威慑、教育广大人民群众；修复生态环境。刑事判决中

---

[1] 如2018年2月8日，湖南省湘潭县人民法院判决了湘潭县人民检察院诉许绪忠、赵建军、段武斌、林财超、符安峰、黄丙乾等6人环境污染刑事附带民事公益诉讼案，判决各被告人有期徒刑1年到拘役6个月不等并处罚金，没收违法所得，上缴国库，并判决刑事附带民事诉讼被告人共同对所造成的环境损害进行修复，恢复原状，对危险废物依法委托有资质的第三方进行处置，消除危险。

[2] 该生态修复判决主要针对非法捕捞水产品罪实施，是指通过购买鱼苗、虾苗等种苗放入水域修复环境。如2015年12月，连云区人民检察院向本院提起公诉，同时作为刑事附带民事诉讼原告人提起附带民事诉讼，要求秦某等六被告人修复被其犯罪行为破坏的生态环境。连云区人民法院判决秦某等六名被告人犯非法捕捞水产品罪，分别被判处3年以下有期徒刑，部分被告人适用缓刑，并对各被告人的违法所得予以追缴。同时对该案的刑事附带民事部分判决六被告人通过增殖放流中国对虾苗1365万尾的方式修复被其破坏的海洋生态环境。

[3] 如2016年9月12日宣判的浙江省温岭市检察院提起公诉的台州斯莱特机电设备有限公司及其法定代表人林仙志非法电镀污染环境案一审宣判，法院以污染环境罪判处台州斯莱特机电设备有限公司罚金7万元，以污染环境罪判处林仙志有期徒刑7个月，并处罚金6万元，经调解并获得法院确认，被告单位向温岭市环境保护局赔偿环境修复等费用共计50万元。

[4] 如湖南省湘阴县人民法院2015年判决对何年兵等人污染环境罪案判处了财产损害费、应急处置费、事务性费用、预留三年环境监测费用、鉴定评估费、后期处置、仓储、改包装及装卸费154.024万元。参见湖南省湘阴县人民法院（2015）湘刑初字第13号刑事判决书。

[5] 2014年安徽省滁州市南谯区人民法院对常州世鑫化工有限公司污染环境罪判决中，判处该公司代缴环境污染赔偿金100万元。2017年安徽省首例由蚌埠市五河县人民检察院提起刑事公诉和刑事附带民事公益诉讼的污染环境案。五河县法院经审理，一审判决两名被告犯有"污染环境罪"，两名被告都被判处有期徒刑1年6个月，缓刑2年6个月，并处罚金3万元，共同赔偿五河县环保局损失近48万元。目前环境损害赔偿金支付最高的犯罪单位为江苏南通天泽化工有限公司。该公司因犯污染环境罪被泰州医药高新区人民检察院提起环境公益诉讼，最终被江苏省泰州医药高新技术产业开发区人民法院判处3800万生态环境损害赔偿金。

[6] 参见蒋兰香："生态修复的刑事判决样态研究"，载《政治与法律》2018年第5期。

生态修复判决的执行需要环境行政执法机关的参与。生态修复判决除了增殖放流等简单易行的修复方式可以由人民法院直接执行外，其他较为复杂的生态修复判决均需环境行政机关参与执行。如土地复垦、净化水域等修复，环境行政机关可能会参与环境犯罪人生态修复执行的全过程。首先，应当指导环境犯罪人制定生态修复方案，人民法院可以直接将生态环境等行政机关制定的修复方案作为刑事判决书中的内容。其次，要监督环境犯罪人进行生态修复。一般情况下，审判过程中环境犯罪人若主动缴纳了生态修复费用，人民法院可对其从轻或者减轻处罚。最后，还要参与人民法院组织的对生态环境修复效果的验收。人民法院是生态修复非刑罚方法的判决单位，生态环境修复判决的执行除了人民法院的强制进行，实际的监控基本交给了环境行政机关。所以，环境行政执法机关与人民法院判决执行的合作是深度、全方位的，工作机制衔接得好与坏直接关系到人民法院生态修复判决的效果。为了解决环境刑事生态修复判决（包括环境民事判决和环境行政判决）的执行，人民法院有必要与生态环境保护、自然资源管理部门建立长效工作机制，如在生态环境保护部门、自然资源管理部门设立生态环境修复联络室，选派联络员，双方建立生态环境修复执行协作机制。必要时可以由地方政法委出面予以协调，使人民法院的生态修复判决落到实处。人民法院在对破坏生态环境资源犯罪的审理中，既要注重判决的整体合理性[1]，也要注重作为非刑罚处理方法的生态修复判决，并

---

〔1〕　目前，我国对环境犯罪的判决还存在一些问题，如对于污染环境犯罪案件的罚金刑整体判决率比较低。2017 年因污染环境犯罪被判 3500 人，其中单处罚金只有 83 人，缓刑率为 31%。环境污染罪判决的主体与实际犯罪的情况不符，规模以上企业少，虽然有对紫金矿业判处了罚金 3400 万元，对金帆达判处了 7500 万元罚金这样的判决，但其他大部分都是小企业、小作坊、农民工。这些人经济状况差，没法判，判了等于空判。故司法机关对被告人定罪量刑时应提高罚金刑使用率，增加规模企业环境犯罪案件的查处。

将判决执行到位。

（四）生态环境修复工作机制

生态修复是指"在人为的干预下，利用生态系统的自组织和自调节能力来恢复、重建或改建受损生态系统，目的是恢复生态系统的服务功能"[1]。随着环境资源破坏的加剧，生态修复逐渐被作为制度、举措在法律、法规、规定中进行规定，如《环境保护法》第32条、《中华人民共和国水土保持法》（以下简称《水土保持法》）第30条等。近些年来，我国生态环境行政执法机关和司法机关在行政、司法实务中创新修复机制，积极开展生态环境修复工作，运用虚拟治理成本方法[2]计算环境损失，有效维护了生态环

---

[1] 盛连喜主编：《环境生态学导论》，高等教育出版社2009年版，第315页。

[2] "虚拟治理成本法"是2014年10月原环境保护部环境规划院制定的《环境损害鉴定评估推荐方法》（第Ⅱ版）附录A中所列常用环境价值评估方法之一，是指"按照现行的治理技术和水平治理排放到环境中的污染物所需要的支出"，主要"适用于环境污染所致生态环境损害无法通过恢复工程完全恢复、恢复成本远远大于其收益或缺乏生态环境损害恢复评价指标的情形"。原环境保护部办公厅2014年12月发布的《突发环境事件应急处置阶段环境损害评估推荐方法》中的附F对利用虚拟治理成本法确定生态环境损害数额的原则进行了明确的规定。近年来，江苏各地法院运用虚拟治理成本法判决环境损害赔偿逐渐增多。如江苏省江阴市人民法院采用"虚拟治理成本法"确定生态环境修复费用，确定铭晟公司应承担生产废水排放造成的虚拟治理费用人民币64万元。参见江苏省江阴市人民法院（2018）苏0281刑初1944号刑事判决书。此外，最高人民检察院发布的第八批指导性案例中，常州市中级人民法院对许建惠、许玉仙因犯污染环境罪而引发的环境损害民事赔偿也采用了虚拟治理成本法。二人被江苏省武进县人民法院分别判处有期徒刑2年6个月，缓刑4年和有期徒刑2年缓刑4年，并处了罚金。常州市人民检察院提起环境公益诉讼后，常州市中级人民法院运用虚拟治理成本法，以虚拟治理成本30万元为基数，根据该区域环境敏感程度以5倍计算赔偿数额，判处许建惠、许玉仙赔偿对环境造成的其他损失150万元。参见江苏省常州市中级人民法院（2015）常环公民初字第1号民事判决书。其他各省也开始将该方法运用于环境公益诉讼中。如河南省濮阳市检察机关作为公益诉讼人起诉的山东巨野锦趁精细化工有限公司、河南精众生物科技有限公司污染环境的环境公益诉讼案件中，就采用了《环境损害鉴定评估鉴定方法（第Ⅱ版）》规定的虚拟治理成本方法核算环境修复费用。据此方法，两公司应承担地表水环境治理费用1600余万元。参见王映等："我省首次运用'虚拟成本'计算环境修复费用"，载《河南日报》2019年7月11日，第6版。

境权益。生态环境行政机关将生态环境犯罪移送至刑事司法机关，其主要目的是追究破坏生态环境犯罪人的刑事责任。基于保护环境的目的，环境刑事司法过程中应当贯彻恢复性司法理念，不仅要对犯罪人定罪判刑，更要对生态环境进行修复。但是，对犯罪人破坏的生态环境进行生态修复仅靠司法机关肯定不能完成，需要生态环境行政机关与司法机关协作密切配合。因此，生态环境行政、公安、检察、审判等机关联合建立起切实可行、行之有效的生态修复工作机制十分必要。值得高兴的是，检察机关已经联合生态环境行政、公安、审判等机关建立了生态修复工作机制，并做出了卓有成效的工作："截至2018年12月底，有30个省、市、自治区的三级检察机关会同法院、公安、环保等部门共建立生态环境恢复性检察工作机制2327个，建立各类生态环境恢复基地459个，面积21万余亩。"[1]

建立生态环境修复工作机制应当包括以下几个机制：

1. 生态环境修复专门机构对接机制。目前，司法机关对环境犯罪判处的生态修复案件大多与生态环境、自然资源等行政主管部门对接，由环境行政和自然资源行政主管部门对环境犯罪人修复生态环境进行监督和管理。这些部门也较好地履行了监督职责，但也存在没有完全履行到位的问题。最佳方案是生态环境行政、公安、检察、法院等机关联合建立一个专门生态修复工作机构，各机关在履职过程中涉及生态修复工作的，直接与工作机构对接，落实具体的生态修复工作。

2. 生态修复跟踪机制。法院判决生态修复犯罪案件不能一判了之，应当实时跟踪判决执行情况。为了保证生态修复得到有效执

---

〔1〕 于子茹："2018年检察机关共批捕涉嫌破坏环境资源保护罪9470件15095人"，载 http://www.dzwww.com/xinwen/shehuixinwen/201902/t20190214_18393355.htm，最后访问日期：2019年2月15日。

行，首先，应当明确相关义务；其次，要确定环境修复规划，制定修复目标和方案；再次，要制定切实可行的实施生态修复义务的路径和措施；最后，要评价验收修复结果[1]。否则判决会虚置化，生态修复不能持续得到实施，修复方案也不能执行到位。

3. 生态修复拓展机制[2]。生态修复时间长，专业性强，完全由司法机关来执行不太现实。为了达到生态修复效果，协调环境行政执法和环境刑事司法工作必不可缺。人民法院和人民检察院应当与环境行政主管部门建立联动和协调机制。生态修复主要由生态环境、自然资源等部门负责。公安、检察院、法院可以与这些部门联动、协调，明确修复主体、修复方案、修复措施和路径。"法院通过司法和行政联动机制建议主管部门对环境修复进行监管既是对行政权的尊重也是对行政权的监督。"[3] 我国已有许多地方建立了这种衔接、联动机制，没有建立的地方应当借鉴经验尝试建立。如针对曾某某失火一案的补种复绿情况，漳州中级人民法院就联合了市检察院、林业局、森林公安等部门，对曾某失火案复绿补植情况进行专项检查验收，取得了很好的效果。

三、司法解释共用机制

环境犯罪的移送承接过程中需要以《刑法》《刑事诉讼法》《行政处罚法》等法律为依据。由于法律规定比较抽象，司法机关一般都会立足于自己的职权对这些法律实施中的问题进行具有可操作性的解释。环境司法领域，环境行政、民事、刑事司法解释屡见不鲜，尤其在刑法司法领域，没有哪一类犯罪的司法解释有环境犯

---

〔1〕 李挚萍："环境修复法律制度探析"，载《法学评论》2013年第2期。

〔2〕 李挚萍："环境修复的司法裁量"，载《中国地质大学学报（社会科学版）》2014年第4期。

〔3〕 李挚萍："环境修复的司法裁量"，载《中国地质大学学报（社会科学版）》2014年第4期。

罪这样健全，仅污染类环境犯罪，2006年~2016年10年间司法机关就先后公布实施了三个司法解释：①2006年6月最高人民法院公布的《关于审理环境污染刑事案件具体应用法律若干问题的解释》；②2013年6月最高人民法院、最高人民检察院公布的《2013污染解释》；③2016年12月，最高人民法院、最高人民检察院又出台了《2017污染解释》。这些司法解释为污染环境犯罪的刑事司法提供了具有可操作性的司法依据，并且产生了非常好的效果，激活了刑法条文，使纸上的法变成了行动上的法。据最高人民法院研究室统计，污染环境罪、非法处置进口固体废物罪、擅自进口固体废物罪以及环境监管失职罪前10年共处理不到20起，2013年司法解释发布后就处理了104件，之后每年呈上升趋势，2014年处理了988件，2015年处理了1961件，2016年处理了1886件，2017年为2281件。环境犯罪的审理不仅涉及刑事方面的问题，也涉及附带民事方面的问题，刑事责任中的非刑罚处理方法有判处赔偿损失、责令赔偿损失等有关民事责任问题。我国环境民事司法领域对环境民事责任适用已经发布了几个相关的司法解释：①2015年1月发布的《关于审理环境民事公益诉讼案件适用法律若干问题的解释》（2020年进行修正）；②2015年6月公布的《关于审理环境侵权责任纠纷案件适用法律若干问题的解释》（2020年进行修正）③2017年12月发布的《关于审理海洋自然资源与生态环境损害赔偿纠纷案件若干问题的规定》。环境司法解释的衔接，既要求人民法院制定司法解释时将刑事解释与民事解释对接，也要求人民法院对环境犯罪案件适用民事性质的非刑罚处理方法时同时参考刑事解释和民事解释。如现有司法解释中，环境民事侵权解释对生态环境修复义务进行明确规定，但并未释明"公私财产损失""生态环境损害"的范围，而刑事污染解释进行了详细的说明。人民法院审理环境犯罪案件判处刑事责任时，就应当既参考刑事解释，也要参考民事解释。

环境司法解释适用中，目前存在的问题是刑事司法解释对环境行政执法是否具有效力。这种情况属于跨域法律规则适用问题，情况比较复杂。主要存在两个方面的问题：

1. 在生态环境行政执法机关对移送中的相关问题没有解释的情况下，可否适用有规定的相关司法解释的规定？司法解释的发布机关是最高司法机关，我国一般是最高人民法院和最高人民检察院。有些情况下公安机关参与制定司法解释，但环保机关没有也不能参与制定司法解释。环境行政执法机关执法中是否应当按照司法解释的规定判断涉嫌环境犯罪，学界观点有否定说和肯定说。否定说认为，"伴随司法权（审判权、检察权）和行政权而产生的司法解释和行政解释，在性质上属于对法律的具体应用之解释，地位与立法权和立法解释不同，不能当然具备与立法解释相同的普遍法律效力，而只能与其对应的司法权（审判权、检察权）和行政权所适用的效力范围相同"[1]。肯定说认为司法解释可以适用于行政执法，理由是[2]：其一，法律解释权是属于立法权、司法权和行政权性质的权力，体现了国家意志，在依法行政的环境下，法律解释应当作为行政执法的依据；其二，法律解释具有行政法渊源的标准和特征；其三，法律解释具有当然的普遍约束力；其四，法律解释的本质在于解决规范冲突、立法抽象、滞后等法律适用问题，唯有遵循有权解释，方能解决执法、司法中的各种问题。本书赞同肯定说，理由如下：其一，司法解释的主体是行使国家司法权的国家最高司法机关，其发布的司法解释适用于全国发生的所有相关案件，在法律适用中具有普遍约束力；其二，司法解释的本质就是细化法

─────────

〔1〕 参见刘卉："法律解释作为行政执法依据效力研究"，载《行政法学研究》2016年第4期。

〔2〕 参见刘卉："论法律解释作为行政执法依据的正当性"，载《武汉理工大学学报（社会科学版）》2016年第3期。

律，诠释法律的深层内涵，解决法律适用中的具体问题。司法机关作为国家专门适用法律的机关，对法律的文本蕴含的价值、意义、范围、内容等理解最为深刻，其代表国家解释法律最为权威、公平、公正和科学。司法解释既然适用于所有司法系统中涉案的案件和当事人，适用于行政机关处理相关法律问题也是理所当然；其三，行政机关引用司法解释解决行政执法中遇到的相关法律问题实际上是预先帮助司法机关按照司法解释处理前置性问题；其四，虽然根据《中华人民共和国立法法》（以下简称《立法法》）第45条的规定"法律解释权属于全国人民代表大会常务委员会"，但全国人大常委会每次会议要解决的重大议题很多，不可能对所有法律适用中大大小小的问题都进行解释。因此目前通行的做法还是最高司法机关对司法适用中的法律问题、最高行政机关对行政执法中的问题分别进行司法解释和行政解释。若允许行政机关按照自己的意志对刑事、民事诉讼适用中的法律问题发布相关解释，行政机关将其作为行政执法的根据，在行政相对人不服提起诉讼，或者案件移送到司法机关进行处理后，刑事司法机关最终依然会根据司法解释理解和适用法律。所以，司法解释的效力虽然只及于本部门本系统，但对最终可能交由司法机关处理的案件，统一适用司法解释无疑是最佳方法。目前还存在一个悬而未决的问题是，由于国家机构改革出现的一个新问题是监察机关行使职务犯罪调查权后，今后会出现相应的监察解释。监察解释能否适用于行政机关就是一个同样棘手的问题，我们建议统一适用于行政机关。

2. 刑事司法解释没有对相关概念术语及程序进行规定，但有关生态环境行政部门对诸如何为不正常运行污染治理设施、规避监管方式排放的具体情形有哪些等进行了明确的情况下，刑事司法机关是否可以将其适用生态环境机关的规定？当然可以适用。因为环境犯罪的一个主要特征是其具有行政从属性。许多概念术语的把握自然应当按照生态环境专门机关的规定来操作，这样不仅遵循了生态环境执法的专业性、技术性，而且可以节省立法资源，提高刑事司法效率。

四、刑事优先实施机制

一般情况下，刑事优先是行刑衔接的必然要求。行刑衔接就是行政执法与刑事司法程序的衔接，通常发生在行政违法与刑事违法竞合的场合。根据职权法定原则，行政执法机关发现行政相对人的行政违法行为涉嫌构成犯罪时无权对其进行刑事处罚。这种情况下法律法规若不规定刑事优先原则，那么按照通常的案件处理流程，行政执法机关自然会先将行政执法程序走完，即便发现了犯罪事实，也可能不会将案件立即移送给刑事司法机关，这样势必会给刑事取证和刑事处罚带来障碍，既可能放纵犯罪，也可能会导致"一事再罚"，背离基本法理。所以，在违法行为行为既需要进行行政处罚也需要进行刑事处罚的情况下，行政执法机关将案件移送至司法机关，优先进行刑事处罚是理所当然之选。

（一）环境行刑衔接中刑事优先原则的适用

环境法律问题本来就是多个部门法需要共同解决的问题。环境法律责任涵盖环境行政责任、环境民事责任和环境刑事责任。在环境资源遭受破坏的情况下，国家首先进行查处的机关是环境行政机关。如发现了水污染超标时，生态环境主管部门会首先行使行政执法权。但是，在行政执法时若发现某企业污染水域的行为构成犯罪，生态环境执法机关就无权对涉嫌污染环境犯罪的行为再行使行政执法权，必须移送给有管辖权的刑事司法机关，由司法机关先追究其刑事责任，然后再根据情况追究其他法律责任。环境领域的刑事优先实际上就是生态环境行政主管部门必须将涉嫌环境犯罪的刑事案件移送给刑事司法机关。尽管前述有学者认为"必须移送"不是"优先"适用，行政处罚与刑事处罚竞合的案件不适用刑事优先原则，但从案件处理的先后流程看，既然行政执法机关对涉嫌构成犯罪的案件必须先移送刑事司法机关进行刑事追诉，那么，无论基于程序还是处罚，一般情况下刑事优先适用都是应当遵循的基本原则。《行政处罚法》第 7 条第 2 款、第 22 条、第 28 条以及 2020 年国务院公布的《行政移送规定》等法律法规对之都进行了明确规定。环境保护规章制度方面，2010 年环境保护部（现生态环境部）公布的《处罚办法》第 16 条[1]，2013 年环境保护部、公安部印发的《衔接意见》，2017 年环境保护部、公安部、最高人民检察院印发的《工作办法》等对生态环境行政执法机关将涉嫌刑事犯罪的案件移送给司法机关优先启动刑事追诉程序同样进行了明确规定。尽管这些规章、办法、意见的制定、发布、印发主体名称、职责范围有些已经变更，但在上述规章和其他规范性文件明令宣布废止前，这些规章、文件对新成立的履行生态环境监管职责的部门应当继续有效。

一般说来，生态环境行政执法过程中出现以下情况时应当立即中止环境行政执法程序，优先启动刑事追诉程序：

1. 生态环境行政执法机关正在查处的行政相对人单一环境行政违法行为涉嫌构成环境刑事犯罪时。此时生态环境行政执法机关必须中止行政执法程序，将涉嫌环境犯罪的案件移送至刑事司法机关，启动刑事追诉程序优先追究刑事责任。此种情形下行政违法责任可能被刑事责任所吸收，生态环境行政执法机关可能不再追究行为人行政违法的法律责任。如生态环境行政机关本该可以对正在查处的污染水域的违法行为进行罚款，但由于污染水域的行为涉嫌构成犯罪而被移送至司法机关，司法机关处理该案时若对该污染环境罪判处了罚金，则罚款不会再被施之于该行为。但是，环境犯罪若

---

〔1〕　该法第 16 条就是必须移送的内容。当生态环境行政主管部门发现"涉嫌犯罪的案件，按照《行政移送规定》等有关规定移送司法机关，不得以行政处罚代替行政处罚。"

为轻罪不诉或者根据《刑法》第 37 条的规定被定罪免刑的，则可以根据案件情况待刑事判决生效后由生态环境行政主管部门予以行政处罚。

2. 生态环境行政执法机关正在查处的行政相对人多个环境违法行为，其中既有涉及犯罪也有不涉及犯罪的案件时。若生态环境行政机关对行政相对人实施的多个环境违法行为，其中有一个或多个环境违法行为涉嫌构成犯罪，还有一个或者多个环境违法行为不构成犯罪只构成行政违法时，一般情况下也应当先停止追究行政责任，在优先启动刑事追诉程序追究刑事责任后，再追究环境行政违法行为的法律责任。

3. 生态环境行政执法机关已经对环境违法行为进行了行政处罚正在执行时。如生态环境行政执法机关决定对环境违法者进行罚款，当该处罚正在执行时，发现该环境违法行为涉嫌构成犯罪的，一般也应中止罚款执行程序，优先启动刑事追诉程序追究刑事责任。

实践中，生态环境行政主管部门查处的环境违法案件涉嫌构成犯罪时，尽管法律法规明确要求其将案件移送至刑事司法机关追究刑事责任，但仍然存在大量有案不移、以行政处罚代替刑事处罚的现象。即便在将涉嫌构罪的环境违法行为移送至司法机关的情况下，生态环境行刑衔接领域也同样存在刑事案件追逃过程中作出行政决定、在移送过程中对不构罪主体作出处罚决定、在移送过程中作出处罚决定等行政执法与刑事司法同步实施的刑事不优先现象[1]。刑事不优先的情况下环境行政罚款处罚和罚金判决又有三种情形：一种是罚款高于罚金。如宿迁市永盛精细化工有限公司明知徐某乙、程某无相关处理危险废物的资质，仍然委托其处置危险

---

〔1〕 练育强："问题与对策：证券行政执法与刑事司法衔接实证分析"，载《上海政法学院学报》（法治论丛）2018 年第 4 期。

废物至离新沂市用水取水口仅 400 米的骆马湖围堰边，构成污染环境罪。宿豫区环保局在查处该案后即对被告单位决定罚款 20 万元且执行完毕。宿城区人民法院对该案刑事判决时，判处被告单位的罚金只有 10 万元，判决书就明确规定了罚金 10 万元从行政处罚中予以折抵。〔1〕又如辽宁东港××××科技有限公司污染环境犯罪案件〔2〕中，丹东市环境保护局在前期查处该单位环境违法行为时对相同的违法犯罪行为决定罚款 6 万元，也高于法院判处的罚金 5 万元。第二种是罚金与罚款数额相同。如江苏南通天华机械电镀有限公司（以下简称"天华公司"）及被告人刘某甲、被告人黄某涉嫌污染环境罪〔3〕一案系原环境保护部华东督查中心督查后要求移送的刑事案件。2015 年 9 月 7 日案发后，公安机关与环保机关建立了联合调查机制及时介入了该案调查，案件也被环保机关及时移送到了公安机关，但南通市港闸区原环境保护局仍然于 2015 年 9 月 22 日对天华公司罚款 8 万元。2016 年 1 月 7 日，江苏省海安县人民法院对该案进行了一审判决，对天华公司判处罚金 8 万元，刘某甲罚金 1 万元、黄某罚金 1 万元。其中天华公司的罚金刑由环保部门罚款折抵。〔4〕山东省青岛春天恒润昕医药连锁公司污染环境案件中，胶州市环保局对该公司的罚款和山东省胶州市人民法院对该

---

〔1〕　这就意味着行政罚款比刑事罚金数额高出 10 万元，经济效益明显。参见（2015）江苏省宿城生刑初字第 00010 号判决书。

〔2〕　参见辽宁省东港市人民法院（2017）辽 0681 刑初 130 号判决书。

〔3〕　基本案情是：2015 年 3 月 18 日，上海峰磊机械有限公司租用被告单位天华公司部分厂房进行镀铬加工，天华公司指派负责人黄某负责管理。当年 9 月 7 日上午，被告法定代表人刘某甲发现车间外地面上有铬酸形成的斑点，遂指使黄某安排人员清洗，导致部分超国家规定排放标准 3 倍以上的含铬废水流入车间外雨水井中。

〔4〕　刑事裁判结果参见（2015）安环初刑字第 00014 号刑事判决书。本文认为，这种做法虽然做到了经济制裁及国库收入的最大化，但在发现涉嫌构成犯罪后仍然进行行政罚款可能会让污染环境犯罪嫌疑人产生一事再罚的错误认识，也有违刑事优先原则适用的基本要求。

案的罚金都是 10 万元。[1] 第三种是罚金高于罚款。如江苏苏百特澄特种钢管制造有限公司及黄某琴、徐某云污染环境刑事案件中，对单位的罚金是 15.2953 万元；而前期生态环境部门作出的行政罚款为 2.2953 万元，罚金比罚款多 13 万元。[2] 江苏省南通市强生储罐清洗服务公司污染环境案件中，南通市环境保护局对其污染行为决定的罚款是 14 万元，南通市港闸区人民法院对其污染行为判处的罚金是 15 万元。[3] 据调查，刑事案件移送至刑事司法机关后仍然进行行政处罚的原因主要在于刑事司法机关对环境犯罪判处的罚金数一般远小于生态环境行政执法罚款数[4]。生态环保部门为了加大环境违法犯罪人经济上的制裁，实现本利益最大化，在刑事案件移送后仍然继续实施罚款。也有些地方生态环境机关按照固定思维约定俗成地对涉嫌构成刑事犯罪的嫌疑人先处罚再移送，公安机关作为刑事侦查机关对这些现象"睁一只眼闭一只眼"。还有些地方公安机关甚至要求生态环境行政执法机关必须先进行行政处罚

---

[1] 参见山东省胶州市人民法院（2014）胶刑初字第 777 号刑事判决书。

[2] 基本案情是：公司未建环保设施擅自开工建设硫酸亚铁项目，导致生产过程中产生的污泥、废酸、硫酸亚铁等危险废物渗液流入公司雨水管网，最后排入公共下水管网。参见 2017 年 5 月 8 日泰兴市环境保护局做出的泰环罚字〔2017〕41 号行政处罚及江苏省泰州医药高新技术产业开发区人民法院（2017）苏 1291 刑初 317 号刑事判决书。

[3] 参见江苏省南通市港闸区人民法院（2017）苏 0611 刑初 252 号刑事判决书。

[4] 现行《环境保护法》第 59 条规定了按日连续处罚制度，且企业事业单位和其他生产经营者违法排放污染物受到的罚款处罚"依照有关法律法规按照防治污染设施的运行成本、违法行为造成的直接损失或者违法所得等因素确定的规定执行"。现行《中华人民共和国水污染防治法》第 83~85 条规定的罚款最高可以达到 100 万元，且原环境保护部 2014 年 12 月 15 日公布的《环境保护主管部门实施按日连续处罚办法》第 5 条将"①超过国家或者地方规定的污染物排放标准，或者超过重点污染物排放总量控制指标排放污染物的；②通过暗管、渗井、渗坑、灌注或者篡改、伪造监测数据，或者不正常运行防治污染设施等逃避监管的方式排放污染物的；③排放法律、法规规定禁止排放的污染物的；④违法倾倒危险废物的；⑤其他违法排放污染物行为"五种情况纳入可以实施按日连续处罚的范围。按照上述法律法规规定，环境行政执法机关对污染环境者的罚款力度要远远大于刑事司法判处罚金的力度。

后再移送立案。这种纯粹为了提高经济处罚数额而不按照法律规定进行刑事优先操作的做法自然不能得到认同，相关部门应当予以纠正。

（二）环境行刑衔接中刑事优先原则适用的例外

环境行刑衔接中，刑事优先只是必须优先启动刑事追诉程序，并不意味着一定要优先进行刑事处罚，有时可能会优先进行行政处罚。这个意义上，刑事优先中的刑事处罚优先又是相对的。由于生态环境行政机关查处的环境违法行为千差万别，需要采取的处罚措施也不尽相同，在环境违法行为涉嫌构成犯罪的情况下，绝对优先追究刑事责任肯定不利于解决不同案件的责任差异性问题。

根据相关立法，环境行刑衔接领域刑事优先处罚仅是行刑衔接中处理移送案件的一般原则。由于环境行刑衔接程序的复杂性，加之公权力行使中不同价值取向等原因，立法、执法、司法和理论均对刑事优先原则的实施进行了一定的限制以保护各种利益。立法上，《行政处罚法》第 28 条规定的行政处罚可以折抵为刑罚，某种程度上就是认可了在行政机关已经作出行政处罚决定的情况下应当允许行政优先。此外，《行政移送规定》第 11 条第 2 款、第 3 款[1]也规定了特殊情况下行政处罚优先的情况。2017 年《工作办法》第 16 条也作了类似规定[2]。环境保护部 2009 年印发的《规

---

〔1〕　第 11 条第 2 款、第 3 款规定："行政执法机关向公安机关移送涉嫌犯罪案件前已经作出的警告，责令停产停业，暂扣或者吊销许可证、暂扣或者吊销执照的行政处罚决定，不停止执行。依照行政处罚法的规定，行政执法机关向公安机关移送涉嫌犯罪案件前，已经依法给予当事人罚款的，人民法院判处罚金时，依法折抵相应罚金。"

〔2〕　该条规定："环保部门向公安机关移送涉嫌环境犯罪案件，已作出的警告、责令停产停业、暂扣或者吊销许可证的行政处罚决定，不停止执行。未作出行政处罚决定的，原则上应当在公安机关决定不予立案或者撤销案件、人民检察院作出不起诉决定、人民法院作出无罪判决或者免予刑事处罚后，再决定是否给予行政处罚。涉嫌犯罪案件的移送办理期间，不计入行政处罚期限。对尚未作出生效裁判的案件，环保部门依法应当给予或者提请人民政府给予暂扣或者吊销许可证、责令停产停业等行政处罚，需要配合的，公安机关、人民检察院应当给予配合。"

范环境行政处罚自由裁量权若干意见》（环发〔2009〕24 号）还专门规定了"环境行政处罚与刑事案件移送相结合"原则。本文认为，尽管立法上规定了一些刑事处罚优先原则的例外情况，理论上主张行政处罚优先也有些在理，但也不能因此就将法律文化底蕴深厚、符合一般追责顺位要求的刑事优先原则放弃。最佳方法还是明确刑事优先例外情形，根据需要对刑事优先原则进行适当的限制。本文认为，下列几种情形可以不实行刑事处罚优先而采取行政处罚优先：

1. 行政处罚决定已经生效并执行时。这种情况下"行政执法机关在移送前依照行政处罚法的规定先行给予当事人行政处罚，并不违反有关移送的法律规定"[1]。《行政处罚法》第 28 条、《行政移送规定》第 11 条、《工作办法》第 16 条第 1 款等对之已经作了明确规定。这些规定的内容是行政处罚可以折抵为刑罚。可以进行行刑折抵既是对已经作出行政处罚决定的行为在构成犯罪需要移送司法机关时行政优先的规定，也是对生效行政处罚决定权威的维护，实际也认可了先进行行政处罚后再移送刑事司法机关的案件处理程序。值得注意的是，这种行政优先应当限制在行政执法机关发现行政违法行为构成犯罪前就已经作出生效行政处罚决定。如果发现行政违法行为构成犯罪后不移送而先进行行政处罚，待处罚决定生效后再移送，则属于不及时移送，一般情况下应当禁止。

2. 行政处罚必须先行时。对于刑事程序比较复杂的案件，刑事裁判过程拖延的时间可能比较长，不及时进行行政制裁会造成新的利益损害，此时也应当适用行政优先原则。如《工作办法》第

---

〔1〕 中华人民共和国最高人民法院行政审判庭编：《中国行政审判指导案例》（第1 卷），中国法制出版社 2010 年版，第 74 页。

16 条第 2 款[1]的规定就体现了行政处罚迫切需要先行时应当适用行政优先原则。广东省《关于查处涉嫌环境污染犯罪案件的指导意见》（已废止）第 2 条第 6 项[2]的规定也体现了行政优先的内容，即刑事裁判作出前，应当先对涉嫌构成环境犯罪的环境违法行为予以暂扣或者吊销许可证、责令停产停业等行政处罚。之所以此种情形下规定行政优先，就在于此时若不进行暂扣或者吊销许可证、责令停产停业等行政处罚，环境违法行为实施者会继续利用这些证照资质污染破坏环境，环境违法行为会得不到有效制止。为了制止破坏环境法益的行为继续出现，行政处罚优先就十分必要。

3. 行政处罚为刑事处罚的前提性条件时。"谁为前提谁优先"原则是世界其他国家和地区解决行政诉讼和刑事诉讼冲突的原则之一，"如果行政诉讼的结果是刑事诉讼的前提，则必须中止刑事诉讼，等行政诉讼结束后在进行刑事诉讼，反之亦然"[3]。德国《行政法院法》第 49 条[4]，我国台湾地区的"行政诉讼法"第 12 条[5]等都对该原则进行了明确规定。虽然该原则是用于处理行政

---

〔1〕　该款规定："对尚未作出生效裁判的案件，环保部门依法应当给予或者提请人民政府给予暂扣或者吊销许可证、责令停产停业等行政处罚，需要配合的，公安机关、人民检察院应当给予配合。"

〔2〕　该项规定："向公安机关移送涉嫌环境犯罪案件时尚未作出行政处罚决定，但依法应当作出责令改正违法行为的行政命令或者应当给予暂扣或吊销排污许可证、责令停产停业等行政处罚的，应当依法作出相关行政命令或者行政处罚，并将行政命令和行政处罚决定抄送接受移送的公安机关。"

〔3〕　黄学贤："行政诉讼与刑事诉讼之间的关系及其处理"，载《苏州大学学报》2005 年第 4 期。

〔4〕　该条规定："对受诉争执的判决的一部分或者全部取决于另一法律关系是否存在，而该法律关系为另一具有诉讼系属的案件的标的，或须由另一行政机关做作确认的，法院可将诉讼中止，直至另一诉讼的审结或行政机关作出所有决定。符合诉讼集中原则时，法院也可根据申请，将审理中止，以便对程序或形式瑕疵作出补正。"

〔5〕　该条规定："民事或刑事诉讼之裁判，以行政处分是否无效或违法为据者，应以行政争诉程序定之。前项行政争诉程序已经开始者，于其程序确定前，民事或刑事法院应停止其审判程序。"

诉讼和刑事诉讼之间的冲突，但将其运用来处理行刑衔接中行政优先抑或刑事优先问题也恰到好处。行刑衔接中，刑事优先一般情况下自然是基本原则，但当刑事程序启动以行政处罚决定作为前提性条件时，优先进行行政处罚就是必需路径。行政犯罪属"多次犯"[1]的场合就应当适用行政优先原则。如根据《2017 污染解释》第 1 条第 6 项规定，"2 年内曾因违反国家规定，排放、倾倒、处置有放射性的废物、含传染病病原体的废物、有毒物质受过 2 次以上行政处罚，又实施前列行为的"，属于"严重污染环境"，构成污染环境罪。若某生态环境行政执法机关在查处环境违法行为时，发现环境违法行为人 2 年内已经受过 1 次环境行政处罚，第二次环境行政处罚正在处理中，第三次环境违法行为又被查处了，那么，要追究该违法者的刑事责任，生态环境行政执法机关必须先对第二次违法行为进行行政处罚，否则该案就不构成污染环境罪，不能移送给司法机关启动刑事程序。

4. 行政优先成本最低、效率最高时。刑事优先原则适用的正当性和合理性来源于重大利益优先和诉讼效率优先。但是，并非所有的刑事优先都可以达到优先保护重大利益和追求效率最大化的目的。很多情况下，公共利益作为抽象法益根本无法与作为具体利益的个人利益相比较。在运用最小的处罚成本可以达到最佳的法益维护效果时，不一定非要坚持刑事优先，完全可以尝试行政优先原则。

---

[1] 本文特指一定时间内被处以过多次行政处罚而构成犯罪的情况。

第四章　环境刑案移送与司法承接的监督机制

"监督是对合作的一种根本挑战。如果没有应对好挑战，政府就无法发觉合作中的异常，也就无法遏制投机行为或者阻止滥用"[1]。监督有内部监督、外部监督两种，外部监督又包括超越司局的监督、广泛效力的监督和第三方监督三种方式。任何监督系统，即便在最初的时候建设良好，也可能会随着时间而衰减，直至变成不过是"报警铃（alarm-bell）监管"，即只有当一项灾难被大家所周知时，监管是否监管到位、有无效果才引起人们的关注。[2]环境行政执法中，刑事案件的移送和司法承接的衔接工作事关行政权和司法权，其衔接过程的难度较之于一般刑事案件要大，若不对其衔接过程进行监督，势必会导致行政权和司法权的懈怠甚至渎职。因此，建立行之有效的监督机制十分重要。

第一节　监督体制

一、国家机构改革后我国监察、检察监督体制的变化

目前，我国已经建立了比较完善以外部监督为主、内部监督为

---

[1]　［美］约翰·D. 多纳林、理查德·J. 泽克豪泽：《合作：激变时代的合作治理》，徐维译，中国政法大学出版社 2015 年版，第 238 页。

[2]　［美］约翰·D. 多纳林、理查德·J. 泽克豪泽：《合作：激变时代的合作治理》，徐维译，中国政法大学出版社 2015 年版，第 236~238 页。

辅的内外部监督体系。2018 年《监察法》颁布、《中华人民共和国宪法》（以下简称《宪法》）修改实施前，检察机关既是国家法律监督机关，也是行使职务犯罪的刑事侦查权机关。2018 年《监察法》颁布实施、《宪法》修改后，我国其他监督体制基本没有发生什么变化，但监察监督和检察监督体制变化很大。各级监察委员会成为行使国家监察职能的专职机关，依法享有调查职务犯罪等四个方面的权力。监察委员会设置的目的旨在"形成平衡制约的国家法律监督体系……一定程度上改善了我国的权力制约机制"[1]。监察委员会设立后，2018 年修订后的《宪法》《中华人民共和国检察院组织法》（以下简称《人民检察院组织法》）仍然规定人民检察院是国家法律监督机关，可见检察机关作为国家法律监督机关的地位没有动摇，但是司法监督的格局发生了很大的改变。监察机关承担了原来由检察机关行使的绝大多数职务犯罪的刑事调查职能，职务犯罪调查权发生了根本性变化。学界对于监察委员会成立后检察机关法律监督权是否继续存在主要有两种不同观点：一种认为监察委员会拥有职务犯罪调查权后实际上取得了远比此前检察机关更大的法律监督权，事实上取代检察机关成为真正意义上的国家法律监督机关[2]；另一种观点认为监察委员会行使职务犯罪调查权后，检察机关仍然完整地保留着诉讼监督职能[3]，"监察委员会的成立，并不改变、更不取代检察机关的法律监督机关地位和属性"[4]。应该说，国家监察委员会设立后行使职务犯罪调查权，之前检察机关

---

〔1〕 姚建龙："监察委员会的设置与检察制度改革"，载《求索》2018 年第 4 期。

〔2〕 参见胡勇："监察体制改革背景下检察机关的再定位与职能调整"，载《法治研究》2017 年第 3 期。

〔3〕 参见陈光中："关于我国监察体制改革的几点看法"，载《环球法律评论》2017 年第 2 期。

〔4〕 参见王玄玮："国家监察体制改革和检察机关的发展"，载《人民法治》2017 年第 2 期。

"自侦自诉"既当裁判员又当运动员的这种带有一定权力分置瑕疵的职务犯罪侦查模式已经不复存在。检察机关反贪、反渎、职务犯罪预防职能配置给监察委员会后，检察机关行使的法律监督职能范围大为缩小。监察委员会的监察职能与检察机关之前的法律监督职能有必要进行准确划分，否则会形成权力纠缠，影响监察效率或者检察效率。

对于国家监察委员会设置后检察监督的范围，学界之前有各种不同观点。有学者认为检察监督主要是"对法律运行中的执法、司法和守法环节的监督"[1]，或者认为应当行使包括立案监督、侦查监督、审判监督、执行监督等方面监督的"诉讼监督权"[2]，或者认为检察机关的法律监督是对"各个国家机关适用法律的情况进行监督，包括对行政机关的执法权与法院的审判权，从是否超越人大立法授权的范围与是否构成权力滥用两个维度，进行专门监督"[3]，等等。2018年修订的《人民检察院组织法》第20条规定："人民检察院行使下列职权：①依照法律规定对有关刑事案件行使侦查权；②对刑事案件进行审查，批准或者决定是否逮捕犯罪嫌疑人；③对刑事案件进行审查，决定是否提起公诉，对决定提起公诉的案件支持公诉；④依照法律规定提起公益诉讼；⑤对诉讼活动实行法律监督；⑥对判决、裁定等生效法律文书的执行工作实行法律监督；⑦对监狱、看守所的执法活动实行法律监督；⑧法律规定的其他职权"。第22条规定："最高人民检察院对最高人民法院的死刑复核活动实行监督；对报请核准追诉的案件进行审查、决定

〔1〕　袁博："监察制度改革背景下检察机关的未来面向"，载《法学》2017年第8期。
〔2〕　参见姚建龙："监察委员会的设置与检察制度改革"，载《求索》2018年第4期。
〔3〕　袁博："监察制度改革背景下检察机关的未来面向"，载《法学》2017年第8期。

是否追诉。"从上述规定看,《人民检察院组织法》并未赋予检察机关对一般行政执法享有法律监督权[1],检察监督目前仍然定位为司法监督。检察机关能否对监察委员会的诉讼性职权即职务犯罪调查权进行检察监督值得研究。基于权力分立的视角,由检察机关这个专门的法律监督机关对监察委员会的职务调查权行使监督权较为妥当。[2]

对于监察监督权,2018 年颁布实施的《监察法》第 11 条已经明确规定:"监察委员会依照本法和有关法律规定履行监督、调查、处置职责:①对公职人员开展廉政教育,对其依法履职、秉公用权、廉洁从政从业以及道德操守情况进行监督检查;②对涉嫌贪污受贿、滥用职权、玩忽职守、权力寻租、利益输送、徇私舞弊以及浪费国家资财等职务违法和职务犯罪进行调查;③对违法的公职人员依法作出政务处分决定;对履行职责不力、失职失责的领导人员进行问责;对涉嫌职务犯罪的,将调查结果移送人民检察院依法审查、提起公诉;向监察对象所在单位提出监察建议。"

检察监督和监察监督均履行国家监督职能,二者在刑事追诉监督方面容易混淆。因此,需要划定二者各自监督的领域、区分两种监督的不同职能。有学者研究后认为监察监督和检察监督存在性质地位、监督范围、监督方式、监督价值的功能、监督法律依据、法

----

〔1〕 尽管法律没有赋予检察机关全面的行政监督权,但检察机关行使行政监督权依然有政策依据。党的十八届四中全会通过的《中共中央关于全面推进依法治国若干重大问题的决定》提出,检察机关在履职过程中发现行政机关违法行使职权或者不行使职权的行为,应当督促其纠正。

〔2〕 这一监督内容目前尚无法律依据,仅在理论层面进行探讨。根据《监察法》第七章的规定,监察机关和监察人员接受本级人民代表大会及其常务委员会的监督,接受民主监督、社会监督、舆论监督。但这些监督整体来说欠刚性,不能有效发挥监督效果。监察委员会行使监察权时也可能存在玩忽职守、滥用职权、徇私舞弊等渎职失职问题,这些问题的靠监察委员会自身纠正难度很大,必须依靠外部力量进行监督。检察机关作为国家法律监督机关对监察委员会履职过程进行监督应该在法理之中。

律后果等六个方面的不同。[1] 本书认为，检察监督和监察监督主要有以下两个方面的区别：

（一）适用范围不同

检察监督重在对行政执法机关的行政执法活动、公安机关的立案侦查、检察机关的公诉、人民法院的审判以及刑事执行机关的执行活动是否合法、合规进行监督，是对单位的监督。监察机关重在对公职人员依法履职、秉公用权、廉洁从政从业等情况进行监督，是对个人的监督。最高人民检察院张军检察长精辟地解读了监察权与检察监督权行使的各自领域："监察权主要针对公职人员个人，调查职务违纪违法和犯罪；检察权针对机关，即对司法机关、执法机关在诉讼和相关执法过程中的违法行为进行监督纠正。一个是对个人，一个是对机关行使权力行为；一个是对公职人员全覆盖，一个是重在发现诉讼过程的职务行为不正当性。"[2]

（二）监督方式不同

监察机关在监察中发现国家公职人员有涉嫌违法犯罪行为的，可以直接作出政务处分决定，或者直接对履行职责不力、失职失责的领导人员进行问责。对涉嫌构成职务犯罪的，自行调查后将调查结果移送人民检察院依法审查、提起公诉。监察机关还可以向监察对象所在单位提出监察建议。检察监督过程中发现行政执法机关、司法机关没有正确行使权力所采取的措施是督促单位改正，具体可

---

〔1〕　参见徐汉明、张乐："监察委员会职务犯罪调查与刑事诉讼衔接之探讨——兼论法律监督权的性质"，载《法学杂志》2018 年第 6 期。

〔2〕　参见最高人民法院法官于同志在河南省为河南省三级法院刑事法官做的"监察法实施后职务犯罪案件审理的若干问题"中的讲话，载 http：//www.sohu.com/a/253638978_650721，最后访问日期：2018 年 9 月 22 日。

以采取提出抗诉、纠正意见、检察建议[1]等方式。若检察监督中发现一般国家公职人员涉嫌有违法犯罪行为，除《刑事诉讼法》第19条[2]规定的犯罪案件管辖外，还应当将涉案材料移送给监察机关，由监察机关管辖并进行刑事调查。监察机关经过调查后认为构成职务犯罪的，再移送人民检察院审查起诉。

二、我国监督环境刑案移送承接活动的现行体制机制

（一）监督组织体系

我国对环境犯罪移送承接活动进行监督的组织体系既遵循了一般行政犯罪移送承接活动监督的组织体系，还设计了专门的监督组织机构，既有内部监督，也有外部监督。内部监督方面，设计了上级生态环境行政主管部门对下级生态环境行政主管部门进行监督、生态环境、自然资源保护部门内设单位的监督，以及受理案件的公安机关、监察机关内设单位的监督。外部监督方面，设计了检察监督、监察监督、中央和地方环保督察、区域环保督察中心的督查、

---

〔1〕 有人认为检察监督方式不宜用"建议"方式，因为"监督必须有'牙齿'，没有'牙齿'不成其为监督"，主张将"检察建议"修改为"提出抗诉""纠正违法通知"等方式。参见朱孝清："对人民检察院组织法修订草案二次审议稿的五点修改意见"，载《人民检察》2018年第13期。

〔2〕 2018年10月26日修订的《刑事诉讼法》第19条第2款规定："人民检察院在对诉讼活动实行法律监督中发现的司法工作人员利用职权实施的非法拘禁、刑讯逼供、非法搜查等侵犯公民权利、损害司法公正的犯罪，可以由人民检察院立案侦查。对于公安机关管辖的国家机关工作人员利用职权实施的重大犯罪案件，需要由人民检察院直接受理的时候，经省级以上人民检察院决定，可以由人民检察院立案侦查。"其他公职人员的职务犯罪由监察机关进行刑事调查，移送人民检察院审查起诉。根据2018年11月24日印发的《关于人民检察院立案侦查司法工作人员相关职务犯罪案件若干问题的规定》，人民检察院发现司法工作人员涉嫌利用职权实施非法拘禁罪、非法搜查罪、刑讯逼供罪、暴力取证罪、虐待被监管人罪、滥用职权罪、玩忽职守罪、徇私枉法罪、民事、行政枉法裁判罪、执行判决、裁定失职罪、私放在押人员罪、失职致使在押人员脱逃罪、徇私舞弊减刑、假释、暂予监外执行罪等十四种侵犯公民权利、损害司法公正的犯罪案件，可以立案侦查。

人大监督、党的监督、公众监督、媒体监督等。这些监督制度构建起环境犯罪移送承接的全方位监管体系。目前实践来看，我国对环境刑案移送与司法承接活动进行监督以中央生态环境保护督察、检察监督、监察监督为主，以其他监督方式为辅。尤其中央环保督察对环境刑案移送的推动作用十分巨大。可以说，正是因为建立了比较健全的对生态环境行政执法机关移送和司法机关承接环境犯罪监督机制，对移送承接全过程进行了有力的监督，我国环境犯罪的制裁才取得了如此喜人的成绩。

（二）监督移送承接活动的主体和对象

1. 监督主体。

（1）行政机关。行政机关作为监督主体进行的监督是行政内部监督，即国家行政机关内部上下级之间相互实施的行政监督，主要是上级行政机关对下级行政机关的行政执法活动进行检查、督促。2018 年 3 月 20 日《监察法》颁布实施前，我国有专门的行政监察机关负责实施《中华人民共和国行政监察法》，《监察法》颁布实施后，该法被废止，相关内容纳入了《监察法》中，国家各级监察委员会依照《监察法》"对所有行使公权力的公职人员进行监察，调查职务违法和职务犯罪，开展廉政建设和反腐败工作，维护宪法和法律的尊严"[1]。行政监督的功能在于行政督察、行政纠错和行政防护。作为国家行政机关的生态环境保护部门和自然资源管理部门，行政监督既包括上级环境行政机关对下级环境行政机关的监督，也包括单位内设部门对工作人员的执法行为进行监督。一般情况下公安机关的性质也是国家行政机关，其行政监督与生态环保机关和自然资源管理部门类似。如《环境监察办法》[2] 第 28 条就规

---

〔1〕《监察法》第 3 条。

〔2〕该办法系 2012 年 7 月 4 日由环境保护部部务会议审议通过，2012 年 9 月 1 日起施行。

定了行政机关的监督："上级环境保护主管部门应当对下级环境保护主管部门在环境监察工作中依法履职履责、行使职权和遵守纪律情况进行稽查。"为了保证环境执法人员严格、规范、公正、文明、廉洁执法，2015 年环境保护部又出台了《行为规范》（环发〔2015〕52 号），对环境执法人员的一般规范、现场检查、案件调查、排污费征收、督查、监督处理等进行了明确规定。

（2）检察机关。检察机关对环境犯罪交接活动行使监督权具有明确的法律依据。我国《宪法》第 134 条的规定："中华人民共和国人民检察院是国家的法律监督机关。"《人民检察院组织法》第 20 条第 5 项规定，人民检察院对诉讼活动实行法律监督。《行政诉讼法》第 25 条第 4 款也规定了检察机关享有监督权。涉嫌环境犯罪的移送和承接是诉讼活动的启动阶段。因此，为改正、改进执法、司法工作，检察机关当然享有对环境行政执法中向公安机关、监察机关移送涉嫌环境渎职案件的活动，对公安机关受理环境行政执法机关移送环境犯罪案件的审查、立案、侦查活动全过程以及对人民检察院自身司法活动、审判机关的审判活动行使法律监督权。

（3）监察机关。《宪法》第 123 条规定："中华人民共和国各级监察委员会是国家的监察机关。"《监察法》第 11 条明确规定了监察权的行使范围。监察机关对环境行政执法机关在行政执法中移送涉嫌环境犯罪的案件和公安机关、监察机关自身、检察机关、审判机关追诉环境犯罪刑事案件的过程进行监督主要是对上述机关办案人员行为规范的监督，对履职不力、失职失责、违法犯罪的公职人员进行问责和处理，从监察的视角向监察对象所在单位提出监察建议。监察机关与检察机关行使不同的监督职能。监察机关主要负责对环境行政执法人员、环境刑事司法人员的依法履职、秉公用权、廉洁从政从业以及职业操守等情况进行监督检查，检察机关主要负责对环境行政执法机关的执法活动、刑事司法机关的刑事司法活动进行法律监督。前者是对人的监督，后者是对事的监督。

（4）中央和地方生态环境督察机关。根据《环境保护督察方案（试行）》和《中央生态环境保护督察工作规定》，我国建立了党政同责式环保督察制度，其实施主体是中央和地方生态环境保护督察机关。中央生态环境保护督察办公室设在生态环境部。

（5）地方各级人大常委会。根据《宪法》第 67 条、《中华人民共和国地方各级人民代表大会和地方各级人民政府组织法》（以下简称《地方组织法》）的相关规定，全国人大常委会和地方各级人大常委会享有监督法律实施的职权。

（6）地方各级党委。根据《中国共产党章程》《中国共产党党内监督条例》《中国共产党问责条例》等党内法规相关规定，地方各级党委对环境行政执法中刑案移送和司法承接可以行使党内监督权。

（7）公众、媒体。这种主体进行的监督属于社会监督的范畴。公众是环境保护公众参与监督的主体。包括公民、法人和其他组织。公众作为环境行政执法中移送涉嫌环境犯罪案件、刑事司法机关承接涉嫌环境犯罪案件的监督主体，主要通过行使检举揭发权、控告权、建议权、环境公益诉讼权等方式进行监督。媒体是无冕之王，媒体监督主要是通过网络、报纸、刊物、电视等传媒对环境渎职违法犯罪行为进行报道、评论、揭露或抨击，以督促生态环境保护部门和司法机关履职履责。

2. 监督对象。根据环境行政执法机关移送涉嫌环境犯罪案件和司法机关承接环境犯罪案件并进行处理的流程，监督对象包括：

（1）环境行政执法机关及其工作人员。这是对环境行政执法环节负责涉嫌环境犯罪案件先行调查、处理的单位和工作人员的监督。环境行政执法机关及其工作人员在处理涉嫌环境犯罪案件时，通常存在有案不移、以罚代刑等问题，需要对之进行监督。目前生态环境部门反映，中央生态环境保护督察对生态环境执法者问责严厉，处分太多，且其执法活动一旦不当便很容易引起环境行政公益诉讼，环境行政执法者压力很大，故建议对生态环境执法者建立责任豁免制度。本书认为，生态环境执法者压力大正好体现了对其监督的效果。至于应否建立责任豁免制度，在什么样的情况下建立这种制度，可以先在学术层面进行探讨。

（2）公安机关及其工作人员。这是对直接承接涉嫌环境犯罪案件的单位和工作人员的监督。公安机关承接案件过程中，可能存在对环境行政执法机关移送的环境犯罪案件该受理不受理、该立案不立案，或者推诿、渎职等问题，因此需要对之进行监督。

（3）检察机关、监察机关、审判机关及其工作人员。检察机关及其工作人员调查涉嫌环境监管渎职犯罪、移送起诉涉嫌环境犯罪案件过程中、审判机关在审判涉嫌环境犯罪案件过程中可能存在玩忽职守、滥用职权、徇私舞弊等违法犯罪行为，因此也需要对之进行监督。

（三）监督移送承接活动的范围

对环境犯罪移送承接行为进行的监督不同于环境监察。根据《环境监察办法》（原环境保护部令第 21 号）第 2 条的规定，环境监察是指"环境保护主管部门依据环境保护法律、法规、规章和其他规范性文件实施的行政执法活动"。环境监察实际上就是环境行政执法，其通过专项执法、督察督办、执法管理等执法活动发现执法对象的环境违法行为并进行依法处理。环境监察的对象是与环境保护有关的人员和单位，主要是污染企业等负有保护生态环境义务的人员和单位。

环境行政执法中，对涉嫌环境犯罪的移送主体是环境行政执法机关，承接主体是公安机关或者监察机关。环境犯罪的移送承接是环境行政执法机关将行政执法中发现的涉嫌环境犯罪向公安机关或监察机关移送。涉嫌环境犯罪追诉过程中，可能存在环境行政执法机关和司法机关行使职务中亵渎职务玩忽职守、滥用职权、徇私舞弊等问题，因而需要对整个移送承接过程进行监督，具体包括以下几个方面：

1. 对移送活动的监督。环境犯罪多数都是由环境行政机关在行政执法中先行发现。根据国家职能分工，涉嫌犯罪案件的处理职能交由享有刑事追诉权的国家司法机关进行。环境行政执法机关基于行政权随意扩张、自身利益考量、地方党委政府干预以及环境犯罪移送中存在的其他主客观难题，环境行政机关有案不移、以罚代刑现象比较严重[1]。要解决有案不移、以罚代刑问题，十分有必要对环境行政执法机关移送环境犯罪的全过程进行监督[2]。相关法律法规、规章、建设性意见对移送过程监督进行了明确规定。如《行政移送规定》第14条规定："行政执法机关移送涉嫌犯罪案件，应当接受人民检察院和监察机关依法实施的监督。"该规定第9、15、16、17、18条对具体监督要求、监督后的处理进行了明确规定。《检察规定》第10~14条也对环境行政执法机关涉嫌犯罪案件的监督进行了规定。尽管检察机关不再直接受理一般职务犯罪案件，不再对一般职务犯罪行使侦查权，但其对环境行政执法机关的行政执法活动仍然享有立案监督权。《移送意见》《衔接意见》

---

〔1〕 如2013年河北省环保厅、公安厅、省人民检察院在开展打击环境污染犯罪的专项行动中，环境行政执法机关共向公安机关移送涉嫌环境污染犯罪125件，其中24件是在检察机关监督后移送的，占总移送案件数的19.2%。参见赵旭光："'两法衔接'中的有效监督机制——从环境犯罪行政执法与刑事司法切入"，载《政法论坛》2015年第6期。

〔2〕 上海市静安区人民法院判决的黄春海案就将具有国家行政职能的工作人员移送犯罪活动认定为具备法律赋予的查禁犯罪活动职责。具体案情是，上海市烟草专卖局静安分局稽查支队稽查员黄春海于2006年9月至2007年10月，在查禁销售假冒伪劣卷烟违法犯罪的活动中通风报信多次，将稽查支队突击检查的部署安排事先泄露给售假者，售假者蔡某因此得以多次逃避检查和处罚。静安区人民法院认为，烟草专卖局具有国家机关职能，法律也赋予烟草专卖局稽查人员对烟草犯罪进行查禁、收集犯罪证据，并将烟草犯罪案件移交司法机关的职权，因而具备了法律赋予的查禁犯罪活动的职责，故一审将黄春海上述行为认定为帮助犯罪分子逃避处罚罪，判处有期徒刑1年6个月。上海市第二中级人民法院二审维持了原判。参见《最高人民法院公报》2009年第6期。

《2013 工作意见》《工作办法》等也对行政机关移送行政犯罪、环境行政执法机关移送环境犯罪的监督进行了规定。总之，检察机关、监察机关以及其他监督主体要对行政执法中移送涉嫌环境犯罪的全过程进行监督，监督内容包括环境行政机关查处环境违法行为时对涉嫌环境犯罪的认定是否准确，环境监测、环境鉴定是否存在弄虚作假的行为、是否存在涉嫌环境犯罪该移送不移送情况、是否存在对涉嫌环境犯罪以罚代刑的情况，环境行政处罚中是否存在滥用职权、徇私舞弊等违法犯罪问题。

2. 对承接活动的监督。对涉嫌环境犯罪承接过程的监督主要是对公安机关承接环境行政执法机关移送的涉嫌环境犯罪案件后是否立案的过程进行监督以及对监察机关承接环境行政执法机关移送的涉嫌环境职务犯罪案件是否立案调查的过程进行监督。公安机关承接环境行政执法机关移送的涉嫌环境犯罪案件后，目前尚存在该立案不立案[1]、受理移送案件过程中对移送案件进行推诿不予受理等问题。针对公安机关对环境行政执法机关移送涉嫌环境犯罪案件存在的玩忽职守、滥用职权、徇私舞弊等问题，除了公安机关的内部监督外，有必要由专门监督机关如人民检察院、监察机关对之进行监督。监督内容包括对公安机关受理环境行政执法机关移送的涉嫌环境犯罪案件有无推诿情况，对移送案件的审查、立案与否的决定、立案程序规则的遵守与否，有无该立案不立案、不该立案却立案等渎职行为、立案后对涉嫌环境犯罪侦查过程中的履职情况以及移送检察机关起诉情况等进行监督。对于监察机关承接涉嫌环境职务犯罪案件的立案调查工作的监督，虽然《监察法》第七章规定

---

〔1〕 如 2013 年 1~8 月，河北省公安机关共立案 185 起环境污染犯罪案件，其中 13 件是在检察机关立案监督后立案的，占总立案数的 7%。参见赵旭光："'两法衔接'中的有效监督机制——从环境犯罪行政执法与刑事司法切入"，载《政法论坛》2015 年第 6 期。

了监察机关及其工作人员接受本级人大及其常委会的监督、民主监督、社会监督、舆论监督和内部监督，但从权力监督制约的效果来看，构建常规性的第三方权力监督机制是最佳选择。依据国家监督职能的分工，我们认为由检察机关进行监督比较妥当。

3. 对起诉审判执行工作的监督。对环境犯罪起诉审判执行等司法过程进行监督主要属于检察机关的职能[1]。根据《刑事诉讼法》第 19 条、《监察法》第 11 条、《人民检察院组织法》第 20 条的规定，对行使环境犯罪起诉、审判、执行工作的司法工作人员"利用职权实施的非法拘禁、刑讯逼供、非法搜查等侵犯公民权利、损害司法公正的犯罪"进行监督既可以由检察机关实施，也可以由监察机关实施。[2] 环境犯罪刑事追诉过程中，有可能存在司法工作人员徇私枉法、滥用职权等问题。这种情况下需要检察机关对司法机关依法办案情况进行监督，也需要监察机关对司法工作人员依法司法行为进行监督。

对涉嫌环境犯罪移送、承接、追诉过程进行监督的内容既包括对事的监督，也包括对行为和对人的监督；既包括法律监督，也包括纪律监督，既包括内部监督，也包括外部监督。本书仅从内部监督和外部监督的视角研究对人、对事、对行为的法律监督和纪律监督。

---

〔1〕 2016 年 4 月 15 日，最高人民检察院公布了《人民检察院行政诉讼监督规则（试行）》。该规则专门规定了对人民法院行政诉讼审判进行监督，但没有对其他案件审判监督的规定。

〔2〕 2018 年修改后的《刑事诉讼法》第 19 条规定前述案件"可以由人民检察院立案侦查"。根据《监察法》第 11 条的规定，案件自然也可以由监察机关行使监督权进行立案调查。

第二节　监督类型

我国对移送和承接涉嫌环境犯罪案件过程的监督在法律法规、制度层面已经比较完善。《宪法》、《监察法》、《刑事诉讼法》、《中华人民共和国人民法院组织法》、《中华人民共和国公务员法》（以下简称《公务员法》）、《中华人民共和国行政诉讼法》（以下简称《行政诉讼法》）、《行政处罚法》、《行政复议法》、《中华人民共和国国家赔偿法》、《处罚办法》、《环境行政复议办法》、《行为规范》等一系列法律法规规定了比较明确的监督主体、类型、方式、责任。如在监督的类型上，根据不同的标准可以分为不同的监督类型：以监督主体类别为标准可以分为党的监督、国家监督和社会监督；以监督主体的单位所属为标准可以分为内部监督和外部监督；以监督的层次为标准分为宏观、中观和微观监督；以监督主体与监督对象的关系为标准分为直接监督和间接监督；以实施监督的时间为标准分为事前监督、事中监督和事后监督等。本书拟从内部监督和外部监督的视角对环境犯罪的移送承接监督进行研究。

一、内部监督

内部监督就是行政监督，是指行政机关内部上下级之间，以及专设的行政监察、审计等机关对行政机关及其工作人员进行的监督。在我国环境保护领域内部，国家对环境行政执法工作人员、刑事司法工作人员及其执法、司法活动进行内部监督不仅要遵守《公务员法》[1]《行政处罚法》等国家一般监督性规定，还要遵守自然资源管理部门、生态环境管理部门的内部规定，且环境资源保护

---

〔1〕　2005 年 4 月 27 日第十届全国人民代表大会常务委员会第十五次会议通过，2017 年 9 月 1 日第十二届全国人民代表大会常务委员会第二十九次会议《关于修改〈中华人民共和国法官法〉等八部法律的决定》修正。

主管部门的内部规定在国家法律、法规规定的基础上进行了进一步细化。如《行为规范》就在《公务员法》第 12 条规定的义务、第 53 条至第 59 条规定的惩处基础上细化了监督规则，其中第 28 条规定，环境执法人员"应当自觉接受有关部门、社会和公众的监督"；第 29 条规定："对违反上述规范的，由有管理权的部门作出以下处理：①根据情节轻重，分别给予批评教育、脱岗培训、调离执法岗位、取消执法资格等处理，处理情况应当作为考核、奖惩、任免的重要依据。②情节严重，造成严重后果的，给予行政处分。③构成犯罪的，依法追究刑事责任。"又如《行政处罚法》第 54 条至第 62 条对行政处罚的监督检查、对行政执法人员的违规违法的法律责任已经进行了一般性规定，而《处罚办法》第七章又通过规定处罚决定信息公开，监督检查，行政处罚备案，行政处罚纠正、撤销、变更，行政处罚评议和表彰等更为具体的制度对环境行政处罚工作进行监督和管理。《移送意见》第 12 条还专门规定了行政执法中的内部监督处理机制："行政执法机关在依法查处违法行为过程中，发现国家工作人员贪污贿赂或者国家机关工作人员渎职等违纪、犯罪线索的，应当根据案件的性质，及时向监察机关或者人民检察院移送……"《衔接意见》第 3 条第 15 项也规定："行政执法机关不移送涉嫌犯罪案件或者逾期未移送的，由本级或者上级人民政府，或者实行垂直管理的上级行政机关，责令限期移送；情节严重的，对负有责任的主管人员和其他直接责任人员依法给予处分……"原监察部 2005 年 12 月 31 日第 14 次部长办公会议、原国家环境保护总局 2005 年 10 月 27 日第 20 次局务会议通过的《环境保护违法违纪行为处分暂行规定》规范的对象就是"国家机关及其工作人员、企业中由国家行政机关任命的人员有环境保护违法违纪行为"，实际上是生态环境行政机关对其工作人员的内部监督。内部监督一般通过本部门内设监督机构、上级环境行政机关对下级环境行政机关进行督查，如我国六个区域环保督查中心进行的督查、督察，中央生态环境保护督察小组进行的督察等监督方式实现。内部监督不是环境犯罪移送与承接工作的主要监督方式。

二、外部监督

外部监督是指国家立法机关、司法机关、党的各级机关以及社会团体、新闻舆论、公众等多种政治力量和社会力量对国家生态环境行政机关、刑事司法机关及其工作人员的行政行为和司法行为所实施的监察、检查、督促和指导。我国对环境行政执法中移送和承接涉嫌环境犯罪案件进行内部监督虽然也有一定的效果，但由于内部监督与生俱来的缺陷，监督效果比较有限，亟需强有力的外部力量介入进行监督。对涉嫌环境犯罪案件移送和承接进行的外部监督具体包括以下几种：

（一）环保督察

环境督察制度是我国督察制度的一部分，是环境保护领域独特的一种监督制度，是党和国家对破坏环境资源的违法企业、对不履行生态环境保护职责的地方政府及其责任人进行督促、问责、处理的一种环保监管制度。国家对环境行政执法机关该移送涉嫌环境犯罪案件不移送、公安机关该承接移送来的涉嫌环境犯罪的案件不承接，或者不及时承接等履职行为的督察属于"督政"的范畴，虽然其只是环保督察工作中的一小部分内容，但环保督察对环境犯罪移送承接活动的监督力度无疑巨大。环保督察作为我国近年来最有力的环保监管手段，已经成为我国解决环境保护问题的最主要的监督制度之一。目前国家生态环境领域的监督管理已经形成了环境监管、环保综合督查、中央环保督察"三驾马车"并行的局面。尽管环保督察制度并非专门针对环境犯罪移送和承接进行监督，但其实施对于环境行政执法中涉嫌环境犯罪的移送以及刑事司法机关承接涉嫌环境犯罪案件具有十分重要的推动作用。

1. 我国环保督察制度有一个发展变化的过程，大体分为三个阶段：

（1）早期："督企"式环境监管体系。我国环保督察制度最早以"督企"为公众核心进行建构。1989 年《环境保护法》第 7 条规定了环境保护主管部门内部实行"统一监督管理"体制[1]。2014 年《环境保护法》第 10 条前段沿袭了 1989 年第 7 条的规定，仅将后半段修改为："县级以上人民政府有关部门和军队环境保护部门，依照有关法律的规定对资源保护和污染防治等环境保护工作实施监督管理。"据此规定，全国各地环保部门陆续成立了负责环境执法与监督检查的专门机构，2002 年统一更名为"环境监察机构"[2]。自此，环境监察机构成为我国环境监管执法的主要力量。统一监督管理体制构建的主要目的在于"督企"，即解决企业环境保护问题。

2002 年，考虑到我国环境问题的跨区域性以及时常出现的地方政府对环境行政执法、环境刑事司法的干扰，原国家环保总局开始成立了跨区域环境督查中心进行跨区域环境督查。2002 年环保部分别在南京、广州试点华东、华南环保督查中心，2006 年，西北、西南、东北、华北督查中心先后成立，2008 年底华北环境督查中心成立。至此，覆盖 31 省（市、自治区）的六大区域督查中心全面组建。每个督查中心人数在 30~40 人之间。六个区域环保督查中心设置的依据是 2006 年原国家环保总局制定的《总局环境保

---

〔1〕　该条规定："国务院环境保护行政主管部门，对全国环境保护工作实施统一监督管理。县级以上地方人民政府环境保护行政主管部门，对本辖区的环境保护工作实施统一监督管理。国家海洋行政主管部门、港务监督、渔政、渔港监督、军队环境保护部门和各级公安、交通、铁道、民航管理部门，依照有关法律的规定对环境污染防治实施监督管理。县级以上人民政府的土地、矿产、林业、农业、水利行政主管部门，依照有关法律的规定对资源的保护实施监督管理。"

〔2〕　环境监察机构根据不同级别，从最高环境保护机关到县级环保机关分别设置了环境监察局、省级环境监察总队（分局）、地市级环境监察支队以及县级环境监察大队。

护督查中心组建方案》，行政属性是总局派出的执法监督机构，单位性质为环保总局直属事业单位，受原环保总局委托开展工作。区域环保督查中心"具有 8 项职责，概括起来主要是监督、查办、协调、接访等几个方面[1]，……可以看到，这些机构的职能主要是'监督'和'查办'，这是其名称为'督查'而不是'督察'的原因。"[2] 区域环保督查中心成立之初属于参公事业单位，是原国家环保总局的派出机构。根据生态环保部生态环境执法局发布的工作职能看，生态环境执法局指导各环境保护督查中心环境监察执法相关业务工作，主要作用在于加强环保监督执法、应对突发环境事件、协调跨省界污染纠纷。从性质上看，区域环保督查中心行使的职能实际上是国家环保总局环境监察局职能的延伸，部分职能与环境保护主管部门职能重叠，核心工作仍然是"督企""查事"，重点检查、督促污染企业遵守环境保护法律法规政策，遏制企业实施环境违法犯罪行为，通过"挂牌督办"都方式强化监管力度和监督效力。

（2）中期："督政"式环保综合督查。2014 年之前，我国以"督企"为核心的环保监察、督查虽然取得了一定的成绩，但"长期以来对地方政府落实环境政策法规的情况缺乏有效监督"[3]，

---

〔1〕 根据区域环保督查中心组建方案，环保督查的主要职责有：①监督地方对国家环境政策、法规、标准的执行情况；②承办重大环境污染与生态破坏案件的查办工作；③承办跨省区域和流域重大环境纠纷的协调处理工作；④参与重特大突发环境事件应急响应与处理的督查工作；⑤承办或参与环境执法稽查工作；⑥督查重点污染源和国家审批建设项目'三同时'执行情况；⑦督查国家级自然保护区（风景名胜区、森林公园）、国家重要生态功能保护区环境执法情况；⑧负责跨省区域和流域环境污染与生态破坏案件的来访投诉受理和协调工作；⑨承担原总局交办的其他工作。

〔2〕 夏光："国家设立区域环保督查中心意味着什么？"，载《中国经济时报》2006 年 9 月 21 日，第 8 版。

〔3〕 陈海嵩："环保督察制度法治化：定位、困境及其出路"，载《法学评论》2017 年第 3 期。

"忽视了政府在环境保护上的主体责任"[1]。2014 年始，环保部门开始将环保督查的核心工作由"督企"转为"督政"，督促地方政府履行环保主体职能。2014 年 12 月，环境保护部先从制度层面解决工作重心问题，印发了《综合督查工作暂行办法》（环发〔2014〕113 号），强化了政府对环境质量的主体责任，在全国开展了以"督政"为核心的环保综合督查。为了落实"督政"后的政府责任，环境保护部制定并发布了《环境保护部约谈暂行办法》（环发〔2014〕67 号），扩大了原环保约谈制度的适用范围，使环保约谈成为监督地方政府履行环保职责的主要举措，取得了一定的成绩[2]。

（3）当前："党政同责"式生态环保督察。由于环境保护区域督查机制存在诸多问题，监督效果也不明显。为了强化环保监管的力度，着力解决生态环境污染问题，党和国家经过审慎思考，2015 年中共中央办公厅、国务院办公厅联合印发了《环境保护督察方案（试行）》，明确要建立环保督察机制。该方案公布后，我国 2016 年 1 月 4 日在中央层面正式建立了十分严苛的中央环保督察机制。自此，体现"一岗双责""党政同责"的中央环保督察机制开始实施。2016 年中央环保督察机制建立后，我国环保监管机制由"督企""查事"为中心向既"督企"也"督政"的工作方式转变。随后，全国各省、自治区、直辖市根据《环境保护督察方案（试行）》也制定了本省的环境保护督察方案，建立了省级层面的环保督察机制。2017 年 11 月，针对六大环保督查中心的尴尬地位，中央编办根据原环境保护部的意见，批复同意将环境保护部设置的 6

---

〔1〕　翁智雄、葛察忠、王金南："环境保护督察：推动建立环保长效机制"，载《环境保护》2016 年第 Z1 期。

〔2〕　据不完全统计，2014 年环保部共对 20 多个地级市政府负责人进行督政约谈，2015 年约谈了 16 个地级市（自治州）和 2 个县的地方政府负责人。参见王灿发主编：《新〈环境保护法〉实施情况评估报告》，中国政法大学出版社 2016 年版，第 65~66 页。

个环境保护督查中心由事业单位转变为环境保护部派出行政机构，并分别更名为环境保护部华北督察局、华东督察局、华南督察局、西北督察局、西南督察局和东北督察局。机构性质转变后，6个区域环境保护督察局将强化"督政"职能，与中央生态环境保护督察办公室一起构建国家环境保护"督政"体系，为中央环境保护督察工作提供支持和保障。2019年6月，中共中央办公厅、国务院办公厅印发了《中央生态环境保护督察工作规定》，细化了中央生态环境保护督察工作。省级环保督察制度在实施中也取得了很好的效果。如2018年9月6日，湖南省第二批省级环保督察"7个督察组共收到群众信访举报3598件，交办2973件；各市州办结2313件（其中涉及中央环保督察交办信访件重复投诉247件，已办结177件）；共责令整改1324家，立案处罚282家，处罚金额1492余万元，立案侦查14件，行政拘留7人，刑事拘留6人，组织处理158人，党纪政纪处分32人"[1]。其他各省市的环境保护督察工作同样取得了不俗的成绩。中央环保督察机制无疑是环境保护监督领域效率最高、范围最广、力度最大、成效最为显著的督察机制。至今，中央环保督察已经进行了四批，开展了两批"回头看"，成绩十分亮眼。2018年生态环境部组建且"三定"方案出台后，原国家环境保护督察办公室更名为"中央生态环境保护督察办公室"，成为生态环境部21个内设机构之一。"从2019开始，将用三年左右的时间完成第二轮中央生态环境保护例行督察，再用一年时间完成第二轮督察'回头看'，国务院有关部门和中央企业拟纳入督察对象。"[2]

---

[1] 和婷婷："第二批省级环保督察晒成绩单：立案处罚282家企业 组织处理158人"，载 http://hunan.voc.com.cn/article/201809/201809260846363557.html，最后访问日期：2020年4月3日。

[2] 董鑫："中央环保督察再启拟三年完成全覆盖"，载《北京青年报》2018年12月29日，第3版。

2. 中央生态环保督察由上而下进行督察，无须顾忌地方党委、政府与污染者之间千丝万缕的联系，可以直接对负有环保职责而消极懈怠、渎职失职的国家公职人员问责，发挥了其他各种监督所无法实现的作用和功能。尽管中央生态环保督察（暂时）打断、叫停官僚体制及其常规机制具有"运动型治理"特征[1]，但其效果立竿见影，"一批百姓反应强烈或久拖不决的环境问题得到解决，地方党政领导对环保工作的重视达到前所未有的程度"[2]。鉴于中央环保督察运行机制和成效的特殊性，有必要全面了解该项制度的运行机理和效果。

（1）中央生态环保督察的职能。中央生态环保督察组被称为"环保钦差"，成立于 2016 年 1 月 4 日，由原环境保护部（现生态环境部）牵头成立，中纪委、中组部的相关领导参加。中央生态环保督察组代表党中央、国务院对各省（自治区、直辖市）党委和政府及其有关部门开展生态环境保护督察。根据中央机构编织网 2018 年 9 月 11 日发布的《生态环境部职能配置、内设机构和人员编制规定》，"中央生态环境保护督察办公室"成为生态环境部的一个内设机构，履行"监督生态环境保护党政同责、一岗双责落实情况，拟订生态环境保护督察制度、工作计划、实施方案并组织实施，承担中央生态环境保护督察组织协调工作。承担国务院生态环境保护督察工作领导小组日常工作"[3] 职责。《中央生态环境保护督察工作规定》第二章规定"成立中央生态环境保护督察工作领导

---

〔1〕　参见周雪光："运动型治理机制：中国国家治理的制度逻辑再思考"，载《开放时代》2012 年第 9 期；戚建刚、余海洋："论作为运动型治理机制之'中央环保督察制度'——兼与陈海嵩教授商榷"，载《理论探讨》2018 年第 2 期；等等。

〔2〕　陈谦："锐利—变气象新——推进环保督察 落实党政同责综述"，载《中国环境报》2017 年 1 月 3 日，第 1 版。

〔3〕　参见《生态环境部职能配置、内设机构和人员编制规定》第 4 条第 2 项。

小组，负责组织协调推动中央生态环境保护督察工作"[1]。第9条对中央生态环境保护督察办公室的职责进行了更为详细的规定[2]。较之于之前各类督察，"中央环保督察背后是我国环境监管模式的重大变革：从环保部门牵头到中央主导，代表党中央、国务院开展环保督察；从以查企业为主转变为'查督并举，以督政为主'"[3]。

（2）中央生态环保督察的原则。根据《环境保护督察方案（试行）》，中央生态环保督察坚持以问题为导向，突出"四个重点"原则：其一，盯住重点，即重点盯住中央高度关注、群众反应强烈、社会影响恶劣三个方面的突出环境问题及其处理情况；其二，检查重点，即重点检查环境质量呈现恶化趋势的区域流域及整治情况；其三，督察重点，即重点督察地方党委和政府及有关部门环保不作为、乱作为的情况；其四，落实重点，即重点了解地方落实环境保护党政同责和一岗双责，以及严格责任追究等情况。"四个重点"原则针对环境保护领域中的重点、难点、疑点问题开展督察，通过落实环境保护中国家公职人员渎职、失职的党政责任、法

---

〔1〕 参见《中央生态环境保护督察工作规定》第7条。根据第8条的规定，领导小组的职责有："①学习贯彻落实习近平生态文明思想，研究在实施中央生态环境保护督察工作中的具体贯彻落实措施；②贯彻落实党中央、国务院关于生态环境保护督察的决策部署；③向党中央、国务院报告中央生态环境保护督察工作有关情况；④审议中央生态环境保护督察制度规范、督察报告；⑤听取中央生态环境保护督察办公室有关工作情况的汇报；⑥审议中央生态环境保护督察其他重要事项。"

〔2〕 该条规定的具体职责是："①向中央生态环境保护督察工作领导小组报告工作情况，组织落实领导小组确定的工作任务；②负责拟订中央生态环境保护督察法规制度、规划计划、实施方案，并组织实施；③承担中央生态环境保护督察组的组织协调工作；④承担督察报告审核、汇总、上报，以及督察反馈、移交移送的组织协调和督察整改的调度督促等工作；⑤指导省、自治区、直辖市开展省级生态环境保护督察工作；⑥承担领导小组交办的其他事项"。

〔3〕 寇江泽："新一轮中央环保督察明年开始 国企将纳入"，载《人民日报》2018年5月24日，第2版。

律责任达到解决问题的目的。

（3）中央生态环保督察的对象、内容和方式。《中央生态环境保护督察工作规定》第 14 条对中央生态环保督察的对象进行了明确[1]，主要是各级党委、政府、有关部门，以"督政"为重点，实现了对"党政企"的全覆盖。督察的内容《中央生态环境保护督察工作规定》第 15～17 条作了明确规定，主要有三大块：一是党委、政府对国家和本省环境保护决策贯彻落实情况；二是突出环境问题及处理情况；三是环境保护责任落实情况。督察的方式有听取汇报、调阅资料、个别谈话、走访问询、受理举报、现场抽查、下沉督察等。其中第 15 条第 8 项就规定了"生态环境问题立案、查处、移交、审判、执行等环节非法干预，以及不予配合等情况"。根据《中央生态环境保护督察工作规定》第 5 条，督察方式分为例行督察、专项督察和"回头看"等方式[2]。

（4）中央生态环保督察的优势。较之于区域环保督查，中央生态环保督察具有如下优势：其一，层级要高。区域环保督查是环保部单个部门层面，中央环保督察的性质是代表党中央、国务院进行中央层面的督察。其二，威慑力更强。中央环保督察实行党政同责，督察对象涵盖"党政企"，包括各级党委、政府及有关部门，督察的功能作用发挥更为充分，震慑力更大。其三，督察结果的制约力度更大。中央环保督察强调督察结果的运用，重大问题须向中央报告，督察结果向中央组织部移送移交，并被作为被督察对象领

---

[1]　具体包括："①省、自治区、直辖市党委和政府及其有关部门，并可以下沉至有关地市级党委和政府及其有关部门；②承担重要生态环境保护职责的国务院有关部门；③从事的生产经营活动对生态环境影响较大的有关中央企业；④其他中央要求督察的单位。"

[2]　第 5 条第 2 款的规定："原则上在每届党的中央委员会任期内，应当对各省、自治区、直辖市党委和政府，国务院有关部门以及有关中央企业开展例行督察，并根据需要对督察整改情况实施'回头看'；针对突出生态环境问题，视情组织开展专项督察。"第 15～17 条对例行督察、"回头看"、专项督察的具体内容进行了详细规定。

导班子和领导干部考核评价任免的重要依据，直接制约领导干部的位子和职务升降。此外还高度重视督察反馈，不定期组织"回头看"活动，会带着"钢牙"对整改不力、马虎应对的地方党委、政府进行问责。如 2017 年中央环保督察在贵州省进行下沉督察时，发现遵义市播州区 2013 年至 2016 年政府常务会 95 次会议议题总数 595 个却无环境保护专题的问题。根据整改方案，2017 年 8 月至 2019 年 5 月间区委常委会需要专门研究环境保护工作 15 次以上，但为了掩盖问题应对督察，播州区委居然编造了 10 份常委会文件。仅 2017 年 6 月至 2018 年 10 月，区行政执法局就将 1.53 万吨污染物倾倒至城市雨水管，最终排入乌江，严重污染了环境。[1] 中央生态环保督察查出来的类似情况在其他地方也有。

（5）中央生态环保督察的效果。中央环保督察自成立以来取得了非常好的效果，已经成为我国环境保护的主要监督机制，有效解决了地方政府为了发展经济而忽视环境保护的问题，有力地推进了我国环保事业，帮助环保督察逐步走向常态化和制度化。截至 2018 年 10 月，中央环保督察先后开展了一轮四批督察，两批"回头看"，可以说成绩斐然。根据统计，共"受理群众举报 21.2 万余件，解决群众身边环境问题 15 万余件，罚款 24.6 亿元，立案侦查 2303 件，拘留 2264 人，移交责任追究问题 509 个"[2]。具体数据参见表 4-7 至表 4-10。

---

〔1〕 参见中央纪委国家监委网站 2019 年 6 月 29 日发布文章："这个区委竟然伪造 10 份常委会文件"，载 http：//www.ccdi.gov.cn/yaowen/201906/t20190625_196109.html，最后访问日期：2020 年 1 月 20 日。

〔2〕 参见肖琪："中央生态环境保护督察向纵深发展 写在第二轮中央生态环境保护督察进驻之际"，载《中国环境报》2019 年 7 月 10 日，第 1 版。

表 4-7 2016 年第一轮第一批中央环保督察组反馈问责情况[1]

省份	办结举报问题（件）	立案处罚（件）	拘留（人）		约谈（人）	问责（人）	罚款（万元）
			行政	刑事			
内蒙古	1637	206	29	24	238	280	1315
黑龙江	1034	220	4	24	32	560	1776
江苏	2451	1384	82	26	618	449	7814
江西	1050	224	38	15	220	124	2237
河南	2682	188	27	4	148	1231	
广西	2341	176	9	1	204	351	360
宁夏	476	27	5	3	35	105	
云南	1234	189	5	6	681	322	
总计	12 905	2924	199	103	2176	3422	19 800

---

〔1〕 第一批中央环保督察的时间为 2016 年 7 月至 8 月。上述数据来自赵静："工业和资源型企业环保问题突出"，载《上海证券报》2016 年 8 月 22 日，第 2 版；袁媛、唐述权："图解：2016 年第一批中央环保督察组战绩如何？"，载 http://politics. people. com. cn/n1/2016/1109/c1001-28846615. html。由于统计的时间不同，一些数据不一致。

表4-8 2016年第一轮第二批中央环境保护督察反馈问责情况[1]

省份	办结举报问题（件）	立案处罚（件）	拘留（人）	约谈（人）	问责（人）
陕西	1309	363	26	492	938
甘肃	1984	661	32	744	836
广东	4350	3346	118	1252	684
湖北	1925	359	28	945	522
上海	1893	926	17	545	56
北京	2346	188	28	624	45
重庆	1824	467	16	64	40
总计	15 631	6310	265	4666	3121

表4-9 2017年第一轮第三批中央环保督察反馈问责情况[2]

省份	办结举报问题（件）	立案处罚（件）	拘留（人）	约谈（人）	问责（人）	立案侦查（件）	罚款（万元）
天津	4226	1654	12	307	139	3	2622.7
山西	3582	856	61	1589	1071	22	7179.7
辽宁	6991	1706	32	581	850	105	6928.4

----

〔1〕 督察时间为2016年11月至2017年1月。数据来自尹深、仝宗莉："第二批中央环保督察反馈：7省市3121人被问责"，载 http://politics.people.com.cn/ywkx/n1/2017/0417/c363762-29214676.html，最后访问日期：2020年3月25日。

〔2〕 督察时间为2017年4月28日至5月28日。数据来自高敬："问责4660人，严批环保不作为乱作为——聚焦第三批中央环保督察反馈"，载 http://www.xinhua-net.com/2017-08/02/c_1121422033.htm。但有些报道数据与前文有差异，见刘超超："第三批中央环保督察：交办环境问题31457个 问责4677人"，载 https://www.yicai.com/news/5324437.html，最后访问日期：2020年3月25日。

续表

省份	办结举报问题（件）	立案处罚（件）	拘留（人）	约谈（人）	问责（人）	立案侦查（件）	罚款（万元）
安徽	3719	803	63	637	476	52	2635.2
福建	4903	1763	31	991	444	54	5284.6
湖南	4583	1203	174	1382	1359	133	6351.1
贵州	3453	773	32	1180	321[1]	33	5995.8
总计	31 457	8687	405	6657	4660[2]	402	36 997.5

表4-10 2017年第一轮第四批中央环保督察边督边改情况汇总表[3]

省份	办结举报问题（件）	立案处罚（件）	拘留（人）		约谈（人）	问责（人）	罚款（万元）
			行政	刑事			
吉林	5498	528	15	17	503	1130	1612.45
浙江	5844	3991	69	62	721	329	21 045.29

---

〔1〕 该数据有些出入，新华网报道的数据为321，第一财经报道的是338人。

〔2〕 因前引媒体报道贵州省问责人数不一致，导致问责总数不一，第一财经网报道的数据为4677人，大多数媒体采用的是4660人这个总数据。

〔3〕 督察时间为2017年8月至9月。数据来自王丹蕾："第四批中央环保督察进驻结束 新疆问责人数最多"，载 http://news.cnr.cn/native/gd/20170918/t20170918_523953130.shtml，最后访问日期：2019年4月22日，中央生态环境保护督察办公室通报了问责的具体情况：8省（区）共问责1035人，其中厅级干部218人（正厅级干部57人），处级干部571人（正处级干部320人）。被问责人员中，诚勉296人，党纪政务处分773人（次），组织处理2人，移送司法2人，其他处理8人。被问责的厅级干部中，诚勉72人，党纪政务处分155人（次），其他处理1人。被问责人员中，地方党委61人，地方政府208人，地方党委和政府所属部门684人，国有企业31人，其他有关部门、事业单位人员51人。参见寇江泽："千余党政干部被问责"，载《人民日报》2019年4月23日，第14版。

续表

省份	办结举报问题（件）	立案处罚（件）	拘留（人）		约谈（人）	问责（人）	罚款（万元）
			行政	刑事			
山东	7714	1260	38	33	1137	1235	9900
海南	1618	455	17	30	374	276	3151.08
四川	8833	1752	17	11	912	1084	3256.26
西藏	852	656	1	0	212	138	1857.32
青海	2299	47	30	0	195	184	380.41
新疆（含兵团）	2378	492	21	3	156	1387	5381.03
合计	35 039	9181	208	156	4210	5763	46 583.84

2018年5月30日至6月7日，经党中央、国务院批准，第一批中央环保督察组陆续对河北、内蒙古、黑龙江、江苏、江西、河南、广东、广西、云南、宁夏十个省（区）开展督察"回头看"进驻，对120个地（市、盟）开展了下沉督察。截至2018年10月17日，第一批中央环保督察组回头看取得了如下成绩[1]（见表4-11）：

---

[1] 参见邓琦、张金磊："首批环保督察'回头看'已问责6219人"，载《新京报》2018年10月17日，第11版。

表 4-11　第一轮第一批中央环保督察组回头看成绩

受理群众举报（件）	责令整改（家）	立案处罚（家）	罚款（亿元）	立案侦查（件）	行政和刑事拘留（人）	约谈（人）	问责（人）	直接推动解决群众身边生态环境问题（件）
37 640	28 407	7375	7.1	543	610	3695	6219	3 万多

2018 年 10 月 30 日至 11 月 6 日，第二批中央环保督察组陆续对山西、辽宁、吉林、安徽、山东、湖北、湖南、四川、贵州、陕西 10 个省实施督察进驻。截至 12 月 6 日，中央生态环境保护督察回头看取得了如下成绩[1]（见表 4-12）：

表 4-12　第一轮第二批中央环保督察组回头看成绩

受理群众举报（件）	合并重复举报后向地方转办（件）	责令整改（家）	立案处罚（家）	罚款（亿元）	立案侦查（件）	行政和刑事拘留（人）	约谈（人）	问责（人）	直接推动解决群众身边生态环境问题（件）
38 133	37 679	12 240	2991	2.14	186	88	1804	2177	4 万多

中央环保督察两批对全国 20 个省（区）开展的"回头看"重点聚焦第一轮督察反馈问题整改情况，整体的成绩十分亮眼[2]（见表 4-13）。

---

〔1〕 寇江哲："第二批中央环保督察'回头看'进驻结束 已问责 2177 人"，载《人民日报》2018 年 12 月 10 日，第 14 版。
〔2〕 董鑫："中央环保督察再启拟三年完成全覆盖"，载《北京青年报》2018 年 12 月 29 日，第 3 版。

表 4-13　第一轮中央环保督察第一、二批回头看总成绩

受理群众举报（件）	合并重复举报后向地方转办（件）	责令整改（家）	立案处罚（家）	罚款（亿元）	立案侦查（件）	行政和刑事拘留（人）	约谈（人）	问责（人）	直接推动解决群众身边生态环境问题（件）
96 755	75 781	43 486	11 286	10.2	778	722	5787	8644	7 万余

中央生态环保督察第一轮开展了四批，实现了除河北省[1]外的其余 30 个省、自治区、直辖市全覆盖。2018 年 5 月至 6 月、10 月至 11 月又先后开展了两批中央环保督察"回头看"，对包括河北省在内的 20 省（区）实施督察进驻，督察成绩可以载入中国环保史册。从第一批到第四批再到"回头看"，中央环保督察后，无论是办结举报问题、立案处罚、拘留人数、约谈人数、问责人数，还是立案侦查案件数、罚款数都在不断增长，各地环保机关对涉嫌环境犯罪案件的移送数量也不断增加，中央生态环保督察的威力凸显。原来一些省份持观望态度，行动不够迅速[2]，后来发现中央环保督察严厉查处，各省对督察反馈都不敢怠慢，确保整改到位，责任追究到位。目前，各省市自治区都主动落实《环境保护法》和

---

　　[1]　2015 年 12 月 31 日至今年 2 月 4 日，中央环保督察组已经在河北开展了环保工作督察试点。至 2016 年 5 月，河北已办结 31 批 2856 件环境问题举报，关停取缔非法企业 200 家，拘留 123 人，行政约谈 65 人，通报批评 60 人，责任追究 366 人。参见郝多："中央环保督察组向河北反馈督察情况 部分区域环境质量急剧恶化"，载 http：//www.xinhuanet.com//energy/2016-05/24/c_1118921702.htm。

　　[2]　如江西省时隔督察反馈半年才真正行动起来。不按整改要求进行严格考核、表面整改，假装整改等现象大量存在。参见邓琦、张金磊："首批环保督察'回头看'已问责 6219 人"，载《新京报》2018 年 10 月 17 日，第 11 版。

《环境保护督察方案（试行）》，制定了各省自己的环保督察方案[1]，取得了非常显著的成效。2019年7月10日至7月15日，第二轮第一批8个中央生态环境保护督察组先后进驻了上海、福建、海南、重庆、甘肃、青海等6个省（市）以及中国化工集团有限公司、中国五矿集团有限公司等两家中央企业开展督察。与第一轮相比，群众举报数、立案处罚数、罚款数、立案侦查数、行政拘留和刑事拘留数、约谈和问责数大为减少，表明第一轮中央生态环境保护督察工作呈现十分显著。至2019年9月25日，第二轮第一批中央生态环保督察工作取得了如下成绩（见表4-14）：

表4-14 第二轮第一批中央生态环保督察工作成绩（至2019年9月25日）

受理群众举报（件）	交办数量（件）	责令整改（家）	立案处罚（家）	罚款（亿元）	立案侦查（件）	行政和刑事拘留（人）	约谈（人）	问责（人）
21 415	18 869	8711	3088	2.1	138	95	1820	329

中央生态环保督察对环境行政执法机关移送涉嫌环境犯罪案件的督促效果也非常明显，环境行政执法机关移送涉嫌环境犯罪案件和公安机关立案侦查涉嫌环境犯罪案件的数量在不断增长。中央环保督察通过督企、督政，推进"一岗双责""党政同责"，全面解决环境保护中出现的各种问题，敦促查处环境犯罪并非其最终目的，通过查处环境犯罪保护环境才是督察的宗旨。中央环保督察的职能定位也处在发展变化之中，有学者认为，中央生态环保督察制

---

〔1〕 随着中央以下环保督察工作的推进，各省环保督察体制也在不断改革。如2019年5月，湖南省委办公厅、省政府办公厅联合印发了《湖南省生态环境机构监测监察执法垂直管理制度改革实施方案》。该方案将市县两级生态环境部门的生态环境保护督察职能上收，由省生态环境厅统一行使。同时，探索建立生态环境保护督察专员制度。

度经过三年多的实施，呈现出如下一些转型和变化：功能上，从注意环境保护向促进经济社会发展与环境保护相协调转型；模式上，从全面督察向全面督察与重点督察相结合转型；重点上，从注重纠正环保违法向纠正违法和提升守法能力相结合转型；规范化上，对生态环境违纪违规行为处理有配套的党内法规依据，党内问责更加精准；体制上，督察得到了其他机构巡视和督察工作的协同支持，权威性得到了进一步加强。[1] 应该说中央环保督察的这种转型和变化都是积极的、正面的，既适应了国家环境保护的需要，也满足了国家高质量经济发展的要求。

3. 我国环保督察之"挂牌督办"方法。"挂牌督办"是指上级有关部门通过公开督促办理等手段，要求在规定的期限内完成对重点案件的查处和整改的方法。"挂牌督办"的案件一般都是在一定区域内有重大影响的案件，目的是提高对案件的重视程度，解决重大案件中的实际问题。环境行政执法中存在的有案不移、以罚代刑等重大问题有些可以通过环保挂牌督办予以解决。为了强化环保领域挂牌督办的效果，原环境保护部办公厅在 2009 年 9 月 13 日专门印发了《环境违法案件挂牌督办管理办法》（环办〔2009〕117号）。根据该办法第 2 条规定，对环境违法案件挂牌督办是指"环境保护部对违反环境保护法律、法规，严重污染环境或造成重大社会影响的环境违法案件办理提出明确要求，公开督促省级环境保护部门办理，并向社会公开办理结果，接受公众监督的一种行政手段"。根据该办法第 4 条的规定，环境保护部挂牌督办的案件主要

---

〔1〕 参见常纪文："试论中央生态环境保护督察步入新阶段"，载《中国环境报》2019 年 4 月 16 日，第 3 版。

包括公众反映强烈、影响社会稳定等 7 个方面的案件[1]。生态环境等部门挂牌督办案件需遵循一定的程序，应当对省级环境保护部门下达《环境违法案件挂牌督办通知书》，要有具体的诸如对环境违法行为实施行政处罚、责令限期治理等七个方面的督办事项[2]。挂牌督办的时间一般不超过 6 个月。该办法对挂牌督办的解除[3]、制约机制等都进行了明确的规定。省级规章层面，河北省早在 2007 年就印发了《环境保护挂牌督办和区域限批试行办法》，安徽省、黑龙江省等在 2008 年印发了《安徽省环境保护"挂牌督办"和"限批"管理办法（试行）》《黑龙江省环境违法案件挂牌督办管理办法》，陕西省在 2009 年印发了《陕西省环境保护违法问题省级挂牌督办管理办法（试行）》，福建省在 2012 年印发了《福建省环境违法案件挂牌督办管理办法》，新疆维吾尔族自治区在 2015 年印发了《自治区环保厅环境保护挂牌督办办法》，广东省在 2017 年

---

　　〔1〕　具体包括：①公众反映强烈、影响社会稳定的环境污染或生态破坏案件；②造成重点流域、区域重大污染，或环境质量明显恶化的环境违法案件；③威胁公众健康或生态环境安全的重大环境安全隐患案件；④长期不解决或屡查屡犯的环境违法案件；⑤违反建设项目环保法律法规的重大环境违法案件；⑥省级以下（不含省级）人民政府出台有悖于环保法律、法规的政策或文件的案件；⑦其他需要挂牌督办的环境违法案件。

　　〔2〕　根据《环境违法案件挂牌督办管理办法》第 7 条的规定，七个方面的督办事项包括："①对环境违法行为实施行政处罚；②责令企业限期补办环保手续；③责令企业限期治理或限期改正环境违法行为；④责令企业关闭、取缔、搬迁、淘汰落后生产工艺和能力；⑤对违反环保法律、法规的政策或文件予以撤销或修改；⑥对主要责任人进行行政责任追究；⑦其他事项。"

　　〔3〕　挂牌督办的解除一般程序是地方生态环境行政主管部门对被挂牌督办的企业进行督促整改，符合整改要求的，地方生态环境保护主管部门可以向挂牌督办单位可以向挂牌督办单位提出解除申请。挂牌督办单位对案件的整改情况进行核查，认为符合整改要求的，挂牌督办单位可以解除挂牌督办令。如 2016 年 9 月，环境保护部 "对湖北省武汉市余家头水厂水源地一级保护区内建设码头环境违法案和湖南湘瑞健农牧有限公司等 3 家企业环境违法问题解除挂牌督办"。参见 "环境保护部解除 4 起挂牌督办 要求当地政府和环保部门继续加大监管力度"，载《中国环境报》2016 年 9 月 28 日，第 1 版。

印发了《广东省环境保护厅关于挂牌督办管理规定》，其他各省环境保护厅也都分别印发了本省的挂牌督办办法。这些办法都在环境保护部印发的"办法"基础上进行了细化，内容大同小异，并无本质不同。上述条例、规章的出台表明我国生态环保部门对破坏生态环境违法案件处理的高度重视。

（二）检察监督

检察监督是指人民检察院作为国家法律监督机关对涉嫌行政犯罪移送承接全过程进行的监督。检察监督不是"一般监督"，其本质是"对国家机关的决议、命令和措施是否合法实行监督"[1]。学界对检察机关行使诉讼监督权并无异议，但对其是否可以行使行政执法监督权存在两种截然不同的观点。一种观点是肯定说，认为"凡进入法律活动，包括行政、民事、经济和刑事法律活动，均属检察监督的范围"[2]，或者认为应当单纯从文理角度解释《宪法》和《人民检察院组织法》，"将检察监督解释为全面的法律监督，是不存在任何障碍的"[3]，"作为法律监督机关，检察机关行使的检察权，主要是对法律运行中的执法、司法和守法环节的监督……包括对行政执法的监督"[4]。另一种观点是否定说，认为我国检察监督主要是诉讼监督，范围主要限于刑法、民法、商法和诉讼法等法律，并且主要通过诉讼途径进行监督[5]；或者认为，检察机关作为国家法律监督机关不能被解释为是一个全面监督国家法律实施

---

〔1〕 刘向文、王圭宇："俄罗斯联邦检察机关的'一般监督'职能及其对我国的启示"，载《行政法学研究》2012年第1期。

〔2〕 宋魏生："关于检察监督的思考"，载《中国刑事法杂志》2000年第S1期。

〔3〕 谢治东："行政执法与刑事司法衔接机制中若干问题理论探究"，载《浙江社会科学》2011年第4期。

〔4〕 袁博："监察制度改革背景下检察机关的未来面向"，载《法学》2017年第8期。

〔5〕 陈国庆：《检察制度原理》，法律出版社2009年版，第106页。

的机关，也不能去"统揽法律监督权"[1]。尽管学术上有争执，但检察监督是对涉嫌环境犯罪案件移送承接过程进行监督的主要方式，中共中央办公厅、国务院办公厅 2018 年 12 月 5 日印发的《关于深化生态环境保护综合行政执法改革的指导意见》明确规定："人民检察院对涉嫌环境污染、生态破坏犯罪案件的立案活动，依法实施法律监督。"检查监督在实践中已经取得了很好的效果。据统计，"在推动相关领域行政执法与刑事司法衔接工作方面，2017年经检察机关建议，行政执法机关共移送涉嫌破坏环境资源保护犯罪案件 3104 件 3997 人；监督公安机关立案涉嫌污染环境犯罪案件2813 件 3524 人。2018 年，经检察机关建议，行政执法机关共移送涉嫌破坏环境资源保护犯罪案件 3550 件 4782 人；监督公安机关立案涉嫌污染环境犯罪案件 3140 件 3942 人"[2]。我国检察机关对环境行政执法中移送涉嫌环境犯罪案件、刑事司法机关承接涉嫌环境犯罪案件已经构建了基本的监督制度，但其中一些问题仍然需要厘清和解决。

1. 检察机关对涉嫌环境犯罪移送承接进行监督的法律依据。我国检察机关对刑事诉讼过程中的刑事司法状况进行法律监督有明确的法律依据。《刑事诉讼法》第 8 条规定："人民检察院依法对刑事诉讼实施法律监督。"一直以来，人民检察院依法对公安机关的立案、侦查、移送起诉活动，对检察机关行使检察权，人民法院行使审判权的活动行使监督权。人民检察院对行政机关的行政执法活动是否有权进行监督之前并无法律规定。2017 年修订的《行政

---

[1] 韩大元："关于检察机关性质的宪法文本解读"，载《人民检察》2005 年第13 期。

[2] 于明山："最高检：2018 年批准逮捕涉嫌破坏环境资源保护罪 9470 件 15095人"，载 http：//shanghai. xinmin. cn/xmsq/2019/02/14/31488138. html，最后访问日期：2020 年 3 月 29 日。

诉讼法》第 25 条第 4 款[1]赋予了检察机关对四个类型的行政执法活动行使法律监督权，对其不履职的行为提起行政诉讼的权力。这是我国首次在法律上规定检察机关有权对行政机关进行监督，但该条文规定检察机关对行政机关进行行政监督的范围太窄，没有涵盖所有行政领域。除了上述法律规定，之前制定的相关行政法规、建设性意见对检察监督也有一些明确规定，如《行政移送规定》第14 条、《工作办法》第 4 条等也规定了检察机关对行政执法机关移送涉嫌犯罪案件有实施监督的权力。实践中，检察机关实际已将行政机关移送涉嫌行政犯罪案件纳入了立案监督活动的范围[2]。最高人民检察院《全国检察机关开展"破坏环境资源犯罪专项立案监督活动"和"危害食品药品安全犯罪专项立案监督活动"的工作方案》（高检发侦监字 ［2015］2 号）的工作重点中，就将"行政处罚案件多、移送立案侦查少的；行政执法机关移送多、公安机关立案少的；污染环境、破坏资源现象严重，移送或立案侦查少的；危害食品药品安全事件多发，移送或立案侦查少的"现象作为立案

---

〔1〕 该条规定："人民检察院在履行职责中发现生态环境和资源保护、食品药品安全、国有财产保护、国有土地使用权出让等领域负有监督管理职责的行政机关违法行使职权或者不作为，致使国家利益或者社会公共利益受到侵害的，应当向行政机关提出检察建议，督促其依法履行职责。行政机关不依法履行职责的，人民检察院依法向人民法院提起诉讼。"与此同时，2017 年修订的《中华人民共和国民事诉讼法》第 55 条也规定了检察机关有提起环境民事公益诉讼的权力："对污染环境、侵害众多消费者合法权益等损害社会公共利益的行为，法律规定的机关和有关组织可以向人民法院提起诉讼。人民检察院在履行职责中发现破坏生态环境和资源保护、食品药品安全领域侵害众多消费者合法权益等损害社会公共利益的行为，在没有前款规定的机关和组织或者前款规定的机关和组织不提起诉讼的情况下，可以向人民法院提起诉讼。前款规定的机关或者组织提起诉讼的，人民检察院可以支持起诉。"最高人民法院 2014 年 12 月 8 日公布了《最高人民法院关于审理环境民事公益诉讼案件适用法律若干问题的解释》（2015 年 1 月 7 日起施行）对人民法院进行环境民事公益诉讼审判工作的具体操作进行了明确规定。

〔2〕 如《移送意见》第 2 条、《工作办法》第 9、12、14、15、17、18 条等都规定了检察机关可以对行政执法机关不按规定向公安机关移送涉嫌犯罪案件行使法律监督权。

重点监督的情形。地方立法来看，2016 年 12 月 15 日北京市人民政府第 274 号令公布、2018 年 4 月 24 日第 281 号令修改的《北京市行政执法机关移送涉嫌犯罪案件工作办法》第 19 条明确规定："行政执法机关移送涉嫌犯罪案件工作应当接受政府法制机构和人民检察院的动态监控和全过程监督。任何单位和个人发现行政执法机关不按照规定向公安机关移送涉嫌犯罪案件，均有权向监察机关或者人民检察院提出检举或者控告。"据此规定，北京市检察机关对生态环境等行政机关移送涉嫌环境犯罪案件工作也应当进行动态监控和全过程监督。应该说北京市人民政府公布实施的这一工作办法值得在全国范围内推广。

行政执法与刑事司法是两类性质完全不同的国家职能。在没有普遍性法律依据的情况下，仅有国务院发布的行政法规或者几个部门联合发布的建设性意见的规定，检察机关普遍行使对行政执法的监督权显然于法无据。众所周知，2018 年 3 月前，检察机关作为国家法律监督机关不仅可以对其他司法机关进行法律监督，还享有职务犯罪的刑事侦查权。2018 年 3 月《监察法》颁布实施后，我国将监察委员会设置为国家监察机关行使刑事调查权，检察机关失去了对国家工作人员犯罪的刑事侦查权。已有学者建议在刑事诉讼法中赋予检察机关行政监督职能，纠正行政机关违法行政或者行政不作为的现象[1]。法理上，行政执法和刑事司法衔接的目的在于制裁破坏市场经济秩序犯罪。这类犯罪有其不同于一般刑事犯罪的双重违法等特殊性，这种特殊性"要求检察机关必须将法律监督的范围加以拓展，将监督的视野从介入立案监督向前延伸至行政执法领域。……使涉嫌犯罪的案件都能够顺利地进入法律监督的视野和启

---

[1] 参见杨建顺："完善对行政机关行使职权的检察监督制度"，载《检察日报》2014 年 12 月 22 日，第 3 版。

动刑事诉讼程序予以追诉"[1]。虽然现行《人民检察院组织法》第20条没有规定检察机关对行政机关的行政执法行使国家监督职能[2]，但《刑事诉讼法》第8条规定对刑事诉讼进行法律监督的目的显然是保证追诉犯罪活动顺利进行。

一般情况下，犯罪追诉活动最先由公安机关启动。根据《刑事诉讼法》第110条，任何单位或者个人发现有犯罪事实或者犯罪行为，被害人对侵犯其人身、财产权利的犯罪事实或者犯罪嫌疑人、犯罪分子犯罪后人自首等犯罪线索基本是向公安机关、监察机关、检察机关、人民法院报案、控告、举报。所以，对一般刑事犯罪而言，检察机关对刑事诉讼程序行使法律监督权就可以保证刑事案件顺利追诉。修改后的《行政诉讼法》第25条第4款规定了检察机关可以对生态环境与资源保护行政机关行使检察监督权，所以对环境行政执法机关移送涉嫌环境犯罪的过程进行检察监督已无法律障碍。但对于其他大多数行政犯罪来说，法律障碍依然存在。行政犯罪案件大多来自于行政执法机关的日常行政执法。行政机关对于行政执法中发现的涉嫌行政犯罪案件已经进行了先行的执法调查和取证等工作，取得了对涉嫌犯罪案件的初步认知。在行政执法人员认识到案件涉嫌犯罪的情况下才将涉嫌行政犯罪的案件交由公安机关或者监察机关。可见，大多数行政犯罪案件的启动不在于公安机关或者监察机关，而在于行政执法机关。由于行政权和司法权是完全

---

〔1〕 参见闻志强："'两法衔接'之功能与价值分析——基于法治中国建设全局视野下的考察"，载《西安交通大学学报（社会科学版）》2016年第1期。

〔2〕《监察法》实施后的《人民检察院组织法》修改过程中，检察机关能否对行政机关行使法律监督权历经"从无到有再到无"的变化。修订草案二次审议稿第16条第2款规定："人民检察院行使上述职权时，发现行政机关有违法行使职权或者不行使职权的行为，应当督促其纠正。"修订草案第三次审查时，因为国家监察委员会提出，按照监察体制改革的精神，应当删除这一规定，全国人大宪法和法律委员会经过研究，建议采纳国家监察委员会的意见，遂在草案中又将检察监督权这一条款删除。2018年10月26日修订的《人民检察院组织法》没有赋予人民检察院对行政执法进行监督的职权。

不同性质的权力，所以如果不对行政执法进行监督，显然就会造成有案不移、以罚代刑等滥用职权现象的出现。在行政犯罪案件的追诉中，虽然行政犯罪的立案、侦查等权限仍然在公安机关或者检察机关，但行政执法机关先行调查取证等活动可以被看作为司法权启动的准备活动。行政机关的先期调查、取证以及案件移送等活动也直接关系到行政犯罪案件追诉的成败。行政执法机关从发现涉嫌行政犯罪至移送公安机关这一过程实际上就是协助公安机关、监察机关追诉涉嫌犯罪人刑事责任的过程。所以，即便《人民检察院组织法》第20条在字面上没有明确规定检察机关可以对行政机关移送涉嫌犯罪案件进行法律监督，《刑事诉讼法》第8条也没有明确规定对行政执法机关移送涉嫌行政犯罪案件可以进行监督，从条文蕴含的监督目的、监督内涵来看，检察机关对行政执法移送涉嫌犯罪案件的监督也是该条题中应有之义，符合该条立法目的的语义射程。当然，基于"法无授权不可为"的公权力行使规则，在《刑事诉讼法》《中华人民共和国民事诉讼法》（以下简称《民事诉讼法》）、《行政诉讼法》、《人民检察院组织法》中明确规定检察机关对行政执法机关可以行使行政监督权并划定权限范围方为最佳选择。如果仅在行政法规中进行规定显然法律位阶太低，且行政法规的规定适用于作为司法机关的检察机关也有法律上的障碍。立法目的上，赋予检察机关行政监督权一定程度上可以有效解决有案不移、以罚代刑等问题。

2. 对环境刑案移送承接进行检察监督的具体操作。对于环境行政执法中移送涉嫌环境犯罪案件，刑事司法中承接环境行政执法机关移送来的涉嫌环境犯罪案件的监督，相关行政法规、行政规章和建设性意见已经进行了比较明确的规定。实践操作中应当注意把握以下内容：

（1）检察监督实际上是对移送承接机关的渎职行为进行监督。环境行政执法机关移送涉嫌环境犯罪案件时，渎职行为主要表现为有案不移，以罚代刑，消极懈怠不配合承接处理机关的调查、侦查、取证等工作。公安机关承接涉嫌环境犯罪案件过程中渎职行为主要表现为：公安机关对于环境行政执法机关移送的涉嫌环境犯罪的案件拒不受理；公安机关对于环境行政执法机关移送的涉嫌环境犯罪的案件该立案而不立案；公安机关承接环境犯罪案件后逾期不作出是否立案决定。对于这几种情况，环境行政执法机关应当与公安机关进一步沟通，争取达成共识。如果公安机关仍坚持不受理案件或者该立案不立案或者不作出是否立案的决定的，环保部门可以向公安机关的上级主管部门、同级人民政府、人民检察院和监察机关反映情况，督促公安机关依法履行职责。环境行政执法机关还可以通过向有关机关邮寄材料的方式，"通过送达记录证明环保部门已经对案件移送以及有关机关已经收到移送材料，避免环保部门承担没有移送案件的责任"[1]。《工作办法》第11条至第15条对这些情况进行了规定，应当由人民检察院启动立案监督程序。应当注意的是，检察监督在此过程中的监督是对单位的监督而不是对渎职人的监督。对于渎职人玩忽职守、滥用职权、徇私枉法等违法犯罪行为的监督属于监察监督的范围。

（2）检察监督启动的时间。检察机关对涉嫌环境犯罪案件移送和承接的监督有环境行政执法机关的建议监督和检察机关的主动监督两种。对于环境行政执法机关建议的检察监督，行政法规、行政规章、建设性意见等有明确规定的建议时间。如《行政移送规定》第9条规定："行政执法机关接到公安机关不予立案的通知书后，认为依法应当由公安机关立案的，可以自接到不予立案通知书之日起3日内，提请作出不予立案决定的公安机关复议，也可以建议人民检察院依法进行立案监督……移送案件的行政执法机关对公安机

---

〔1〕 河北马倍战律师事务所编著：《环境行政执法精要》，中国环境科学出版社2015年版，第122~123页。

关不予立案的复议决定仍有异议的，应当自收到复议决定通知书之日起3日内建议人民检察院依法进行立案监督。"《移送意见》第7条、《工作办法》第12条也有类似规定。对于环境行政执法机关建议的检察监督介入时间，《工作办法》第12条规定了"人民检察院应当受理并进行审查"。据此推定，检察机关对于环境行政执法机关建议的检察监督介入时间应当是"人民检察院受理检察监督建议"时。《工作办法》第13条还规定了建议检察监督所需要提供的材料，包括立案监督建议书、相关案件材料，公安机关不予立案、立案后撤销案件决定及说明理由材料以及复议维持不予立案决定或者公安机关逾期未作出是否立案决定的材料。提供这些材料的目的在于让检察机关判断公安机关是否按照刑法规定和工作职责作出决定，行使职责。对于检察机关主动对环境行政执法和刑事司法进行的检察监督，《工作办法》第14条、第15条分别规定："人民检察院发现环保部门不移送涉嫌环境犯罪案件的，可以派员查询、调阅有关案件材料……""人民检察院发现公安机关可能存在应当立案而不立案或者逾期未作出是否立案决定的，应当启动立案监督程序。"据此规定，检察机关主动对环境犯罪移送承接进行检察监督的介入时间应当是"发现环保部门不移送涉嫌环境犯罪案件时"和"发现公安机关可能存在应当立案而不立案或者逾期未作出是否立案决定时"。

此外，行政法规、行政规章和建设性意见还赋予了检察机关提前介入监督的权力，在环境行政执法机关行使环境行政执法权时，发现有涉嫌重大、复杂、疑难环境犯罪案件，检察机关有权提前介入行政执法机关调查案件环节，监督涉嫌环境犯罪案件移送工作。在检察机关提前介入的情况下，监察监督的时间也相应提前。从实践操作来看，检察机关提前介入一般是在发生重大案件或者建立紧急案件联合调查机制时进行。这种情况下检察监督介入的时间通常是在案件处理牵头部门组织会商时。相关法律法规建设性意见这样规定检察监督介入的时间，既符合检察机关发现环境行政执法机关、刑事司法机关环保渎职的逻辑常态，也能够满足检察监督的实际需要。总之，检察监督介入环境犯罪移送承接过程的时间应当及时。在环境行政执法机关提出检察监督建议后受理建议，在发现环境行政执法渎职或者刑事司法渎职的情况下立马启动检察监督，可以最大范围、最大程度地达到检察监督的效果。

（3）检察监督的内容。刑事诉讼过程中，检察机关对于涉嫌环境犯罪案件司法工作的立案、侦查、起诉、审判、执行监督与其他刑事案件处理过程中的监督并无两样，理论和实务也无争议，故本书不作特别探讨。本书主要研究检察机关对环境行政执法的监督，即对环境犯罪案件移送过程（含立案）的监督权限和事项。检察机关对行政执法监督的具体权限，有学者研究后认为应当包括知情权、监督调查权、督促纠正违法权（检察建议权）、查处权，[1]另有学者认为检察机关的法律监督权包括如下六项权能，即备案审查权、提前介入权、调卷审查权、移送通知权、违法纠正权、专项检查权，[2]还有学者认为国家应当赋予人民检察院对行政诉讼的公诉权和告诉权，[3]等等。应该说这些观点大体概括了检察机关行政执法监督权的范围。随着我国党和国家机构改革的推进，有些原来由检察机关行使的权力已经改由监察机关行使，检察机关失去了大部分渎职犯罪案件的侦查监督权，但与此同时也扩展了另一部分监督权，如公益诉讼权。党的十八届四中全会通过了《关于全面推

---

〔1〕　参见王传红、维英："行政执法机关移送涉嫌犯罪案件机制研究"，载《中国刑事法杂志》2012 年第 3 期。应当说明的是，在检察机关享有案件侦查权力的情况下，检察监督权应当包括这项权力。监察委员会设置后，该权力由监察委员会行使。

〔2〕　徐燕平："行政执法与刑事司法相衔接工作机制研究——兼谈检察机关对行政执法机关移送涉嫌犯罪案件的监督"，载《犯罪研究》2005 年第 2 期。

〔3〕　参见杨曙光、王敦生、毕可志：《行政执法监督的原理与规程研究》，中国检察出版社 2009 年版，第 419~440 页。

进依法治国若干重大问题的决定》提出"探索建立检察机关提起公益诉讼制度"。2015 年 7 月，第十二届全国人大常委会第十五次会议作出了《关于授权最高人民检察院在部分地区开展公益诉讼试点工作的决定》。根据此决定，北京等 13 个省市区[1] 开展提起公益诉讼的试点工作，成效显著，且大部分都是生态环境和资源保护领域案件[2]。2017 年修订的《行政诉讼法》第 25 条第 3 款赋予了检察机关在生态环境和资源保护、食品药品安全、国有财产保护、国有土地使用权出让等领域进行检察监督和提起公益诉讼的权力[3]。

根据前述相关法律、行政法规、行政规章和建设性意见规定，对环境行政执法中刑案的移送和承接的检察监督权限范围应当包括：

第一，备案审查权。备案审查权又称知情权，是指环境行政执法机关向公安机关、监察机关移送涉嫌环境犯罪案件时，检察机关有权获取案件移送、案件起诉前处理情况以便随时进行检察监督的权力。备案审查权在环境犯罪案件移送承接过程中的行使贯穿了所有环节，主要通过生态生态环境执法机关和公安机关将移送涉嫌环

---

〔1〕 十三个省、自治区、直辖市为北京、内蒙古、吉林、江苏、安徽、福建、山东、湖北、广东、贵州、云南、陕西、甘肃。

〔2〕 截至 2017 年 5 月，各试点地区检察机关共办理公益诉讼案件 7886 件，其中诉前程序案件 6952 件、提起诉讼案件 934 件。从案件类型看，生态环境和资源保护领域案件 5579 件，食品药品安全领域案件 62 件，国有资产保护领域案件 1387 件，国有土地使用权出让领域案件 858 件，覆盖了所有授权领域。载 http：//www.jcrb.com/xztpd/ZT2018/201801/fzlps/rc_ 47661/201801/t20180117_1834826.html，最后访问日期：2020 年 1 月 20 日。

〔3〕 该款规定："人民检察院在履行职责中发现生态环境和资源保护、食品药品安全、国有财产保护、国有土地使用权出让等领域负有监督管理职责的行政机关违法行使职权或者不作为，致使国家利益或者社会公共利益受到侵害的，应当向行政机关提出检察建议，督促其依法履行职责。行政机关不依法履行职责的，人民检察院依法向人民法院提起诉讼。"

境犯罪的案件移送书抄送同级人民检察院的方式进行。《移送意见》第 1 条、第 5 条规定了行政执法机关应当将涉嫌犯罪案件的材料抄送同级人民检察院。《工作办法》对环境犯罪案件移送承接的规定更为详细，第 6 条第 1 款规定："环保部门移送涉嫌环境犯罪案件，应当自作出移送决定后 24 小时内向同级公安机关移送案件材料，并将案件移送书抄送同级人民检察院"；第 9 条规定：公安机关"接受案件后对属于公安机关管辖但不属于本公安机关管辖的案件，应当在 24 小时内移送有管辖权的公安机关，并书面通知移送案件的环保部门，抄送同级人民检察院……公安机关作出立案、不予立案、撤销案件决定的，应当自作出决定之日起 3 日内书面通知环保部门，并抄送同级人民检察院"；第 17 条规定："公安机关对涉嫌环境犯罪案件，经审查没有犯罪事实，或者立案侦查后认为犯罪事实显著轻微、不需要追究刑事责任，但经审查依法应当予以行政处罚的，应当及时将案件移交环保部门，并抄送同级人民检察院。"备案审查权是检察监督权行使的前提和条件。环境行政执法机关和公安机关、监察机关将移送涉嫌环境犯罪案件进行备案告知，检察机关才能发现有涉嫌环境犯罪移送的情况存在，也才能继续跟踪监督。赋予检察机关备案审查权的目的在于运用外部力量对环境行政执法机关移送涉嫌环境犯罪案件、刑事司法机关承接涉嫌环境犯罪案件的处理过程进行监控，防范有案不移、以罚代刑，或者移案不理、滥用职权、徇私舞弊等处理移案不公现象出现。

第二，监督调查权。监督调查权是指检察机关启动检察监督时有权对环境行政执法机关移送的涉嫌环境犯罪的案件材料进行调取、查询以方便了解案件移送处理情况。《移送意见》第 3 条规定了查询调阅权，即人民检察院接到控告、举报或者发现行政执法机关不移送涉嫌犯罪案件，经审查、调查后认为基本属实的，可以要求行政执法机关提供有关案件材料，或者派员查阅案卷材料，向行政执法机关查询案件情况。第 8 条还规定了检察机关接到行政执法机关提出的立案监督建议后，有权要求公安机关说明不立案的理由，对公安机关的说明有权进行审查，必要时可以进行调查。《工作办法》第 13 条也对之进行了规定：检察机关接受环保部门建议进行监督时，环保部门应当提供相关案件材料，并附上公安机关处理案件的相关材料。检察机关行使监督调查权的目的是通过查询调查，对环境行政执法领域移送涉嫌环境犯罪案件的情况进行了解，审查其是否存在有案不移或者不按规定移送等违规违法问题。调查的内容主要包括三个方面：①环境行政执法机关查处的违法事实是否涉嫌构成犯罪，环境行政执法机关的移送决定是否妥当；②环境行政执法机关是否存在该移送而不移送以罚代刑或者不该移送而移送的现象，环境行政机关内部在讨论、处理、审批移送案件时意见是否一致；③在参与讨论人员处理意见不一致的情况下期原因何在等。监督调查权行使后检察机关应当将调查情况反馈给环境行政执法机关以及公安机关，让涉事单位了解检察监督的结果。《监察法》出台前，基于人民检察院是国家法律监督机关行使法律监督职能的前提，监督调查权是检察监督的核心权力。检察机关唯有通过调查才能了解环境行政执法机关是否存在移送案件违规的情况，才能掌握公安机关在承接案件时是否存在玩忽职守、滥用职权或者徇私舞弊等违法违纪行为，也才能决定是否有必要进一步采取其他监督措施。

第三，违法纠正权。违法纠正权是指检察监督过程中发现环境行政执法机关或者司法机关违规违法处理移送案件时，检察机关有权向违规违法部门发出整改通知或者检察建议，纠正案件查处和追诉部门违规违法行为的权力。违法纠正权是纠正违法违规行为达到监督目的最有效的手段，是检察机关作为国家法律监督机关的职责所在。在环境检察监督领域，检察建议也取得了很好的效果，如2017 年南漳县人民检察院对一起涉嫌破坏林地的案件进行排查时，发现了涉案的采石场非法毁林采石。检察机关认为县林业局怠于履行行政监管职责，遂向该局发出检察建议，督促其依法履行监督管理职责。县林业局迅速落实检察建议，阻止了违法采石人继续违法施工占地的行为。2016 年至 2017 年，该县检察机关对 2016 年以来办理的所有林地案件进行全面清查，发出检察建议后林业部门通过恢复和整改，至 2017 年 9 月已恢复林地 40 处，恢复植被 270 亩。[1] 四川巴中市平昌县检察院发现当地一些地区乱砍滥伐现象严重，向平昌县林业局发出检察建议，通过 3 次回访，促使县委、县政府下发了《关于严禁毁林开荒发展特色产业的紧急通知》，并且有效地遏制了类似情况出现。[2] 江西新余市人民检察院针对相关部门怠于履行相关职责致使生态环境遭受破坏等现象，于 2018 年 1 月至 11 月共发出检察建议 94 份，内容涉及行政处罚、责令复垦、将涉嫌构成犯罪的线索移送公安机关并抄送检察机关。检察建议发出后效果明显，有 51 家非法黏土砖厂被关停，大部分被拆除。[3]

检察机关一般通过向环境行政执法机关发出立案通知和提出检察建议两种方式行使违法纠正权。一是如《移送意见》第 8 条规定的发出立案通知。检察机关在检察监督过程中对移送案件立案情况审查、调查后，"认为公安机关不立案理由不成立的，应当通知公安机关立案"。检察机关通知公安机关立案不能用口头方式，应当通过发出《涉嫌犯罪案件移送通知书》的书面方式进行。检察机关发出移送通知书一般"应当由检察长决定。对于重大复杂、疑难的

〔1〕 郝博博、刘攀："湖北南漳：一纸检察建议书督促恢复植被 270 亩"，载 http://news.sina.com.cn/c/2017-09-12/doc-ifykuftz6425182.shtml，最后访问日期：2020 年 3 月 20 日。

〔2〕 任鸿："一份检察建议，如何掷地有声?"，载《四川日报》2018 年 10 月 12 日，第 11 版。

〔3〕 杨静："新余检察机关充分运用公益诉讼守护'绿水青山'——94 份检察建议关停 51 家非法黏土砖厂"，载《江西日报》2018 年 11 月 18 日，第 4 版。

案件，由检察长提交检察委员会决定"[1]。对于检察机关的移送通知书，公安机关应当在通知书上签署移送意见并送达回执。二是向环境行政执法机关和刑事司法机关发出检察建议。对行政执法提出检察建议的依据来自于最高人民检察院 2019 年 2 月发布的《人民检察院检察建议工作规定》（高检发释字［2019］1 号）[2]。该规定对检察建议发出作了程序规定，要求发出检察建议应当制作检察意见书，然后报请检察长审批或者提请检察委员会决定后送达有关单位，报上级人民检察院、抄送被建议单位的上级主管机关备案。此外，相关行政法规、建设性意见也有比较粗疏的规定。如《工作办法》第 14 条规定，人民检察院对于发现的环境行政执法机关不移送涉嫌环境犯罪案件经调查后认为应当移送的，"应当提出建议移送的检察意见"；第 18 条规定，检察机关对于决定不起诉的案件，"可以提出予以行政处罚的检察意见"。目前，检察机关发出检察建议在环境行政执法与刑事司法衔接中被广泛使用，也取得了非常好的成效。发出立案通知和提出检察建议相比较，前者直接要求环境行政执法机关移送涉嫌环境犯罪的案件比较具体、刚性，具有可操作性，后者尽管最高检前述《工作规定》作了具体规定，但检察建议相对来说仍然比较柔性。实践中行使检察建议权时大多采用检察建议的方式。如湖南省茶陵县人民检察院从 2017 年 1 月至 2018 年 10 月共办理涉水领域公益诉讼案件 17 件，发出的检察建议

---

[1]　徐燕平："行政执法与刑事司法相衔接工作机制研究——兼谈检察机关对行政执法机关移送涉嫌犯罪案件的监督"，载《犯罪研究》2005 年第 2 期。

[2]　该规定第 16 条对检察建议的内容进行了明确规定，认为应当包括问题的来源或提出建议的起因、应当消除的隐患及违法现象、治理防范的具体意见、提出建议所依据的事实和法律、法规及有关规定、被建议单位书面回复落实情况的期限等其他建议事项。第 8~11 条还规定了可以提出检察建议的情形，第 3 条规定检察机关可以直接向本院所办理的发案单位提出检察建议。

就有 17 件。[1] 2019 年 1 月 2 日，最高人民检察院与生态环境部等九部委联合印发的《关于在检察公益诉讼中加强协作配合依法打好污染防治攻坚战的意见》第 14、15 条意见就是对检察建议的规定。第 14 条意见要求强化诉前检察建议释法说理，第 15 条意见要求检察机关依法履行行政监管职责，并对行政执法机关接到检察建议后应当在规定的时间内书面反馈、采取有效措施进行整改、制作整改方案、向检察机关说明情况、及时回复等责任进行了明确规定。前述规定和措施已经在实务中得到了较好的贯彻。据最高人民检察院公布的信息，2017 年 7 月初至 2019 年 8 月底，全国检察机关共向行政机关发出诉前检察建议 174 534 件，2019 年以来"行政机关对检察建议的回复整改率达 97.1%，绝大多数公益受损问题在诉前得到解决"[2]。

　　第四，提起环境公益诉讼权。提起环境公益诉讼权实际上也是监督调查权的其中一项职能。鉴于检察机关在公益诉讼中发挥的作用越来越大，本书将其单独作为一项权能进行论述。环境公益诉讼权包括环境行政公益诉讼权和环境民事公益诉讼权两种，二者分别是《行政诉讼法》和《民事诉讼法》赋予检察机关行使检察监督的重要权力，已经成为我国检察机关行使监督权力的重要途径。环境民事公益诉讼是针对破坏生态环境和资源保护的侵权者提起的公益诉讼。检察机关提起环境民事公益诉讼的目的是代表国家制止破坏生态环境和资源保护公共利益的行为，追偿因侵权行为而使社会公共利益遭受的损失，进而实现社会正义、环境正义。检察机关提起环境民事公益诉讼主要功能是弥补公共利益受损情况下诉讼主体

----

〔1〕　数据来自湖南省茶陵县人民检察院检察长王亚波撰写的"湖湘智库论坛"文章《县域饮用水源污染防治刍议——以茶陵检察院办理水源污染工作情况为视角》。

〔2〕　参见李春薇："行政机关对检察建议的回复整改率达 97.1%"，载《检察日报》2019 年 10 月 11 日，第 1 版。

的缺失，实现社会正义。如 2018 年，南通天泽化工有限公司因犯污染环境罪被泰州市医药高新技术产业开发区人民法院判处罚金1400 万元、没收违法所得 1325 万元[1]后，江苏省泰州市医药高新技术产业开发区人民检察院主动对接环保部门，推动检察机关公益诉讼与行政机关生态环境损害赔偿制度的衔接，又对提起了环境民事公益诉讼，于 2019 年 1 月促成了民事赔偿协议，南通天泽化工有限公司又支付了生态环境损害赔偿金 3800 万元。[2] 2019 年 2 月14 日江苏省泰州市人民检察院对"特大非法捕捞长江鳗鱼苗公益诉讼案"提起了公益诉讼，2019 年 10 月 24 日，南京环境资源法庭对该案进行了一审宣判，以 30 元一条确定价格，按照 2.5 倍计算生态资源损失，判决王某某等 13 个非法捕捞者非法买卖 11 万余条鳗鱼苗承担连带民事赔偿数额 850 余万元。[3]

　　环境行政公益诉讼是针对"生态环境和资源保护领域负有监督管理职责的行政机关违法行使职权或者不作为，致使国家利益或者社会公共利益受到损害"的行为而提起，实际上就是通过行政诉讼的方式代表国家控告环境行政机关的渎职失职行为。检察机关提起的环境公益诉讼中，其法律监督职能和公共利益代表人身份某种意义上发生了重叠或者结合。审判机关对环境行政机关渎职失职行为进行审判后作出判决，可以对不执行检察建议的环境行政机关的违法行使职权或者不作为行为强制性地予以纠正。我国环境公益行政诉讼实施以来，全国各地检察机关对环境行政机关进行检察监督后提起环境行政公益诉讼取得了较好的效果。据最高人民检察院统

---

　　〔1〕　参见江苏省泰州市医药高新技术产业开发区人民法院（2018）苏 1291 刑初256 号刑事判决书。

　　〔2〕　参见卢志坚、白翼轩："江苏：'四大检察'立体式保护长江"，载《检察日报》2019 年 2 月 25 日、第 1 版。

　　〔3〕　参见丁国峰："非法捕捞长江鳗鱼苗公益诉讼案一审判赔 850 余万元"，载《法制日报》2019 年 10 月 26 日，第 1 版。

计，2017 年 7 月初至 2019 年 8 月底，全国检察机关共立案公益诉讼案件 204 446 件，其中环境资源领域公益诉讼案件 112 250 件，占案件总数的 54.9%。[1] 2016 年至 2017 年 6 月，云南各级法院共受理检察机关提起的环境行政公益诉讼案件 79 件[2]。据最高人民法院发布的信息，"2015 年 1 月至 2016 年 12 月 31 日，全国法院共受理社会组织和试点地区检察机关提起的环境公益诉讼一审案件 189 件、审结 73 件，受理二审案件 11 件全部审结。其中，环境民事公益诉讼一审案件 137 件，环境行政公益诉讼一审案件 51 件，行政附带民事公益诉讼一审案件 1 件"[3]。

总体上看，"自 2015 年 7 月全国检察机关开展公益诉讼试点工作以来，截至 2018 年 12 月底，全国检察机关共收集环境资源类公益诉讼案件线索 16.4 万余件，提出检察建议和发布公告等诉前程序案件约 12 万件，提起公益诉讼 4611 件。自 2015 年试点以来，通过公益诉讼办案，共挽回各类被损毁的林地约 312.5 万亩，耕地约 15 万亩，草原约 25.2 万亩，湿地约 68.3 万亩；督促治理恢复被污染水源地面积约 121.5 万亩；督促关停和整治违法排放废气和其他空气污染物的企业 4015 家；保护被污染土壤约 23.7 万亩"[4]。上述数据显示，虽然我国环境公益诉讼案件数总量大增，效果非常显著，但环境行政公益诉讼案件数大大少于环境民事公益

---

〔1〕 参见李春薇："行政机关对检察建议的回复整改率达 97.1%"，载《检察日报》2019 年 10 月 11 日，第 1 版。

〔2〕 参见张文凌："行政机关为何屡成被告"，载《中国青年报》2017 年 6 月 13 日，第 4 版。

〔3〕 于子茹、范敬宜："最高人民法院发布环境公益诉讼十大典型案例"，载 http://www.xinhuanet.com//legal/2017-03/07/c_129503245.htm，最后访问日期：2020 年 1 月 25 日。

〔4〕 于明山："最高检：2018 年批准逮捕涉嫌破坏环境资源保护罪 9470 件 15 095 人"，载 http://shanghai.xinmin.cn/xmsq/2019/02/14/31488138.html，最后访问日期：2020 年 3 月 20 日。

诉讼案件。究其原因，主要在于两个方面：一方面是环境行政公益诉讼案件需被告单位在检察监督后仍不履行检察建议的情况下方可提起，环境行政公益诉讼案件少，说明检察机关的检察建议大多数已经被环境行政执法机关采纳；另一方面是环境行政公益诉讼是官告官，即检察机关作为国家法律监督机关起诉负有环境监管职责的行政执法机关。检察机关与环境行政执法机关同样履行国家职能，绝大多数问题都是通过沟通、协商解决了问题。只有极少部分沟通、协商不了的案件才进入环境行政公益诉讼的领域，所以案件数量相对少也属正常现象。

根据《行政诉讼法》第 25 条第 4 款的规定，检察机关在检察监督中行使环境行政公益诉讼权应当具备以下条件：一是人民检察院在履行监督职责中发现环境行政执法机关违法行使职权或者不作为；二是上述违法行使职权或者不作为的行为导致国家利益或者社会公共利益受到侵害；三是检察机关应当向行政机关提出检察建议，督促其依法履行职责；四是只有在行政机关提出检察建议后仍不依法履行职责的情况下，人民检察院才能依法向人民法院提起诉讼。根据最高人民法院公布的环境公益诉讼典型案例，贵州省六盘水市六枝特区人民检察院诉贵州省镇宁布依族苗族自治县丁旗镇人民政府环境行政公益诉讼案（以下简称贵州六盘水案）和吉林省白山市人民检察院诉白山市江源区卫生和计划生育局、白山市江源区中医院环境行政附带民事公益诉讼案（以下简称白山案）是典型的环境行政公益诉讼案件。贵州六盘水案中，六枝特区人民检察院在2015 年 11 月向丁旗镇政府发出了检察建议书，建议其在 1 个月内将倾倒的垃圾清理完毕，责令龙滩村委会停止倾倒垃圾，但丁旗镇政府未按期回复，遂检察机关提起了环境行政公益诉讼。白山案中，白山市卫生和计划生育局在白山中医院未提交环评合格报告的情况下校验其医疗机构执业许可证合格。之后，白山中医院违法排放医疗废水，导致周边地下水、土壤存在重大污染风险。白山市人民检察院认为白山市卫生和计划生育局的校验行为违法，怠于履行监管职责的行为违法，遂提起环境行政公益诉讼附带民事公益诉讼。检察机关在上述两个环境行政公益诉讼中的诉求基本得到了人民法院的支持。目前，检察机关对生态环境管理部门、自然资源管理部门的监督已经常态化。2016 年 1 月，贵州省锦屏县检察院诉该县环保局怠于履职案一审胜诉；2016 年 11 月，广东省乐昌市检察院因该市环境保护局怠于履行职责，依法向乐昌市人民法院提起行政公益诉讼；2016 年 11 月 8 日，贵州省金沙县人民检察院对贵州省毕节市七星关区大银镇人民政府不当履行职责不当履职行为提起行政公益诉讼；2016 年 11 月 30 日，贵州省赫章县人民检察院对赫章县林业局不依法履行职责行为提起行政公益诉讼；吉林省集安市人民检察院对集安市林业局提起行政公益诉讼；吉林省梅河口市人民检察院对梅河口市环保局提起行政公益诉讼；2016 年 12 月 9 日，南京市江宁区人民检察院对江宁区环境保护局提起行政公益诉讼；等等。环境行政公益案件中，大部分是环保机关在日常监管履职过程中懈怠职责所致。检察机关对环境行政执法机关该移送而不移送案件提起环境行政公益诉讼的情况不多。福建省清流县人民检察院就清流县环保局怠于职责不移送涉嫌环境犯罪的证据行为提起环境行政公益诉讼算是比较典型的案件。该案中，清流县公安局作出扣押决定书决定扣押涉嫌环境犯罪的犯罪嫌疑人刘某胜非法焚烧的危险废物电子垃圾的情况下，清流县环保局未将电子垃圾移送公安机关，还将其存放至不具有贮存危险废物条件的地方堆放。在清流县人民检察院发出检察建议督促后，环保局仍然怠于依法履职，致使社会公共利益持续处于被侵害状态，导致周边环境存在重大风险和隐患。[1]

（4）检察监督的落实。检察机关进行检察监督后，应当对其发

---

〔1〕 参见福建省明溪县人民法院（〔2015〕明行初字第 22 号）行政判决书。

现的被监督单位的违法违规行为进行纠正，这是检察监督的目的所在。在不再享有职务犯罪侦查权的情况下，检察机关应当通过行之有效的途径纠正监督对象的违法违规行为。目前来看，检察机关通过发出纠正违法通知、发出检察建议以及提起环境公益诉讼三种方式纠正违法违规行为。提起环境公益诉讼是解决检查监督最后也是最有效的途径，但诉讼成本很大。除非确无其他解决办法，否则不提倡检察机关对环境行政执法机关提起环境行政公益诉讼。发出纠正违法通知和检察建议是一个通过沟通将检察监督落到实处的较好途径。

检察机关对环境犯罪移送承接工作的监督落实还表现为采取了效果非常明显的挂牌督办方法。如全国检察机关自 2015 年 3 月初开展"破坏环境资源犯罪专项立案监督活动"后，至 2015 年 5 月已对涉嫌污染环境犯罪第一批 12 起案件予以挂牌督办。[1] 2017 年 7 月初至 2019 年 8 月底，最高人民检察院总共对 51 起水环境污染案、12 起涉及民生、污染防治等领域的案件进行了挂牌督办。[2] 为了解决挂牌督办中的具体问题，2015 年 11 月，最高人民检察院侦查监督厅还制定下发了《人民检察院侦查监督部门办理挂牌督办案件办法（试行）》，其中明确规定"对于挂牌督办案件，承办案件的检察机关会加强引导侦查机关收集固定证据，监督侦查活动合法性以提高案件质量，并通过跟踪监督和上级对下级的业务指导来提高办案效率和质量。对办理挂牌督办案件工作不力的，高检院侦查监督厅将采取发催办函、现场督导、通报批评、要求省级人民检察院侦查监督部门主要负责人和承办案件的人民检察院有关负责人

---

〔1〕　徐盈雁："最高检挂牌督办十二起涉嫌污染环境犯罪案件"，载《检察日报》2015 年 5 月 6 日，第 1 版。

〔2〕　参见最高人民检察院副检察长张雪樵在最高检召开"坚持以人民为中心　全面推进公益诉讼检察工作"新闻发布会上公布的信息。载 https：//www. spp. gov. cn/spp/zgrmjcyxwfbh/zgjqmtjgyssjcgz/index. shtml，最后访问日期：2020 年 3 月 29 日。

说明情况等措施推动案件办理。必要时，可以依法提请改变案件管辖或者更换案件承办人"〔1〕。2016 年，最高人民检察院重点制裁破坏环境资源犯罪，挂牌督办 9 批 62 起涉嫌环境犯罪的案件，取得了明显的成效："2015 年 3 月至 2016 年 10 月，经全国检察机关建议，行政执法机关已移送涉嫌破坏环境资源犯罪案件 3419 件4501 人；经全国检察机关监督，公安机关已立案侦查涉嫌破坏环境资源犯罪案件 3547 件 4255 人；通过专项监督活动移送涉嫌职务犯罪线索 140 件 197 人，已立案 133 件 223 人，切实防止了有案不移、有案不立、以罚代刑。"〔2〕2017 年 8 月，原环境保护部、公安部、最高人民检察院联合对广西来宾市"3·14"非法跨省转移倾倒危险废物案、钦州市"5·12"浓硫酸泄漏案、贺州市八步区"6·9"危险废物跨境倾倒案进行联合挂牌督办；2018 年 2 月，最高人民检察院决定对 33 件破坏生态环境公益诉讼案件线索挂牌督办〔3〕；2018 年以来，"全国公安机关已侦破各类环境犯罪案件3700 余起，抓获犯罪嫌疑人 5730 余名，公安部直接挂牌督办案件211 起。……自 2015 年新《环境保护法》实施以来，公安机关年均查处环境违法案件 2 万余起，极大增强了法律的震慑效果"〔4〕。联合挂牌督办方面，2015 年 12 月，最高人民检察院、原环境保护

〔1〕 于子茹、卢俊宇："最高检重拳打击破坏环境资源犯罪 挂牌督办 9 批 62 起案件"，载 http：//www.spp.gov.cn/zdgz/201612/t20161224_176590.shtml，最后访问日期：2020 年 3 月 29 日。

〔2〕 于子茹、卢俊宇："最高检重拳打击破坏环境资源犯罪 挂牌督办 9 批 62 起案件"，载 http：//www.spp.gov.cn/zdgz/201612/t20161224_176590.shtml，最后访问日期：2020 年 3 月 29 日。

〔3〕 陈菲："最高检挂牌督办 33 件破坏生态环境公益诉讼案件线索"，载 http：//www.xinhuanet.com/legal/2018-02/22/c_1122437802.htm，最后访问日期：2020 年 3 月29 日。

〔4〕 周倩云："公安部重拳打击环境违法犯罪 挂牌督办案件 211 起"，载 http：//china.cnr.cn/gdgg/20180605/t20180605_524258826.shtml，最后访问日期：2020 年 3 月 29日。

部、公安部三部委首次联合"对江苏省靖江市原侯河石油化工厂填埋疑似危险废物案件和广东省东莞市长安镇锦厦三洲水质净化有限公司进行联合挂牌督办"[1]。"2018 年，最高人民检察院单独或与公安部、生态环境部联合挂牌督办长江流域系列污染环境案等 56起重大环境污染案件，联合林业与草原局对 10 起重特大涉林刑事案件挂牌督办，并赴安徽、湖北、四川督导案件办理。2018 年，最高人民检察院挂牌督办了湖南省洞庭湖区下塞湖矮围'6·21'犯罪案件。"[2] 2018 年 2 月 26 日，原环境保护部、公安部、最高人民检察院决定联合对山西省绛县天龙农科贸有限公司异地非法倾倒生产废渣案件联合挂牌督办[3]。2018 年 1 月至 10 月，最高人民检察院挂牌督办的 50 起环境污染案件中 46 件与生态环境等部门联合挂牌督办[4]。省级层面的挂牌督办力度也在不断加大。以湖南省为例，2017 年湖南省公安厅和湖南省人民检察院联合挂牌督办了湘潭市环境犯罪侦查支队侦办的"7·01"污染环境案、嘉禾县公安局侦办的深圳垃圾污染环境案、宜章县公安局侦办的谭晓军污染环境案、衡阳市环食药支队和珠晖公安分局联合侦办的"7·07"污染环境案、道县公安局侦办的堡子岭村污染环境案。[5]

---

〔1〕　刘子阳："三部委首次联合挂牌督办环境违法案件"，载《化工时刊》2015 年第 11 期。

〔2〕　于明山："最高检：2018 年批准逮捕涉嫌破坏环境资源保护罪 9470 件 15095人"，载 http://shanghai. xinmin. cn/xmsq/2019/02/14/31488138. html，最后访问日期：2020 年 3 月 30 日。

〔3〕　崔烜："三部委联合挂牌督办山西绛县天龙农科贸公司异地倾倒危废案"，载https://www. thepaper. cn/newsDetail_forward_2043325，最后访问日期：2020 年 3 月 30日。

〔4〕　庄岸、高瑜键："最高检：今年前十月挂牌督办 50 起环境污染案件"，载 https://finance. sina. com. cn/roll/2018 - 11 - 22/doc - ihpevhck1906253. shtml? tj = none&tr = 12，最后访问日期：2020 年 3 月 30 日。

〔5〕　参见湘公治明电〔2017〕219 号。

国家机构改革前，检察机关在环境保护领域挂牌督办案件的力度很大，取得了很好的效果。国家机构改革后，虽然最高人民检察院作为国家法律监督机关仍然有权对严重破坏环境资源的犯罪案件进行挂牌督办，但是其对督办结果的处理权限较之于之前发生了一些改变：其一，对于破坏环境资源行为构成犯罪的，应当敦促环境行政执法机关将涉嫌环境犯罪的案件移送给公安机关进行立案侦查，要求公安机关对涉嫌环境犯罪的案件按照职责权限进行查处；其二，对环境行政执法机关工作人员和刑事司法工作人员涉嫌渎职犯罪的，移送国家监察机关立案调查；其三，对于环境行政执法机关行政执法中存在的问题，挂牌督察的检察机关可以提出纠正意见和检察建议。被督办单位应当按照检察机关提出的纠正意见和检察建议及时进行整改，并将采纳情况书面回复人民检察院。

总之，检察机关对行政执法的监督是法律监督权的题中应有之义。检察机关对涉嫌环境犯罪移送承接过程中的监督应该是全方位的。在《监察法》实施后，检察机关虽然不再行使职务犯罪案件的刑事侦查权，但作为国家法律监督机关仍然享有法律监督权。检察机关监督涉嫌环境犯罪案件的移送承接过程，对被监督单位存在的问题发出违法纠正通知，提出检察建议，旨在纠正环境行政执法机关和刑事司法机关的违法违规行为。

（三）监察监督

2018 年《宪法》修改、《监察法》颁布实施后，我国从中央到地方都成立了相应级别的监察委员会。监察委员会成立的目的是"加强对所有行使公权力的公职人员的监督"[1]。监察委员会依照《监察法》赋予的职权和职责进行的监督就是监察监督。根据《监察法》的规定，监察监督的领域主要是公职人员依法履职、秉公用权、廉洁从政从业以及道德操守，监察的内容包括监督、

---

[1] 《监察法》第 1 条。

调查公职人员是否存在贪污贿赂、滥用职权、玩忽职守、权力寻租、利益输送、徇私舞弊以及浪费国家资财等违法犯罪问题，监察监督后根据不同情况分别对被监督人进行党纪问责、政务处分、移送人民检察院审查、提起公诉，还可以向被监察人所在的单位提出监察建议。

监察机关对涉嫌环境犯罪移送承接过程进行监督的对象，主要是移送单位移送涉嫌环境犯罪案件的环境行政执法人员、承接单位行使立案、侦查、起诉、审判职能的公安、监察、检察、审判机关的相关国家公职人员。与检察监督不同的是，监察监督的对象是承担环境行政执法、环境刑事司法职责的公职人员（《刑事诉讼法》第 19 条规定由检察机关立案侦查的除外），目的是规范上述人员的职务行为，对上述公职人员履职中存在的违法违纪违规行为进行处理。检察监督的对象是环境行政执法机关、公安机关、检察机关、审判机关等单位。检察机关主要通过监督上述单位的职责行使情况发现其中存在的问题，提出纠正违法的检察建议。

监察机关对移送承接涉嫌环境犯罪案件过程进行监督的内容，主要是监督环境行政执法人员、刑事司法人员在移送承接案件中是否存在玩忽职守、滥用职权、徇私舞弊等渎职行为。监察机关监督后应当对发现的违法犯罪行为进行处理：①发现上述公职人员有一般违法行为的，应当进行政务处分。中央纪委国家监察委 2018 年 4 月 16 日印发的《公职人员政务处分暂行规定》第 6 条第 1 款规定："监察机关对违法的公职人员可以依法作出警告、记过、记大过、降级、撤职、开除等政务处分决定。"②对履职不力、失职失责的领导人员进行问责。

《党政领导干部生态环境损害责任追究办法（试行）》第5条[1]、第6条[2]、第7条[3]、第8条[4]对生态环境损害领域履职不力、失职失责的情形进行了非常详细的规定。其中与涉嫌环境犯罪移送案

---

[1] 该条规定："有下列情形之一的，应当追究相关地方党委和政府主要领导成员的责任：①贯彻落实中央关于生态文明建设的决策部署不力，致使本地区生态环境和资源问题突出或者任期内生态环境状况明显恶化的；②作出的决策与生态环境和资源方面政策、法律法规相违背的；③违反主体功能区定位或者突破资源环境生态红线、城镇开发边界，不顾资源环境承载能力盲目决策造成严重后果的；④作出的决策严重违反城乡、土地利用、生态环境保护等规划的；⑤地区和部门之间在生态环境和资源保护协作方面推诿扯皮，主要领导成员不担当、不作为，造成严重后果的；⑥本地区发生主要领导成员职责范围内的严重环境污染和生态破坏事件，或者对严重环境污染和生态破坏（灾害）事件处置不力的；⑦对公益诉讼裁决和资源环境保护督察整改要求执行不力的；⑧其他应当追究责任的情形。有上述情形的，在追究相关地方党委和政府主要领导成员责任的同时，对其他有关领导成员及相关部门领导成员依据职责分工和履职情况追究相应责任。"

[2] 该条规定："有下列情形之一的，应当追究相关地方党委和政府有关领导成员的责任：①指使、授意或者放任分管部门对不符合主体功能区定位或者生态环境和资源方面政策、法律法规的建设项目审批（核准）、建设或者投产（使用）的；②对分管部门违反生态环境和资源方面政策、法律法规行为监管失察、制止不力甚至包庇纵容的；③未正确履行职责，导致应当依法由政府责令停业、关闭的严重污染环境的企业事业单位或者其他生产经营者未停业、关闭的；④对严重环境污染和生态破坏事件组织查处不力的；⑤其他应当追究责任的情形。"

[3] 该条规定："有下列情形之一的，应当追究政府有关工作部门领导成员的责任：①制定的规定或者采取的措施与生态环境和资源方面政策、法律法规相违背的；②批准开发利用规划或者进行项目审批（核准）违反生态环境和资源方面政策、法律法规的；③执行生态环境和资源方面政策、法律法规不力，不按规定对执行情况进行监督检查，或者在监督检查中敷衍塞责的；④对发现或者群众举报的严重破坏生态环境和资源的问题，不按规定查处的；⑤不按规定报告、通报或者公开环境污染和生态破坏（灾害）事件信息的；⑥对应当移送有关机关处理的生态环境和资源方面的违纪违法案件线索不按规定移送的；⑦其他应当追究责任的情形。有上述情形的，在追究政府有关工作部门领导成员责任的同时，对负有责任的有关机构领导人员追究相应责任。"

[4] 该条规定："党政领导干部利用职务影响，有下列情形之一的，应当追究其责任：①限制、干扰、阻碍生态环境和资源监管执法工作的；②干预司法活动，插手生态环境和资源方面具体司法案件处理的；③干预、插手建设项目，致使不符合生态环境和资源方面政策、法律法规的建设项目得以审批（核准）、建设或者投产（使用）的；④指使篡改、伪造生态环境和资源方面调查和监测数据的；⑤其他应当追究责任的情形。"

件有关的情形有："对应当移送有关机关处理的生态环境和资源方面的违纪违法案件线索不按规定移送的""限制、干扰、阻碍生态环境和资源监管执法工作的；干预司法活动，插手生态环境和资源方面具体司法案件的处理的；……指使篡改、伪造生态环境和资源方面调查和监测数据"等。对这些履职不力、失职失责的领导人员，监察机关进行监察监督后应当问责。第 10 条规定了对上述领导人员问责的具体方式："党政领导干部生态环境损害责任追究形式有：诫勉、责令公开道歉；组织处理，包括调离岗位、引咎辞职、责令辞职、免职、降职等；党纪政纪处分。组织处理和党纪政纪处分可以单独使用，也可以同时使用……"③发现上述公职人员有涉嫌职务犯罪的依法进行刑事调查[1]，并将调查结果移送人民检察院审查、提起公诉，交由人民法院进行审判。对环境行政执法机关移送涉嫌环境犯罪案件、刑事司法承接涉嫌环境犯罪案件职责的国家工作人员进行监察监督的处理，也应当按照上述规定执行。[2]

（四）公众监督

公众监督是指公民、法人和其他组织对国家机关及其工作人员行使国家管理职能所进行的监督，包括 NGO 非政府组织的监督。公众对生态环境执法和司法过程的监督主要通过环境保护公众参与机制进行。环境监督权是公众参与环境保护的重要保障，是在

---

〔1〕　刑事调查权是否就是刑事侦查权、刑事调查权与刑事起诉权如何衔接、《刑事诉讼法》修改是否应当赋予监察机关刑事侦查权等问题学界尚在研究之中，本书不作专门探讨。从、法理上、体系上考虑，规定监察机关行使职务犯罪的刑事侦查权可以实现法系统协调。

〔2〕　监察应当如何监督，2016 年 12 月 15 日北京市人民政府第 274 号令公布、2018 年 4 月 24 日第 281 号令修改的《北京市行政执法机关移送涉嫌犯罪案件工作办法》第 20 条、第 21 条、第 22 条进行了明确规定，监察机关对生态环境行政机关移送涉承接嫌环境犯罪案件的也涵盖在内。

"'市场失灵'和'政府失灵'下矫正环境不公平的利器"[1]。某种程度上,"公众参与实际上是重构公共物品供给主体和过程的公共性和民主性的制度化努力"[2]。整体上看,"在法律上确定公众的环境权益和公众参与的制度机制,是公众参与环境治理的基础和逻辑起点"[3]。公众通过获取信息、参与决策、提起公益诉讼等方式实现对环境保护领域的监督权。国家为公众参与环境监督已经构建了一系列保障性措施。党的十九大报告提出,要"构建政府为主导、企业为主体、社会组织和公众共同参与的环境治理体系"。2019 年 5 月 15 日实施的《中华人民共和国政府信息公开条例》(以下简称《政府信息公开条例》)第 6 条第 1 款规定:"行政机关应当及时、准确地公开政府信息";第 13 条第 2 款规定:"行政机关公开政府信息,采取主动公开和依申请公开的方式";第 20 条将 13 项将"环境保护"方面的信息认定为第 19 条规定的"需要公众广泛知晓或者需要公众参与决策的政府信息",纳入了行政机关必须主动公开信息的范畴。环境保护法律、法规已经对环境保护公众参与机制进行了明确规定。《环境保护法》第 53 条对环境保护公众参与进行了原则性规定:"公民、法人和其他组织依法享有获取环境信息、参与和监督环境保护的权利。各级人民政府环境保护主管部门和其他负有环境保护监督管理职责的部门,应当依法公开环境信息、完善公众参与程序,为公民、法人和其他组织参与和监督环境保护提供便利。"《行为规范》第 28 条规定环境执法人员"应当自觉接受有关部门、社会和公众的监督"。为了"保障公民、法

---

〔1〕 晏林:"环境保护公众参与的困境及突破",载《江西理工大学学报》2017 年第 4 期。

〔2〕 王锡锌:《公众参与和行政过程:一个理念和制度分析的框架》,中国民主法制出版社 2007 年版,第 74~75 页。

〔3〕 丁彩霞:"参与式社会:环境共治中公众的核心行动",载《内蒙古师范大学学报(哲学社会科学版)》2017 年第 3 期。

人和其他组织获取环境信息、参与和监督环境保护的权利，畅通参与渠道，促进环境保护公众参与依法有序开展"[1]，2015 年原环境保护部专门制定了《环境保护公众参与办法》（环境保护部令第35 号）。该办法对环境保护公众参与的目的、适用范围、原则、方式、环境保护主管部门的协助、保障机制以及公众环保监督权的行使范围等进行了明确规定。

公众监督权行使方面，该办法规定了公民、法人和其他组织享有环境保护建议权、环保信息知情权、环保听证参与权、意见、建议反馈权、举报权、举报保密权、奖励权、公益诉讼权、参与保障权等权利。环境行政执法中移送涉嫌环境犯罪的案件过程中公众参与必不可少。公众参与可以帮助环境行政执法机关发现涉嫌违法犯罪的线索[2]，可以监督环境行政执法机关对涉嫌环境违法犯罪案件的处理情况，帮助环境监管部门监督环境行政执法机关履职，举报发现的环境行政执法人员渎职失职行为，提出监督建议。

生态环境保护机关已经为公众监督提供了一定的平台和保障。全国各地在创新公众监督方式取得了新进展，如早在 2006 年，重庆市环保部门就建立了环保公众监督机制，从社会聘请一批环保热心人士参与环境监督，充当"环保侦探"[3]。四川省达州市通过聘

---

〔1〕《环境保护公众参与办法》第 1 条规定。

〔2〕 如浙江省制定的《固体废物环境违法行为举报奖励暂行办法》重奖举报人取得了良好的效果。2018 年，一举报人反映某市一运输单位存在非法转移、倾倒工业固体废物的违法行为。接到举报后，原浙江省环境保护厅立即会同公安等有关部门组织开展调查。4 天后，针对该案，公安部门共刑事拘留犯罪嫌疑人 51 人，扣押各类车辆 26 辆，冻结资金 89 万余元，查封房产 5 处，固定多个非法倾倒填埋点位证据。案件查实后，浙江省生态环境厅会同财政厅给予举报人发放奖金 2 万元，并将在该案刑事审判结束后，再奖励该举报人 5 万元。参见钱晨菲、朱智翔、晏利扬："一个电话 51 人被刑拘 浙江对环境违法举报人进行奖金奖励"，载 http：//news. china. com. cn/2018－12/26/content_74312710. htm，最后访问日期：2020 年 3 月 30 日。

〔3〕 徐旭忠："重庆推行环保公众监督制度 加强对污染企业监管"，载 http：//www. gov. cn/jrzg/2006-01/23/content_168554. htm，最后访问日期：2020 年 1 月 25 日。

请"环保公众参与监督员"的方式让公众参与环境行政执法监督。自 2015 年以来，达州市先后两批共聘请 65 名"环保公众参与监督员"[1]。2017 年，四川乐山"探索群众监督环保的工作模式，借助当地日报、电视台和新闻网站三个媒体平台于 7 月 19 日起同步推出'环保曝光台'栏目，工作日每天一期，每期曝光一个群众反映强烈的环保问题，发动老百姓举报身边的环境问题，做环保工作的监督员和爆料人，并设立'环保回音壁'对曝光问题进行跟踪报道，追进度、问成效，整改变化让老百姓看得到"[2]。2014 年 3 月开始，浙江卫视设立了《今日聚焦》栏目，重点曝光浙江各地"五水共治"等工作中存在的问题。至 2018 年 6 月底共播出了涉及环境污染问题 334 期。浙江桐庐群众可以利用扫码监督执法。这项举措使得"桐庐县环保部门的执法人员有了'紧箍咒'，每位执法人员都要接受整个执法过程的监督，推动了环境执法的透明化，能有效防止执法中的腐败现象出现"[3]。山东"环境随身带"APP 上线，实行数据 24 小时实时动态更新，旨在方便公众环境知情权，帮助群众了解身边环境情况，发挥公众监督作用。[4] 这些创新性监督方式都取得了很好的成效，极大地推动了环境保护工作，得到了生态环境部的高度肯定[5]，值得全国各地进行推广。

---

〔1〕 宋龙娟、刘欢："达州市环保局聘请第二批环保公众参与监督员"，载 http：//dy. 163. com/v2/article/detail/DP67U3VJ0514B1BP. html，最后访问日期：2020 年 1 月 25 日。

〔2〕 张超群："四川乐山：主动亮丑揭短发动群众参与环保监督"，载 http：//news. sina. com. cn/c/2017-11-23/doc-ifypacti7333379. shtml，最后访问日期：2020 年 1 月 25 日。

〔3〕 任丹苹、陈秋亮、周兆木："执法规范不规范？实时评议零距离 桐庐群众可扫码监督执法"，载《中国环境报》2018 年 10 月 12 日，第 8 版。

〔4〕 周雁凌、季英德、王学鹏："山东'环境随身带'APP 上线"，载《中国环境报》2019 年 2 月 15 日，第 1 版。

〔5〕 参见牛秋鹏："生态环境部肯定浙江省、四川省乐山市设立生态环境'曝光台'等典型做法和成效"，载《中国环境报》2018 年 9 月 17 日，第 3 版。

（五）其他监督

其他监督包括人大监督、党的监督、政协监督、媒体监督等。

1. 人大监督。人大监督即国家及地方各级人民代表大会常务委员会对国家行政机关、监察机关、审判机关、检察机关的工作进行监督。《宪法》第 67 条第 6 项规定，全国人大常委会行使"监督国务院、中央军事委员会、国家监察委员会、最高人民法院和最高人民检察院的工作"。《地方组织法》第 8 条第 1 项〔1〕、第 11 项〔2〕、第 12 项〔3〕规定了地方各级人大行使的相关监督职权，第 44 条第 1 项〔4〕、第 6 项〔5〕、第 8 项〔6〕规定了县级以上地方各级人民代表大会常务委员会行使的相关监督职权。第 9 条还规定了乡、民族乡、镇的人民代表大会行使的相关监督职权。第 47 条还规定，在常务委员会期间，省、自治区、直辖市、自治州、设区的市的人民代表大会常务委员会组成人员可以向常务委员会书面提出对本级人民政府、人民法院、人民检察院的质询案。这是地方各级人大常委会行使监督权最直接、最有效的方式。在我国大力开展生态文明建设，推行绿色发展，倡导绿水青山就是金山银山的国家治理理念的今天，各级人大加大了对破坏生态环境、资源保护领域的监督工作，通过提出各种议案监督相关工作的落实，取得了很好的

---

〔1〕　该项内容为："在本行政区域内，保证宪法、法律、行政法规和上级人民代表大会及其常务委员会决议的遵守和执行，保证国家计划和国家预算的执行。"

〔2〕　该项内容为："撤销本级人民政府的不适当的决定和命令。"

〔3〕　该项内容为："保护社会主义的全民所有的财产和劳动群众集体所有的财产，保护公民私人所有的合法财产，维护社会秩序，保障公民的人身权利、民主权利和其他权利。"

〔4〕　该项规定："在本行政区域内，保证宪法、法律、行政法规和上级人民代表大会及其常务委员会决议的遵守和执行。"

〔5〕　该项规定："监督本级人民政府、人民法院和人民检察院的工作，联系本级人民代表大会代表，受理人民群众对上述机关和国家工作人员的申诉和意见。"

〔6〕　该项规定："撤销本级人民政府的不适当的决定和命令。"

效果。如云南省召开的十三届人大常委会第五次会议就审议了省人大常委会关于对破坏环境资源犯罪专项立案监督工作情况的视察报告。视察组发现了破坏环境资源犯罪立案中"有案不移、有案不立、以罚代刑的问题依然存在；行政执法与刑事司法衔接不畅的问题尚未得到较好解决；信息共享平台建设及作用发挥有待加强；适应环境资源保护和维护食品药品安全需要的队伍和基层基础设施建设薄弱；破坏环境资源案件办理情况发展不平衡"[1]。

2. 党的监督。党的监督是指中国共产党依法作为监督主体对环境行政执法机关移送环境犯罪案件、司法机关承接环境犯罪案件的活动及对环境行政执法人员及司法工作人员实施的监督。中国共产党党内规范性文件主要有四个：①《中国共产党章程》[2] 是中国共产党为保证全党在政治上、思想上的一致和组织上、行动上的统一所制定的章程。章程规定了总纲、党员、党组织、党的干部、党的纪律、党的纪律检查机关、党组、党和共产主义青年团的关系、党徽、党旗等内容。②《中国共产党党内监督条例》[3] 对党内监督的目的、指导思想、原则、任务、主要内容、党内监督的重点对象，监督方式、党内监督体系以及党的中央组织的监督、党委（党组）的监督、党的纪律检查委员会的监督、党的基层组织和党员的监督、党内监督和外部监督相结合、整改和保障等进行了规定。③《中国共产党问责条例》[4] 对党内问责的目的和依据、指导思想、原则、问责主体和对象、责任划分、问责情形、问责方

---

〔1〕 蒋朝晖、张瑞芳："仍有五大难题待解"，载《中国环境报》2018 年 10 月 11日，第 8 版。

〔2〕 中国共产党第十九次全国代表大会部分修改，2017 年 10 月 24 日通过。

〔3〕 2016 年 10 月 27 日，中国共产党第十八届中央委员会第六次全体会议审议通过，发布之日起施行。

〔4〕 2016 年 6 月 28 日中共中央政治局召开会议审议通过，2016 年 7 月 8 日施行，2019 年 9 月 1 日进行修订。

式、问责决定、问责执行、终身问责等进行了规定。④《中国共产党纪律处分条例》〔1〕分为总则、分则和附则三编。总则对制定该条例的指导思想、原则和适用范围、违纪和纪律处分、纪律处分运用规则、对违法犯罪党员的纪律处分、其他规定等进行了规定，分则分为六章，包括对违反政治纪律行为的处分、对违反组织纪律行为的处分、对违反廉洁纪律行为的处分、对违反群众纪律行为的处分、对违反工作纪律行为的处分、对违反生活纪律行为的处分。附则部分规定了单项规定、补充规定制定、解释权、施行日期等。《中国共产党章程》《中国共产党党内监督条例》《中国共产党问责条例》《中国共产党纪律处分条例》构成党内监督的严密体系和基本内容。党内监督是手段，问责是责任追究方式，纪律处分是问责的具体落实。环境行政执法机关移送涉嫌环境犯罪案件、刑事司法机关承接涉嫌环境犯罪案件过程中，移送、承办工作人员为党员干部的，自然应当受到党组织的监督，有违法违纪行为的应当被问责和处分。我国有专门的针对环保领域的党政同责监督方式，即中央生态环境保护督察（后详述）。党内监督不同于行政监督和其他外部监督，只对具有党员身份的国家工作人员和党组织进行问责。党内监督、行政监督属于日常性主动性监督，检察监督和监察监督属于被动性监督。严格意义上，党内监督也属于内部监督的范畴。据中央纪委国家监委发布的信息，党的十九大以来，该网站曝光的生态环保领域形式主义、官僚主义案例一共有 124 起，处理的人员有482 人。具体情况见表 4-15、表 4-16 和表 4-17〔2〕：

---

〔1〕　2018 年 8 月 18 日印发，2018 年 10 月 1 日起施行。

〔2〕　这三个表格的数据来自陈昊："对 100 多起生态环保领域形式主义官僚主义问题的分析"，载中央纪委国家监委网站，http：//www.ccdi.gov.cn/toutiao/201906/t20190623_195973.html，最后访问日期：2020 年 4 月 1 日。

表4-15　生态环保领域形式主义、官僚主义案例发生的类型

类　型	失察失责	整改不力	把关不严	弄虚作假	总数
问题数（起）	68	33	12	11	124
占　比	54.8%	26.6%	9.7%	8.9%	100%

表4-16　生态环保领域形式主义、官僚主义案例发生的领域

领　域	环境监测	环保执法	环境工程建设	环境审批	总数
问题数（起）	55	37	21	11	124
占　比	44.4%	29.8%	16.9%	8.9%	100%

表4-17　生态环保领域形式主义、官僚主义案例发生的群体

不同级别党员干部	乡科级及以下	县处级	厅局级	村干部和企事业单位工作人员	总人数
人数（人）	294	102	38	48	482
占　比	61%	21.1%	7.9%	10%	100%

3. 政协监督。人民政协主要履行民主监督职能。根据2018年3月15日修改的《中国人民政治协商会议章程》第3条第3款的规定，政协的民主监督主要"是对国家宪法、法律和法规的实施……通过提出意见、批评、建议的方式进行的协商式监督"。由于没有刚性的制约机制，政协监督一直是政协履职的软肋和短板，监督作用并没有得到充分发挥。政协对环境犯罪移送承接活动进行的监督也是如此。

4. 媒体监督。媒体监督是指广播、电视、报纸、刊物、微信、微博等大众传媒和自媒体对各种违法犯罪、渎职腐败所进行的揭

露、报道、评论或抨击。媒体监督利弊同在[1]。媒体是无冕之王，其监督具有开放性与广泛性、速度快、范围广、影响大等特点。执法权与司法权是国家权力的重要部分，媒体对执法活动和司法活动进行报道并对其进行监督为我国的监督体系注入了新的活力，可以有效地促进行政执法和刑事司法工作，进而促进司法公正、遏制司法腐败。环境行政执法中，许多案件就是通过媒体报道产生广泛的社会影响后才启动查处程序。如湖南洞庭湖中的下塞湖矮围的整治行动就源自于中央电视台等媒体将事件曝光。湖南省委最后决定对湖南省畜牧水产局等 25 个单位的 62 名国家公职人员进行了问责。媒体监督是一把双刃剑，缺乏制约或运用不当便可能对司法公正造成负面的影响，所以必须对之进行规范制约。

第三节　监督追责

环保无小事。环保责任是"政治责任，党政同责，一岗双责"[2]。破坏环境资源、亵渎环保职责的人既要被追究党纪、政纪责任，也要被追究法律责任。国家监督机关和部门在对环境行政执法刑案移送与司法承接的监督工作中发现的违规违纪、违法犯罪问题，必须建立行之有效的问责追责机制，否则会放纵违法犯罪行为，间接破坏环境和资源。

对环境行政执法刑案移送与司法承接中发现的违规违纪、违法犯罪进行问责追责与其他渎职失职领域并无本质区别。我国相关法律法规、党内法规对问责追责已经有明确规定。《党政领导干部生

---

〔1〕　参见徐蓉蓉："我国媒体监督与法院审判的关系张力研究"，载《现代传播》（中国传媒大学学报）2018 年第 4 期；赵畅宇："电视庭审报道，如何找到媒体监督与司法公正的平衡点"，载《传媒评论》2018 年第 7 期；等等。
〔2〕　初英杰："环保是政治责任，失责必问责"，载《中国纪检监察报》2017 年12 月 11 日，第 4 版。

态环境损害责任追究办法（试行）》已详细列出了生态环境损害的各种类型。凡是对党政领导干部在生态文明建设、生态环境保护中决策部署不力、违规乱决策、工作协作中推诿扯皮、不担当、不作为、对严重污染环境事件处置不力、对公益诉讼和环保督查整改要求执行不力对破坏生态环境和资源的违法犯罪行为查处不力、对应当移送有关机关处理的违纪违法线索不按规定移送、滥用职权限制、干扰、阻碍生态环境和资源监管执法、司法、指使篡改、伪造生态环境资源方面的调查和数据的，都是违规违法犯罪行为，都应当追究法律责任。上述规定形成了"分类—定责—惩处"的追责制度结构，建立了责任启动机制、党代会、人大和政协监督机制、司法监督机制和社会监督机制，使责任追究链条更加完整和严密。此外，该办法第 12 条还规定了"生态环境损害责任终身追究制"，"对违背科学发展要求、造成生态环境和资源严重破坏的，责任人不论是否已经调离、提拔或者退休，都必须严格追责"。之所以要建立终身追责机制，一方面表明生态环境保护对于地方经济和社会发展意义非常重大，另一方面也表明党和国家用铁腕手段保护绿水青山和金山银山的态度。2018 年党和国家对祁连山事件问责[1]、对秦岭违建别墅进行问责[2]和对岳阳洞庭湖下塞湖矮围问题进行

---

〔1〕 因祁连山国家级自然保护区生态环境问题问责 100 人。参见中共甘肃省委、甘肃省人民政府："甘肃省通报中央环境保护督察移交生态环境损害责任追究问题问责情况"，载 http://www.gsjw.gov.cn/contents/23093.html，最后访问日期：2020 年 4 月 1 日。

〔2〕 秦岭违建别墅拆违工作启动以来，已经有 1000 余人被问询过。参见周群峰："秦岭违建别墅引发反腐龙卷风：多名省部级落马，1000 余人遭问询"，载《中国新闻周刊》2018 年 11 月 26 日。

追责[1]即是最典型的案例。问责机制在地方也取得了比较好的效果，如 2015 年 9 月至 2016 年 9 月，江西省检察机关[2]共立案侦查生态环境保护领域职务犯罪案件 129 件 203 人；监督行政执法机关移送破坏生态环境刑事犯罪案件 111 人，监督公安机关立案 71 件 103 人。[3]但是，本办法只是针对党政领导干部[4]适用，并未将一般工作人员纳入追责的范畴。对环境犯罪移送承接中的违纪违法犯罪行为的处理，应当将不是党政领导干部的渎职失职工作人员也纳入其中。

从党纪国法责任体系上划分，环境犯罪移送承接中的渎职失职行为的追责具体问责情形包括通报、诫勉、责令公开道歉、党纪处分、政纪处分、移送司法机关追究刑事责任等。本书重点介绍以下四种问责方式：

一、党纪处分

对环保渎职失职人员进行党纪处分应当根据《中国共产党问责条例》《中国共产党纪律处分条例》进行。根据《中国共产党问责条例》第 8 条第 2 款的规定，对党员领导干部的问责方式有：通报、诫勉、组织调整或者组织处理（对失职失责、情节较重，不适宜担任现职的，应当根据情况采取停职检查、调整职务、责令辞

---

〔1〕　对于下塞湖矮围问题，经湖南省委研究并报中央纪委批准，对省畜牧水产局等 25 个单位的 62 名国家公职人员进行了问责，其中 11 人被立案审查和监察调查。参见湖南省委监委："湖南对下塞湖矮围问题问责：62 人被问责 11 人被立案审查和监察调查"，载 http://www.ccdi.gov.cn/toutiao/201809/t20180912_179629.html，最后访问日期：2020 年 3 月 30 日。

〔2〕　《监察法》实施后，这类案件的刑事立案调查权到了监察委员会。

〔3〕　参见杨静："用'检察蓝'呵护'生态绿'"，载 http://huanbao.jxcn.cn/system/2016/10/08/15253290.shtml，最后访问时间：2020 年 4 月 20 日。

〔4〕　根据《党政领导干部生态环境损害责任追究办法（试行）》第 2 条的规定，党政领导是指"县级以上地方各级党委和政府及其有关工作部门的领导成员，中央和国家机关有关工作部门领导成员；上列工作部门的有关机构领导成员"。

职、降职、免职等措施）以及纪律处分。根据《中国共产党纪律处分条例》第 8 条的规定，对党员的纪律处分有警告、严重警告、撤销党内职务、留党察看、开除党籍五种。

二、政务处分

《监察法》《中华人民共和国公职人员政务处分法》（以下简称《政务处分法》）颁布实施之前，我国对国家公职人员违法失职行为有行政处分与政纪处分两种方式。行政处分是指国家行政机关依照行政隶属关系给予有违法失职行为的行政机关工作人员的一种惩戒措施。政纪处分并非一个严格的法律概念，除了包括对行政机关工作人员的行政处分之外，还包括对事业单位、审判机关、检察机关等公职人员的处分。《监察法》颁布实施后，行政处分与政纪处分已经被政务处分替代。2018 年 6 月 6 日，中央纪委、国家监察委发布了《公职人员政务处分暂行条例》。2020 年 6 月 20 日，第十三届全国人民代表大会常务委员会第十九次会议通过了《政务处分法》（2020 年 7 月 1 日开始实施）。《政务处分法》为国家对公职人员进行政务处分提供了明确的法律依据。其中第 2 条界定了该法的适用范围："适用于监察机关对违法的公职人员给予政务处分的活动。本法第二章、第三章适用于公职人员任免机关、单位对违法的公职人员给予处分。"根据《监察法》《政务处分法》的规定，政务处分是指监察机关对所有行使公权力的违法失职公职人员进行的处分。《政务处分法》第 6 条规定，监察机关对违法公职人员的政务处分有下列六种方式，即"警告、记过、记大过、降级、撤职、开除"。对于生态环保机关工作人员在生态环境行政执法中发现涉嫌环境犯罪案件有案不移该移送不移送、以罚代刑等违法违纪行为、承接案件的刑事司法机关工作人员存在有案不接、懈怠立案和侦查等司法渎职和失职行为不构成犯罪的，应当进行《政务处分法》规定的政务处分。

三、党政同责、一岗双责

党政同责、一岗双责，即对环境刑案移送承接衔接过程中的违法失职人员应当坚持党内纪律处分、政务处分同时追究的原则。《党政领导干部生态环境损害责任追究办法（试行）》第 10 条对党政领导干部生态环境损害追究责任可以实行"党政同责、一岗双责"。该条规定的具体责任追究方式有"诫勉、责令公开道歉、组织处理，包括调离岗位、引咎辞职、责令辞职、免职、降职等；党纪政纪处分。组织处理和党纪政纪处分可以单独适用，也可以同时适用"。这种问责方式目前在中央环保督察中得到了最广泛的运用。据悉，第一批中央环保督察 8 省（区）就有 130 名厅级干部在内的 1140 人被问责[1]。第二批中央环保督察 7 省（市）共问责 1048 人，其中厅级干部 159 人[2]。

四、刑事责任

刑事责任是所有法律责任中最为严厉的责任，其不仅可以限制、剥夺犯罪人的人身权利、财产权利、政治权利，甚至还可以剥夺犯罪人的生命权。环境犯罪移送承接中的渎职失职犯罪行为一般侵害的是国家机关的正常活动或者国家公职人员的职务廉洁性，这些渎职犯罪由于一般不会有危害公共安全、侵犯公民生命权等破坏特别重大刑法法益的情况出现，故一般不会有判处死刑的可能性。但是，随着生态环境保护的日益强化，我国加大了制裁生态环境保护领域渎职失职犯罪行为的力度。

---

〔1〕 主要情况如下：（一）从问责人数情况看，8 省（区）此次共问责 1140 人，其中厅级干部 130 人（正厅级干部 24 人），处级干部 504 人（正处级干部 248 人）。参见 http：//www.sohu.com/a/204813579_99964894，最后访问日期：2020 年 1 月 25 日。

〔2〕 具体问责情况是：省部级干部 3 人（甘肃祁连山生态环境破坏问题，含正省级干部 1 人），厅级干部 159 人（正厅级干部 56 人），处级干部 464 人（正处级干部 246 人）。参见 http：//news.sina.com.cn/c/nd/2018-03-29/doc-ifystene3921176.shtml，最后访问日期：2020 年 1 月 25 日。

根据实践中环境犯罪交接出现的渎职失职犯罪情形，这类渎职失职行为可能涉嫌以下几个罪名：

（一）徇私舞弊不移交刑事案件罪

根据《刑法》第402条的规定，徇私舞弊不移交刑事案件罪是指行政执法人员徇私舞弊，对依法应当移交司法机关追究刑事责任的不移交，情节严重的行为。该罪是专门针对行政执法机关工作人员该移交不移交刑事案件、以罚代刑违规处理案件规定的罪名。考虑行政权扩张带来的后果，我国加大了对这类犯罪行为的处罚力度。据统计，1998年至2004年间全国法院系统审理徇私舞弊不移交刑事案件罪的数量不断上升（见表4-18）[1]，表明行政执法机关不移送刑事案件的情况越来越严峻，故从严制裁这类案件有其现实意义。生态环境行政主管机关中环境行政执法人员属于国家行政执法人员，承担环境行政执法职能。在环境行政执法中发现涉嫌环境犯罪的行为时应当按照规定及时移送至刑事司法机关进行立案调查追究刑事责任。若行为人徇私舞弊，该移送不移送，情节严重的即构成本罪，自然应当依法追究刑事责任。如广东省汕头市金平区人民法院判决的陈某某、谢某某徇私舞弊不移交刑事案件罪就是典型。陈某某、谢某某分别为汕头市环保局金平分局环境监察股副股长和工勤人员，其徇私舞弊，采取伪造证据的手段对依法应当移交司法机关追究刑事责任的案件不移交，致使违法犯罪活动继续进行，情节严重，构成徇私舞弊不移交刑事案件罪，被判处免予刑事处罚。[2] 环境犯罪移送中渎职构成犯罪的案件应当大部分构成本罪。

---

〔1〕 数据来自柴俊勇："亟待建立行政执法与刑事司法衔接机制"，载《检察日报》2007年9月20日，第3版。

〔2〕 参见汕头市金平区人民法院（2017）粤0511刑初496号刑事判决书。

表 4-18　1998 年~2004 年全国法院审理徇私舞弊不移交刑事案件罪数

年份	1998	1999	2000	2001	2002	2003	2004
审理数（件）	40	37	39	61	57	77	79

（二）环境监管失职罪

根据《刑法》第 408 条的规定，环境监管失职罪是指负有环境保护监督管理职责的国家机关工作人员严重不负责任，导致发生重大环境污染事故，致使公私财产遭受重大损失或者造成人身伤亡的严重后果的行为。环境犯罪移送承接中，也可能存在负有环境保护监督管理责任工作人员疏于管理，对应当发现的诸如污染环境之类犯罪没有发现，导致应该移送的犯罪没有移送的情况出现。所以，环境犯罪移送承接中的国家机关工作人员也有可能构成本罪，但这类案件不多[1]。

（三）滥用职权罪、玩忽职守罪

根据《刑法》第 397 条的规定，滥用职权罪和玩忽职守罪是指国家机关工作人员滥用职权或者玩忽职守，致使公共财产、国家和人民利益遭受重大损失的行为。滥用职权罪、玩忽职守罪与前述徇私舞弊不移交刑事案件罪、环境监管失职罪之间属于法规竞合的关系。一般情况下，环境犯罪移送承接中渎职失职的犯罪行为构成的是徇私舞弊不移交刑事案件罪和环境监管失职罪。但是，对于无法纳入徇私舞弊不移交刑事案件罪、环境监管失职罪处理的犯罪行为，应当秉承"法网恢恢疏而不漏"的法律适用原则，按照滥用职权罪或者玩忽职守罪追究刑事责任。

---

[1]　2019 年 5 月 20 日，笔者搜索中国裁判文书网，环境监管失职案件判决书一共有 39 个，尚未发现由移送承接环境犯罪的国家机关工作人员构成本罪的判例。

（四）非法经营罪、投放危险物质罪、提供虚假证明文件罪、出具证明文件重大失实罪、破坏计算机信息系统罪

根据《2017 污染解释》第 6 条至第 10 条的规定，污染环境犯罪实施过程中还可能涉嫌这些犯罪，行为人的行为若符合这些犯罪的构成条件，则应当按这些犯罪定罪量刑。如依据该解释第 10 条，行为人违反国家规定，针对环境质量监测系统实施或者强令、指使、授意他人实施修改参数或者监测数据、干扰采样致使监测数据严重失真、其他破坏环境质量监测系统的行为，就应当按照破坏计算机信息系统罪论处。

第五章　衔接机制运行中存在的问题与原因

第一节　存在的问题

一、移送制度与承接制度实施中存在的问题

依据职权法定原则，我国环境行政执法机关在行使环境行政执法权的过程中，发现有涉嫌环境犯罪行为的，应当按照职权分工将涉嫌环境犯罪案件移送给有管辖权的刑事司法机关依法查处。刑事司法机关承接环境犯罪时，应当依照法律审查环境行政执法机关移送过来的材料。若证据材料达到刑事犯罪构罪基本要求的，应当立案，没有达到证据要求的可以要求环境行政执法机关补充证据。补充证据后还是没有达到构罪要求的应当不予立案，需要追究环境违法行为行政责任的应当将案件材料退回环境行政执法机关进行行政处罚。环境犯罪案件移送承接过程中，环境行政执法机关与刑事司法机关应当相互配合，各司其职，确保环境犯罪案件移送工作有序交接。但是，由于环境行政执法与刑事司法属国家不同性质权力，职责行使中要求也不相同，加之各自职责站位不同，环境犯罪移送衔接过程中还存在诸多问题，研究中需要对这些问题一一厘清以保证移送承接工作的顺利进行。

（一）法律法规衔接不够

立法上，我国法律均无对行政执法机关移送案件、司法机关承接案件的程序进行详细规定，只在环境行政机关和司法机关联合制

定的规范性法律文件、建设性意见以及国务院各部门内部制定的行政规章中有简单规定。从目前制定的规章制度来看，环境行政权和刑事司法权的衔接在规则层面还存在以下几个方面的问题：

1. 环境行政立法与环境刑事立法之间没有实现无缝对接。环境犯罪一般以违反环境行政法律法规为前提，具有行政从属性，既违反环境行政法，也违反刑法。对具有双重违法性的环境犯罪而言，其所违反的环境行政法与刑法内容应当一致，不能互相矛盾。如果出现矛盾，会使环境行政机关和司法机关处理案件时无所适从。我国目前正在对之前制定的环境行政法进行修改：2014 年已经修改了《环境保护法》，2016 年修改了《中华人民共和国水法》，2017 年修改了《中华人民共和国水污染防治法》和《中华人民共和国海洋环境保护法》，2018 年修改了《中华人民共和国大气污染防治法》和《中华人民共和国环境保护税法》。这些新修改的法律内容不断完善，制度、体制、机制不断健全，措施更为有效。刑事立法层面对破坏环境资源保护罪修改的力度也比较大。2001 年《中华人民共和国刑法修正案（二）》将非法占用耕地罪修改为非法占用农用地罪；2002 年《中华人民共和国刑法修正案（四）》将非法采伐、毁坏珍贵树木罪修改为非法采伐、毁坏国家重点保护植物罪，删除了非法收购盗伐、滥伐树木罪"以牟利为目的"的规定，将非法收购盗伐、滥伐林木罪修改为非法收购、运输盗伐、滥伐林木罪；增加了非法收购、运输、加工、出售国家重点保护植物、国家重点保护植物制品罪；2011 年《刑法修正案（八）》将重大环境污染事故罪修改为污染环境罪；2020 年全国人大常委会又通过了《中华人民共和国刑法修正案（十一）》，加重了污染环境罪的法定刑。环境行政法和环境刑法的修改对保护环境、制裁环境违法犯罪行为无疑意义重大。但环境行政法与环境刑法之间仍存在规定应当负刑事责任的刑法条文序号与现行刑法不一致、行政法规定的应当负刑事责任的刑事法律名称与现行刑法不一致、附属刑法条文与刑法相关条文行为入罪范围、定罪标准等内容规定不一致、罪名不一致等问题[1]。有些关联犯罪中构罪标准不一致直接导致定罪困难。如 1997 年刑法规定的重大环境污染事故罪的构罪标准是"造成重大环境污染事故，致使公私财产遭受重大损失或者人身伤亡的严重后果"，2011 年《刑法修正案（八）》将该罪修改为污染环境罪后，降低了定罪标准，变成了"严重污染环境"。根据《2017 污染解释》的规定，严重污染环境的标准有行为犯、也有结果犯。但与污染环境罪相关的犯罪非法处置进口的固体废物罪、环境监管失职罪的标准仍然是"造成重大环境污染事故，致使公私财产遭受重大损失或者人身伤亡的严重后果"。这就出现了一种情况，污染环境的行为构成犯罪，但环境监管失职却不构成犯罪，环境行政执法机关要移送环境监管失职者的渎职行为就发生困难。此外，非法处置进口的固体废物罪与污染环境罪的标准不一致也引发了法条内部不公平的问题，很多情况下对行为人非法处置进口的固体废物行为都选择按污染环境罪定罪量刑。

2. 衔接性规定立法位阶太低。我国对环境行政执法中移送环境犯罪案件、司法机关承接移送来的案件虽无立法上的详细规定，但实践中衔接部门之间出台了大量的衔接性意见，有关行政执法机关与刑事司法机关就行政犯罪案件移送承接的文件就有好几个，专门针对环境行政执法机关与刑事司法机关衔接的规定、意见、办法也有几个。这些衔接文件很多内容重复，虽然有些文件已经明令废止[2]，但好几个重复性文件同时都在执行。尤其是行政机关移送案件的规定与环境行政机关移送案件规定存在冲突，直接导致衔接

---

[1] 参见雷军："生物多样性保护法律框架下行政法与刑法规范之冲突及解决"，载《中南林业科技大学学报（社会科学版）》2015 年第 5 期。

[2] 如 2017 年《工作办法》出台后直接废止了 2007 年国家环保总局、公安部、最高人民检察院制定的《关于行政保护主管部门移送涉嫌环境犯罪案件的若干规定》。

过程中不知如何适用衔接性文件。如关于移送时间的规定，不同规定、意见、办法规定的时间不同，如何选择时间节点成为问题。还有，这些文件、意见、办法法律位阶很低，只有国务院颁布的《行政执法机关移送涉嫌犯罪案件的规定》属行政法规，最高人民检察院公布的《检察规定》以及公安部印发的《受理规定》属于部门规章，其他行政执法机关与司法机关联合发布的规定、意见、工作办法等连严格意义上的规章都算不上。在规则、文件政策法律化程度不高、法律位阶底、法律效力底、权威性不强，加之环境行政执法机关与刑事司法机关属于不同权力机构的情况下，很容易造成衔接中约束力缺位，"行政执法机关与公安侦查机关相互推诿，导致行政执法与刑事司法衔接难以畅行"[1] 的局面。

3. 监察法委员会设置后相关规定没有及时修改。2018 年 3 月 11 日全国人民代表大会第三次会议通过的《中华人民共和国宪法修正案》设置了监察委员会，独立行使监察权，2018 年 3 月 20 日第十三届全国人民代表大会第一次会议通过的《监察法》规定了监察机关及其职责。2018 年 3 月 21 日，中共中央印发的《深化党和国家机构改革方案》中提出将监察部、国家预防腐败局的职责，最高人民检察院查处贪污贿赂、失职渎职以及预防职务犯罪等反腐败相关职责整合组建国家监察委员会。监察委员会设置后，我国对职务犯罪的刑事调查权已经重新进行了配置，不再属于检察机关。2018 年 10 月 26 日我国相应修改了《刑事诉讼法》，调整了与《监察法》相抵触的刑事诉讼内容。但是，目前正在实施的相关衔接性法律、行政执法与刑事司法衔接规定、意见、办法等相关内容大部分尚未进行修改。法律法规的修改不是一朝一夕就能解决的问题，需要考虑系统性、前瞻性等各个方面。目前，我国国家机构改革尚

〔1〕 王素珍："论行政执法与刑事司法衔接的检察监督"，载《云南民族大学学报（哲学社会科学版）》2014 年第 1 期。

在进行中，这些机构发布的文件的修改工作可能要延续到上下级国家机构改革完全到位后。在新的法律法规修改后，与之相关的衔接法律法规、文件没有修改到位的情况下，环境行政执法机关与刑事司法机关对刑事案件的衔接就会碰到各种难题。

（二）移送承接实践不力

环境行政执法中，环境行政机关和刑事司法机关移送承接环境犯罪案件取得了很大的成绩，尤其在对破坏自然资源犯罪的移送承接方面成绩更为突出，实现了破坏自然资源环境犯罪移送承接的常态化，但是对于污染类环境犯罪来说，移送承接中仍然存在诸多问题，概括起来主要有：

1. 移送层面有案不移以罚代刑。

（1）有案不移。有案不移是指环境行政执法机关在行使行政执法职责过程中发现有涉嫌环境犯罪的刑事案件不移送给有处理权限的司法机关进行处理的情况。有学者将有案不移归纳为"四不"，即"不愿移送""不敢移送""不能移送"和"不便移送"[1]。环保行政执法部门有案不移会"致使本该交由司法机关立案的犯罪案件难以立案。环保执法部门与刑事司法机关分别行使行政权和司法权，在跨职能衔接案件的情况下，这两类部门的衔接机制是否顺畅对于追究环境犯罪人刑事责任至关重要"[2]。在环境行政移送和刑事司法衔接领域，我国已经制定了一大批相关的法规、意见以及办法，相应的工作机制已经比较完善。即便如此，"并不见环境行政执法部门督促责令下级环保厅局向公安机关移送刑案，有案不移、

---

〔1〕参见孙杰："环境执法中的'以罚代刑'现象及其规制"，载《山东社会科学》2017年第3期。该文认为，不愿移送是基于环境行政机关的内在利益驱动，不敢移送是基于地方保护主义的压力，不能移送是基于环境违法行为与环境犯罪行为的界分困难，不便移送是基于环境行政执法与环境刑事司法衔接不畅。

〔2〕蒋兰香等："试论环境犯罪惩治的检察监督"，载《中南林业科技大学学报（社会科学版）》2016年第3期。

有罪不究极为普遍"[1]。实践中，很多情况下环保行政执法机关为了强化自己的行政职能，对已经构成犯罪的环境犯罪案件不进行移送，前述移送数据可以看出，环境行政执法机关移送的涉嫌污染类环境犯罪案件屈指可数，极低的污染环境犯罪率与极高的环境行政处罚形成了鲜明的对比[2]。即便在《2013 污染解释》发布后移送数据大为增加，但与构成环境犯罪应当追究刑事责任环境犯罪数相比差距很大[3]。《2017 污染解释》施行后，环境违法行为入罪的标准已经很低，环境违法行为构成犯罪的数量应该比较大。但实际情况来看，移送至司法机关追究刑事责任的数量仍然在低位数徘徊。一些众所周知可以构成环境犯罪的案件如康菲漏油事件、松花江水污染事件等都没有启动刑事追诉程序，更毋谈其他普通环境犯罪案件。从审判机关审判的污染类案件看，规模以上的污染企业很

---

〔1〕 董邦俊："论我国环境行政执法与刑事司法之衔接"，载《中国地质大学学报（社会科学版）》2013 年第 6 期。

〔2〕 汪劲主编：《环保法治三十年：我们成功了吗》，北京大学出版社 2011 年版。

〔3〕 据统计，2002 年~2012 年，全国进行了 108 万件次环境行政处罚，但这期间作出的环境犯罪案件判决数仅为 28 件次，比率约为 0.026%。参见沈晓军："我国环境行政执法与刑事司法衔接机制研究——以行为主体的利益选择为视角"，载《河南财经政法大学学报》2017 年第 2 期。需要说明的是，这里环境犯罪应该是指污染环境的犯罪，且判决数仅是《全国环境统计公报》中公布的数据。由于最高人民法院没有对各类犯罪进行分别统计，故全国各地法院这期间对污染环境犯罪的真实判决数情况不明。

少[1]，大部分都是小企业、小作坊、农民工[2]。可见，环境行政执法机关移送的环境犯罪案件虽然这几年在不断上升，但没有从根本上触动污染企业，构成犯罪该移送而没有移送的案件还有很多。

（2）以罚代刑。以罚代刑即环境行政执法机关以罚款、拘留、吊销营业执照等行政处罚措施代替刑事处罚，对本该移送司法机关定罪量刑的案件通过行政处罚予以结案。造成这种情况的原因，大多是因为"地方政府以污染环境罪立案影响经济发展为由阻止刑事立案处罚。……司法部门一旦对地方 GDP 贡献大户进行污染环境罪立案，地方政府往往会进行干预，阻止立案工作"[3]。我国大力开展生态文明建设，倡导绿色发展理念以后，环境保护问题已经上升到国家层面来解决，环境犯罪以罚代刑问题得到了一定程度的解决，但在财政、就业压力之下，这种现象仍然存在。

（3）环境污染犯罪移送的地域差异性过大。一般情况下，污染类环境犯罪的案发率与地方经济的发展程度成正比。经济越发达，工业化程度必然越高，工业化程度越高，污染环境的情况肯定越常见，环境犯罪发案率自然就多。经济落后的原生态地区，污染环境的现象不多，构成环境犯罪的案件也相对少见。此外，法律政策的

---

〔1〕　最近几年处理开始增多，如福建省龙岩市中级人民法院维持龙岩市新罗区人民法院对 2010 年 7 月发生的紫金矿业污水渗漏事故一案作出的判决，对被告单位紫金矿业集团股份有限公司紫金山金铜矿矿区重大环境污染事故罪判处罚金人民币 3000 万元。2015 年浙江衢州龙游法院依法对浙江金帆达生化股份有限公司非法处置危险物质污染环境案判决，判处金帆达公司罚金 7500 万元，公司主要负责人被判处有期徒刑 1 年 4 个月至 6 年不等刑罚。2015 年 9 月 23 日，内蒙古自治区阿拉善盟左旗人民法院对腾格里沙漠工业园系列污染环境案也进行了宣判，判处三家污染企业 300 万元~400 万元不等的罚金。

〔2〕　陕西省 2015 年统计的数据证实了这个情况。在陕西省 14 起与环境污染因素有关的案件中，共涉及犯罪主体 38 人，其中农民 21 人，占犯罪主体的 55.3%。参见尉琳："陕西省环境污染因素犯罪司法现状透析及改良"，载《西北大学学报（哲学社会科学版）》2016 年第 3 期。

〔3〕　蒋兰香等："试论环境犯罪惩治的检察监督"，载《中南林业科技大学学报（社会科学版）》2016 年第 3 期。

实施也是环境犯罪案件移送多少的重要因素。如新环境保护法的实施、新司法解释的出台、国家环境保护的政策等强力推进等都直接影响污染类环境犯罪的移送。我国环境行政机关移送环境犯罪案件也反映了这种地域差异性。下列 2014 年～2018 年表格中的部分时间段移送数据（参见表 5-1 至表 5-5）可以看出我国环境犯罪移送的地域差异性情况。

表 5-1　2014 年第三季度全国各地移送涉嫌污染犯罪情况（单位：件）

省份	浙江	福建	山西	广东	江苏	山东	湖南	辽宁	上海	湖北	陕西	内蒙古	贵州	甘肃	其他	总计
移送数	173	56	44	22	18	14	12	8	5	4	3	2	1	1	0	371

注：数据来自环境保护部公布的《2014 年第三季度环境行政处罚及移送涉嫌环境污染犯罪案件的情况》。非常遗憾的是无法查询到全部的数据。

表 5-2　2015 年 1 月～7 月全国各地移送涉嫌污染环境犯罪情况（单位：件）

省份	浙江	福建	山西	广东	江苏	山东	湖南	辽宁	上海	湖北	陕西	内蒙古	贵州	甘肃	北京
移送数	324	50	6	121	70	17	14	17	18	9	10	6	5	1	1
省份	天津	河北	吉林	黑龙江	安徽	江西	河南	广西	海南	重庆	四川	云南	西藏	青海	宁夏
移送数	26	49	0	0	8	6	24	5	1	22	9	4	0	1	12
省份	新疆	兵团	总计												
移送数	6	0	863												

注：数据来自王昆婷：《环境保护部通报新环保法及配套办法执行情况》，

《中国环境报》2015 年 9 月 11 日。全年数据不全，但浙江以移送 666 件为全国之最，广东也移送了 312 件[1]。

表5-3　2016 年 1 月~11 月全国各地移送涉嫌环境犯罪情况（单位：件）

省份	浙江	福建	山西	广东	江苏	山东	湖南	辽宁	上海	湖北	陕西	内蒙古	贵州	甘肃	北京
移送数	201	161	25	271	201	161	45	47	24	29	21	7	11	4	2
省份	天津	河北	吉林	黑龙江	安徽	江西	河南	广西	海南	重庆	四川	云南	西藏	青海	宁夏
移送数	36	70	6	1	37	29	55	6	0	49	18	3	0	1	3
省份	新疆	兵团	总计												
移送数	8	2	1725												

注：数据来自环境保护部公布的《2016 年 1-11 月环保法配套办法执行情况区域分布表》。2016 年 12 月份的数据环境保护部没有公布。

表5-4　2017 年 1 月~11 月全国各地移送涉嫌环境犯罪情况（单位：件）

省份	浙江	福建	山西	广东	江苏	山东	湖南	辽宁	上海	湖北	陕西	内蒙古	贵州	甘肃	北京
移送数	465	116	34	377	333	270	65	47	62	44	26	17	15	30	42
省份	天津	河北	吉林	黑龙江	安徽	江西	河南	广西	海南	重庆	四川	云南	西藏	青海	宁夏

---

[1] 广东移送的数据来自谢庆裕、陈惠陆、钟奇振："重点环境违法问题杀'回马枪'挨个查"，载《南方日报》2016 年 2 月 29 日，第 3 版。

续表

移送数	47	125	7	5	57	70	92	29	3	35	66	11	0	2	10
省份	新疆	兵团	总计												
移送数	15	6	2523												

注：数据来自环境保护部公布的《2017年1-11月环保法配套办法执行情况区域分布表》。2017年12月份的数据环境保护部没有公布。

表5-5　2018年1月~11月全国各地移送涉嫌环境犯罪情况（单位：件）

省份	浙江	福建	山西	广东	江苏	山东	湖南	辽宁	上海	湖北	陕西	内蒙古	贵州	甘肃	北京
移送数	220	105	31	503	390	167	64	76	35	40	21	34	20	13	14
省份	天津	河北	吉林	黑龙江	安徽	江西	河南	广西	海南	重庆	四川	云南	西藏	青海	宁夏
移送数	55	141	9	28	73	48	95	33		74	44	12	0	1	15
省份	新疆	兵团	总计												
移送数	6	0	2367												

注：总计移送环境犯罪案件2367件。数据来自生态环境部网站。标题《生态环境部通报2018年1-11月环境行政处罚案件与〈环境保护法〉配套办法执行情况》。

上述数据可以看出，全国各地环境行政执法机关每年移送涉嫌环境污染犯罪案件的数量极不平衡。浙江省的移送数量除2016年1月~11月、2018年1月~11月被广东超越外，其他数据均显示为全国第一。2014年上半年，全国各级环境保护部门累计向公安机关移送涉嫌污染环境犯罪案件861件，浙江一个省移送的污染犯罪案件数就达到489件，占了全国移送总数的一半还多[1]，而这其中，温州市向公安移送涉嫌环境犯罪案件数就达到178件，占全省489件的36.4%，超过了全国总移送数的1/5，在全国地市级移送中排名第一[2]。浙江丽水市2017年环保部门就向公安机关移送案件56件[3]。广东、江苏、福建、河北、山东的移送数量也排在前列。相对来说，西藏至今没有一起涉嫌环境污染犯罪案件被移送，海南、青海、宁夏、甘肃、吉林、黑龙江等地移送的数据也不多。移送数据的差异性应该既有生态环境好、经济相对落后，工业化程度不高等客观原因，也有因为经济考量对环境犯罪移送的重视度不够而不愿移送等主观原因：其一，各地经济发展极不平衡所致。经济发展水平不同，污染环境犯罪案件的发案率也就不同，如西藏自治区许多地方人迹罕至，工厂企业本来就不多，公司污染环境刑事案件自然很少。反观江浙，工业化程度高，公司企业较多，污染案件的发生率自然很高。此外，经济落后地区通常人口稀少，环境保护较好，大自然对污染的自我调节能力也较强。如同样是超标准3倍以上排污，自然条件不同造成的后果也不一样。在城市影响面会非常大，影响人口也非常多，但在农村相对就小些。其二，各地执法、司法人员的绿色执法、司法理念不同所致。经济落后地区由于要考虑发展经济，环境行政执法人员和刑事司法工作人员绿色执法、绿色司法理念相对要落后一些。其三，执法、司法人员对"严

〔1〕 参见郄建荣："上半年环保部门移送涉罪案件861件 浙江移送超半数"，载《法制日报》2014年9月24日，第6版。

〔2〕 参见夏灵犀："我市上半年移送涉嫌环境污染犯罪案178件"，载《温州商报》2014年9月26日，第5版。

〔3〕 叶浩博、郑茹茹："我市环境行政执法与司法联动机制启动"，载《丽水日报》2018年1月1日，第1版。

重污染环境"的定罪标准把握不一。沿海等经济发展地区对污染环境犯罪的刑事司法理念超前，大刀阔斧地开展创新性环境执法、司法活动，严格执行最高人民法院、最高人民检察院确定的定罪标准，所以案件自然就多。经济不发达、欠发达地区尚未处理好发展经济与保护环境之间的关系，认为过于严苛的环境刑事司法活动会因影响经济发展，因而在环境行刑衔接活动中总是会瞻前顾后，尽量提高入罪标准减少公司被追刑责。

2. 承接层面保障制度不完善。

（1）环保警察队伍还没有完全建立。"警察权介入环保领域是对体现环境正义的人权的保障"[1]。环保警察的建立可以有效应对我国严峻的环境现实，有效控制和化解环境风险。也有人对环保警察的设立持有异议，认为如果设立环保警察，那么食品安全、税务、工商等领域也可以设立警察，这样设立警察队伍很容易造成警察人员编制紧张、警察职能过宽、过分细化还容易造成警察机构臃肿，遇事互相推诿，也容易造成相关监管部门环保"警察依赖症"。[2] 实务部门的领导有些也不赞成设立环保警察，认为"做好行政执法和刑事司法的衔接才是关键问题"[3]。虽然理论界和实务界对应否设立环保警察有争执，但同意设置的声音依然盖过了反对设置的声音。从目前的发展势头看，环保警察队伍的设立具有可行性[4]，且已经势不可挡。至 2017 年底，我国已经有北京、陕西、河北等 9 个省市设立了环保警察。但是，环保警察的设立目前由于

---

〔1〕 王开广："中国环保警察存废之辩"，载《法制日报》2015 年 1 月 2 日，第 4 版。

〔2〕 参见武向朋："我国设立环保警察制度之理性思考"，载《湖北警官学院学报》2015 年第 4 期。

〔3〕 童克难："建立环保警察队伍，有没有必要？"，载《环境经济》2015 年第 Z2 期。

〔4〕 参见唐书剑："我国构建环保警察制度的可行性论析"，载《四川警察学院学报》2015 年第 5 期。

没有直接的法律依据，实务中造成了环保警察即便成立也难以解决编制问题。有些地方刚建立不久就被撤销了，如安徽铜陵县环保警察2010年从成立到撤销前后不到半年时间。如何让环保警察队伍的身份名正言顺，首先需要从《中华人民共和国人民警察法》（以下简称《人民警察法》）等法律上进行破解。

（2）移送承接队伍专业化能力不足。环境犯罪的移送承接既要求环境行政执法人员具有专门的刑法专业知识，也要求司法机关工作人员具有一定的环保专业知识。目前来看，我国环保专业人员培养能力不断加强，环境行政执法工作人员已经基本实现了环保专业化。随着我国环保警察的设置以及环境司法专门化，我国环境司法队伍的环保专业素养也大为提升。但整体来看仍然存在两个方面的问题：其一，环境行政执法机关工作人员大多系非法学专业背景，缺乏刑法专业素养，对环境违法行为是否构成犯罪不能做出准确的判断，进而导致收集证据片面、证据证明力不足等问题[1]，致使环境犯罪案件该移送而不移送；其二，刑事司法工作人员欠缺环保专业知识，认定污染类环境犯罪过度依赖环境行政执法机关及其工作人员，在环境犯罪的认定需要高科技专业技术水平，刑事司法工作人员调查取证能力不足。

（3）承接案件后处理结果不告知、案卷材料不退回。实践中，司法机关承接案件后存在玩忽职守或者滥用职权的情况。公安机关承接环境犯罪案件后不立案的，公安机关移送检察机关审查起诉后检察机关不起诉的，检察机关起诉后人民法院判无罪的案件，司法机关一般不会通知、告知环保部门，更不会将移送的案卷材料送回环保部门，这样导致有些违法人员既没有受到刑事处罚，又逃避了行政处罚。

---

〔1〕 参见赵旭光："生态环境执法与刑事司法衔接中的证据问题及解决"，载《证据科学》2017年第5期。

二、移送与承接衔接机制存在的问题

随着近些年来我国生态文明建设的大力推进，环保督查力度的加大，我国环境行政执法机关与司法机关的衔接机制不断完善。《2013工作意见》《工作办法》已经明确规定要建立联动执法联席会议制度、联动执法联络员制度、完善案件移送机制、重大案件会商和督办制度、紧急案件联合调查机制、案件信息共享机制、奖惩机制、制度等。从目前的情况看，这些机制、制度大部分已经建立起来并且执行得较好。如2017年环境保护部就提出各地可以拓展司法联动宽度，应当建立规避监管应对机制，这种拓展取得了很好的成效。2017年9月，广西环保厅组织开展的"洁海行动"中，玉林检查组发现博白县祥盛纸业有限公司存在涉嫌篡改、伪造在线监控数据行为。检查组工作人员立马通知博白县公安局工作人员到达现场对相关责任人进行询问，环境监测站工作人员在现场对外排废水进行了采样检测，发现了该公司涉嫌污染环境罪的事实，环境行政执法机关遂将案件移送公安机关调查处理。[1] 涉嫌环境犯罪移送承接衔接机制虽然整体来看取得了较好的效果，实施通畅，但上述机制运行还存在这样那样的问题，具体表现为：

（一）衔接程序不畅

环境行政执法中发现涉嫌环境犯罪的案件时，应当本着有案必移、移案必接原则进行衔接。但是，在环境行政执法机关与公安机关移送承接案件过程中，衔接程序运作中有时难免会出现这样那样的障碍[2]，具体表现为：

---

〔1〕 参见郄建荣："环保部：争取公安第一时间介入涉刑案件"，载《法制日报》2017年12月8日，第6版。

〔2〕 本书撰写此章内容虽然针对所有环境犯罪，但并非所有环境犯罪的移送都存在这些问题。问题较为集中的环境犯罪应该是污染类环境犯罪，特别是污染环境罪。

1. 案件处理不连贯[1]。案件处理不连贯主要表现为移送承接程序上存在障碍。环境行政机关在执法过程中为了节省人财物，通常只要有涉嫌环境犯罪的线索就移送给公安机关，忽视对相关证据的进一步固定和收集。公安机关对于环境行政执法机关移送来的这类案件，经审查后会认为证据不充分，不足以证明犯罪事实存在，所以不符合立案条件，于是作出不予立案的决定。有些案件虽然得以移送，但出于警力、经费等方面的考虑，公安机关也可能不予立案或立案后久拖不决，或者不了了之，对案件不予反馈，或者反馈不具体，让环境行政执法机关不知所云。目前，我国正在大力进行生态文明建设，对环境问题的关注度非常高，环境行政执法机关移送涉嫌环境犯罪的力度较之前已经大为加强。但实际操作中，环境行政执法机关仍然存在有案不移送、移送不及时、不按规定制作法律文书、不按要求提供相应材料、不向同级检察机关备案等情况。公安机关在办理环境行政执法机关移送环境犯罪时也存在不及时受理、受理后不及时审查作出决定，该立案而不予立案，或者逾期不予答复、侦查中反复退卷等现象。这种移送程序上的瑕疵直接影响了环境犯罪查处的效果，也影响环境行政执法机关移送案件的积极性。

2. 环境行政执法程序可能处于中止状态进而降低行政效率。即环境行政执法机关将涉嫌环境犯罪的案件向司法机关移送后至司法机关认定该行为构成犯罪前对该行为行政执法所处的暂时停止状态。环境行政执法中止会使得环境犯罪交接程序复杂化，可能影响对环境违法行为的处罚。有学者认为，行政执法中止有"完全中止""部分中止"（又称"有限中止"）和"不中止"三种类型：

---

[1] 参见张书琴："行政执法与刑事执法衔接机制的研究"，载戴玉忠、刘明祥主编：《犯罪与行政违法行为的界限及惩罚机制的协调》，北京大学出版社 2008 年版，第316 页。

"'完全中止'是指行政机关将案件作为一个整体，无论有多少种违法行为，只要其中有违法行为涉嫌犯罪，则'完全中止'行政执法活动，先移送追究刑事责任，然后再根据刑事处罚的结果实施行政处罚"[1]；"'部分中止'是指行政机关将案件中涉及违法主体及违法行为，区分是否涉嫌犯罪，针对涉嫌犯罪的则移送司法机关予以追究刑事责任，然后再根据情况予以行政处罚"[2]；"不中止是指行政机关在认定违法行为涉嫌构成犯罪移送司法机关追究刑事责任后，并未'中止'行政执法活动，而是继续调查并作出行政处罚决定"[3]。

实务操作中来看，"完全中止"严重降低行政执法效率且没有必要。行政执法本来追求的就是效率，将没有涉嫌环境犯罪的违法事实中止行政执法，背离了行政执法的效率价值，增加了环境执法成本。"部分中止"具有合理性且符合执法与司法的需要。这类中止中，环境行政执法机关对没有涉嫌环境犯罪的环境违法事实仍然可以进行行政处罚，只有对涉嫌环境犯罪需要追究刑事责任的犯罪事实才中止行政执法程序。而在刑事司法中，即便对于涉嫌环境犯罪的事实，环境行政执法机关将其移送至司法机关后，在公安机关审查与侦查、检察机关起诉、人民法院审判过程中，都可能作出无罪、不起诉或者犯罪情节显著轻微不需要判处刑罚的决定和判决，此时司法机关要么直接将案件退回原环境行政执法机关进行行政处罚，要么认为罪轻不起诉或者定罪免刑但应当进行行政处罚（非刑罚处理方法）而交由环境行政机关进行行政处罚。从环境行政执法

---

〔1〕 参见练育强："行刑衔接中的行政执法边界研究"，载《中国法学》2016年第2期。

〔2〕 参见练育强："行刑衔接中的行政执法边界研究"，载《中国法学》2016年第2期。

〔3〕 参见练育强："行刑衔接中的行政执法边界研究"，载《中国法学》2016年第2期。

机关移送后到案件退回这段时间，环境行政执法同样处于中止状态。所以，对于环境行政执法机关而言，根据权力清单及时进行环境行政处罚十分必要。"不中止"一般不具可操作性，在环境犯罪交接中一般不能被允许。因为对于同一案件事实，行政执法活动与刑事司法活动不可能同时进行，一般情况下应当秉承刑事优先原则先处理犯罪事实，再考虑处理环境违法事实。但是，若需要剥夺某些从业资格、没收作案工具、消除违法犯罪的条件时，行政执法活动可以与刑事程序同时进行。

3. 行政执法程序与司法程序的衔接缺乏强有力的协调部门。环境行政执法机关行使行政权，执法依据是《行政诉讼法》《行政处罚法》《环境行政处罚办法》等相关行政法律法规，刑事司法机关行使司法权，司法依据是《刑法》《刑事诉讼法》等法律。在环境犯罪的认定处罚上，刑事司法机关对环境行政执法机关某种程度上具有很强的依赖性。司法机关处理环境犯罪案件时需要环境行政执法机关提供专门技术上的支持和证据上的帮助。由于环境行政执法机关先行查处涉嫌环境犯罪的案件，故该案件是否构成环境犯罪、是否达到构罪的标准通常"受制于环保执法部门的解释和参与"[1]。囿于法定权限，环境行政执法机关也必须依赖于环境刑事司法解决情节严重的环境违法行为的刑事责任问题。环境行政执法机关将自己行政执法中发现的涉嫌环境犯罪的案件移送给司法机关，实际上是将自己行政权属中正在处理的事权移交给司法机关。一般情况下，行政权具有高度扩张性，行政机关通常不愿意拱手相让自己正在行使的权力。在外力监督干预下，环境行政执法机关不得已必须移送，但若对该移送而不移送的行为监督不力，环境行政执法机关可能就不会移送涉嫌环境犯罪的案件，而是直接对之进行

---

〔1〕　董邦俊："论我国环境行政执法与刑事司法之衔接"，载《中国地质大学学报（社会科学版）》2013年第6期。

行政处罚。实务中如何协调两类不同职能实现权力交接就是一个难题。从目前的情况看，环境行政执法机关与司法机关通过共同制定衔接办法如《2013 工作意见》《工作办法》等来解决问题。在行使不同职能的情况下，这类工作意见、工作办法相当于环境行政执法机关与刑事司法机关共同签订了一个协议，双方自愿履行协议中规定的权利义务。问题在于，移送、承接单位在环境犯罪案件交接过程中如果发生了摩擦，产生了问题，只能根据法律进行监督。在案件交接产生摩擦的情况下，二者之间若没有一个共同的上级机构来进行协调[1]，就会直接影响案件交接的效率。而在环境犯罪交接过程中，一方面需要加强司法对环境行政执法的保障力度[2]，另一方面还要解决案件交接中悬而未决的程序问题，比如，如何实现行政证据向刑事证据的转变？行政执法阶段的拘留如何实现向司法强制措施的转变？拘留阶段可否全程同步录音录像？是否可以解除拘留与执行逮捕同时进行？如此等等。整体来看目前对衔接过程中的种种矛盾尚未形成行之有效的化解机制[3]。

（二）联动协作机制实施不畅

环境行政执法与刑事司法衔接中，虽然我国已经建立了诸多协作联动机制，且办案协助、双向案件咨询、联合调查等机制等运行也取得了非常好的效果，但有些机制如提前介入制度、联席会议制度和联动执法联络员制度在实践中仍然存在一些问题：

---

[1] 根据我国现行机构设置，中央及地方政法委是党中央和地方党委领导和管理政法工作的职能部门，虽然具有"支持和监督政法各部门依法行使职权"等方面的工作职能，但目前未见行使行政犯罪移送承接等方面的协调工作。

[2] 董邦俊："论我国环境行政执法与刑事司法之衔接"，载《中国地质大学学报（社会科学版）》2013 年第 6 期。

[3] 根据中共中央 2018 年 3 月 21 日印发的《深化党和国家机构改革方案》，我国目前已经成立了中央全面依法治国委员会。该委员会是党中央决策议事协调机构，负责全面依法治国的顶层设计、总体布局、统筹协调、整体推进、督促落实，并无下属机构，也不可能来协调具体的行政法与刑事司法衔接方面的问题。

　　1. 提前介入制度尚未完全构建。环境行政执法机关发现涉嫌环境犯罪的案件的时间系在行使行政职责过程中。通常环境行政执法机关将自己发现的涉嫌环境犯罪的案件移送给公安机关相当于为公安机关提供犯罪线索和证据。环境行政执法是在行使公权力，同样需要认定事实，寻找证据。案件移送公安机关、检察机关、监察机关后，公安、检察、监察同样需要调查取证，且这种取证可能与环境行政执法机关的取证活动重复。由于环境行政执法的证据要求、取证规则、取证方法等没有司法严格，为了提高行政、司法的效率，避免重复且不及时的取证活动，公安机关、检察机关、监察机关在环境行政执法机关移送案件前提前介入环境行政执法机关发现的涉嫌环境犯罪案件的查处十分必要。对于公安机关提前介入环境行政执法发现的涉嫌环境犯罪调查的制度，原环保部已经明确提出要争取公安机关第一时间介入涉刑案件，共同赴现场办案，大幅提高涉刑案件移送效率。[1] 对于涉嫌环境行政执法领域中的渎职犯罪行为，检察机关、监察机关也应当同时提前介入进行调查[2]。上述机关提前介入可以与环境行政执法机关进行有效配合，在环境行政执法机关调查处理时运用刑事侦查、监察调查手段收集、固定证据，查处案件线索。目前来看，除了特大、重大环境犯罪案件，我国司法机关、监察机关提前介入的情况不多见，没有建立起常态化、制度化、规范化的提前介入制度，随意性较大。

　　2. 联络协作机制不完善。这种不完善主要表现在："一是会议主导者不明确，各个机关经常是轮流主持会议，会议协商气氛较

---

　　〔1〕　参见郄建荣："环保部：争取公安第一时间介入涉刑案件"，载《法制日报》2017 年 12 月 8 日，第 6 版。

　　〔2〕　我国检察机关对职务犯罪的自侦权目前已经变成职务犯罪调查权被赋予了监察机关。至今，刑事诉讼法虽然已经进行了修改，但如何厘清职务犯罪的调查权、侦查权、起诉权之间的关系尚有待廓清。此外，检察监督和监察监督之间的关系如何厘清也是亟需要解决的问题。

浓，缺乏一个统一意见的主体，会议效果大打折扣；二是会议过程透明度有待加强，实践中联席会议多为机关内部会议，没有行政相关人的参与旁听，也缺乏与新闻媒体的及时沟通"[1]。联合挂牌督办制度运行中也存在互相推诿、案件跟踪不到位等问题。此外，环境污染类犯罪侦查协作机制实施不力。环境污染类犯罪实施具有隐蔽性，因果关系具有间接性和复杂性，这给犯罪侦查工作带来了很大的困难。环境犯罪线索基本来自环境行政执法机关的移送，环境犯罪侦查工作对环境行政执法的依赖性非常强，侦查手段中的环境监测、环境检测、环境鉴定等调查取证工作都需要环境行政执法机关的协助。但从目前的情况看，相关法律法规制度虽然已有协作方面的规定，但实践中互相推诿、协作不力、效果不佳等问题依然存在，跨地域协作更不理想。

（三）信息共享机制尚未全面建立且信息不全

我国许多地方已经建立起了行政执法与司法衔接信息共享机制与平台，但仍有一些地方尚未建设好。已经建设起来的这些平台中，有些地方没有将生态环保机关纳入平台的行政执法机关成员中去，如四川等，致使环保行政执法与司法衔接信息在平台中缺失。我国还建立了一些区域性、专门性环保信息共享平台。区域性环保信息平台如长三角机动车环保信息共享平台，京津冀三地环保数据共享平台正在筹建中。环境执法监督信息共享平台如山东省环境保

---

[1] 刘远、赵玮："行政执法与刑事执法衔接机制改革初探——以检察权的性质为理论基点"，载《法学论坛》2006年第1期。

护行政执法检察监督信息共享平台[1]等。此外，我国还与其他国家合作建立了环保信息共享平台，如上合组织环保信息共享平台、中国—东盟环保信息共享平台等。从平台建设情况来看，主要还存在以下四个方面的问题：其一，公共性行政执法与司法衔接信息共享平台没有将环境行政执法机关的环境行政执法信息纳入；其二，专门性环境行政执法与司法衔接信息共享平台没有建立；其三，环境行政执法、刑事司法信息录入不全、不及时，选择性录入；其四，环保部门、公安机关、检察机关对录入的案件信息汇总、分析、综合研判不及时，环境行政执法与司法衔接平台遗漏、信息遗漏和工作疏漏亟需弥补。

（四）衔接保障机制尚不健全

总体来说，我国对于环境犯罪移送承接衔接过程的保障机制正在逐步完善。尤其是突发环境事件应急机制实施比较到位。但囿于资金、人才等方面的原因，环境执法设施和环境执法手段仍然比较落后，环境犯罪案件专门的查办培训机制、环境犯罪移送承接中的奖惩机制等尚未实施到位。

三、移送与承接监督机制存在的问题

"权力的监督机制以权力规范和制约为己任，其良序运行自然要以制度化为内核，它重点解决三个问题：赋予并落实监督权（授权）；厘清各监督机构的权责关系，筹划统一的监督网络（整合）；

---

[1]　该平台分为行政执法、环境监测、投诉举报、实时数据等功能模块，实现了省控重点河流状况监测、城市环境空气质量状况监测、省控以上企业环境监测、行政复议、行政处罚、行政许可、环保信访投诉等信息的共享。该系统还可对这些数据进行历史分析、区域分析，进行深入开发利用，从中发现有价值的案件线索，依法开展监督。同时，该信息平台功能强大、兼容性强，为向其他行政执法领域扩展提供了广阔空间。参见郭树合、张呈辉："山东启用环保行政执法检察监督信息共享平台"，载 http://www.sohu.com/a/60350042_118585，最后访问日期：2020 年 4 月 2 日。

界定行政权力监督的边界（规制）"[1]。随着生态文明建设和绿色发展的大力推进，我国对涉嫌环境犯罪移送承接进行监督的法律、法规、制度已经比较完善。实践中，不论是内部监督还是外部监督，都已经取得了较好的效果。但是，环境犯罪交接过程由于事关行使不同性质权力的国家机关，程序比较复杂，对其监督尤其是对环境行政执法的监督仍然存在一些问题，具体表现在：

（一）环保督察制度尚有瑕疵

1. 生态环境部六大区域督察局没有行政处罚权。区域环保督查中心事业单位性质没有改变前，其属于原国家环保总局派出的执法监督机构，虽然"开展了大量的督察行动，根据行业或特定环境问题检查了大量的排污企业，发现了问题……推动各地进一步加强了环境保护力度"[2]，但是区域环保督查中心当时所做的大量工作是对具体企业和项目进行检查，在环保部极具保留性放权的情况下，其职责实际上与环境行政主管部门交叉和重复[3]，身份缺乏权威性，能力资源欠缺，督促职能太弱，存在职能定位不明确、不清晰、权力优选、掣肘颇多、国家政策法规落实困难等诸多问题[4]。当时区域环保督查中心事业单位的性质和"派出机构"的定位既无法律依据，也严重制约了督查职能的发挥，直接影响督查的效果。此外，当时区域环保督查中心作为参公事业单位虽然原来享有原环保部委托的调查、检查、建议权，但实际并无真正意义上

〔1〕 蔡林慧："试论中国行政监督机制的困境与对策"，载《政治学研究》2012年第5期。

〔2〕 尚宏博："论我国环保督查制度的完善"，载《中国人口·资源与环境》2014年第S1期。

〔3〕 参见郭婷："实施综合督查 推动区域督查战略转型"，载《中国环境报》2014年6月23日，第2版。

〔4〕 参见龚斯闻、陈宇轩、孙春旭："2万字深入解读中央环保督察"，载https：//mp．weixin．qq．com/s？__biz＝MjM5MjIxMzY0MQ％3D％3D&idx＝1&mid＝2650377272&sn=a2a3bb88e6f0c75a8796cf943bc30166，最后访问日期：2020年4月2日。

的执法权，更没有查办和处理权[1]，这种督查实际上形同虚设。鉴于当时区域环保督查中心目前比较尴尬的地位和职责，有人建议"应当从国家主义和区域主义的双重运行逻辑要求对区域环保督查中心的组织行为给予规范"[2]，也有人建议"将现有的区域环保督查中心重新设定为环保部的'区域分局'，地位介于环保部和地方（省级）环保部门之间，在身份上更加独立"[3]，还有人建议将区域环保督查中心"明确定位为承担一定行政职能的'行政类事业单位'"[4]。2017 年 11 月环保督查中心更名为区域督察局，其身份也变成了原环境保护部现生态环境部的派出行政机构，前述所列问题基本得到了解决。目前存在的问题是区域督察局仍不具备处罚权，各区域督察局的执法结果最终都要上生态环境执法局，由执法局决定进行行政处罚，这样一来，区域督察局的行政职能受到了一定限制，督察效果打了折扣。

2. 中央环保督察制度尚未完全法治化。《环境保护法》第 67 条对我国环境保护内部监督机制已经进行了明确规定，生态环境保护部门内部监管已经有了直接的法律依据。环保综合督查既督企也督政，督企的内容已经规定在 2014 年修改、2015 年实施的《环境保护法》第 67 条。上级生态环境行政主管部门对下级地方政府进行督政的内容规定在《环境保护法》第 10 条。由于中央环保督察目前尚属"运动型治理机制"，虽然目前来看已经取得了不俗的成

---

〔1〕　参见韩兆坤："我国区域环保督查制度体系、困境及解决路径"，载《江西社会科学》2016 年第 5 期。赵明浩等："针对不适应加快区域督察转型发展"，载《中国环境报》2015 年 7 月 29 日，第 2 版。

〔2〕　毛寿龙、骆苗："国家主义抑或区域主义：区域环保督查中心的职能定位与改革方向"，载《天津行政学院学报》2014 年第 2 期。

〔3〕　韩兆坤："我国区域环保督查制度体系、困境及解决路径"，载《江西社会科学》2016 年第 5 期。

〔4〕　陈海嵩："强化环保督察制度的法治保障"，载《学习时报》2017 年 12 月 18 日，第 3 版。

绩，但是生态环境保护督察依据的规范是中共中央办公厅、国务院办公厅印发的《环境保护督察方案（试行）》《中央生态环境保护督察工作规定》。有学者认为，该方案和规定目前尚未完全纳入国家法治化轨道，欠缺法律、制度运作的可持续性和持久性，长期来看其督察效果难以保证。[1] 另有学者认为中央生态环保督察制度存在设计的法律依据明显不足、监督主体的法律授权十分局限、中央环保督察制的法律适用模糊，包括"党""政"责任的适用标准不明及现行法律规范的可操作性不强等问题[2]。本书认为这些问题确实存在，故必须对环保督察机制予以规范化、法治化。

3. 环保督察反馈问题落实不力。作为环保"钦差大臣"，中央环保督察的力度可谓空前，聚焦问题，效果惊人。地方环保督察的力度也在不断加强，成效喜人。但与此同时，地方政府、法人、企业等对于环保督察反馈的问题仍然存在观望、行动不够迅速、走过场、敷衍应付、整改不力或者虚假整改、表面整改、整改责任不落实等问题。在环境行政执法领域，一些环境行政执法机关对于执法中发现的涉嫌环境犯罪经环保督察后仍然不予移送刑事司法机关，消极对待环保督察；一些地方政府考虑当地经济发展仍然存在阻止环境行政执法机关移送涉嫌环境犯罪案件，以罚代刑现象仍然较为严重。随着 2019 年 7 月 10 日第二轮中央生态环保督察工作的全面启动，我国将迎来更为严厉的常态化环保督察制度。环保督察反馈的问题应该能够得到一定程度的解决。

4. 挂牌督办案件有些效果欠佳。尽管挂牌督办案件有些取得了较好的效果，如最高人民检察院挂牌督办 4 起腾格里沙漠污染环

〔1〕 详见陈海嵩："环保督察制度法治化：定位、困境及出路"，载《法学评论》2017 年第 3 期。

〔2〕 参见冀鹏飞："论中央生态环境保护督察制度的法治化——以〈中央生态环境保护督察工作规定〉为中心"，载《环境保护》2019 年第 14 期。

境案效果显著，但在有些地方，生态环保部门的"挂牌督办令却成了旅行文件，违法企业我行我素，俨然没有这回事；监管部门层层转发文件，层层不去监督落实"[1]。还有一些地方"对挂牌督办案件重视不够，甚至态度敷衍，致使挂牌督办流于形式"[2]。如2014年12月10日，环境保护部发布了环办〔2014〕107号通知，宣布对山东鲁维制药有限公司等8家企业（园区、群）进行为期半年的挂牌督办，但要求到5月底完成的挂牌督办事项基本没有完成，要求环保机关对拒不执行的移送公安机关也不移送，挂牌督办令最终变成一纸空文[3]。某省曾有3家企业环境违法企业被环境保护部挂牌督办，其中两家没有完成督办整改要求。[4]挂牌督办效果欠佳的原因在于地方政府对挂牌督办案件的重视度不够，监督主体责任缺位，被挂牌监督企业心存侥幸蒙混过关，对督办事项没有整改到位的制约机制、责任追究没有落实到位。不带"钢牙"的挂牌督办效果自然会大打折扣。

（二）检察机关对环境行政执法的监督存在立法障碍

尽管《行政诉讼法》和《刑事诉讼法》没有全面规定检察机关对行政执法行使监督权，但《行政诉讼法》第25条对生态环境和资源保护领域负有环境监管职责行政机关实际已经规定了相当部分检察监督权。人民检察院发现环境行政执法机关有违法行使职权或者玩忽职守不作为，致使国家利益或者社会公共利益受到侵害的情况时，应当向环境行政机关提出检察建议，督促其依法履行职

---

〔1〕　乔子轩："环保督办令'旅行'症结在缺乏问责"，载《检察日报》2015年5月13日，第6版。

〔2〕　杜学毅："挂牌督办案件为何整改效果不佳?"，载《中国环境报》2017年2月24日，第3版。

〔3〕　参见郄建荣："层层调查层层发文层层督办层层不落实 环保部挂牌督办令变成旅行文件"，载《法制日报》2015年5月12日，第6版。

〔4〕　杜学毅："挂牌督办案件为何整改效果不佳?"，载《中国环境报》2017年2月24日，第3版。

责。在环境行政机关不履行职责的情况下，人民检察院可以依法向人民法院提起公益诉讼。《行政诉讼法》第 25 条实则赋予了检察机关通过提出检察建议、提起环境行政公益诉讼等方式对环境行政执法机关进行法律监督。但是，该条规定存在两个方面的问题：

1. 检察机关行使环境行政监督权受到限制。根据《行政诉讼法》第 25 条第 4 款的规定，只有在环境行政执法机关违法行使职权或者不作为"致使国家利益或者社会公共利益受到侵害"时方能进行检察监督。这样规定实际上是对检察机关行使环境行政监督权进行了限制。

2. 环境行政机关对检察建议回复及整改的时限不明。《行政诉讼法》第 25 条只粗疏地规定了"应当向行政机关提出检察建议，督促其依法履行职责"，并未详细规定环境行政执法机关对检察建议的回复、纠正违法的时限，最高人民检察院发布了《人民检察院检察建议工作规定（试行）》对之也未进行明确，导致实际操作中何时启动环境行政公益诉讼难以把握。

3. 法律尚未规定检察机关对行政执法行使全面监督权。目前，《行政诉讼法》第 25 条只规定检察机关对生态环境和资源保护、食品药品安全、国有财产保护、国有土地使用权出让等四个领域的行政执法行使法律监督，其他领域尚未允许检察监督介入，尽管检察机关内部的相关文件已经规定可以对所有行政执法进行检察监督，但在法律没有明确授权的情况下进行监督显然于法无据。修订后的《人民检察院组织法》强化了检察监督权，要求行政机关对检察建议应当及时回复，但何谓"及时"仍然没有明确。法律的这种漏洞显然不能满足我国政治、经济、社会形势发展的需要。检察机关对环境行政执法机关乃至行政执法机关进行的监督属于法律监督。在不再享有职务犯罪刑事侦查权的情况下，检察机关应该行使更多的日常法律监督权。除了法律已经赋予的诉讼监督和部分行政执法监督权，检察机关应当享有更宽范围的行政执法监督权，强化刑事司法监督工作，全面行使法律监督权。

（三）相关法律、法规、司法文件监督内容滞后

监察委员会成立后，我国之前已经颁布的相关法律、行政法规、司法文件、建设性意见对涉嫌环境犯罪移送承接进行监督的内容与我国现行国家机关的职权配置不符，尤其是检察监督的内容发生非常大的改变。之前检察机关对环境行政执法人员和刑事司法人员行使法律监督权后，认为其行为涉嫌构成徇私舞弊不移交刑事案件罪或者环境监管失职等渎职失职犯罪的，可以自行侦查职责的权力现在已经赋予监察机关。因此，国家相关机构亟需对行政法规、行政规章、司法文件、建设性意见的监督内容进行修改。

（四）监督制度落实困难

涉嫌环境犯罪移送承接中，环境行政执法机关是行政机关，刑事追诉机关是司法机关，二者行使完全不同的权力，属于平行的权力部门。对此过程若没有强有力的监督机制，环境行政执法机关与刑事司法机关在环境犯罪移送交接过程中的违法违规行为、行政不作为以及工作人员的渎职失职行为就没有办法控制。虽然我国通过大量法律、行政法规、司法文件和建设性意见规定了内部监督和外部监督制度，但实践中操作起来十分困难，有学者将其概括为监督三度失灵，即环境犯罪在行政执法向刑事司法移送中、刑事立案追诉中、刑事起诉环节中失灵。[1] 值得肯定的是，近些年来，我国不论法律政策层面还是实践层面都加大了对生态环境犯罪交接过程的监督力度，环境犯罪有案不移，以罚代刑的情况大为减少，公安机关对环境行政执法机关移送过来的案件态度也大为转变。在"用最严格的制度、最严密法治保护生态环境"之际，涉嫌环境犯罪移送承接出现了良好的发展态势。但不可否认的是，对涉嫌环境犯罪

---

〔1〕　参见赵旭光："'两法衔接'中的有效监督机制——从环境犯罪行政执法与刑事司法切入"，载《政法论坛》2015年第6期。

移送承接过程的监督仍然存在诸多问题，概括起来主要有：

　　1. 内部监督效力不高。在组织架构上，内部监督的主体要么是上级生态环境保护行政机关，要么是环境行政机关的内设单位，与环境行政机关有着天然的密不可分的联系。由于行政权力是公共性与自利性、边界性与扩张性、执行性与自由裁量的统一，行政监督与生俱来存在结构性困境："行政权力运行的权威性、广泛性及随行政职能扩张而不断膨胀的行政自由裁量空间，决定了分散的个体监督难成气候。"[1] 上下级行政机关之间利益的一致性、内设监督部门对行政机关的依附性决定了内部监督无论是监督效力还是监督后的处罚、执行力都偏弱。同时，由于行政监督体系多元无序、监督机构受制于监督客体、行政监督法治程度低、弹性因素强、监督活动单一化、偏重于追惩性的事后监督以及行政领导和行政人员监督意识淡薄等原因，导致实践中该监督不监督、虚假监督、遗漏监督等现象屡见不鲜。[2] 在环境行政执法中，由于涉嫌环境犯罪的污染企业往往既污染了环境，也给社会和地方政府创造了大量财富，执法部门对涉嫌环境犯罪睁只眼闭只眼不移送可能就是地方政府"指示"所致，这种情况下环境行政机关根本不可能对本单位执法部门进行监督，生态环境局长本人都可能都涉嫌环境监管失职，"环境行政执法过程中就难免会发生执法人员担心将涉嫌犯罪的案件移送司法机关后，自己会因此受到追究，对于案件也就尽可能'低调处理'，所谓的行政监督也因此变得乏力"[3]，因而行政机关对移送案件的内部监督就是形同虚设。如原来河南商丘大沙河砷

---

　　〔1〕　蔡林慧："试论中国行政监督机制的困境与对策"，载《政治学研究》2012年第5期。

　　〔2〕　参见王世雄："我国行政监督体制的现状与发展趋向"，载《政治与法律》2000年第6期。

　　〔3〕　曾粤兴、周兆进："论环境行政执法与刑事司法的衔接"，载《青海社会科学》2015年第1期。

污染事件、广西龙江河镉污染事件、湖南浏阳镉污染事件、紫金矿业污染事件等一系列重大、特大污染事件中，都存在环保局长或者环保执法队长的失职渎职问题。此外，监督规范层面"制度本身不够细化，某些规定过于原则化，甚至简单地流于表面而欠缺实际操作性"[1] 也是内部监督乏力的原因之一。

2. 外部监督落实不力。外部监督是权力监督的主要力量。我国外部力量对环境犯罪移送和承接的监督虽然取得了很大的成绩，但仍然存在诸多问题，具体表现在：

（1）环境行政违法检察监督效力保障乏力。环境保护是我国当下各个领域都在强化的问题。对环境行政执法领域涉嫌环境犯罪案件移送承接进行监督的目的在于促进环境行政执法和刑事司法工作，保护生态环境和自然资源。但从实践情况看，外部监督有时显得软弱无力，监管部门对环境污染违法犯罪案件的监管显得"有心无力"。究其原因，主要在于：

第一，环境犯罪的查处事关地方经济的发展，生态环境执法机关查处移送涉嫌环境犯罪的案件往往阻力较大。如腾格里沙漠环境污染案。早在 2010 年就有媒体曝光了污染企业宁夏中卫造纸厂向沙漠偷排污水问题，但处理结果没有什么效果。2012 年中央电视台又对腾格里工业园区内部分企业违规排污进行了曝光，虽然此次曝光后有 15 家企业停产，但仍然有 6 家污染预处理设备的企业仍可生产，污染并未得到有效遏制。一直到了 2014 年 9 月 6 日，媒体再次报道了腾格里工业园区的环境污染问题，腾格里沙漠环境污染案才引起了党中央的高度重视。在中央主要领导作出重要批示要求彻查问题并拿出有效的整改措施后，当地政府才采取措施整治沙漠环境，解决污染问题。实际上，自从违规排污现象出现，当地居

---

[1]　蔡林慧："试论中国行政监督机制的困境与对策"，载《政治学研究》2012 年第 5 期。

民也一直在向有关部门举报。但延续 4 年曝光和举报居然也没有震慑当地排污企业，也没有引起监管部门的重视，监管缺位显然是不争的事实，有人称之为"沙漠污染背后是监管沙漠化"[1]。腾格里工业园区的污染企业中，宁夏中卫明盛染化公司是宁夏重大招商引资项目，工业园事关当地 GDP、税收、就业与政绩。所以当地政府和监管部门对这些污染企业往往"睁只眼闭只眼"，甚至纵容包庇，"排污企业受地方政府的'铜墙铁壁式'保护……更有甚者，腾格里额里斯镇化工园区组建巡逻队，对举报污染的本地居民、查访记者进行严防和打压"[2]。

第二，检察监督权行使受到制约。外部监督中，监察机关是对渎职失职工作人员的监督，通常发生在当地发生重大环境污染事故的情况下进行。监察机关对移送承接活动进行监督后享有对涉嫌违法犯罪行为的直接处理权和刑事调查权，故这类监督除非自身滥用职权、渎职失职，否则不会碰到大的难题。但检察机关的监督就比较尴尬，检察机关是对环境行政执法机关是否涉嫌违法行使职权、是否存在不作为行为进行监督，是公权力对公权力的监督，需要监督主体具有强有力的权力制约机制方能达到监督效果。目前来看，检察机关不能再对环境执法机关工作人员移送涉嫌环境犯罪案件的渎职失职者行使刑事立案侦查权，检察监督的制约力大为降低，这种情况下进行监督的效果可想而知。另外，环境行政执法机关不移送涉嫌环境犯罪行为可能是当地政府为了发展经济而指示不予移送所致。检察机关在机构、人员、经费方面与地方行政机关存在一定的依附关系，某种程度上受制于地方政府。当检察机关和监察机关

---

〔1〕 张枫逸："沙漠污染背后是'监管沙漠化'"，载《检察日报》2014 年 9 月 10 日，第 5 版。

〔2〕 蒋云飞："论环境行政执法与刑事司法衔接中检察监督之完善——以最高检挂牌督办 4 起腾格里沙漠污染环境案为例"，载《环境保护》2016 年第 7 期。

对不移送行为进行监督时，可能要考虑与环境行政执法机关之间的各种关系，故更加难以达到监督的目的。

第三，检察建议欠缺刚性。如前所述，检察机关对涉嫌环境犯罪移送承接过程进行监督后可以提出检察建议，行使违法纠正权和提起环境公益诉讼权。检察机关提起环境公益诉讼虽然效果明显，但成本太高。所以，检察监督后最常使用的处理方式还是向被监督单位发出检察建议，或者向公安机关发出立案通知。虽然最高人民检察院印发了《人民检察院检察建议工作规定（试行）》（已失效），但检察机关在运用检察建议进行监督时仍然存在各种问题，有学者将其概括为存在使用管理混乱，改进案件办理要求和规范司法行为的多、其他内容涉及较少，制度的系统化工作机制研究缺乏深度，检察建议实施效果不明显，缺乏类型化案件检察建议，检察建议制裁机制缺失，效果无法保障等问题[1]，还有学者认为存在适用形式比较混乱、适用范围偏于狭隘、自身内容不科学、具体操作流程衔接不合理等问题[2]，出现了"虽然大多数被建议单位在接到检察建议后，都给予了回复，但有的无后续整改措施；有的纠正措施非常笼统，程式化、虚无化；有的表态整改而无实际行动；有的甚至在态度和行为上对检察建议进行抵制"[3]的现象，甚至"遭遇着正当性质质疑和权威性挑战"[4]。在环境保护领域，检察监督存在环境检察建议权缺乏应有的法律保障、质量不高、流于形

〔1〕　王红斌、贺楠："检察建议使用之乱象分析"，载《中国检察官》2015年第19期。

〔2〕　卢护锋："检察建议的柔性效力及其保障"，载《甘肃社会科学》2017年第5期。

〔3〕　魏哲哲："如何提升检察建议的刚性"，载《人民日报》2018年8月8日，第19版。

〔4〕　杜承秀："行政执法检察建议制度的程序要素"，载《学术论坛》2016年第5期。

式法律效果有限、效果难以延伸等问题[1]。要充分发挥检察监督的作用和功能，建立具有一定刚性制裁力的检察建议实施机制必不可少。

（2）公众监督陷入困境。环境保护公众参与是环境民主的重要方式。随着我国环境保护力度的加强，公民参与环境保护的热情不断高涨。厦门"PX事件"、大连"PX项目"、宁波"PX项目"以及昆明、九江等地的"PX"项目中，公众参与取得了较好的效果。公众参与某种意义上就是公众对破坏环境保护行为的监督。我国《环境保护公众参与办法》虽然对公众参与环境保护建立了保障机制，但仍然在环境信息接收、环境决策参与方面陷入困境。如公众参与环境保护需要环境信息公开，但我国政府和企事业单位公布环境信息的范围方式非常有限。我国已经制定了《政府信息公开条例》《环境信息公开办法（试行）》以及《企业事业单位环境信息公开办法》等法规或规章，但这些法规规章存在法律位阶过低、公开的范围窄且模糊、公开采取"自愿+强制"方式不科学等问题。实践层面，各级政府除了大气污染、水污染等国控污染源信息完整公开效果较好外，其他环境信息基本没有公布。环境决策参与方面，一是参与决策的主体受限，基本以邀请的方式参与；二是公众参与决策的方式单一化、简单化，基本通过听证会、论证会、征求专家、公民意见等方式进行；三是公众参与决策的法律责任缺失。公众参与环境保护领域监督方面，监督方式原则化，效率低下，事后监督，缺乏预先参与机制，反馈机制欠缺等问题一直存在。[2]从公众视角分析，公众参与环境保护的人数不多、意愿不强，环保

---

〔1〕 张樊、张晶："环境保护领域检察建议权的完善"，载《湖北文理学院学报》2017年第12期。

〔2〕 晏林："环境保护公众参与的困境及突破"，载《江西理工大学学报》2017年第4期。

参与能力有限。绝大多数公众抱着事不关己高高挂起的态度对待环境保护问题。我国首个环保指数"中国公众环保民生指数"2006年发布的数据显示，2005年中国公众环保指数得分为68.05分。调查发现，公众参与环保存在的主要问题有："对环境负面问题的敏感和关注程度远高于自然保护区等正面环境问题""公众环保主动性较差、环保参与能力不够强""公众关注环保的出发点主要是个人利益，而责任意识较淡薄"[1]。环境行政执法中涉嫌环境犯罪的移送和司法承接更是涉及行政执法的保密性和刑事司法的独立性等问题，所以公众监督仅起到检举揭发、提供犯罪线索等作用。案件的追诉的启动还是有赖于环境行政执法机关的主动性或者检察机关的监督和监察机关的监督。

（五）内外联合的多元协同监督网络尚未织牢

监督协同机制是指各监督主体之间如何协调好监督工作、采用何种方式才能更好地协力发挥监督作用等视角探讨监督策略和方法。我国对涉嫌环境犯罪移送承接过程设计了庞大的内外监督制度体系。内部监督方面，设计了上级生态环境行政主管部门对下级生态环境行政主管部门进行监督，生态环境、自然资源保护部门内设单位的监督，以及受理案件的公安机关、监察机关内设单位的监督。外部监督方面，设计了检察监督、监察监督、中央和地方环保督察、区域环保督察中心的督查、人大监督、党的监督、公众监督、媒体监督等。这些监督制度构建起环境犯罪移送承接的全方位监管体系。但是，百密一疏、白玉有瑕。尽管我国对环境犯罪移送承接的监督虽然在制度层面已经较为完善，但如此众多的监督主体通过何种方式协同进行监督以发挥最佳监督效果显然还未解决。

1. 内部个体监督效果欠佳。目前，与环境犯罪移送承接相关

---

〔1〕 马宁："公众环保民生指数显示公众环保参与能力不够强"，载 http：//www. gov. cn/govweb/jrzg/2006-01/11/content_154190. htm，最后访问日期：2020年4月5日。

的单位均有健全的内部监督制度，但"行政权力运行的权威性、广泛性及随行政职能扩张而不断膨胀的行政自由裁量空间，决定了分散的个体监督难成气候"〔1〕。以生态环境部为例，生态环境执法局是其内设监督机构，"统一负责生态环境监督执法……组织开展全国生态环境保护执法检查活动。查处重大生态环境违法问题……"〔2〕此外还设置了相应的纪检监察内设机构。下级生态环境主管部门也基本设置了大同小异的内部监督机构。但从监督效果来看，除中央生态环保督察外，由本系统上级执法监督机关督促下级环境执法机关移送涉嫌环境犯罪的案件不是太多。在本单位内部，生态环境执法部门既是环境行政执法部门，也行使监督执法职责，既当裁判员，也当运动员，通过其监督移送的涉嫌环境犯罪的案件更为少见。环境执法监督权的行政化很容易造成环境行政监督主客体关系的倒置，很难发挥出令人满意的监督效果。

2. 内外联合的监督网络尚存漏洞。根据宪法和法律规定，我国对环境行政执法中环境犯罪的移送和司法承接过程的外部监督有专门的环保监督方式如中央环保督察和区域环保督察中心的督察，有具有独立监督权的监察机关、检察机关、党委、人大、政协监督，还有可以独善其身的公众、媒体监督等。从监督机制运行的效果看，中央环保督察和检察监督、监察监督效果无疑最好，只要有这几个监督部门参与监督的案件一般都能得到正确的处理，应该移送的涉嫌环境犯罪的案件大部分都是通过这几种监督方式督促完成。其他监督主体的监督并未带来监督效能的大幅上升。究其原因，一方面是其他监督主体的监督权受到了强势的行政权力的侵蚀，使得监督主体缺乏监督的独立性；另一方面，环保监督具有专

---

〔1〕 蔡林慧："试论中国行政监督机制的困境与对策"，载《政治学研究》2012 年第 5 期。

〔2〕 参见生态环境部网站对生态环境执法局职能的定位。

业性，党委、人大、政协等部门的监督要行使监督权必须依赖于生态环保机关的专业知识。如此一来，这些监督主体实际上并不完全拥有独立的环境执法监督能力和地位。对于公众和媒体而言，知情权是其行使监督的前提条件。尽管公众监督和媒体监督在大力加强生态文明建设的今天发挥着越来越重要的作用，但执法的信息匮乏、环保知识和法律素养的欠缺也使得其对涉嫌环境犯罪的案件到底是否应当移送持不确定的态度。只有在涉嫌重大环境犯罪案件的情况下，公众和媒体的监督介入方能发挥应有的作用。

第二节　问题产生的原因

环境行政执法中移送和司法机关承接环境犯罪之所以存在前述问题，原因多种多样，概括起来主要有：

一、立法层面

（一）立法抽象模糊导致环境犯罪是否构罪难以判断

法律的特征之一是高度概括和抽象，刑法更是如此。尽管刑法对某些犯罪设置了叙明罪状，对犯罪构成作了比较详细的描述，但较之于社会生活中发生的形形色色的刑事案件仍然难以一一对应。因此，不同机关、不同部门、不同个体由于立场、水平等原因对于法条的认知结果可能不一样。对于环境犯罪来说，有些犯罪的认定较为容易，如非法猎捕、杀害珍贵、濒危野生动物罪，非法采伐国家重点保护植物罪等行为犯，只需实施行为即可构成犯罪，无需判断结果、因果关系等问题。盗伐林木罪和滥伐林木罪等也只需判断数量即可确定是否构罪。但对于污染类环境犯罪来说，污染环境罪的犯罪标准是"严重污染环境"，比较抽象。至于何为严重污染环境，法律本身没有规定，《2017 污染解释》对之进行了明确，但其中存在模糊的问题，如第 1 条第 10 项将"造成生态环境严重损害"

和第 18 项 "其他严重污染环境的情形" 都是不确定的标准。"生态环境严重损害" 到底是指什么样的损害？"其他情形" 到底包括哪些情形？环境行政执法机关在移送案件涉及这两个标准时就需要进行判定，而环境行政执法机关要作出与司法机关一致的判断难度大。

污染环境犯罪行为的定罪标准本身就是一个难以确定的问题，污染后果既可以是人身、财产的损失，且这种损失包括直接损失和间接损失，还可以是污染行为本身带来的生态环境损害（包括生态修复费用）及危险。间接损失中，《2017 污染解释》第 1 条第 9 项规定 "违法所得或者致使公私财产损失 30 万元以上" 就可以构成犯罪，实践中存在操作困难。根据该解释第 17 条的规定，公私财产损失包括的费用范围非常广，既有直接的财产毁损、减少的经济损失，也包括 "为防止污染扩大、消除污染而采取必要合理措施所产生的费用，以及处置突发环境事件的应急监测费用" 等间接损失。存在的问题是，如果污染本身造成的财产损失很少，但消除污染、应急监测等产生的费用特别大，是否需要移送定罪就值得商榷。大气污染案件中，由于造成的污染很快就会烟消云散，及时取样不太可能，如果重做大气污染侦查实验又会造成二次污染，所以要认定污染达到犯罪的程度难度非常大。

污染犯罪认定中还有许多直接影响定罪的概念需要厘清，如污染的水域是否系饮用水水源一级保护区、自然保护区核心区，排放、倾倒、处置的物质是否属有放射性的废物、含传染病病原体的废物、有毒物质，倾倒、处置地是否属于暗管[1]、渗坑，等等。

---

[1] 如南通市港闸区环保局和南通市港闸区公安局在处理南通天华机械电镀有限公司污染案件时对 "雨水管道" 是否属于暗管一度产生了不同的认识。参见李婷、赵建峰："南通港闸一电镀企业被判污染环境罪 行政处罚后又追刑责"，载 http://www.jshbgz.cn/hbxw/hbxin/201603/t20160325_344694.html，最后访问日期：2020 年 1 月 12 日。

如对于危险废物，我国有专门的《国家危险废物名录》（最新版为2020年11月5日由生态环境部联合国家发展和改革委员会、公安部、交通运输部、国家卫生健康委员会发布）。环保部门在对涉嫌的危险废物进行检测时一般采取名录优先原则，但公安机关要求证明系危险废物才受理案件，而证明危险废物需要一系列客观证据，这些证据的获取难度很大，且环保证明与司法证明差别较大。要解决这些问题，环境行政执法机关需花费大量的人力、财力、物力。此外，对于有些案件事实，仅靠环境行政执法机关的能力和水平无法准确作出判断。所以，法律的模糊性和污染类环境犯罪判断的高度专业性导致环境行政执法机关对犯罪的判断不准，进而可能造成该移送而不能移送的情况出现。此外，污染环境犯罪方面的主观明知包括上线人员、下线人员、施工人员以及其他人员的明知有时也难以认定，要生态环境执法人员与司法人员准确认定犯罪有时有一定难度。

（二）国家机构改革导致操作规则修改滞后

目前，我国正在大力进行国家机构改革。机构改革牵一发而动全身。机构改革后，之前法律授权的职能以及权力责任配置发生了很大的变化，需要修改法律法规以适应改革后机构职能变化。而修改法律是一个庞大的系统工程。目前国家还只修改了《宪法》和《刑事诉讼法》，尚有许多相关法律法规有待修改。在机构改革过程中，如果法律没有修改到位，国家机关的职能行使可能会产生一些乱象。这也是国家要正视的问题。如我国设立监察委员会后，原来由检察机关行使的查处职务犯罪的权力发生了变化，许多法律、法规、规章均需要修改。目前虽然已经修改了《刑事诉讼法》，但相关事项如何对接仍然不太明确。监察委员会设立后，我国之前制定的衔接建设性意见如《行政移送规定》《移送意见》《衔接意见》《受理规定》《2013工作意见》《工作办法》等规定的监督内容几乎全部与监察委员会挂钩，检察机关的监督职责就发生了很大的变化。这些矛盾的解决还要假以时日。

（三）国家没有制定相关衔接性法律所致

对于环境犯罪案件乃至所有行政犯罪案件的移送，我国至今没有一部专门的衔接性法律。尽管《行政处罚法》《刑事诉讼法》等法律法规作了部分规定，但也都是只语片言，根本无法满足行政机关移送犯罪、司法机关承接犯罪的需要。相关机构共同制定的《行政移送规定》《移送意见》《衔接意见》《受理规定》《2013 工作意见》《工作办法》等行政法规、规章、建设性意见位阶太低，约束力不强。我国目前正在大力制裁行政犯罪，行政执法机关移送犯罪数量也大幅增加。法律的缺失带来了移送承接难题，因此有必要从法律层面制定一部行政犯罪移送承接方面的法律（法律名称可以叫作《行政犯罪交接法》）。

二、实践层面

（一）衔接程序本身复杂[1]

环境犯罪的移送和承接是行政权和司法权的衔接。两类不同性质的权力认定事实的程序、要求不一样。行政权注重效率，行政处罚虽然也要遵循程序，但程序设置相对简单，且只在行政机关内部走流程。司法权虽然也注重效率价值，但更注重公平公正和人权保障。司法权行使过程中有控辩裁三方参与，每一个证据、每一个步骤都有严格的规则。刑事诉讼过程中，所有犯罪事实都需要用证据予以证实或者证伪。总的来说，行政权的程序呈现粗线条，司法程序呈现严密、严苛特征。由于没有侦查权，环境行政机关将自己发现的涉嫌环境犯罪的案件移送给司法机关时大多只有犯罪线索或者部分犯罪事实，整体上比较粗糙，不符合刑事诉讼的需要，许多事实都需要司法机关重新收集和调查。这个过程中，环境行政执法机

---

［1］　参见吴家明、朱远军："环境刑事司法之现状分析与对策"，载《人民司法》2014 年第 21 期。

关不仅要移送案件，还要移送证据和材料，司法机关承接移送案件时不能奉行拿来主义，而是要对移送来的材料进行甄别，要对事实和证据拾遗补阙。司法机关在对承接案件查漏补缺的过程中，需要环境鉴定、环境监测、环境检测等方面的专业技术，这些技术司法人员基本不具备，需要环境行政机关予以协助方能解决。所以，环境行政执法机关移送环境犯罪案件不是一送了事，司法机关承接移送案件也不是一承即休，双方在涉嫌环境犯罪案件的诉讼程序终结之前需要开展大量合作、协助，直至满足诉讼的需要。在环境犯罪案件衔接时，第一步是环境行政执法机关移送案件，第二步是公安机关承接审查案件，第三步是公安机关侦查案件，第四步是侦查完毕后要移送检察院起诉，第五步是人民法院进行审判。这些诉讼流程需要按部就班，规范操作才能完成。哪一个环节出了差错就会造成案件追诉出现瑕疵。在跨职能衔接的情况下，由于没有共同的上级机关进行协调，加之外在因素如部门利益、个人考量、地方政府干预、环境行政执法人员素质不高、主动移送意识不强等因素的影响[1]，本来就复杂的衔接程序更加复杂。

（二）环境犯罪的经济性使得移送承接中权力发生纠葛

环境犯罪都具有一定的经济性，犯罪人总是想方设法通过实施环境犯罪行为牟取各种利益。"以污染为例。在一个完全竞争市场中，污染加害于个人的损失会刺激他们去为减少损失而讨价还价。如果受害者的开价超出了低污染的成本，那么污染者就会选择减低污染程度或停止污染，因为这将增加他的利益。……如果法律要求企业给予受害者污染加害赔偿，企业只要在污染增长收益高于赔偿支付时，它将继续污染；当法律要求企业将全部污染增长收益都用于赔偿或赔偿额更高时，企业将停止污染，但这将影响侵害行为的

---

〔1〕　参见王树义、冯汝："我国环境刑事司法的困境及其对策"，载《法学评论》2014 年第 3 期。

社会效率。这是法律不当干预造成的交易成本提升"[1]。在环境违法犯罪的处罚上，环境行政处罚大大轻于环境犯罪刑事处罚。在构成环境犯罪的情况下，为了减轻处罚，降低处罚成本，犯罪人往往会绞尽脑汁诱惑环境行政公权力主体滥用权力，阻止环境犯罪案件转入刑事程序。环境行政公权力本身具有很大的扩张性，如果监督惩治制度缺失，环境犯罪滞留在行政程序中的可能性会非常大。另外，环境犯罪与生俱来的正负两面性使得政府面临两难：一方面，生态文明建设、绿色发展需要进行环境保护，另一方面，地方政府面对经济发展指标又有巨大的压力。如当一个污染企业因为严重环境污染构成犯罪时，企业主会被立案侦查起诉，企业会面临关闭，此时政府会考虑就业的压力、地方 GDP 的压力等经济因素，可能会采取一些不当手段阻止环境行政执法机关移送该犯罪案件，"这使得将环境侵害案件按照法律规定转入刑事程序的侦查既没有内在动力，又存在外部压力"[2]。

(三) 环境违法与犯罪界分标准弹性太大

在环境保护领域，环境违法行为与环境刑事违法行为评价的对象具有"竞合性"，即行为性质相同，违法量上有别。环境行政执法权与刑事追诉权作用事项上考量的标准便是环境违法行为的轻重，环境违法行为性质不严重者属于环境行政执法权规制的范围，环境行政违法行为性质严重者属于刑事追诉权制裁的范围。这样划分的目的在于"限制行政机关在遇到存在犯罪嫌疑案件时的自由裁量权"[3]。本来，"在法律已经把各种观念很明确地加以规定之后，

---

〔1〕 ［美］理查德·A. 波斯纳:《法律的经济分析》，蒋兆康译，中国大百科全书出版社 1997 年版。

〔2〕 侯艳芳:《环境资源犯罪常规性治理研究》，北京大学出版社 2017 年版，第119 页。

〔3〕 时延安:"行政处罚权与刑罚权的纠葛及其厘清"，载《东方法学》2008 年第4 期。

就不应再回头使用含糊笼统的措辞"[1]，但从实践中来看，由于环境经济社会事务的复杂性和关联性，刑法规范对环境犯罪标准规定不得已仍然比较模糊，违法行为与犯罪行为很多情况下没有一条泾渭绝对分明的界限，故环境犯罪界定的弹性很大，环境行政执法机关对一种环境违法行为到底是否构成犯罪仍有非常大的的自由裁量空间。如对于重金属超标3倍以上的案件，如果没有证据证明其不正常运行设施，也无法证明行为人主观上存在倾倒、处置恶意，环境行政执法机关移送后检察机关不起诉，如果不移送公安机关则又担心被定性为"以罚代刑"，怎么处理这类性质模糊的案件存在难题。一般而言，"执行和实施规则的官员对自由裁量权的解释和领悟，可以对妨碍法令实现初衷的规则进行纠正"[2]。当一种法律规则模糊不清，或者很多种解释也无法解决问题时，那么这种法律规则的缺陷在实施过程中会通过多种方式表现出来。环境行政执法机关在违法行为是否构罪模糊时均会维护乃至扩大行政权，对本来应当移送的涉嫌环境犯罪的案件有时不予移送。

（四）环境行政权和环境刑事司法权博弈中刑事司法权处于劣势

环境犯罪大部分来自自然资源、生态环境保护行政机关的移送，污染类环境犯罪更是如此。污染环境类犯罪的认定要依赖于环境行政执法机关提供相关的技术支持，搜集必要的犯罪证据如对排放的污染物、污染物对环境污染程度的鉴定意见等。当行政处罚权与刑事处罚权发生权力纠葛时，行政权较之于司法权更具优势，原因在于：①行政处罚权的主动性和刑事司罚权的被动性所致。环境行政权是调整国家环境秩序的主要力量，环境行政处罚权的实施具

---

〔1〕　参见〔法〕孟德斯鸠：《论法的精神》，孙立坚、孙丕强、樊瑞庆译，陕西人民出版社2001年版，第678页。

〔2〕　〔美〕科尼利厄斯·M. 克温：《规则制定——政府部门如何制定法规与政策》，刘璟等译，复旦大学出版社2007年版，第104~105页。

有主动性，其调查、处罚都由同一部门行使，不必遵循严苛的处罚程序，追求的是行政效率。而刑事司法权的行使具有被动性，这种被动性首先表现在司法审判秉承"不告不理"的审判理念。如果检察机关对犯罪案件提起公诉，自诉人不到法院进行告诉，则法院不可能行使审判权。其次在犯罪的侦查、起诉上也均较为被动。侦查权行使方面，公安机关、监察机关侦查、调查刑事案件的线索大多来自公民的检举揭发、举报以及行政机关的移送，自己主动发现犯罪并进行侦查的案件不多见[1]。环境行政机关如果不移送环境犯罪案件，公安机关积极主动发现环境犯罪并进行侦查的环境犯罪案件同样不多，绝大多数情况下公安机关侦查环境犯罪案件要依赖于环境行政机关移送环境犯罪案件。起诉权行使方面，如果公安机关不移送起诉，检察机关也不可能向人民法院随意提起环境犯罪案件的公诉。司法权的这种被动性使得其在追诉犯罪中具有连环依赖性。在行政权独立行使具有得天独厚的优势面前，刑事司法权显然处于劣势。②在环境犯罪移送事权上，先行行使权力的环境行政执法机关占有绝对优势。环境犯罪移送承接链条中，环境行政执法机关主动行使执法权，先行司法机关发现涉嫌环境犯罪案件。在第三方权力监督不到位、对渎职不移送案件行为责任追究不落实的情况下，环境行政机关此时基于部门利益、个人利益会自我创制、自我膨胀其行政权，往往不愿意向司法机关移送涉嫌环境犯罪案件，进而出现环境行政权与刑事司法权不协调的现象。司法权对于环境行政机关不移送环境犯罪案件大多数情况下束手无策，无可奈何。

行政权主动的优势和司法权被动的劣势使得环境犯罪案件的移送举步维艰。这也不难理解在我国改革开放后经济飞速发展、环境破坏最为严重的时期，为何我国环境行政执法机关对环境犯罪案件

---

〔1〕 监察委员会设立后，根据其职能主动发现职务犯罪的情况会比较常见。但监察委员会调查犯罪的线索大多同样来自公民的检举揭发。

的移送数量如此之少。2013 年后，由于国家大力进行生态文明建设，推崇绿色发展，环境问题的重视度空前，所以环境犯罪的移送数量才逐步增加。"行政权在社会规制方面的作用，在一定程度上替代了司法权应发挥的作用"[1]。因此，环境行政执法机关应当严格按照职权法定原则行使将涉嫌环境犯罪案件进行移送至司法机关处理，以发挥刑罚在环境治理中的威慑作用。

（五）地方政府干预移送现象严重

环境犯罪具有一方面污染环境，一方面促进经济发展的正负两面性。这种特征使得地方政府在对待环境犯罪的态度上与对待其他犯罪截然不同。"在以经济增长为中心的发展模式中，在以唯 GDP 论的绩效考核制度模式下，地方政府与违法者往往有着直接的经济利益关系，强烈反对环保部门严厉处罚污染企业"[2]。所以，环保行政执法机关"移送案件受阻与地方政府的不当干预亦有莫大的关系"[3]，更加倾向于"用行政化手段进行非罪化处理，以降低社会关注度"[4]。

党的十八大以来，我国逐步改革地方政府唯 GDP 政绩为要的考核模式，"要把资源消耗、环境损害、生态效益等体现生态文明建设状况的指标，纳入经济社会发展评价体系，建立体现生态文明

---

〔1〕 时延安："行政处罚权与刑罚权的纠葛及其厘清"，载《东方法学》2008 年第 4 期。

〔2〕 吴伟华、李素娟："污染环境罪司法适用问题研究——以'两高'《关于办理环境污染刑事案件适用法律若干问题的解释》为视角"，载《河北法学》2014 年第 6 期。

〔3〕 参见吴家明、朱远军："环境刑事司法之现状分析与对策"，载《人民司法》2014 年第 21 期。

〔4〕 尉琳："陕西省环境污染因素犯罪司法现状透析及改良"，载《西北大学学报（哲学社会科学版）》2016 年第 3 期。

要求的目标体系、考核办法、奖惩机制"[1]。这种考核模式的改变对促进环境行政执法机关移送环境犯罪案件效果比较明显。近些年来各地环境行政执法机关移送案件大增就是很好的证明。但是，污染类环境犯罪的移送仍然不甚理想。

（六）证据调查、收集、转化困难

环境犯罪中，破坏资源的犯罪由于大多属于自然人犯罪，证据调取、转化、因果关系证明等难度不大，所以移送承接情况比较乐观。但对于污染类犯罪来说，除了刑事案件中常见的证人证言、书证物证、视听资料等通用证据外，生态环境部门的移送材料、生态环境部门的调查报告、污染物排放许可证、环境监测部门的监测报告及上级主管部门的认可意见、环境执法机关与刑事司法机关的现场检查勘验笔录、照片、记录、检测报告、危险废物、有毒有害物质处置合同与认定、处置车辆运输轨迹、仓库储存与出库单、危险废物转移联单、危险废物经营许可证、污染物质的取样及交接记录、危险废物与有害物质处理统计表、处置现场勘查图、被污染地点方位图、环保部门批复、建设项目竣工环境保护验收申请、环境影响评价材料、鉴定意见以及环境违法行为限期整改通知书、行政处罚决定书等可以证明环境犯罪是否存在的专门性证据是办理案件特有的证据。其中，监测报告、检测报告、鉴定意见更是办理污染环境犯罪案件必不可少的证据。如江苏南通丰越生物化工有限公司、南通恒铭有限公司污染环境案，丰越公司明知他人无危险废物经营许可证，仍委托恒铭公司处置大量危险废物，严重污染了环境。泰州市姜堰区人民法院认定两公司污染环境犯罪事实的专门证据就包括勘查笔录、侦查实验笔录、上海化工研究院检测中心的检测报告、废物鉴定请示、江苏省生态环境厅废物认定复函、危险废

---

[1] 中共中央宣传部：《习近平总书记系列重要讲话读本》，学习出版社、人民出版社 2016 年版，第 240 页。

物判定函、技术鉴定报告及相关附件、企业法人营业执照、危险化学品经营许可证、非药品类易制毒化学品生产备案证明、工矿产品购销合同、产品销售合同、第三类易制毒化学品运输备案证明、环评报告节录、工艺流程图和产污环节图、交通违法信息、扣押清单、记账单、银行承兑汇票、收条、付款通知书、核算项目明细账、废水现场采样记录、检验报告、技术评估意见、复函、检测报告等[1]。

由于环境污染案件证据易变，污染难以鉴定、监测数据不真实、因果关系难以查处等原因，加之污染类犯罪促进经济发展和破坏生态环境正负效益共存，地方政府通常会干预案件的移送。因此，要移送承接一个污染环境犯罪案件难度非常大，这也不难说明为何 2013 年前污染类环境犯罪移送仅为个位数，最多也仅两位数。即便已经移送的案件，刑事追究也是难上加难，如 2014 年北京市环境保护局移送的涉嫌"环境犯罪的刑事案件只有 1 起，已经开庭两次，最后由于缺乏证据一直没法判"[2]。这种情况在国外同样存在。如在美国，要收集足够的生态损害证据以构成刑事追诉是很困难的事情。仅有少数污染行为容易侦测，大部分生态污染并不显著以至于逃避公众的注意、环保人员的侦测及追诉。环保刑事追诉在证据法上的困难主要在于：难以收集足够的证据证明污染犯罪事实达到排除合理怀疑的证明要求，难以建立污染行为与损害结果之间的因果关系，难以指出个别的被告以及难以证明故意（明知）主观罪过。故美国对生态犯罪的追诉率也偏低。[3] 1983 年 10 月至

---

〔1〕 参见江苏省泰州市姜堰区人民法院（2015）泰姜环刑初字第 00001-1 号刑事判决书。

〔2〕 参见巩志宏等："'环保警察'执法难；抓得了人罚不了、判不了"，载 http://www.china.com.cn/legal/2015-06/19/content_35864463.htm，最后访问日期：2020年 4 月 5 日。

〔3〕 穆勒："生态犯罪之研究"，载《环境刑法国际学术研讨会论文辑》，国际刑法学会 1992 年版，第 80~81 页。

1986年3月间，美国联邦环保局起诉环境犯罪180件，130件被判有罪。德国对刑法第二十八章规定的环境犯罪进行司法处理的人数比率业极低且处理中有轻罪化之嫌（见表5-6），个中缘由除了以行政处罚代替刑事处罚，还存在污染犯罪的证据调取困难等问题。我国台湾的情况也大体如此。台湾对环境犯罪的侦查与鉴定程序均很落后，要起诉环境犯罪，证据鉴定等费用复杂而昂贵。[1]

表5-6　德国1975年~1990年对环境犯罪处理的情况[2]

犯罪情况　　年份		1975	1980	1985	1990
水污染犯	发生案件	3072	4246	8562	10 073
	嫌疑行为人数	2546	3305	6609	7990
	受判决人数	981	1158	1812	2106
	有罪判决人数	673	714	977	1128
	与嫌疑行为人比率	26.4%	21.6%	14.8%	14.1%
垃圾清理犯	发生案件	177	428	2750	9009
	嫌疑行为人数	166	410	2519	7281
	受判决人数	15	99	554	1780
	有罪判决人数	11	59	348	1110
	与嫌疑行为人比率	6.6%	14.4%	13.8%	15.2%

---

〔1〕　参见郑昆山：《环境刑法之基础理论》，五南图书出版公司1998年版，第157页。

〔2〕　数据来自郑昆山：《环境刑法之基础理论》，五南图书出版公司1998年版，第367页。

续表

犯罪情况 年份		1975	1980	1985	1990
空气 污染 与噪 音犯	发生案件	57	193	443	523
	嫌疑行为人数	59	205	354	482
	受判决人数	15	38	27	42
	有罪判决人数	7	18	7	16
	与嫌疑行为人比率	11.9%	8.8%	2.0%	2.9%

环境犯罪移送不同于其他犯罪移送的一个主要特征就是证据调取、转换工作困难。调查取证难是污染环境犯罪难以移送、难以追究的关键所在，具体表现在以下几个方面：

1. 环境行政执法机关发现犯罪线索困难。正因为污染环境犯罪线索难以发现，所以实践中污染环境罪案件直接被公安机关立案查处的数量很少。污染环境犯罪案件的线索来源主要有三种：一是群众举报；二是生态环境行政机关移送；三是公安机关主动发现。司法实践中，通过这三种渠道发现的污染环境犯罪线索都比较有限[1]：其一，群众举报数不多。由于环境污染案件所侵犯的环境权具有公共属性，不是指向受害人一个人或者某几个人，大多人抱着"多一事不如少一事""事不关己高高挂起"的心态，主动举报污染环境犯罪者很少[2]。近几年来这种状况有了很大的改观，但

---

[1] 焦艳鹏："污染环境犯罪的司法困境及其解决"，载《中国环境法治》2013 年第 1 期。

[2] 笔者在中国裁判文书网中收集了 200 个公司污染环境罪案件，判决书显示由公民个人举报的案件只有 1 个，其他均有生态环境部门行政执法或公安机关治安执法中发现。

整体数量还是不多，因为"个人在收集证据方面存在很大的局限性，公民个人难以成为环境犯罪立案材料的主要提供者"[1]。其二，污染环境违法犯罪活动比较隐蔽，不容易被发现。许多企业阳奉阴违，白天不排晚上排，明里不排暗里排，或者通过暗管、渗井、渗坑、裂隙、溶洞、灌注等方式排污，有些企业排污甚至将排污口建在湖泊、水域的中心，导致公民生态环境行政主管部门很难发现污染环境犯罪行为。如"2013 年河北省沧州市南皮县的被告人周某德在没有办理任何手续、无污水处理设备的情况下，在自家院内私自经营电镀厂，并私设暗管排放电镀产生的废水"[2]。目前罚金数额最大的浙江建德二厂等三家企业污染环境案也是通过预先埋入地下的暗管直接将污水排放到京杭大运河。据浙江省环境保护科学设计研究院评估，三家企业排放了约 1 万吨草甘膦危险工业废液和 7500 吨"磷酸盐混合液"。这一环境污染案件损失费用若按三类水标准要求，需要修复费用 8064 万元，远远超过了被告企业在非法排污案件中谋取的经济利益。[3] 其三，公安机关在履职过程中发现污染环境犯罪行为的案件屈指可数。据笔者对公司实施的污染环境罪的案件来源进行调查，183 个公司实施的污染环境罪中，由生态环境行政执法机关移送的案件为 168 件，占案件总数的92%。公民举报至公安机关或者公安机关自己发现的案件数只有 15 件，仅占案件总数的 8%。

2. 环境行政执法第一时间取证困难。很多工厂、企业、个人通常在晚上实施排污行为，或者排污地点地理位置偏僻交通不便，执法部门很难在第一时间获取污染环境犯罪的信息。另外，环境犯

---

〔1〕 董邦俊："论我国环境行政执法与刑事司法之衔接"，载《中国地质大学学报（社会科学版）》2013 年第 6 期。

〔2〕 周宵鹏："小案多大案少　打击污染环境犯罪遇诸多'拦路虎'"，载《法制日报》2014 年 9 月 12 日，第 6 版。

〔3〕 参见浙江省杭州市余杭区人民法院（2014）杭余刑初字第 619 号刑事判决书。

罪还存在证据容易灭失的特点，如水污染证据难以固定，跨省河流的水污染证据更难固定，因为水是流动的，水污染案件发生当时如果不立马取证，污染会很快被稀释，污染物也会很快随流水流走。大气污染的情况下，污染物也会很快随空气烟消云散，污染企业不会等着生态环境机关来取证，通常是生态环境机关一来，排污企业的排污行为会马上停止，大气是否受到污染取证就会存在困难。取证困难的主要原因主要在于：①污染环境犯罪行为本身比较特殊。如污染行为实施后，液体污染物往往会通过管道等排入河流、湖泊，但液体污染物在流动过程中会不断释解，气体污染物以及部分固体污染物则在排放或处置过程中会不断挥发，致使无法取证。②公民取证意识欠缺。受到环境污染损害或者发现环境污染的公民和志愿者没有协助生态环保机关或者公安机关取证的意识，也不知道如何取证。有些取证后如何提交证据，向谁提交证据等都不知道，应当对接哪个部门也不清楚。③危害后果出现滞后给及时取证带来麻烦。有些情况下环境污染所引起的损害大多在污染行为实施完毕后很长一段时间才能显现出来。发现、固定、提取、保存这类案件的证据就比较困难。④环保执法证据与刑事司法证据的证明标准有差距。污染环境犯罪案件的证据大多数是执法机关进行行政执法时所获取的证据，这类执法证据的证明标准往往难以达到司法机关进行刑事诉讼所需要的证据要求。比如，环保执法时，执法人员看到有人倾倒污泥的行为就可以进行行政处罚。如果倾倒污泥的行为涉嫌构成犯罪需要移送公安机关，则必须有确凿的证据：需要现场鉴定倾倒的是污泥，且倾倒的数量上需要达到3吨以上。并且要确定污泥是从哪家工厂运出来的，从什么时候开始装车的，行驶的路线是哪一条，倾倒在何处，倾倒的物质必须是超过国家排放标准的物质或者危险废物等。这些证据必须形成完整的证据链[1]。此外，环保执法还存在实物取证方法不科学、取证程序不规范、取证不完整等问题，最终直接影响一些关键性犯罪证据的运用。⑤污染环境犯罪的证据过于专业，技术性太强，司法机关单独无法完成取证工作。

3. 环境监测准确取证困难。环境监测作为证据在污染环境犯罪认定中居于核心地位。据笔者对 183 个公司实施的污染环境犯罪案件进行统计，有 72% 的案件采用了环境监测数据作为污染环境罪定罪的关键证据。环境监测数据主要包括三类：一是环境监测报告[2]载明的数据；二是排污者自行监测数据，性质上属于日常监测；三是排污者委托监测数据。委托监测一般委托环境保护主管部门所属环境监测机构或者经省级环境保护主管部门认定的环境监测机构进行检测。环境监测数据本来是客观评价环境质量状况、反映污染治理成效、实施环境管理与决策的基本依据，也是证明污染环境犯罪存在与否的直接证据，但在我国许多地方却成为制假造假的

---

　　[1]　巩志宏等："'环保警察'执法难；抓得了人罚不了、判不了"，载 http://www.china.com.cn/legal/2015-06/19/content_35864463.htm，最后访问日期：2020 年 4 月 5 日。北京市环境监察总队副总队长赵志威还列举了对一个企业偷倒污泥难以取证的尴尬境地："我们派了 3 辆车、10 多人晚上蹲守，拉污泥的车辆出厂后，因为跟踪不专业，我们很快被对方发现。结果对方车辆绕行环路、几度出入收费站摆脱追踪，跟我们兜了几乎一晚上圈子，最后我们无功而返。"
　　[2]　环境监测报告是指由具有资质的监测机构按照有关环境监测技术规范，运用物理、化学、生物、遥感等技术对各环境要素的状况、污染物排放状况进行定性、定量分析后得出的数据报告和书面结论。

重灾区[1]，很多企业篡改、伪造监测数据[2]。2016 年 9 月前，我国环保管理体制是以块为主的地方管理体制。虽然这种体制下我国生态环境监测工作也取得了很大的进展，为环境保护工作提供了很大的支持。但是目前监测工作仍然存在以下问题：①社会监测机构良莠不齐，有些机构唯利是图，一味降低成本；②排污单位监测数据弄虚作假；③监测工作不连贯或者选择性进行监测，导致监测数据不准确；④地方政府干预环境监测现象严重。如山西临汾甚至出现了"国控空气自动监测站已成为犯罪分子自由出入的场所"[3]。2017 年 4 月至 2018 年 4 月，临汾六个国控站点被认为干扰上百次，经查，发现有人潜入临汾市委监控区并更换了相关仪器。进一步调查，发现是环保局长张某清派人干扰所致。后晋中市榆次区人民法院对涉案 16 人作出判决，张某清被判处有期徒刑 2 年。[4] 另外，河南省上蔡县刘女士家的麦田附近有一个空气质量监测站。2019 年 6 月初，该县城市管理综合执法局因为担心刘女士家的 70 亩小麦麦收产生的扬尘会影响监测站的数据而不让她用收割机收割且必

---

〔1〕　如 2018 年 3 月 28 日，中国环境监测总站其在监测数据审核时发现山西省临汾市部分空气质量自动监测站数据异常。根据问题线索，生态环境部第一时间派出工作组赴临汾开展飞行检查，发现临汾市 6 个站点采样系统受到不明身份人员人为干扰。生态环境部调查后发现犯罪事实清楚、证据确凿，遂将案件依法移交公安部。2018 年 4 月 11 日，公安部将证据移交山西省公安部门。山西省公安机关迅速组织警力侦破，抓获 16 名犯罪嫌疑人，依法移送起诉。2018 年 5 月 30 日，山西省晋中市榆次区人民法院以"破坏计算机信息系统罪"对涉案 16 人作出了判决。参见生态环境部："生态环境部环境监测司负责人就山西临汾监测数据造假案答记者问"，载 http://www.mep.gov.cn/gkml/sthjbgw/qt/201806/t20180623_443636.htm，最后访问日期：2020 年 4 月 5 日。

〔2〕　如环境保护部在 2015 年 6 月通报了多起环境监测数据弄虚作假案例。具体参见人民网，载 http://politics.people.com.cn/n/2015/0612/c1001 - 27145373.html，最后访问日期：2020 年 4 月 5 日。

〔3〕　郄建荣："严打监测数据造假 环境部锁定重点区域"，载《法制日报》2018 年 8 月 11 日，第 6 版。

〔4〕　邓琦："环境部：临汾环境监测造假案影响恶劣"，载《新京报》2018 年 6 月 24 日，第 8 版。

须用手割。[1] 该事件经媒体曝光后虽然被纠正，但一定程度上反映了环境监测中的弄虚作假问题。还有，我国有些城市环境监测中为了取得优良数据，环境执法部门在环境监测站附近区域用洒水车洒水的现象也比较普遍。第三方监测机构的数据造假问题也非常严重，监测机构的规范性运作、数据真实性问题很大，其不规范操作得出的数据、不具真实性的数据的刑事证据功能大打折扣。

国家机构改革前，环境污染防治和环境保护涉及众多部门，这些部门下面都设置了环境监测站（点），人员、经费、设备、监测任务和监测数据均归本部门管辖，这种重复设置的机构产生了检测任务不均、重复、监测资源浪费、监测数据矛盾等问题。地方政府层面，监测站（点）的经费、人员、设备、任务和数据军规地方政府配置和管理，一些基于地方政府基于本位主义，直接干预环境监测工作，尤其是环境污染严重，影响地方政府的政绩或乌纱帽时，地方政府干脆指使环境监测站修改证据、伪造证据。临汾环境监测造假案就是弄虚作假的典型。环境监测弄虚作假不仅影响环境决策的科学性，而且影响涉嫌环境犯罪案件的取证，使真实的数据没法调取出来，致使调取出来的本该可以作为证据使用的监测数据根本不能作为证据使用，某种程度上帮助犯罪分子逃避刑事制裁。2016年9月，为了破除体制机制制约，加快解决以块为主的地方环保管理体制存在的突出问题，中共中央办公厅、国务院办公厅印发了《关于省以下环保机构监测监察执法垂直管理制度改革试点工作的指导意见》，强化了地方党委和政府及相关部门的环保责任，调整了地方环境保护管理体系，规范、加强地方环保机构和队伍建设，建立了健全、高效协调的运行机制。环境机构监测监察执法垂直管理制度改革后已经初见成效，一定程度上解决了"环保干部'站得

---

[1] 参见河南省污染防治攻坚战领导小组办公室豫环攻坚办［2019］89号文。

住顶不住，顶得住站不住'的老大难问题"[1]。对于环境监测泛滥成灾之类的问题，环境保护部联合财政部印发了《关于支持环境监测体制改革的实施意见》，制定了《国家生态环境质量监测事权上收实施方案》（环发〔2015〕176号）等文件，但目前来看效果不甚理想。

4. 环境损害鉴定困难。污染环境犯罪中，环境损害鉴定作为证据与环境监测、环境检测一样是证据之王。若没有环境损害鉴定，污染环境犯罪造成的损害后果就没法准确判定。环境损害鉴定是指"环境损害司法鉴定是运用科学专业技能对环境污染和生态破坏造成的人身、财产及生态环境损害的专门性问题的科学界定，包括污染物和污染破坏行为的定性、污染破坏行为与损害结果之间的因果关系判定、损害程度和范围的界定及数额量化等方面的判断"[2]。环境损害鉴定是确定环境污染损害结果的一种重要途径，对"环境诉讼案件的处理具有举足轻重的影响"[3]，具有及时性、复杂性、成本高、周期长等特点，污染环境罪查处所必需的污染物认定、污染损害情况等专业问题需要由有资质的鉴定机构通过环境损害鉴定来解决。目前来看，我国已经在法律、法规、制度层面对环境污染损害评估鉴定体系进行了建构：2007年司法部发布了《司法鉴定程序通则》（2015年12月24日进行了修订）；2014年以后，原环境保护部等相关部门先后印发了《生态环境损害鉴定评估技术指南损害调查》《环境损害鉴定评估推荐方法（第Ⅱ版）》

〔1〕　董峻、高敏："省以下环保机构监测监察执法垂直管理制度改革成效"，载 ht-tp：//news. cctv. com/2018/05/29/ARTIPqXsrTm7xpmWAbY2RHiu180529. shtml，最后访问日期：2020年4月5日。

〔2〕　於方、田超、张衍燊："我国环境损害司法鉴定制度初探"，载《中国司法鉴定》2015年第5期。

〔3〕　王元凤等："我国环境损害司法鉴定的现状与展望"，载《中国司法鉴定》2017年第4期。

《生态环境损害鉴定评估技术指南总纲》等规章制度。2016 年，司法部与环境保护部联合制定了《环境损害司法鉴定机构登记评审办法》和《环境损害司法鉴定机构登记评审专家库管理办法》。2016年，最高人民法院、最高人民检察院与司法部联合下文将环境损害司法鉴定纳入了统一登记管理范围。刑事司法层面，《2013 污染解释》和《2017 污染解释》都对鉴定意见进行了明确确定。《2013污染解释》第 11 条规定："对案件所涉的环境污染专门性问题难以确定的，由司法鉴定机构出具鉴定意见，或者由国务院环境保护部门指定的机构出具检验报告。"《2017 污染解释》第 14 条在《2013污染解释》的基础上进行了强化："对案件所涉的环境污染专门性问题难以确定的，依据司法鉴定机构出具的鉴定意见，或者国务院环境保护主管部门、公安部门指定的机构出具的报告，结合其他证据作出认定。"这些法规、司法解释的规定要求各级环境保护部门提升监测能力，加构建完善的环境损害评估鉴定体系。为了规范环境鉴定管理，解决环境污染损害鉴定难题，我国相关部门还专门制定了操作性很强的专门性环境损害评估鉴定规章制度。如 2011 年原环境保护部发布了《关于开展环境污染损害鉴定评估工作的若干意见》和《环境污染损害数额计算推荐方法》；2013 年原环保部发布了《突发环境事件应急处置阶段污染损害评估工作程序规定》；2014 年司法部司法鉴定管理局发布了《农业环境污染事故司法鉴定经济损失估算实施规范》等。但从目前的情况看，鉴定难的问题依然十分突出，具体表现在以下几个方面：

（1）污染物种类太多导致鉴定标准不统一，有些污染物没法鉴定，有些不知如何鉴定。生态环境损害评估鉴定种类主要有：污染、危险废弃物损害鉴定；农业环境污染损害鉴定；海洋生态环境损害司法鉴定；养殖和野生渔业环境污染损害鉴定；林业环境破坏评估鉴定；室内环境质量检测等。这些评估鉴定涉及自然资源、生态环境、农业等多个环境资源行政主管部门，要求鉴定人跨领域开展评估鉴定工作难度很大。况且，各部门已经编制的技术规范均各有侧重，有关污染损害赔偿范围的界定以及具体评估方法也有很大差别。在我国国家机构已经进行改革的情况下，虽然上述问题得到了一定的缓解，但实践操作不统一、鉴定意见互相矛盾等问题依然会存在。有些污染物不知如何鉴定。如废机油的鉴定问题，一则有些地方没有有资质的鉴定机构来鉴定，二则也无法进行鉴定，三则鉴定机构只鉴定只对取样是否属于污染物进行定性鉴定，很多没法进行定量鉴定。有些环境资源损害还存在鉴定机构奇缺和鉴定规范缺失的现象。如非法捕猎鸟类的行为到底造成多大的环境损失，找不到相关鉴定机构进行鉴定。尽管我国已建立了相对完善的鉴定工作制度和技术规范体系，但现有法律法规规章没有专门对突发性环境事件的鉴定工作进行规定。突发性环境事件由于事发突然，应当如何抽取鉴定样品就是一个难题，污染是否存在认定困难。目前生态环境行政执法机关不知如何着手解决这个问题。此外，国家机构改革后由于职能整合，机构整合，原有法律法规也亟需进行修改、完善。

（2）鉴定费用太高，鉴定者难以承受，进而导致鉴定程序启动困难。根据相关规定，环境损害鉴定的费用应当列入同级财政预算。但目前来看，生态环保部门所列的鉴定费用预算文件并无财政部门的会签，执行起来难度很大，鉴定经费保障难以到位。实际鉴定中，污染物鉴定涉及鉴定资质和专门技术，成本高昂，有的污染物鉴定费用或环境损害评估费用动辄数十上百万元[1]，广西对原环保部、公安部、最高人民检察院联合挂牌督办的三起案件[2]进

---

〔1〕　如2011年6月发生的渤海重大海洋溢油事件，国家海洋局组织鉴定，动用轮船、雇佣劳力等费用支出就达到上百万元人民币。

〔2〕　即2017年原环保部、公安部、最高人检察院决定对来宾市"3·14"非法跨省转移倾倒危险废物案、钦州市"5·12"浓硫酸泄漏案、贺州市八步区"6·9"危险废物跨境倾倒案进行联合挂牌督办。

行鉴定，仅鉴定费用就高达 699 万元之巨[1]。来宾、钦州、贺州三地没有财力支付，最后只能由生态环境厅向财政厅申请支付。河北省公安机关侦办的一起化工厂污染环境案件，对污染了的 2 亩土地进行环境污染损害评估，费用也高达 50 多万元。[2] 湖南岳阳一起非法狩猎犯罪案件的鉴定费也高达 20 万元，经反复协商后最后还是交了 10 万元。[3] 公安机关的办案经费也捉襟见肘，如此庞大的鉴定费用是在难以支付。[4] 有些环境污染案件由于"出不起鉴定费用，不少案件只能挂着，不少犯罪嫌疑人因没有证据逍遥法外"[5]。有些环境犯罪案件影响大、污染范围广，进行环境损害鉴定需花费大量的人力、财力和物力。"基于环境刑事政策与司法成本的考量，部分环境污染行为或者程序上难以启动环境损害鉴定评估"[6]。这类环境违法行为即便涉嫌环境犯罪，但环境行政执法机关经过考量后认为成本太高，也可能不得已放弃环境损害鉴定，直接将这类案件按环境违法行为进行行政处罚。

（3）鉴定时间长，技术难度大。污染领域的鉴定涉及多个学科，污染物本来就种类繁多，其被排放、倾倒、处置后进入大气、水、土壤、农作物中，与这些物质结合后还可能发生物理、化学变

---

〔1〕 数据来自笔者对广西生态环境行政执法机关的调研。

〔2〕 巩志宏等："'环保警察'执法难；抓得了人罚不了、判不了"，载 http：//www. china. com. cn/legal/2015−06/19/content_35864463. htm，最后访问日期：2020 年 4 月 5 日。

〔3〕 笔者在湖南岳阳调研时获取的信息。

〔4〕 周斌："雾霾污染难固定证据影响打击效果"，载《法制日报》2015 年 5 月 14 日，第 5 版。

〔5〕 巩志宏等："'环保警察'执法难；抓得了人罚不了、判不了"，载 http：//www. china. com. cn/legal/2015−06/19/content_35864463. htm，最后访问日期：2020 年 4 月 5 日。

〔6〕 柴云乐："环境污染犯罪刑事责任追究过程中的环境损害鉴定评估补充路径之选择与适用"，载《法大研究生》2017 年第 1 期。

化，污染结果最终是否由公司、企业排放的污染物导致，因果关系如何确定、损害的大小等问题直接与其他科学技术如医学、化学等密切相关，在其他科学技术无法企及的情况下，鉴定时间往往拖得很长甚至无法开展。

（4）鉴定意见不当。实践中还可能会出现以下三种不当的司法鉴定意见：一是"家长式"，即使用过于绝对且具有事实判定性意见，代替法官判定案件事实；二是"资讯型"，即鉴定意见闪烁其词，软弱无力，不能帮助司法人员解决案件事实认定问题；三是虚假意见，即不遵循客观事实出具鉴定意见，以假充真。这些不当鉴定意见会导致环境行政执法机关、刑事司法机关认定事实出现偏差，既削弱了相关鉴定机构自身的一系列，也损害了环境损害鉴定机构自身的健康发展，还导致司法证据确定困难。

（5）环境损害评估鉴定法律法规在司法实务中难以落实。主要表现为：一是完整、完善的法规、技术标准与运行体系尚未形成[1]；二是评估鉴定工作尚未完全走上正轨；三是尽管我国已经放开了评估鉴定机构的门槛[2]，但目前这类鉴定机构仍然奇缺，可以提供权威性、公正性技术支持能够胜任环境损害评估鉴定职责的鉴定机构少之又少。

5. 危险废物认定处理难度大。危险废物是环境污染的罪魁祸首，是环境治理的主要对象。对于现场查扣的犯罪嫌疑人正在倾倒的疑似危险废物，如果嫌疑人交代了来源，可以依据来源进行认

---

〔1〕 蔡长春："我国环境损害司法鉴定管理步入正轨"，载《法制日报》2016年12月8日，第1版。

〔2〕 截至2016年2月，环保部公布了环保系统内两批环境损害鉴定评估推荐机构名录，在全国范围内共确定了29家鉴定机构，两个司法解释增加了公安部门可以指定出具检验报告的机构，这在一定程度上缓解了鉴定机构缺乏的问题，但仍然难以适应环境鉴定市场的需求。

定。如果嫌疑人拒不交代来源，就无法依据来源直接认定危险废物[1]。实践中，有时即便嫌疑人交代了危废的来源，有些危险废物的源头也无法查明。生态环境行政执法机关办理危废案件时很多情况下只能凭口供认定危废来源，涉嫌环境犯罪的案件移送至公安机关后，公安机关认为证据不足退回，导致涉罪案件因为危废源头无法证实而办不下去。此外，在多人同时涉嫌倾倒危险废物、固体废物的案件中，哪些人的倾倒行为构成犯罪难以认定。一般情况下犯罪嫌疑人都不承认自己倾倒了达到构罪标准的固体废物或者危险废物，所以，这种情况下如何认定证据就成为难题。在涉嫌环境犯罪危险废物的处理上，生态环境行政执法机关将案件移送至公安机关后，按理应当由公安机关处理，但通常情况下公安机关不进行处理，生态环境机关和公安机关通常因处置问题互相扯皮，只能寄存在生态环境机关的仓库，但寄存费用如何承担存在问题。实践中还存在危险废物材料再利用中的污染物数量的认定问题。如某公司购买 30 吨危险废物作为原材料进行加工再利用，利用处置后还剩 2吨危险废渣，那么办案中是以 2 吨确定还是以 30 吨确定？如果以 2吨确定危废数量，则该案因没有达到 3 吨的定罪标准就不构成犯罪，若以 30 吨确定危废数量，则该案已经达到构罪标准，应当认定为犯罪。对此问题，各地生态环境行政执法机关的做法不一致。

6. 环境行政证据转化为刑事证据困难。证据是诉讼的核心，证据转化制度是环境行政执法中环境犯罪案件移送与承接中的基础问题。我国对行政违法行为和犯罪行为设立了二元制裁体系，对行政违法行为进行行政处罚，对犯罪行为进行刑事处罚。行政处罚的

---

[1] 实务部门的通常做法是通过鉴定解决。经鉴定该疑似危险废物为一般工业固废的，不构成刑事犯罪，由生态环境执法部门进行行政处罚。经鉴定该疑似废物通过浸出毒性监测等手段鉴定为危险废物的，案件可以顺利地移交给公安机关办理。该疑似废物依照来源应该是危险废物，但是浸出毒性等方法鉴定不具有危险特性，最后只能按照一般工业固废进行处理，由生态环境执法部门进行行政处罚。

价值重在效率，刑事处罚的价值重在公平、公正和秩序，故两种处罚对证据的要求不同。长期以来，我国法律并无行政证据如何转化为刑事证据的规定。最早规定证据转化制度的是 2011 年最高人民法院、最高人民检察院、公安部联合发布的《关于办理侵犯知识产权刑事案件适用法律若干问题的意见》，该意见第 2 条规定："行政执法部门依法收集、调取、制作的物证、书证、视听资料、检验报告、鉴定结论、勘验笔录、现场笔录，经公安机关、人民检察院审查、人民法院庭审质证确认，可以作为刑事证据使用。行政执法部门制作的证人证言、当事人陈述等调查笔录，公安机关认为有必要作为刑事证据使用的，应当依法重新收集、制作。"之后，2013 年《人民检察院刑事诉讼规则（试行）》（已失效）第 64 条、《工作办法》第 20 条、第 21 条、《2017 污染解释》第 12、13、14 条对行政执法或环境行政执法证据转化为刑事执法证据都进行了一些规定。

　　理论层面，学界对行政证据是否适合向刑事转化存在肯定说、否定说与折中说三种观点。肯定说认为行政执法机关依法收集的证据材料经刑事司法机关接受或调取后可以作为行政证据使用；否定说则认为不能作为刑事证据使用，因为证据转化制度是没有存在的必要且突破了宪法、法律关于刑事控方主体地位的规定，因为《刑事诉讼法》第 54 条规定刑事诉讼中证据收集的主体是人民法院、人民检察院和公安机关，行政机关不属于法定的刑事证据收集主体[1]；折中说认为应当区别情况对待，物证、书证、视听资料等客观证据可以作为刑事证据运用，证人证言、被害人陈述以及涉嫌

---

[1]　参见张晗："行政执法与刑事司法衔接之证据转化制度研究——以〈刑事诉讼法〉第 52 条第 2 款为切入点"，载《法学杂志》2015 年第 4 期。

的犯罪嫌疑人供述等言词证据不能作为刑事证据使用，需重新调取。[1] 还有学者认为行政执法证据直接作为刑事诉讼证据使用存在导致刑事诉讼证据收集主体不适、有可能规避非法证据排除规则、有可能对犯罪嫌疑人、被告人的辩护权造成侵害、极易导致侦查机关滥用司法权等弊端[2]。应该说学界的质疑有一定的道理。但是，行政执法中对涉嫌刑事犯罪的移送是一种客观存在。行政执法中已经收集的证据有些是客观证据，能够证明犯罪事实，完全摒弃不用显然不能满足司法效率。"如果案件移送后公安机关创新搜集证据，不仅可能因时过境迁而丧失了取证的最佳时机，从而使得搜集证据变得不可能，而且会因一些案件涉及行政部门的专业性知识，仅凭公安机关搜集相关证据则十分困难。"[3] 实践中看，环境行政执法中移送的涉嫌污染环境犯罪的案件进入刑事司法程序需要证据予以支撑，而证明污染行为构成犯罪的证据大多来自行政执法。虽然我国行政执法机关和司法机关联合发布了一系列规章、司法文件进行转化，但仍然存在证据转化范围模糊、操作性不强、可能导致规避非法证据排除规则等情况出现。因此，建立合适的转化机制、构建基本的转化规则才是正道。

---

〔1〕 参见谢治东："行政执法与刑事司法衔接机制中若干问题理论探究"，载《浙江社会科学》2011 年第 4 期。

〔2〕 王乔："公安行政执法证据在刑事侦查中的运用——以《刑诉法》第 52 条为视角"，载《中国刑警学院学报》2013 年第 2 期。

〔3〕 王敏远、郭华："行政执法与刑事司法衔接问题实证研究"，载《国家检察官学院学报》2009 年第 1 期。

第六章　衔接机制运行中问题解决的建议方案

第一节　域外衔接机制及经验启示

我国的权力架构中，行政权与司法权是性质完全不同的权力，环境行政执法部门和刑事司法机构的权力秉承"井水不犯河水"的行事规则。我国环境刑事司法权以公安机关、人民检察院、人民法院为主行使，环境行政执法机关辅之以前述机关解决环境刑事责任追究中的专业问题。环境犯罪基本属于行政犯范畴，依赖于环境行政法而存在。环境违法行为与环境犯罪行为虽然本质相同，但危害性不同。环境犯罪是严重破坏环境资源的行为，与环境违法行为的边界就是是否严重危害社会，达到刑法规定的标准。一般环境违法行为由生态环境行政执法机关按照环境行政法规定进行处罚，环境犯罪行为由司法机关根据刑法和刑事诉讼法定罪量刑。环境行政执法机关发现环境犯罪案件时需要与司法机关衔接共同解决，解决起来相对复杂。在国外，有些环境违法行为和环境犯罪行为的界限不是特别明确，加之其行政执法权和刑事司法权的行使也不像中国这么泾渭分明，所以，国外环境行政执法机关发现环境犯罪时处理方式相对简单，不一定将案件移送刑事司法机关，环保执法机关有可能对环境犯罪直接行使侦查权。如美国，环境保护部门享有刑事调查权，欧盟一些国家也有一种行政机关和侦查机关"联合调查"方式，按照刑事程序法的规定，侦查机关起主导作用，行政执法主体听从调遣，目的在于使行政程序中获得的证据能够进入刑事诉讼程序[1]。由于各国政治体制、司法体制不同，环保机关移送犯罪与司法机关承接犯罪的衔接机制也不尽相同。囿于篇幅，本书只选取几个环境犯罪追诉衔接比较典型的国家和地区进行介绍。

一、域外环境刑案移送与司法承接的衔接机制

（一）美国

美国的环境犯罪移送和承接处理经历了一个不断变化的发展过程。20 世纪 60 年代，学者 Kadish 提出要用刑事措施强化经济规制[2]。90 年代，Shavell 和 Nuno Garoupa 等进一步提出了"最优执法理论"（Optimal Enforcement Theory），核心观点是"行政处罚与刑事司法并存"可实现更优的法律效果。由于行政执法中的委托代理、法律错误及监管者与被监管者之间的共谋等原因，在一定条件下，行政处罚加上刑罚威慑的"执法二分法"（Legal Dichotomy）是合理的。[3] 自 20 世纪 60 年代以来，美国国会、政府和司法部门开始重视运用刑事法律手段惩治、遏止环境犯罪。美国联邦司法部、联邦调查局、联邦环保局等机构开始确立并逐步改进调查和起诉环境犯罪案件的职能，比较有效地保证了环境刑事法律的实施。美国环保局成立之初，行使的职能主要是民事执行和行政处罚。环境刑事案件由环保局移送给享有起诉犯罪案件权力的美国司法部进行审查和起诉，司法部下设环境与自然资源处，处下面又设有三个

---

〔1〕 王刚："域外行政执法与刑事司法衔接"，载《理论与现代化》2016 年第 3 期。

〔2〕 See S. A Kadish ， *Some observations on the Use of Criminal Sanctions in enforcing Economic Regulation*, 30 University of Chicargo Law Review, 1963, pp. 423-49.

〔3〕 See S. Shavell, *the Optical Structure of Law Enforcement*, 36 Journal of Law and Economics, 1993, pp. 255-87; Nuno Garoupa and F. Gomez, *Punish once or Punish twice: A Theory of the Use of Criminal Sactions in Addition to Regulation Penalties*, UPF School of Law (mimeograph), 2002.

科室，即环境执法科、辩护科和起诉科。在很长一段时间内，美国环保局并无刑事案件调查权，也缺乏环境刑事执行职能。在这种情况下，美国司法部基于刑事证据标准也不接受证据不充分的涉嫌环境犯罪案件。美国联邦调查局是当时唯一具有环境犯罪调查职能的法律机构，基于严重刑事案件的压力，他们不愿意将精力花在罪刑较轻的环境犯罪案件上。环保局要获得搜查执行令，必须得到联邦调查局的批准。

　　20世纪80年代开始，美国环境犯罪案件日益增多，司法部开始加强对环境犯罪案件的处理，1980年在其土地和自然资源局内设立了环境法执行处，1982年在环境法执行处下面又设立了专门的环境犯罪小组。同时，环保局开始改善其环境刑事执行能力，专门成立了环境刑事执行办公室，招聘律师负责调查环境犯罪。1984年，司法部批准授权环保局代表司法部对环境犯罪行使调查执行权。1988年，国会通过法律，授予环保局以全面、永久的法律调查执行权。美国专设执法与守法保障办公室，内设守法处、刑事执法法庭辩论与培训处、联邦行动处、管制执法处、环境正义处、现场补救执法处、宣传处、联邦设施执法处、行政和人员支持资源管理处以及规划、政策分析处等九大处室。在美国，环境执法机构的设置"以'执法'为核心，根据执法的不同涉及面或功能和环节来设计，是一种纵向的划分。这与USEPA[1]按照污染介质进行横向划分机构形成了互补"[2]。1990年11月，《污染起诉法》获得国会通过。根据美国《资源保护回收法》（又称《固体废物处置法》）等法律，环保局有权对违反环境法律规定义务的人提起刑事

---

〔1〕　USEPA是美国环境保护署（又译美国环境保护局）的英文缩写，全称是United States Environmental Protection Agency。

〔2〕　秦虎、张建宇："中美环境执法与经济处罚的比较分析"，载《环境科学研究》2006年第2期。

强制执行。目前，美国环保局下设行使环境犯罪侦查、调查、起诉等职能的机构，对环境犯罪行为可以直接向法院提起诉讼。[1]

美国环保局下属十个辖区，将环境违法行为交付刑事侦查和起诉有所差异，但移交的态度都比较谨慎，只有很少一部分被交付司法部门提起刑事诉讼，如 2002 年，共有 484 起环境犯罪受到刑事追诉，由环保部门交付刑事起诉的案件只有 250 起，少于民事起诉的 342 起。美国违反环境法的自然人比公司更容易受到刑事处罚，在多数情况下，公司比较容易成为执法目标，但很少成为刑事起诉的对象[2]。"除简单的环境犯罪以外，地方警察和检察官通常不具有处理和调查环境犯罪所需的专业知识和资金支持。复杂、繁琐、疑难的环境犯罪需要周或国家委派具有专业技术知识人员帮助处理。……在美国，联邦环保局与联邦、州及地方各级法律执行机构联手协作，对环境违法行为进行调查和起诉。在联邦一级，对环境犯罪的调查主要由联邦调查局负责。联邦调查局负责调查的环境犯罪类型包括有害废物的非法处置、将污染物非法排放到水体里、将法律限制或禁止的化学品非法进口到美国境内、擅自篡改饮用水供

---

〔1〕 参见蔡守秋："国外加强环境法实施和执法能力建设的努力"，载 http://www.riel.whu.edu.cn/index.php/index-view-aid-8432.html，最后访问日期：2018 年 7 月 24 日。

〔2〕 之所以公司更难以被刑事追诉，其原因主要在于"公司的组织结构具有隐蔽性，因此侦查人员在判断谁是责任人、谁是参与人、犯罪如何发生时，很困难，因此抗制犯罪的一般执法手段用处不大，用于侦破有组织犯罪的措施则用处很大。秘密侦查、线人举报、警察圈套等都能派上用场。至于在调查犯罪如何发烧、哪些人参与犯罪过程中，为了从知晓内情的参与者那里获知案情，侦查人员也会使用威胁、利诱等手段。因此，环境犯罪的主要犯罪人可能不会被处以重罚，他们所拥有的重要地位及其提供的案情，使他们在与行政执法官及检察官进行辩诉交易时常常处于有利地位。"参见 ［美］尼尔·沙佛、阿隆·S. 罗特："美国应对环境犯罪的行政范式与刑事对策"，颜九红译，载《北京政法职业学院学报》2009 年第 2 期。

给线路、邮件诈骗、电话诈骗、共谋及与环境犯罪有关的洗钱行为。"[1]

可以说，美国经过几十年的环境犯罪追诉体制改革，环境刑事案件执行体制发生了很大的变化。1984 年前，美国存在类似我国的环境行政执法与刑事司法的衔接机制。具体衔接方式为，美国联邦环境保护局的行政执法官员"进行例行的行政督查，对也可能刑事处罚的行为，转交给司法部直接提起刑事诉讼或者转交给下属的联邦调查局进行侦查。……如果犯罪事实清楚，美国联邦环保局就将案件直接移交给作为美国国家公诉机关的司法部或其下属的检察官办公室；如果只掌握了初步的涉嫌环境犯罪的线索，需要进一步查清犯罪事实的，则移交给作为侦查机构的联邦调查局。联邦调查局有权侦查环境犯罪"[2]。1984 年以后，由于国会赋予了环境保护署一定的环境犯罪立案、侦查、起诉权[3]，类似我国的环境行政执法与司法承接机制已不复存在，但出现了一种特殊的执法与司法衔接制度，即环境行政执法机构内设环境犯罪侦查部门，当行政执法机构发现环境犯罪时，要将该犯罪从一个内设部门移送到另一个内设部门进行侦查。此外，美国在环境犯罪案件办理中还有一种"平行调查"方法。因为环境犯罪人可能同时触犯刑法和行政法，故刑事侦查机关和行政执法机关可以同时对环境犯罪案件开展行政调查和刑事侦查，调查中获得的证据可以共享。[4] 美国环境保护

---

〔1〕 ［美］尼尔·沙佛、阿隆·S. 罗特："美国应对环境犯罪的行政范式与刑事对策"，颜九红译，载《北京政法职业学院学报》2009 年第 2 期。

〔2〕 王刚："域外行政执法与刑事司法衔接"，载《理论与现代化》2016 年第 3 期。

〔3〕 EE C. Long, "Criminal Prosecution of Environmental Laws: Semi - white Collar Crime", *Federal Bar News and Journal*, 31 (1984), 266.

〔4〕 王刚："域外行政执法与刑事司法衔接"，载《理论与现代化》2016 年第 3 期。

署行使环境犯罪调查权以后，环境犯罪定罪数量保持在一定水平上，每年判决数大约 200~300 件左右[1]。目前，美国追诉环境犯罪中的衔接机制与我国相比，唯一的相似之处就是联邦环保局向法院提起刑事诉讼后需要与法院建立某种联系。被授予刑事调查权后，美国联邦环境保护局在保护环境和资源方面做出了巨大的贡献，但也存在一些监管不力的问题[2]。联邦环境保护局工作 40 年后被一些人认为是"不断扩权的'流氓'机构"，特朗普政府也认为美国国家环保局的各类环保政策已经成为美国经济增长的重要障碍，所以 2017 年 2 月开始，美国国会正式讨论"撤销环境保护局议案"[3]。尽管国会对撤销该机构进行了讨论，但基于环境保护的需要，美国环境保护局至今依旧行使含行政执法权与刑事调查权于一体的环境保护权。

（二）英国

在英国，环境行政执法主体有环保机构、健康／安全委员会、污水治理处、地方机构、港口/海港机构、英国自然环境/乡村委员会、威尔士委员会等。执法主体是主要的管理者，对于个人贡献最大的是能成为个人的安全保障和额外的监管者，通常会负责整个调查和随后的起诉工作。英国权力机构之间形成了网状系统，他们可以交流各自掌握的情报信息。根据情报信息的性质，权力机构可以

---

〔1〕 参见张福德："美国环境犯罪的刑事政策及其借鉴"，载《社会科学家》2008年第 1 期。

〔2〕 2017 年初，美国密歇根州弗林特市 1700 多名居民对美国环境保护局提起集体诉讼，指控该机构对水污染危机处理不善，寻求约 7.22 亿美元的健康和财产损失赔偿。已有 13 名现任和前任因弗林特市水污染事件陆续遭到密歇根州总检察长比尔·许特起诉，其中几人受到刑事起诉，罪名是涉嫌伪造水检测结果、篡改证据等。参见刘曦："美国环保署被集体诉讼，13 名环保官员涉嫌伪造数据受刑事起诉"，在《环评互联网》2017 年 2 月 3 日。

〔3〕 刘云："美国会正式讨论'撤销环境保护局议案'：联邦环保局的前世今生"，载《美国法瞭望》2017 年 2 月 7 日。

公开使用这些信息，也可以申请秘密使用这些信息。在英格兰和威尔士，环保机构与美国环境保护局一样是调查环境犯罪的责任主体。环保机构可以与其他权力机构合作，包括对环境犯罪调查时与警察的合作。环保机构同样可以与健康安全委员会、环境健康官员和地方议员保持联络。但是，环保机构并没有特殊的权力去起诉环境犯罪。在苏格兰，环保局作为一种"非警察性质的举报机构"，负有对明显的环境犯罪进行初步调查并将其报告给地方检察官的职责（包括所有可能的证据）。可见，英国环境行政执法机关既行使环境行政执法权，也行使环境犯罪案件的刑事调查权，其与司法机关的合作主要是与检察机关的检察官。这与我国环境行政执法机关移送承接涉嫌环境犯罪的案件的衔接机制既有相同之处也有不同之处。

（三）德国

德国统管全国环保工作的决策机构是 1970 年成立的"联邦内阁委员会"。为了协调联邦政府各部门的工作，德国还专门成立了"各部门环境问题负责人常务委员会""联邦环境问题专家委员会"和"联邦环境局"。此外，联邦各部也都设有环保机构负责本部门业务范围内的环保工作。[1] 从环保组织体制建构上看，德国与我国大同小异。在德国，环境行政执法与刑事司法的合作"是采取一体化立法模式来实现的，即将行政处罚与行政刑罚合一式立法"[2]。德国环境行政机构的角色十分重要，它们通常能在行政机构处理环境法律问题时提供关键资料，这些机构和一些专门性机构能够给予技术性和科技性协助。德国警察局或者总指挥部（联邦州

---

〔1〕　参见文伯屏编著：《西方国家环境法》，法律出版社 1988 年版，第 208～209 页。

〔2〕　吕敬美、苏喆："两法衔接难题：宜地方人大立法分类破解——以环保行政执法与刑事司法衔接为例的分析"，载《河北法学》2016 年第 10 期。

机构）负责调查环境犯罪中的特别部分，有时也会有额外的工作，如监督某些州的废弃物运输。联邦调查局主要负责调查国内和国际的环境犯罪，负责情报工作和信息的交换，配合国外的刑事调查和特殊情况下的国内调查，开展有关特殊利益条件的自行调查，制定应对措施，与国际刑警组织进行相关合作。国家/州调查局、海事警察局（联邦州机构）、联邦边境警察局、海关（联邦机构）、矿业机构（联邦州机构）分别负责调整协作工作，对大河流域和港口的调查，对海域和专属经济区、联邦境内铁路交通的调查，监督货物的进口和出口及对相关犯罪的调查以及负责煤矿方面的犯罪调查。

德国已设立环境警察（又称水警察，Water Policy）专门负责处理环境犯罪和污染案件。这些警察拥有船舶、飞机等现代化执法设备以及抓捕环境罪犯等权力〔1〕。德国自 1972 年通过首部环境保护法，至今环境保护法律体系已经非常完善，内容也非常详尽。德国联邦和各州的环境保护法律法规约有 8000 多部，此外还有 400多个欧盟相关法令。德国的环保警察隶属于德国联邦内政部，主要进行现场执法。每个环保警察都要进行长达 18 个月的环保执法专业训练以保证执法的专业性。德国不仅有环保警察，联邦和各州的刑事警察、森林警察、水上警察也都有环保职责。这些警察在其职权范围内可以行使环境执法的权力。德国的环境警察"从头到脚都有法律法规的全面'武装'"〔2〕。

德国检察机关是具有司法性质的行政机关，其行政犯罪侦查模式呈一体化趋势：有权直接侦查环境违法行为，在发现涉嫌环境犯

---

〔1〕 参见蔡守秋："国外加强环境法实施和执法能力建设的努力"，载 http://www. riel. whu. edu. cn/index. php/index-view-aid-8432. html，最后访问日期：2018 年 7 月24 日。

〔2〕 周洁："国外警察如何参与环保执法"，载《人民公安》2015 年第 23 期。

罪证据时，有权代表国家向法院提起公诉。德国主要通过行政复议和行政诉讼对行政执法进行了极为严格监督[1]。在德国，环境犯罪的个体受害者也可以参与刑事诉讼程序，但个人不能作为共同原告出现在法庭上。此外，环境犯罪的受害者还享有一项反对公诉人不起诉的申诉特权。刑事程序中，通常由公诉人引导调查，警察协助公诉人。公诉人可以质疑个人和执法主体。但是，专门的警察团队一般都比公诉人更有经验且更专业，所以实践中通常由他们开始调查，并给公诉人提出建议。[2]

德国环境行政执法移送涉嫌环境犯罪案件的流程与我国大体相似。执法与司法的衔接方面，德国环境行政执法机关享有我国生态环境行政执法机关所没有的部分环境犯罪刑事调查权。此外，德国设置的环境警察发挥的作用非常显著，值得我国借鉴。

（四）法国

法国的行政执法权限与司法体制与我国相比有较大差异。"广义地说，法国境内的众多行政机构特别是负责其他犯罪的农业部（DDAF）、地区环境管理部门（DIREN）、地区工业研究理事会（DRIRE）、渔业高级委员会（CSP）、国家猎捕和野生动物办公室（ONCFS），这些部门都可以对环境犯罪进行调查"[3]。在环境犯罪的调查中，环境行政执法主体会帮助警察确定犯罪构成，给公诉机关提供重要的技术资料。不过，在许多环境犯罪案件中，首先还是由环境行政执法主体作出选择，然后再由公诉机关作出抉择。实

---

〔1〕　吕敬美、苏喆："两法衔接难题：宜地方人大立法分类破解——以环保行政执法与刑事司法衔接为例的分析"，载《河北法学》2016 年第 10 期。

〔2〕　〔荷兰〕迈克尔·福尔、〔瑞士〕冈特·海因主编：《欧盟为保护生态动刑：欧盟各国环境刑事执法报告》，徐平、张浩、何茂桥译，中央编译出版社 2009 年版，第 140~141 页。

〔3〕　〔荷兰〕迈克尔·福尔、〔瑞士〕冈特·海因主编：《欧盟为保护生态动刑：欧盟各国环境刑事执法报告》，徐平、张浩、何茂桥译，中央编译出版社 2009 年版，第 133 页。

践中，法国很少有环境犯罪者被起诉。法国的行政处罚很多情况下比刑事处罚更有效，因为如果犯罪者不服从行政处罚，那么它就算是再次违法，刑事诉讼就会成为可能。在这个意义上，刑事司法体系对行政体系有潜在的强化作用。

法国设立了"绿色警察"，其全称是"打击环境违法行为中心局"。编制上，法国绿色警察隶属法国内政部，大约 58 个编制，由医生、宪兵、生物学家等专业人员构成。中心的性质是部际警察局，下设若干专业检察院，中心职责主要是"对环境破坏行为进行调查：设备质量、技术水平、工艺流程等出现问题而引发的环境污染，和因过于自信等导致的环境破坏都包括在内"[1]。专业检察院的职责是对蓄意违反《环境法》，造成环境污染的企业或者个人提起公诉。法国的环境警察种类划分很细，既有一般的环保绿色警察，还有主管节水监督检查执法由政府工作人员组成的节水警察，甚至还有一家"气味警察"，这类警察由一家空气分析公司组成，职责是搜寻空气污染的源头，为正轨的绿色警察环境执法提供各种信息。

法国环境犯罪案件移送和承接的具体流程是，当环境行政执法人员在日常执法过程中发现环境违法行为，根据刑法规定可能构成犯罪时，他要报告分区内的检察官，同时告知辖区内的司法警察。检察官接到报告后，法律上环境行政执法转变为刑事司法。在法国，发现犯罪确认刑事违法行为是司法警察的一项特权。司法机关受理环境行政执法机关移送的环境犯罪案件后，司法警察在检察长指挥和监督下开展初步调查，搜查、扣押有关物品，传讯犯罪嫌疑人和证人，制作讯问、询问笔录。相关证据收集到位后，进入由法官主持的预审程序。预审法官根据证据情况分别作出移送违警法

---

[1] 参见陈媛媛："环境监察人员需要多大执法权？"载《中国环境报》2014 年 3 月 12 日，第 7 版。

庭、轻罪法庭、移送起诉庭和终结诉讼的裁定。此外，法国的行政执法证据作为刑事证据在刑事诉讼中的运用也受到了严格的限制。如果证据收集时没有侵犯被追诉人的辩护权、沉默权、个人隐私权等基本权利，行政执法证据可以运用于刑事诉讼中。

由于法国对国家机关及公职人员监督非常严格，动辄提起行政诉讼，行政机关及其公职人员在行政执法过程往往谨小慎微，力求做到全程公开，公开的其中一个重要方法就是利用互联网信息系统公布行政处罚案件。对于国民十分关注的环境违法处罚案件，不仅老百姓可以通过互联网查看案件处理情况，也可以让检察官监督环境行政执法机关是否依法行政，是否存在该移交的环境犯罪案件没有移交的情况，实际上为检察监督提供了方便。法国对行政执法与刑事司法衔接的案件实行双重监督制度，"检察官对有案不移、案件初查的过程进行监督，预审法官对案件的正式侦查进行监督，并能够根据案件情况决定案件最终是走向刑事诉讼程序（包括何种刑事诉讼）还是停止诉讼"[1]。法国的环境行政执法机关在行政法院、司法警察、检察官、预审法官的多重监督制约下，不仅行政自由裁量的空间很小，而且对监督制约者不能有任何隐瞒。由此可见，法国对环境行政机关执法中发现环境犯罪案件需要向刑事司法机关移交的全过程进行了严格的监控，保证了权力的正确行使，使得环境犯罪案件交接工作有序进行。

（五）意大利

意大利行政机构和司法机关之间的合作是环境法的适用的一种重要方式。一些法律规则能够促使当地官员（包括公诉人）指定一名顾问或者采纳行政机关的意见。行政机关与警察机构之间的合作也呈常态化，司法和环境行政官员们利用合作的机会经常给执法者

---

〔1〕　王刚："域外行政执法与刑事司法衔接"，载《理论与现代化》2016 年第 3 期。

提供分析服务和专业的环境知识。在环境行政执法和刑事司法的衔接上，警察和行政机构（包括各部、各地区、省、市、国家公园和其他组织）应当就环境犯罪立即向公诉机关报告。法官在必要时确定由其直接控制负责调查工作的警察，并提供所掌握的在一审之前要进行讨论的全部犯罪证据，如果有必要，还可能会提供不同审判阶段前所讨论的证据材料。

意大利处理行政机构报告的环境犯罪案件时，侦查调查有诸多警察部门。所有的警队和具有刑警性质的行政机构负责环境犯罪的调查。根据环保部的法律，国家警察部门、军事警察部门、税务军事警察部门、国家林业部门是环境警察和负责组织处理环境问题的特别单位。国家警察部门不处理个别的环境犯罪，但会处理严重的集团环境犯罪以及涉及公共安全问题、健康安全问题的自然保育案件。军事警察部门配备了可供操作的生态小组（核心工作是解决生态问题）。新的废弃物法（隆奇法令）给予了生态小组特别的环境警察功能，将其当成了主要的环境协调机构。税务军事警察部门隶属于财政部，由于已经开展过数以百计的环境调查，也将作为专业的环境警察部门发挥管理作用。国家林业部门隶属于农林部，是意大利负责管理森林的警察机构。在环保部门组建以后，国家林业部门拥有了森林火灾调查、动植物保护和国家公园保护等专业领域的环境警察职能。意大利环境行政执法机构与刑事司法的合作既包括一般负有环保职责的行政机构向刑事司法部门报告环境犯罪案件后的合作，也包括拥有环境犯罪调查职权的环境警察机构与刑事司法机构的合作。意大利法律体系中，有两种针对环境犯罪的处罚方式：第一种是适用于轻微环境犯罪的行政处罚或一般违法的处罚；第二种是适用于严重环境犯罪，经过完整的刑事诉讼程序后方能裁决的刑罚处罚。在意大利，环境行政与刑事司法机构的合作贯彻了环境犯罪案件处理的全过程。

意大利环境行政执法与刑事司法的职能衔接主要通过合作方式

进行。环境警察作用明显，行政对司法的支持力度很大，司法机关在环境犯罪衔接中居于主导性地位。

（六）俄罗斯

俄罗斯运用法律手段对生态环境进行保护的力度日益加大。除了大力处罚环境违法行为，1996 年修订的《俄罗斯刑法典》对生态犯罪的规定也非常全面。环境行政法由环境部和各类政府机构负责实施。环境部有权发布适用于部分城市和地区的行政命令，并有责任与地方环境机构一起实施国家环境法律和环境规范性文件。在俄罗斯，环保部门行政执法中发现生态犯罪时移送刑事案件与司法部门承接所移送的案件流程与我国大体相似，但刑事司法部门承接生态犯罪案件后在环境司法体制方面颇具特色。

环境刑事侦查方面，俄罗斯 1996 年成立了第一批生态警察，成为世界上最早设立生态警察的国家。生态警察的优势是能够对某些不予合作的部门进行强制检查，同时负责侦查、取证和提起刑事诉讼等。[1] 其职责主要有：预防生态犯罪[2]和行政违法；为环保机关及其工作人员提供执法和安全保障；对城市和其他自然保护区实行监督。[3] 1996 年至 1998 年，俄罗斯生态警察执法成绩斐然：①强化日常执法、维护清洁环境权方面成绩突出，共清理了 40 个

---

〔1〕　参见杨先碧："生态警察——保障环境正义之剑"，载《知识就是力量》2009年第 9 期。

〔2〕　1996 年《俄罗斯刑法典》第 26 章规定了生态犯罪，包括工程施工过程中违反环境保护规则罪、违反危害生态的物质和废弃物的处理规则罪、违反微生物或其他生物制剂或毒素的安全处理规则罪、违反兽医规则和植物病虫害防治规则罪、污染水体罪、污染大气罪、污染海洋罪、违反俄罗斯联邦关于俄罗斯联邦大陆架和专属经济区的立法罪、毁坏土地罪、违反矿产的保护和使用规则罪、非法捕捞水生动物和植物罪、违反鱼类资源保护规则罪、非法狩猎罪、毁灭列入《俄罗斯联邦红皮书》的生物关键性栖息地罪、非法砍伐树木和灌木罪、毁坏森林罪以及违反受特殊保护的自然区域和自然客体的制度罪。

〔3〕　参见邢捷："论公安执法对公民环境权的保护"，载《中国人民公安大学学报（社会科学版）》2009 年第 1 期。

大型垃圾场，关闭了垃圾非法倾倒点 7 万余个，纠正一般性违章共计 60 余万起；②经济制裁和权益保障方面成绩也不俗，制裁性罚款达到 2250 万卢布，避免经济损失达到 1 亿卢布以上。③案件查处数量多，有效了遏制了环境违法行为，共查处破坏生态违法案件 65 万起，其中有 447 起被移交提起了刑事诉讼，100 多人被追究了刑事责任。[1] 俄罗斯生态警察成立后，其发展之路也并非一帆风顺。由于警员本身的素质不高、生态警察与其他部门因职能交叉难以协调、上层领导之间存在矛盾，加之生态警察执法中滥用职权，俄罗斯生态警察 1999 年被解散。2000 年，俄罗斯国家杜马召开了关于生态警察的听证会。会后向联邦政府发出了继续试建生态警察并向全国推广的经验的建议，同时修改和补充了俄罗斯联邦《民警法》，使生态警察的建立有了明确的法律依据。2001 年 10 月，生态警察再次出现在莫斯科的街头进行执法。

环境刑事检察方面，俄罗斯围绕监督联邦现行法律的执行、实施情况这条主线实行环境检察专门化。根据《俄罗斯联邦检察院法》的规定，"俄罗斯联邦检察院的一项重要职责，就是监督有关生态法律的执行情况"[2]。实施生态监督的目的在于"保障生态环境的至高无上，保障生态法制的统一，维护生态法律秩序，保护人和公民的生态权利和自由"[3]。检察监督的内容包括国家机构颁布的关于生态方面的法律文件是否合法，公职人员是否执行了生态环境方面的法律规定等。同时，俄罗斯检察院还负责侦查和惩治生态犯罪案件，提起具有环境损害赔偿性质的环境公益诉讼，参加法院对生态案件的审理工作。在俄罗斯总检察院内部设有对生态环境法

---

〔1〕 参见王晓易："俄罗斯生态警察对环境保护的作用及其借鉴意义"，载 http：// tech. 163. com/04/1105/06/14DEGLQN0009rt. html，最后访问日期：2020 年 3 月 15 日。

〔2〕 曲冬梅："环境检察专门化的思考"，载《人民检察》2015 年第 12 期。

〔3〕 王树义、颜士鹏："论俄罗斯联邦检察院在俄罗斯生态法实施中的监督功能"，载《河北法学》2006 年第 2 期。

律执行情况专门进行监督的机构，在重要自然保护区设立有跨地区的自然保护区检察院。

俄罗斯在环境行政执法中移送涉嫌生态犯罪的案件至刑事司法机关与我国并无二致，其衔接过程中同样涉及生态犯罪的移送程序、证据转化、案件侦查和监督等问题。其生态警察设立的经验和教训、生态检察监督的方式和职能值得我国借鉴。

（七）日本

二战后，日本工业化发展迅猛，工业化带来了被日本称为"公害"的严重环境问题。20 世纪 70 年代早期，尽管日本公害问题十分严重，但其环境行政管理机构设置却没有得到足够的重视。环境行政工作在内阁各省分头管理，没有专门的中央环境行政执法机关。1971 年《环境厅设置法》通过后，日本成立环境厅[1]进行中央环境管理，此时才有了中央层面的环保执法机构。2001 年，日本将环境厅升格为环境省，下设环境大臣官方、综合环境对策局、废弃物与再生资源利用对策部、地球环境局、环境保健部、自然环境局、水大气环境局、地方环境事务所九大部门。伴随中央政府环境保护机构的不断升格和健全，日本各地方政府也设立了相应的环保垂直机构[2]。环保机构健全后，日本环境犯罪的移送追诉取得了良好的效果。据日本警察厅发布的《1979 年版公害白皮书》，公害犯罪连续 9 年不断增加（具体数据详见附表 1），对环境犯罪的追诉依赖于环境行政执法。"四大公害"[3] 案件发生后，日本加大了对环境犯罪的制裁力度。但是，由于日本环境刑法中许多条文没

---

〔1〕　其主要职责是：制定环境政策和环境标准，组织和协调环境管理工作，监督和保障环境法规的贯彻执行，指导和推动各部和地方的环境保护工作。参见文伯屏编著：《西方国家环境法》，法律出版社 1988 年版，第 204 页。

〔2〕　卢洪友等：《外国环境公共治理：理论、制度与模式》，中国社会科学出版社 2014 年版，第 139~142 页。

〔3〕　即新泻水俣病事件、四日市事件、疼疼病事件、熊本水俣病事件。

有规定特定的犯罪对象，在执行环境刑法时，司法机关并不依靠被害人的检举揭发，而是更多地依赖行政机关的告发[1]。日本环境行政执法中发现的犯罪行为大多由这些环保机构移送给司法机关。

在环境犯罪案件的移送上，日本存在与我国相似的问题，即地方行政机关对于环境刑事犯罪的告发检举大多持消极的态度，因为日本大多数行政机关都希望和企事业单位维持良好的关系，即便发现了企事业单位存在环境犯罪行为，基于该企事业单位的信誉和对自治政府的信赖关系，在向司法机关告发时并不检举揭发所有的犯罪行为。追究这些企事业单位的环境刑事责任不是他们所期盼的[2]。1999年，日本警察厅制定并发表了"环境犯罪对策推进计划"。自此，日本警察开始积极揭露"环境犯罪"，逮捕环境犯罪人的数量逐年增加[3]。尽管如此，环境犯罪被实际查获的仍限于特定犯罪，查获最多的是违反废弃物处理法的案件，约占所有环境犯罪查获案件总数的95%[4]。

表6-1　日本1971年~1979年逮捕的公害犯罪案件数[5]

年　份	1971	1972	1973	1974	1975	1976	1977	1978	1979
案件数（件）	482	791	1727	2856	3572	4697	4827	5383	5855

---

〔1〕　［日］大冢直：《环境法》，有斐阁2002年版，第541页。

〔2〕　［日］北村喜宣："环境刑法的执行"，载《刑法杂志》第32卷第2号。

〔3〕　1978年日本对非法投弃废弃物、污染水体、恶臭等案件的逮捕数量为5855件，比1977年增加了472件。1975年至1979年间，环境犯罪的起诉率都在70%左右。参见［日］藤木英雄：《公害犯罪》，丛选功等译，中国政法大学出版社1992年版，第149~162页。

〔4〕　今井猛嘉："环境犯罪"，李立众译，载《河南省政法管理干部学院学报》2010年第1期。

〔5〕　数据来自付立忠：《环境刑法学》，中国方正出版社2001年版，第746页。遗憾的是最近一些年的数据无法准确收集。

二、域外经验的启示

综上，各国环境行政执法机关在环境犯罪案件的移送与司法承接上有许多相似之处，如各国都对环境行政执法机关设置了向司法机关报告和移送环境犯罪的职责，环境行政执法机关与刑事司法机关都需要进行各种方式的合作。整体来看，西方国家由于法治较为成熟，且采取统一的行政刑法立法模式，对行政违法案件大多通过司法途径进行审查，所采取的"'专门化'或'单一化'的调查模式使得调查机关责权利清晰，这些都确保了行政执法与刑事司法衔接机制运转比较顺畅"[1]。由于法律制度不同，犯罪体系有别，境外国家和地区的环境犯罪移送承接的衔接上也有不同之处。如许多国家的行政执法机关享有环境犯罪调查权。我国权力架构中环保部门就没有这种权力，犯罪调查权属于侦查权，国家只赋予了公安机关和监察机关这种权力。美国环保部门甚至有调查和起诉环境犯罪的权力，其他国家也没有。由于各国环境犯罪的内涵和外延、环境行政执法机关的职能、司法体制等不同，一国无原则地移植他国法律制度显然不切实际。下列比较成熟又能够在我国适用的制度值得我国借鉴：

（一）监督制约制度

如在德国和法国，检察官既全程监督环境行政执法机关移送案件环节，也对环境犯罪案件初查进行监控，预审法官还对正式侦查过程进行监督，在这种监督制约下，行政自由裁量的空间大大缩小，可以保证环境犯罪案件的处理公开透明。

（二）检察机关提前介入制度

如美国和法国，环境行政执法机构发现涉嫌犯罪的线索时会在第一时间通知检察官，并移交相关证据。检察官在环境行政执法和

---

[1]　吕敬美、苏喆："两法衔接难题：宜地方人大立法分类破解——以环保行政执法与刑事司法衔接为例的分析"，载《河北法学》2016年第10期。

刑事司法衔接中决定案件的走向。如意大利的行政机构和警察发现环境犯罪后也应当立即向公诉机关报告，公诉机关可以指导环境犯罪案件的侦查、取证工作。所有欧洲国家都强调了公诉机关在环境犯罪调查中的领导地位和作用[1]。在我国，检察权属于司法权，一般处于被动司法状态。行政权一般有内部循环的惯性且易膨胀。为了保护地方利益和部门利益，很多情况下行政权会将该移交的案件进行内部消化。除非发生了重大环境事件，否则检察机关提前介入进行监控的情况不多。我国监察法实施后，检察机关应当继续提前介入环境犯罪的查处工作。

（三）环境警察制度

如德国已经建立了拥有抓捕环境罪犯权力的环境警察，专门处理环境犯罪和污染案件，并配备了非常现代化的执法设备。俄罗斯已经建立了生态警察，在我国环境破坏十分严重，国家大力推行生态文明建设和绿色发展的今天，可以借鉴德国、俄罗斯等国的做法设置环境警察。实践中，我国许多地方如河北[2]、北京、陕西、山西、湖北、福建、四川、广东等地已陆续组建了生态环境保护警察队伍。下一步应当从国家法律、制度层面保障环保警察组建有法、有据。

---

〔1〕［荷兰］迈克尔·福尔、［瑞士］冈特·海因主编：《欧盟为保护生态动刑：欧盟各国环境刑事执法报告》，徐平、张浩、何茂桥译，中央编译出版社 2009 年版，第 12 页。

〔2〕2013 年 9 月 18 日，河北省公安厅环境安全保卫总队日前在石家庄正式成立，这是我国首支专门为生态环境保驾护航的环保警察队伍。环境安全保卫总队的主要职责是掌握全省环境犯罪动态，分析、研究犯罪信息和规律，拟定预防、打击政策；研究拟定全省环境安全保卫工作规范并负责监督检查落实；组织、协调、指导侦办涉及环境犯罪的刑事案件，直接查处和侦办社会反响强烈、下级公安机关查办困难的环境犯罪案件；建立与环保部门刑事执法和行政执法的相互衔接和协调联动机制；参与环保集中专项整治行动；侦办省委、省政府和公安部交办的影响环境安全的重大案（事）件。参见李增辉："河北成立首支环保警察队伍"，载《人民日报》，2013 年 9 月 23 日，第 11 版。

（四）互联网平台信息公开制度

执法现代化应当依赖现代化的媒介。互联网平台信息公开制度已经成为监控行政执法的重要手段。国家可以通过网络信息平台公布一系列环境执法（包括环境刑事执法）的相关数据[1]，探寻环境行政执法中存在的问题，共享执法证据，进而提高执法、司法效率。法国构建行政执法信息系统的经验值得我们借鉴。我国近些年来也在不断提升行政执法现代化，信息共享制度已经逐步建立。司法层面，我国已建立了官方的中国裁判文书网，网站的建立实现了司法的公开、透明，将审判工作上升到了新的台阶[2]。但是，我国目前尚未建立专门的行政执法信息发布平台，行政执法机关如何办案、裁决案件是否依法进行等都有待公开、透明和改进。

第二节　我国衔接机制运行问题解决的具体建议方案

一、移送制度与承接制度实施中问题解决的建议方案

如前所述，我国环境刑案的移送与承接中还存在诸多问题，不仅有立法上的瑕疵，还有司法程序衔接不连贯、不到位等问题。要解决这些问题，必须从环境立法、环境行政、环境司法、机制构建等各个方面进行完善。

（一）完善相关法律法规

1. 完善刑法。我国刑法中规定的环境犯罪具有行政违法和刑

---

[1]　环境犯罪的影响需要通过数据才能表达，因此环境执法数据对于分析环境犯罪十分重要：其一，能够帮助政策制定者将有限的资源用于具有严重后果的环境犯罪；其二，能够体现环境犯罪对受害者的影响，从而帮助寻找责任人及恢复原状；其三，能够帮助设计处罚措施，最大程度上将环境犯罪的外部性进行内化，使责任人承担相应的费用，从而制止他们从环境犯罪中受益；其四，能够帮助指导并发展环境犯罪政策。参见李硕："欧盟抗击环境犯罪的最新研究进展"，载《欧洲法视界》2016年7月6日。

[2]　当然，该网站还存在不及时上传裁判文书、重复上传裁判文书等诸多问题。

事违法双重属性，环境犯罪的认定既要依赖于环境行政法的规定，也要依据刑法的规定。行政法律法规的稳定性低于刑法，有时候可能会"朝令夕改"，为了使行政法与刑法保持一致，我国刑法对环境犯罪采取了空白罪状的立法模式，以刑法之不变应行政法之万变。如污染环境罪中，行政违法性体现在刑法中就是"违反国家规定"，至于国家是如何规定的，则要看我国环境行政法律法规规定的内容。空白罪状既保证了刑事立法的稳定性和高度抽象性，也节省了立法资源，避免了法系统的重复规定和矛盾。在我国没有采取行政刑法模式的情况下，空白罪状的规定对于行政犯罪立法来说不失为一条非常好的立法方式。此外，环境行政法律法规中的非刑事法律条文也架接起连接环境行政法与刑法的桥梁，使严重破坏环境资源行为刑事处罚指向性明确，有效地衔接了环境行政法和刑法。从环境犯罪移送与承接的视角，刑法对环境犯罪的规定需要解决以下几个问题：

（1）实现环境行政法与刑法无缝衔接。环境行政法与刑法的无缝对接是指对相关概念、环境犯罪及其刑事责任的规定环境行政法与刑法应当协调一致，不能出现矛盾。我国刑法采取大一统的法典模式，除个别情况外，所有犯罪与刑事责任都规定在刑法中。近些年，全国人大常委会对环境行政法进行了大面积修改，环境行政法中附属刑法关于刑事责任的规定已经与刑法规定保持一致，但环境行政法中有个别概念的规定与刑法仍然存在不协调之处。如《中华人民共和国森林法》第40条规定："国家保护古树名木和珍贵树木。禁止破坏古树名木和珍贵树木及其生存的自然环境。"该条文规定的保护对象为"古树名木和珍贵树木"。但《中华人民共和国刑法修正案（四）》已经将"非法采伐、毁坏珍贵树木罪"修改为"非法采伐、毁坏国家重点保护植物罪"。"国家重点保护植物"是否就是"古树名木和珍贵树木"并不明确。环境行政法与刑法实现无缝对接的方法比较简单，两类法律只需将相同概念规定一致、相关犯罪和刑事责任的规定没有矛盾即可。

（2）解决环境犯罪之间的构罪矛盾。2011 年《刑法修正案（八）》将重大环境污染事故罪修改为污染环境罪，入罪门槛变成了"严重污染环境"。但"严重污染环境"从字面上看仍然属于结果犯的范畴。从两高《2017 污染解释》第 1 条对这污染环境罪定罪标准的解释来看，该罪偏重于危险犯，今后可以考虑将污染环境罪的定罪标准修改为"严重污染环境或者造成重大环境隐患"。此外，目前污染类环境犯罪之间的定罪标准失衡，与污染环境罪规定在同一法条、社会危害性相当、原来定罪标准一致的擅自进口固体废物罪的入罪标准却仍然是"致使公私财产遭受重大损失或者严重危害人体健康"，依存于污染环境类犯罪存在的环境监管失职罪的定罪标准也是如此。可见，擅自进口固体废物罪和环境监管失职罪仍需以一定的污染后果作为构罪条件，属于结果犯。为了保持法系统的协调统一，满足实务部门对犯罪追诉的需要，应当修改这两个罪的定罪标准，具体修改为"严重污染环境"即可。

（3）完善环境犯罪移送标准。环境犯罪案件的移送标准实际上就是环境违法行为构成犯罪的标准。我国通过立法和相关司法解释已经制定了比较完善的环境犯罪标准（前述）。这些标准主要有两类：一是刑法直接规定的不需要数量、情节要求的行为犯，如非法采伐国家重点保护植物罪等。行为犯的行为中已经蕴含了重大危险或者重大价值被破坏，故不需要情节严重或者数量较大即应进行刑事处罚。这种犯罪比较容易判断。二是由最高人民法院、最高人民检察院或者最高人民检察院、公安部制定"解释""立案追诉标准"来解决环境犯罪的标准。司法细化解释犯罪标准应是我国的常态。解释应当将影响定罪量刑的关键问题如相关概念、主观明知的推定、污染环境犯罪因果关系的推定等难题通过文理解释、制定相关规则一一解决。这类标准由对犯罪有追诉权的司法机关制定，效力范围及于本部门、本系统。这里存在的问题是，环境行政执法机关并未参与"解释""立案追诉标准"的制定，司法机关下文时也未下发至环境行政执法机关，故环境行政执法机关工作人员对这些标准不一定熟悉。如果执法单位经常组织大家学习，或者执法工作人员比较好学，经常关注司法动态，则执法中对环境犯罪标准的把握就会比较娴熟，反之则会比较生疏。

还有一个问题就是司法解释和追诉标准的科学性问题。从目前来看，环境犯罪司法解释有需要完善之处，如《2017 污染解释》中仍然存在"造成生态环境严重损害"这样不明确的标准，尚有待进一步细化。实际上，该解释规定的内容已经非常全面，"生态环境严重损害"在第 1 条其他项中已经有所体现。若要进一步细化，则可以从污染地的环境生态功能方面着手进行解释，如可以解释为"造成生态环境功能丧失或者残缺，影响污染区域内人类居住或者动植物繁衍生长"等。考虑到生态环境行政执法部门认定涉嫌环境犯罪比较困难，《2017 污染解释》还可以适当扩张范围，如将逃避监管方式排放污染物 3 次以上的行为直接解释为"严重污染环境"[1] 等。

司法解释能否作为移送依据适用于行政执法机关也是一个值得探讨的问题。司法解释不同于法律。法律对全社会具有广泛的效力，而司法解释是司法机关内部制定的规范性文件，其效力只及于本部门本系统。据此，环境行政执法机关没有也不可能作为司法解释的主体参与解释的情况下，由最高人民法院、最高人民检察院、公安部制定的司法解释自然不能直接适用于环境行政执法。实践中，环境行政执法机关对环境犯罪移送标准基本按照司法解释来操作，实际上也意味着环境行政执法机关移送涉嫌环境犯罪的案件认可了司法解释。环境行政机关移送案件毕竟不是直接按照司法解释

---

〔1〕 实际上，《2017 污染解释》第 1 条第 18 项规定了兜底式内容。考虑环保执法难题，建议将其明确规定出来更具可操作性。

处理案件，而是根据立法或者司法解释的规定划分职责权限。移送涉嫌环境犯案件的最后裁决权仍然是司法机关。从严格执法的角度看，移送涉嫌犯罪案件也是行政执法行为的表现，应当有行政执法依据。尽管环境行政机关认可并适用了司法解释，但按照司法解释进行操作仍然存在适用规范性文件不当的问题。要解决这个问题，一个行之有效的方法是，对于涉及行政犯罪的司法解释，根据《立法法》的规定由全国人大常委会进行立法解释即可，因为立法解释的效力等同于法律条文。

对于环境刑事案件移送承接难以认定、难以证明的概念性问题，有些地方通过发布会议纪要的方式进行认定，如浙江省高级人民法院、浙江省人民检察院、浙江省公安厅、浙江省环境保护厅（现省生态环境厅）先后在 2014 年（浙检发侦监字［2014］7 号）、2015 年（浙高法［2015］26 号）、2018 年（浙环发［2018］15 号）三次发布会议纪要。2018 年会议纪要就对主观故意、暗管及逃避监管方式、外环境的认定，对篡改、伪造自动监测数据或者干扰自动监测设施行为、涉及危险废物有关行为、公私财产损失的理解与适用等进行了明确。2019 年 2 月 20 日，最高人民法院、最高人民检察院、公安部、司法部、生态环境部联合发布了《2019 座谈会纪要》，对单位犯罪、犯罪未遂、主观过错、生态环境损害标准、非法排放、倾倒、处置行为、有害物质、从重处罚情形的认定，对非法经营者、投放危险物质罪的适用，对涉大气污染环境犯罪的处理、对严格适用不起诉、缓刑、免予刑事处罚，管辖问题、鉴定问题、监测数据的证据资格问题等进行了明确，为环境犯罪移送承接制裁提供了依据和标准。

2. 完善《刑事诉讼法》。为了对接《监察法》，我国已经修改了《刑事诉讼法》。2018 年 10 月 26 日，全国人大常委会作出了《关于修改〈中华人民共和国刑事诉讼法〉的决定》，《刑事诉讼法》第 19 条规定了"人民检察院在对诉讼活动实行法律监督中发现的司法工作人员利用职权实施的非法拘禁、刑讯逼供、非法搜查等侵犯公民权利、损害司法公正的犯罪，可以由人民检察院立案侦查"，解决了检察机关侦查权的范围问题。第 170 条、第 172 条规定了人民检察院对监察机关移送起诉案件的审查权。但是，对监察机关工作人员实施职务犯罪的立案侦查权，本次修改并未赋予检察机关。期待今后修法时予以解决。

3. 制定《行政犯罪交接法》。针对目前我国行政执法（含环境行政执法）与刑事司法衔接性规定太多太杂、立法位阶低、约束力不强导致有案不移、有案难移等问题，有学者提出应当对涉及环境、食品、知识产权、工商等领域的犯罪移送问题制定统一的法律，包括具体程序、期限、证据要求、移送标准、不移送的后果等。[1] 本书认为，行政犯罪移送与承接不仅仅涉及生态环境行政执法机关，还涉及其他众多行政执法机构，移送程序上存在的问题具有共性。为了提高法律的约束力和位阶，统一行政犯罪案件的移送以解决有案不移等问题，可以根据修改后的《刑事诉讼法》《监察法》，参照《工作办法》的框架结构进行立法设计，制定《行政犯罪交接法》。

（二）解决环境犯罪移送承接中的具体问题

1. 环境行政执法机关应当做到有案必移。有案不移、以罚代刑是环境行政执法中普遍存在的问题。针对这个问题，环境行政执法机关应当排除干扰，消除懈怠，严格执行《刑法》《刑事诉讼法》《行政处罚法》《2013 工作意见》《工作办法》等法律法规及建设性意见中关于案件移送的规定，着手从以下几个方面解决问题：

（1）从思想上制度上解决"不愿移送"的问题。有案不愿移主要是因为环境行政执法机关及其工作人员内在利益的驱动。要解

---

〔1〕 王树义、冯汝："我国环境刑事司法的困境及其对策"，载《法学评论》2014 年第 3 期。

决这个问题，仅靠环境行政执法机关及其工作人员自身大公无私、遵纪守法难以做到，还需要对环境行政法全过程进行监督、强化不愿意移送刑事案件的后果，建立起监督制约、责任追究机制方能解决问题。要破除执法本位主义，杜绝徇私舞弊，培养有案（刑事案件）必移的执法意识。

（2）破除地方保护主义解决"不敢移送"的问题。不敢移送问题主要是地方政府的干预所致。地方政府为了解决 GDP 及政绩，对于破坏环境资源的案件很多都压住不让环境行政执法机关移送。我国目前已经推行绿色 GDP 考核机制，对地方政府的考核中已不再唯 GDP 论，这种政策和形势应该可以有效地遏制地方政府干预环境犯罪案件移送工作。但实践中以 GDP 政绩观为重的思想还未完全消除，所以政府干预环境犯罪案件移送工作的现象仍然存在。解决这个问题可以按照《党政领导干部生态环境损害责任追究办法（试行）》严格追究干预者的责任，让地方党委政府不敢干预环境犯罪案件移送工作。

（3）提高环保执法人员的执法水平破除"不能移送"。不能移送的原因是环境行政违法行为与环境犯罪界定困难。解决这个问题的路径是完善立法，制定操作性强的司法解释，提高环境行政执法人员的刑事法律专业素养和执法水平。

（4）建立顺畅的衔接机制消除"不便移送"问题。不便移送是环境行政执法机关将环境犯罪案件移送给司法机关，但障碍多，交接不畅。要解决这个问题，应当在环境行政执法机关与刑事司法机关之间建立起良好的沟通、对接、合作、监督机制（后详述）。

2. 解决地域移送不平衡问题[1]。涉嫌环境犯罪的移送存在一

---

[1]　主要是指污染环境类犯罪案件不平衡，并且这种不平衡不能仅看移送数量多少，而是应当根据该地区环境污染犯罪案件实际该移送而没有移送的数量来确定不平衡问题。破坏自然资源的犯罪移送基本不存在主观方面的问题。

定的地域差异性应该是正常现象，因为我国地域宽广，经济发展不平衡，区域生态功能也不相同。对于我国来说，工业化程度高的经济发达地区环境污染现象肯定要严重，环境行政违法行为也要多，环境行政执法部门移送的涉嫌环境污染犯罪的案件自然要多，但破坏自然资源类环境犯罪案件相对较少。据焦艳鹏教授统计，2012年至2018年，全国污染环境罪判决上百件的省市有：浙江省（1111件）、广东省（623件）、山东省（623件）、河北省（618件）、江苏省（326件）、福建省（228件）、河南省（146件）、安徽省（115件）、天津市（113件）。[1] 工业化程度低的地方通常是生态功能区或者生态环境较好的地方，本来就是原生态，污染程度低，环境违法案件不多，环境行政执法机关移送的涉嫌环境污染犯罪的案件自然少，但这些地区由于具有丰富的自然资源，往往破坏自然资源的环境犯罪案件较多，如西藏、海南、青海等省。但是，浙江一省的移送量有时候就占据全国移送的半壁江山，加上江苏、广东、河北、山东四省，移送量就占了全国移送总量的70%～80%，这实属不正常的现象。这种情况除了工业化程度、经济发展水平、规划了自然保护区、生态功能区等客观原因外，环境行政执法部门和地方政府不愿意移送是主要原因。经济不发达地区工业企业本来就不多，这些工业可能是当地财政的主要来源，即便污染了环境，由于这些地方的生态环境总体状况要比经济发达地区好，加之百姓基于贫困对污染的忍受力要比经济发达地区强，所以，环境行政执法部门即便不移送污染环境犯罪的案件，其影响力也不大，除非发生了重大、特大环境污染案件如腾格里沙漠环境污染案，否则公众的关注度不是太高。

　　要解决环境犯罪移送不平衡问题就是要提高污染等环境犯罪案

---

　　〔1〕 参见焦艳鹏："我国污染环境犯罪刑法惩治全景透视"，载《环境保护》2019年第6期。

件实际移送数与发案数的比率。移送数与发案数的比率越一致，表明各地移送越平衡。具体操作上，地方政府和环境行政执法部门的对案件移送要引起高度重视，监督制约环境行政执法机关的执法和地方政府对环境犯罪案件移送的干预。比如，环境保护部发布的2014年第三季度移送涉嫌环境污染犯罪案件情况，结果京津冀等地区移送数居然为0[1]。众所周知，京津冀地区是全国污染重灾区，环境违法行为和环境犯罪必然较多，但移送数为0显然不是正常情况。这些地方高度重视后，环境犯罪案件的移送量大增，2015年以后天津、河北的移送量增加迅猛，北京2017年1月至11月的移送数量也增加到了42起。可见，移送量少的地区不是没有环境犯罪，确实是地方政府和环保部门对环境犯罪的移送没有引起足够的重视。除了地方政府和环境行政主管部门自身重视，解决环境犯罪移送问题还应当从外部对在移送问题上懈怠、渎职的行为进行制裁、制约、督促。内修外管，方能从根本上解决有案不移问题。当然，要求环境犯罪移送数量实现平衡不是为了增加环境行政执法机关的政绩，而是为了实现全国环境行政执法和刑事司法上的公平，也是为了发挥刑法在制裁环境违法行为中的震慑功能，解决环境犯罪的治理问题。[2]

3. 建立移送承接保障制度。

（1）全面建立环境警察队伍。十八大后，我国已经进入了新的时代，新时代的特征之一就是注重生态文明建设和绿色发展。在经济高速发展了三十几年后，我国的生态环境已经到了非大力整治不

---

〔1〕　参见郄建荣：“部分地区仍未重视移送环境犯罪”，载《法制日报》2014年12月9日，第6版。

〔2〕　据中国人民大学竺效教授团队的一项新研究表明，更严格的环保执法并没有阻碍社会经济的发展，环保没有拖经济后腿，经济发展与保护环境完全可以实现双赢。参见：“铁证！这几组数据证明，环保也没有拖经济后腿”，载 http://www.hbzhan. com/news/detail/131363.html，最后访问日期：2020年3月20日。

可的地步。十八大以来，党和国家十分注重环境的治理和保护，经过这些年的努力，环境质量明显改善，天更蓝，水更绿，空气更加清洁。在人民生活水平日益提高的情况下，公众对环境的需求会越来越严苛。在这种社会背景下，环境警察的设置具有必要性和可行性。目前我国已有一些地方设立了环保警察，执法效果明显。但这种设置目前尚无明确的法律依据。1995 年颁布、2012 年修正，2013 年实施的《人民警察法》第 2 条第 2 款规定："人民警察包括公安机关、国家安全机关、监狱、劳动教养管理机关的人民警察和人民法院、人民检察院的司法警察。"该条规定的警种中并无环境警察。所以，我国建立环境警察队伍需要解决以下几个问题：其一，法律依据。应当修改《人民警察法》，将环境警察列入人民警察的范畴作为其中一个警种。其二，设置归属问题。有学者主张"生态警察队伍建设完全可以参考我国海关内部设立的缉私警察机构的做法，……这种部门间优先深透的模式可以较好地解决上文中论及的行政证据向刑事证据转换的'身份问题'"[1]。从已经设置了环境警察队伍的情况看，目前都在公安机关内部，不是设置在环保机关内。从其他国家的经验来看，也无将环境警察设置在环境保护部门的先例。所以，即便设置环保警察，还是应当在公安机关内进行设置。其三，环保警察设立后的职权问题。从全国已经设立的环保警察行使职权的情况看，目前主要有以下职权：①组织、指导、协调侦办环境犯罪刑事案件；②查处、侦办社会反响强烈的环境犯罪案件；③在刑事执法、行政执法中与环保部门进行协调等。今后，环保警察的职责还应增加，如应当强化环境犯罪和行政违法预防作用、加强对环境问题的监管和对环境执法人员执法活动的保障等。其四，环保警察的装备配备问题。环境警察配备的装备除了

---

〔1〕 赵星："我国环境行政执法对刑事司法的消极影响与应对"，载《政法论坛》2013 年第 2 期。

一般警察的需要的"八大件"外，还应当配备环保执法需要的特殊装备，如防化服、防毒面具、化学品检测检验设备、移动执法记录仪等。其五，环保警察与环境行政执法机关职责的协调问题。环保警察执法时肯定会涉及生态环境、自然资源行政主管部门乃至其他警种所管辖的权力范围。如在环境违法行为的查处上如何区分环保警察和环境行政执法机关的职权？汽车尾气之类的检测工作，到底是环保警察的职权还是交通警察的职权等问题都需要严格划定，否则会造成这些职权重叠部门之间扯皮，影响执法效果。由于警察职责重在维护社会治安，环保警察的职能也应当从环境安全的角度设置，否则会替代环境行政法。环保警察与环境行政执法机关的关系应当是既互相协作、互相配合又各有分工的关系。基于这个定位，环保警察应当配合环境行政执法机关查处哪些影响当地环境安全，且需要对违法者采取拘留等强制措施的环境违法案件以及侦办涉嫌环境犯罪的案件。

（2）提升移送承接工作人员的法律及专业素养。为了保证涉嫌环境犯罪案件有案必移，环境行政执法工作人员应当加强刑法专业知识学习，了解刑法修正案和最新司法解释的规定，必要时可以聘请法律专业人员就刑法、刑事诉讼法的规定、证据要求、证据标准、取证方法等进行法律培训，以便掌握必要的环境犯罪移送知识和技巧。为了保证准确认定环境犯罪，公安、检察、监察乃至审判机关工作人员应当强化环境领域专业素养。如作为环境犯罪认定关键证据的环境损害鉴定能否证明环境犯罪，既需要环境鉴定专家的专业鉴定意见，也需要司法工作人员把握鉴定内容。我国目前虽然有些地方已经组建了环保警察，也建立了环境司法专门化队伍，但环境司法队伍的整体环境专业素养尚需要进一步提高。所以，环境司法机关应当聘请环境鉴定专家、环保专家来进行培训，以提高环境犯罪的裁决能力。

（3）强化对司法机关的监督。根据《工作办法》第9条第2

款、第 17 条、第 18 条等相关规定，公安机关、检察机关对环保机关移送的涉嫌环境犯罪案件不立案、不起诉的，应当书面告知环保部门并将案件材料移送给环保部门。对于实践中司法机关承接案件后玩忽职守或者滥用职权不告知不退回的情况，检察、监察机关应当加强监督[1]，督促司法机关及其工作人员正确履行职责，确保违法人员得到应有的处罚。

4. 解决移送承接中的证据难题。环境犯罪移送中难度最大的应该是证据问题。环境行政执法机关"最苦恼的事不是环保执法抓不到人，而是抓到了人，却拿不出证据、做不出鉴定，'关了几天，又只好把人给放了，等证据确定后，再进行网上追逃'"[2]。在我国，"环境行政机关的移送几乎成为环境污染犯罪案件的唯一来源"[3]。应然性来看，环境污染犯罪案件不能只依靠环境行政机关的移送，需要大力拓宽环境污染犯罪行为的线索来源，使更多的环境污染犯罪行为进入侦查视野，需要设法解决环境犯罪中的证据难题，保证案件移送顺利进行。具体应当做好如下几个方面的工作：

（1）拓宽发现环境犯罪线索的渠道。拓宽犯罪案件线索应当通过做好日常环境行政执法工作、鼓励公民检举揭发等方式进行。其中日常性环境行政执法工作是发现犯罪线索的最佳途径。环境行政执法机关做好日常环境行政执法工作可以及时发现涉嫌破坏生态环境的犯罪行为，可以及时收集涉嫌相关犯罪的线索、固定相关证据移送司法机关。环境行政执法机关在日常执法工作包括：对环境保护法律、法规的执行情况进行现场监督、检查，和处理；对企业污

---

〔1〕 如何进行监督本书将在第七章详述。

〔2〕 巩志宏等："'环保警察'执法难：抓得了人罚不了、判不了"，载 http://www.china.com.cn/legal/2015-06/19/content_35864463.htm，最后访问日期：2020 年 4 月 6 日。

〔3〕 闫爱萍、陈碧："环境污染犯罪侦查取证的难点与对策分析"，载《江西警察学院学报》2015 年第 4 期。

染源的现场监察和各类污染防治设施运行情况进行监督和管理；对排污者排污申报进行登记、审核、核定以及对排污费进行核算及征收；对拒付排污费进行催缴及处罚；对涉及环境污染事故、环境信访、污染纠纷进行调查处理；对海洋和生态破坏事件进行调查与处理；对重点污染企业环境安全进行检查，对重特大突发性污染事故进行现场应急处置；监督管理污染源远程自动监控系统的建设和运营；对远程自动监控中心进行日常管理；对建设项目、限期治理项目的实施过程进行监察并参与验收；现场监督检查企业的排污许可证执行情况等。环境行政执法工作是环保第一线的工作，直接与污染企业打交道，监控其环境保护情况，能够及时发现犯罪线索，可以在第一时间取证，并且可以取得环境污染的第一手证据。日常环境执法工作做好了，涉嫌环境犯罪的线索、证据等问题以及移送等问题就会迎刃而解。

具体操作中，可以通过以下途径拓宽发现环境犯罪的渠道：

第一，做好宣传发动群众的工作。生态环保部门和自然资源管理部门可以通过召开现场会、发放宣传手册、播放电视、广播宣传片等方式宣传污染环境犯罪行为的严重危害性，建立激励机制，对实施了有效举报的人予以奖励[1]，鼓励群众提供污染环境犯罪行为的线索。

第二，加大生态环境执法频率以解决第一时间取证难。生态环保机关应当采取定期与不定期、明察与暗访地深入排污单位进行检

----

〔1〕　全国许多地方如北京、海南三亚、湖南湘潭、福建晋江、贵州贵阳、广东佛山等地都建立了市民举报奖励机制。2017 年 11 月 16 日，北京昌平区一市民举报一起严重环境违法行为获得奖励 5 万元。2018 年，北京共有 277 人参与环保有奖举报，46 人获得奖励，奖金总额近 40 万元，有 4 位举报人获得了 5 万元奖励。2019 年，海南省三亚市制定的《三亚市公众举报环境违法行为奖励办法》，对举报人可以奖励 1000 元至 10 万元不等的奖励。早在 2013 年 3 月，贵阳就试行了《环境违法行为举报奖励办法》，规定举报人举报的事实经查实或被举报的案件办理终结后，生态环境保护部门应当自调查结束或案件办理终结之日起 30 日内通知举报人申请领取奖金。

查等方式发现污染环境违法犯罪问题，力争取在第一时间能够固定好证据。还应当充分发挥好环保自动检测仪的作用，在不打招呼的情况下随时抽查环保自动监控设施的监控情况，发现涉嫌严重污染的犯罪现象时应当及时发现、固定、提取、保存相关证据，以便为认定污染行为及污染后果提供基础。

第三，完善证人作证机制以解决对证人取证难。污染环境犯罪的证据具有一定的专业性。刑事诉讼过程中除了需要落实一般证人的作证义务外，还需要从两个方面完善作证机制：一是尝试建立证人作证奖励机制鼓励证人作证；二是需要建立证人拒不作证的处罚机制。

（2）提升侦查取证能力解决取证难。环境犯罪证据具有非常强的专业性且取证困难。为解决司法实务中侦办污染环境犯罪案件时所遇到的取证难问题，应主要提高环保执法部门执法人员的现场调查取证能力，根据污染环境犯罪案件的特点提升侦查手段、方式的科技含量。加强生态保护的科技支撑，建立资源共享机制提升取证能力。如公安机关、生态环境部门和自然资源部门在环境保护和查处违法犯罪行为时可以利用遥感技术、监控技术共享遥感影像和视频，获取定罪量刑证据。应当建立交流培训工作机制，可以由侦查机关定期或不定期派出经验丰富的侦查人员对相关环保执法部门执法人员进行实物证据的调查取证专项培训，以规范环保执法部门执法人员的现场勘验检查、扣押、搜查以及相关法律文书制定等工作，使其在行政执法过程中所收集到的相关证据能够符合刑事诉讼法的要求，以有利于后期司法机关的办案工作。在涉及污染技术独享的情况下，也可以要求企业承担适当的举证责任。还可以引入专家论证举证机制证明案件事实。对于特殊的污染物数量事实的认定，可以采取事实推定方法，如污染总量可以通过排污总量减去企业合法排放量（需企业举证）的推定方法解决，处置危险废渣的数量可以通过处置危险废物汽车的出入登记数来确定等。

（3）严厉制裁环境监测数据弄虚作假行为以解决准确取证难。强化法律责任，严惩违法违规行为以解决取证真实性问题。如根据《环境监测管理办法》第18条至第20条就规定了环境监测违法行为的法律责任，其中就有构成犯罪的追究刑事责任的规定。《环境监测数据弄虚作假行为判定及处理办法》第2条界定了环境监测数据弄虚作假行为，第3条至第6条框定了环境监测数据弄虚作假行为适用监测范围，界定了篡改、伪造、涉嫌指使篡改、伪造监测数据行为的概念及表现情形。第7条至第16条对环境监测数据的真实性、准确性的责任主体、调查环境监测数据弄虚作假行为的主体、要求、程序以及篡改、伪造、涉嫌指使篡改、伪造监测数据行为的法律责任进行了明确规定。《关于深化环境监测改革提高环境监测数据质量的意见》对环境监测数据造假者规定了具体的法律责任："环境保护部门查实的篡改伪造环境监测数据案件，尚不构成犯罪的，除依照有关法律法规进行处罚外，依法移送公安机关予以拘留；对涉嫌犯罪的，……及时向同级公安机关移送，并将案件移送书抄送同级检察机关。"为了充分发挥环境监测数据的证据功能，国家法律对环保监测数据造假必须实行"零容忍"，严厉制裁伪造、篡改环境监测数据行为及其指使篡改、伪造环境监测数据的行为，并对环境监测监管的失职者进行处罚。如2018年9月29日，河北省生态环境厅、河北省人民检察院、河北省人民法院联合召开的"利剑斩污（2018-2019）"专项行动部署会议中，对篡改、伪造自动监测数据或者干扰自动监测设施排放污染物、对政府维护的环境质量监测系统实施修改参数或监测数据的，或者干扰采样致使监测数据严重失真等犯罪行为予以重点惩治[1]。通过规范环境监测

---

[1] 参见王影："河北4部门联合出手、'利剑斩污'！将重点打击这些环境违法犯罪"，载 http://www.h2o-china.com/news/283014.html，最后访问日期：2020年4月5日。

行为，制裁监测违规违法行为，确保作为证据使用的环保数据的真实性。司法层面，《2019 座谈会纪要》认为，地方生态环境部门及其所属检测机构委托第三方监测机构出具的报告视为"在行政执法过程中收集的监测数据，在刑事诉讼中可以作为证据使用"[1]。这样认定解决了委托第三方监测报告的证据资格问题。实践中应当严惩第三方监测机构在出具的监测报告中弄虚作假的行为，情节严重者应当按照伪证罪进行处理，确保监测数据的真实性。

（4）做好环境损害鉴定评估工作解决鉴定难。环境损害鉴定评估在环境犯罪认定中意义重大："①于环境损害鉴定评估可行之前提下，环境损害鉴定评估与其补充路径同时适用，经过质证后的环境损害鉴定评估结论之证明力大于其补充路径的证明力，但前者可以被后者推翻；②环境损害鉴定评估由于费用、时间、证据遗失等情况而难以开展，充分发挥补充路径之作用，依法追究环境污染犯罪行为的刑事责任。"[2] 我国环境损害鉴定评估原来一直坚持两条腿走路：一是有资质的部门进行鉴定。在不能够进行鉴定或者因鉴定成本太高而不愿意进行鉴定的情况下，司法机关也应本着公平、公正地保障被害人权益原则对环境损害进行确定[3]。二是环保机构指定一些机构进行鉴定，但鉴定应当更加规范。

环境损害鉴定评估体系是一个复杂的系统工程，涉及司法、生

---

〔1〕《2019 座谈会纪要》第 15 条"关于监测数据的证据资格问题"的内容。

〔2〕 柴云乐："环境污染犯罪刑事责任追究过程中的环境损害鉴定评估补充路径之选择与适用"，载《法大研究生》2017 年第 1 期。

〔3〕 如山东省济南高新技术产业开发区人民法院在审理程子芳诉薛春秋、瑞通运输队、中国财产保险沧州分公司环境污染侵权损害赔偿案件时，程子芳对涉案土地及果树具体经济损失的鉴定因缺乏资料、费用较高而终止鉴定。法院并未机械地驳回其诉讼请求，而是根据具有一定科学性的当地政府征收补偿标准及程子芳提交的事发后核桃树被污染照片、核桃树的种植周期、经济价值波动，酌情确定了程子芳的果树补偿标准，计算出程子芳的果树损失。参见"2017 年度山东环境资源司法保护十大典型案例公布"，载 http://www.sohu.com/a/236560627_100069976，最后访问日期：2018 年 6 月 30 日。

态环境、自然资源和卫生等多个部门。针对目前我国环境损害司法鉴定制度主要存在的问题，应逐步建立系统、完善的环境损害司法鉴定体系以解决鉴定难的问题：

第一，整合鉴定种类，统一鉴定标准。随着我国国家机构改革的落实到位，之前多头管理、重复管理的现象有望得到逐步解决。如生态环境部成立后，农业面源污染治理、海洋环境保护职责等都成为生态环境部的职能，之前各自为政的环境污染、农业、渔业、海洋环境污染损害鉴定等会随着机构的整合变得一体化。尽管如此，生态环境损害一体化标准和体系的建立尚需假以时日。目前自然资源部、生态环境部及其下属机构应当运用整体思维，逐步建立各类型环境损害鉴定评估标准以解决标准不统一的问题。针对目前环境损害鉴定评估相关基础研究薄弱，部门标准不统一，以至于出现评估结果差异大等问题，相关部门应当做好评估范围、方法的顶层设计，加强基础科学研究与环境监测能力，逐步建立与我国基础科研、管理模式相适应的环境损害司法鉴定评估适用标准与技术规范。[1] 建议由生态环境部牵头，自然资源部等多个部门参与共同论证，编制统一的环境损害司法鉴定技术标准，规范环境损害司法鉴定机构评审程序。

第二，多举措降低鉴定费用解决鉴定费用高的难题。环境损害一般要委托进行鉴定才能确定，但在鉴定有困难或者鉴定成本高于当事人诉求金额或者与当事人的请求数额明显不对称时，法官可以综合各种因素在先行释明并听取双方当事人意见后酌定损害数额。[2] 其他情况下一般不要轻易启动鉴定程序。很多地方已经实

---

〔1〕　参见於方、刘倩等："借他山之石完善我国环境污染损害鉴定评估与赔偿制度"，载《环境经济》2013 年第 11 期。

〔2〕　参见王旭光："环境损害司法鉴定中的问题与司法对策"，载《中国司法鉴定》2016 年第 1 期。

现了由财政拨鉴定专款的保障机制，如福建、云南、贵州等地。鉴定专款生态环境、公安、检察均可使用，确保生态环境案件能够得到公平处理。

第三，采用"会诊式鉴定"解决鉴定时间长、鉴定技术难度大的问题。对于复杂的、具有学科交叉性的环境损害鉴定采取"会诊式鉴定"非常有必要[1]。具体操作时，可以根据不同环境损害情况将生态环境、农业林业渔业、测绘化工以及经济、医学等方面的专家抽调进入专家团队，从各个方面对污染进行诊断以发现问题症结。此外，国家还应当大力发展医学、化学等相关科学技术，解决鉴定技术难度大的问题。污染损害鉴定很多情况下依赖于医学、化学技术的发展。随着科学技术的发展，鉴定周期长，成本高的问题可能会迎刃而解。实务层面，我国刑事司法机关和生态环境部也制定了相关政策意图解决鉴定难。如《2019座谈会纪要》就明确规定，"对案件的其他非核心或者关键专门性问题，或者可鉴定也可不鉴定专门性问题，一般不委托鉴定……涉及案件定罪量刑的核心或者关键专门性问题难以鉴定或者鉴定费用明显过高的，司法机关可以结合案件其他证据，并参考生态环境部门意见、专家意见等作出认定"[2]。这些举措无疑减少了鉴定成本，帮助司法机关或者刑事被告人卸掉了部分鉴定负担，解决了诉讼中的部分鉴定难题。

第四，坚持鉴定意见与检验报告"两条腿走路"。在环境污染问题的认定上，证据可能既有鉴定意见，也有检验报告。这两类证据如果一致，其证据的采信基本不存在问题。在二者内容发生冲突的情况下，如何采信证据就比较麻烦。为此，有实务部门专家主张，应当坚持鉴定意见与检验报告"两条腿"走路。"对于案件涉

---

〔1〕 Li X S, Settele J, Schweiger O, et al. "Evidence-based Environmental Laws for China", *Science*, 2013, （341）6149, pp. 958-959.

〔2〕《2019座谈会纪要》第14条"关于鉴定的问题"的规定。

及的同一个环境污染专门性问题，既有鉴定机构出具的鉴定意见，又有环境保护部（现为生态环境部，笔者注）、公安部指定的机构出具检验报告，特别是在鉴定意见与检验报告所提出意见有所出入、甚至截然相反时，……不能因为鉴定意见与检验报告的形式而当然采纳鉴定意见，而应当进行实质审查判断"[1]。本书认为这种观点十分正确。具体操作中，应当根据《最高人民法院关于适用〈中华人民共和国刑事诉讼法〉的解释》（法释〔2012〕21号）第84条的规定着重审查十个方面的内容[2]。只有经过查证属实的鉴定意见才能作为定案的依据。

第五，统一环境损害鉴定意见的表达形式。建议由生态环境部牵头，制作统一的环境损害鉴定意见格式，避免"资讯型""家长型"等司法鉴定意见出现。严惩虚假鉴定，对于故意颠倒黑白做虚假鉴定者，严格依照法律进行制裁，要么吊销其从业资格，要么进行行政处罚，情节严重者按伪证罪追究刑事责任。

第六，应当大力培育司法鉴定机构，培养环境损害鉴定专门人才，解决污染鉴定机构、人才奇缺问题。应落实《环境损害司法鉴定机构登记评审办法》和《环境损害司法鉴定机构登记评审专家库管理办法》，积极探索，大力培育中立鉴定机构，解决环境司法鉴定机构过于行政化的问题。拓宽鉴定机构类型或者鉴定范围。鉴定机构应当尝试建立能够开展各种鉴定的鉴定业务。对于环境资源保护领域的冷门鉴定，司法部、生态环境部、自然资源部可以考虑统筹建立行政化鉴定机构以满足实务需要。要通过各种途径培养环境

---

〔1〕　喻海松：《环境资源犯罪实务精释》，法律出版社2017年版，第160~163页。

〔2〕　这十个方面的内容包括：鉴定机构和鉴定人是否有法定资质；鉴定人是否应当回避；检材的合法性、合规性；与相关提取物的相符性以及检材的充足性、可靠性；鉴定意见形式要件的完备性；鉴定程序的合法合规性；鉴定过程和方法的专业性；鉴定意见的明确性；鉴定意见与案件事实的关联性；鉴定意见与其他证据是否矛盾；鉴定意见是否及时告知相关人员及当事人是否存在异议等。

鉴定专门人才，充实环境鉴定队伍。这方面的工作我国正在积极开展，2017 年 4 月 24 日，原环境保护部与司法部在全国联合推出了 298 名环境损害司法鉴定机构登记评审专家名单。各地环境损害鉴定专家库也正在组建。基于这种趋势，我国环境损害鉴定人员奇缺的问题有望得到解决。

（5）确立危险废物认定、处理规则。对于危险废物认定规则，《2017 污染解释》第 13 条已经进行了解释："对国家危险废物名录所列的废物，可以依据涉案物质的来源、产生过程、被告人供述、证人证言以及批准或者备案的环境影响评价文件等证据，结合环境保护主管部门、公安机关等出具的书面意见作出认定。对于危险废物的数量，可以综合被告人供述，涉案企业的生产工艺、物耗、能耗情况，以及批准或者备案的环境影响评价文件等证据作出认定。"公安机关承接环境行政执法机关移送的涉嫌环境犯罪的案件不能用刑事定罪证明标准进行审查证据。对生态环境行政执法移送案件对于犯罪嫌疑人交代了危险废物来源的案件，嫌疑人口供是证明犯罪事实的直接证据，证明倾倒处置行为基本没有问题。对于嫌疑人拒不交代或者交代后确实无法查明废物来自何处的，从制裁犯罪的角度出发，公安机关不能因为个别细节事实没有确证就退回案件。毕竟废物来源仅是客观犯罪事实链条中的一部分。公安机关只要查明确实存在非法倾倒、处置危险废物的事实，且倾倒、处置行为系嫌疑人实施的，即基本达到排除合理怀疑的刑事证明标准，就可以认定污染环境犯罪事实的存在。不管危险废物来自何处，其对倾倒地、处置地环境造成污染的事实不容置疑。

对于多个嫌疑人共同倾倒危险废物的案件，可以逆推运用运送登记数量认定倾倒的数量。如果没有登记运送数量的，可以根据嫌疑人运送危废、固废的时间，根据运送里程和运送速度大体测算出运送的数量。如果各嫌疑人运送时间大体相同的，可以用废物总量除以总人数确定。必要时可以借助公安机关的天网平台查处运输车辆的行驶轨迹。当然，这些认定方法的运用应当允许嫌疑人抗辩。

对于已经移送至公安机关的涉嫌环境犯罪的案件中危险废物的处理有些地方如湖南是由检察机关提出处理建议。对于不明危险废物的处理由公安机关处理，因为环保机关不具备查处和处置危险物质的能力。应该说这种做法效果比较好，能够切实可行地解决问题。本书认为，对于已经明确的危险废物，建议仍然由生态环境执法机关进行处理，理由在于：其一，生态环境执法机关有专门的储存场所而公安不一定有；其二，生态环境执法机关有专门的处理技术和设施而公安没有；其三，如果案件移送至公安机关，危险废物就随之也会移动一次，那么废物处理过程中不仅危险废物储存设施难觅，而且还会因废物迁移产生新的污染，成本更加高昂。当然，危废储存、处理产生的费用最终还是应当由财政予以解决。建议各地生态环境机构在年初财政预算时列支一笔专门的环境污染处置费用。

对于危险废物作为原材料再利用中数量的认定，尽管实务部门有按原材料购买数认定的做法，本书认为以利用后的废渣数认定更为妥当。因为尽管购买危险废物原材料的数量远远大于利用后的危险废渣数量，危险废物原材料利用过程中也可能会污染环境，但毕竟利用过程只是暂时的，且利用过程中还可能会消除原材料中的一些危险因素，利用后倾倒的废渣数量才是永久性污染环境的源头。所以，以利用后的废渣倾倒数量作为定罪的根据更加公平。另外，危险废物案件的制裁还应通过打击、规范货运信息平台信息发布方式予以解决。货运信息平台发布的有些信息不明确货物的性质、对车辆运输资质不做要求，直接导致不具备运输资质的车辆参与危险废物的运输。

（6）建立"移案"证据转化规则与制度。司法机关追诉的环境犯罪大多来自于环境行政执法机关的移送，刑事证据对行政执法证据具有一定的依赖性，故环境行政执法机关第一时间固定证据、获取证据非常重要。然环境行政执法与刑事司法在证据要求上又不完全相同。环境行政执法追求的是行政效率，即"以尽可能快的时间，尽可能少的人员，尽可能低的经济耗费，办尽可能多的事，取得尽可能大的社会和经济效益"[1]，故环境行政执法在收集证据时也会以追求效率为目标，不会考虑证据的全面性，会倾向于收集违法、有罪证据而忽视合法、无罪证据，这势必存在片面性。另外，环境行政机关收集证据过程中还可能会通过非法手段获取证据。刑事司法所要求的证据必须具有客观真实性、关联性和合法性，且证据的证明标准须达到排除合理怀疑的程度。在行政执法、刑事司法证据要求、证据标准存在差异性的情况下，刑事司法机关对于环境行政执法机关移送过来的有些证据必须进行转化和重新认定方能作为定罪的证据。所以，需要建立一系列证据转化规则，确定切实可行的证据转化方式使行政执法证据达到刑事司法的要求。

第一，制定证据转化规则。我国《刑事诉讼法》第 54 条第 2 款、《人民检察院刑事诉讼规则》第 64 条、《关于适用〈中华人民共和国刑事诉讼法〉的解释》第 65 条、《2017 污染解释》第 14 条、《工作办法》第 20~21 条等法律、法规、建设意见的规定对证据的收集、使用及转化已经进行了原则性规定。根据这些规定，证据的转化应当根据证据的种类确定不同的转化规则：

一为实物证据经审查直接转化原则。实物证据是指以实物、文件等方式记载证据事实的证据，包括物证、书证、视听资料、电子数据[2]。实物证据通常具有客观性，所记录的是案件事实的某一部分或者某一环节，如企业排出的废水、废气、废渣，环境行政执法机关及时进行的取样就是实物证据。对这些证据检测、检验后的

---

〔1〕 姜明安主编：《行政法与行政诉讼法》，北京大学出版社、高等教育出版社 1999 年版，第 52 页。

〔2〕 参见陈瑞华：《刑事证据法学》，北京大学出版社 2012 年版，第 93 页。

结果就能够证明污染事实是否存在。这两类证据的客观性、真实性不会因行政机关和刑事司法机关取证主体改变而有所不同。对于环境行政执法机关移送过来的实物证据，司法机关只需要通过审查并补充手续即可完成证据转化。

值得一提的是，环境行政执法机关讯问涉嫌环境犯罪人时是否需要全程同步录音录像的问题。我国对全程同步录音录像制度采取了任意性与强制性相结合的二元立法模式。同步录音录像在程序意义上属于视听资料证据[1]，在实体意义上是保全证据的方式[2]，其优势在于将"原始声响、形象的录音录像资料和存储于电子计算机的有关资料及其他科技设备提供的信息"[3] 进行还原，固定侦查机关的讯问过程，其作用是规范侦查行为，查明、证明案件事实[4]。2017 年 1 月 19 日国务院办公厅印发的《推行行政执法公示制度执法全过程记录制度重大执法决定法制审核制度试点工作方案》（［2017］14 号）规定行政执法实行"执法全过程记录制度"，要求规范文字记录、推行音像记录[5]、提高信息化水平、强化记录实效。行政执法推行的音像记录为日后移送犯罪案件提供了实物证据。《刑事诉讼法》第 123 条对全程同步录音录像进行了明确的

---

〔1〕　也有学者认为将同步录音录像纳入现有的某一种法定证据有失偏颇，主张将其规定为一种新的法定证据种类。参见陈在上："同步录音录像制度功能与适用问题研究"，载《河南财经政法大学学报》2018 年第 4 期。

〔2〕　杜世相：《出庭公诉研究》，中国检察出版社 2000 年版，第 126 页。

〔3〕　参见樊崇义：《证据法学》，法律出版社 2003 年版，第 212 页。

〔4〕　参见陈在上："同步录音录像制度功能与适用问题研究"，载《河南财经政法大学学报》2018 年第 4 期。

〔5〕　该方案规定："推行音像记录。对现场检查、随机抽查、调查取证、证据保全、听证、行政强制、送达等容易引发争议的行政执法过程，要进行音像记录。对直接涉及人身自由、生命健康、重大财产权益的现场执法活动和执法场所，要进行全过程音像记录。"

规定[1]，2013 年 1 月 1 日最高人民法院、最高人民检察院、公安部、国家安全部、司法部、全国人大常委会法制工作委员会《关于实施刑事诉讼法若干问题的规定》、2013 年 1 月 1 日最高人民检察院《人民检察院刑事诉讼规则（试行）》（已失效）、2014 年 9 月 5 日公安部《公安机关讯问犯罪嫌疑人录音录像工作规定》、2014 年 5 月 26 日最高人民检察院《人民检察院讯问职务犯罪嫌疑人实行全程同步录音录像的规定》等司法文件对讯问犯罪嫌疑人进行录音录像进行了明确规定。可见，录音录像特别是全程同步录音录像只适用于刑事诉讼侦查过程中讯问犯罪嫌疑人阶段。《行政处罚法》对行政拘留阶段是否可以全程同步录音录像没有明确规定。我国行政拘留处罚措施适用面比较广，除了行政违法行为被处以拘留又涉嫌犯罪的案件外，行政拘留的对象都是一般行政违法行为或者治安违法行为。本书认为，录音录像成本较高，主要作用是记录犯罪嫌疑人的口供、防范刑讯逼供等侵犯人权的非法手段在刑事诉讼中使用。行政拘留阶段因为不需要讯问行政违法人员或者涉嫌犯罪的人员，因此不宜也不需要进行同步录音录像。已经被环境行政机关处以行政拘留，后被发现该环境违法行为涉嫌构成犯罪需要移送给司法机关的，应该在刑事诉讼阶段再决定是否需要录音录像。讯问一般环境犯罪嫌疑人不需要全程录音录像，因为环境犯罪的刑罚最高只有 15 年有期徒刑，不可能判处无期徒刑和死刑。当然，调查讯问涉嫌环境监管失职罪的犯罪嫌疑人时，监察机关应当全程同步录音录像。

　　二为言词证据重新调查原则。言词证据又称"口头证据"，是

---

[1]　该条规定："侦查人员在讯问犯罪嫌疑人的时候，可以对讯问过程进行录音或者录像；对于可能判处无期徒刑、死刑的案件或者其他重大犯罪案件，应当对讯问过程进行录音或者录像。"

指以自然人的言词陈述为载体的证据形式[1]，包括办案人员通过询问、讯问所获取的言词陈述笔录，如被告人供述、证人证言、被害人陈述笔录等，被告人、证人、被害人就案件事实提供的陈述资料如被告人亲笔供词、证人的亲笔证言、被害人亲笔陈述及其陈述的录音录像资料，以及了解案件情况的自然人向法庭所作的口头陈述等。鉴定意见、勘验、检查、辨认、侦查实验笔录等笔录证据，既记录了侦查行为的过程，也记载了侦查人员对某一侦查过程的主观认识，有些甚至还记录了特定自然人对侦查行为的说明。这些意见、笔录一旦在证明力或证据能力上面临质疑，则意见、笔录的制作者还可能要出庭作证，就其侦查过程和制作笔录的情况进行解释和说明，并需要回答各方面的询问和质疑。因此，鉴定意见、勘验、检查、辨认、侦查实验笔录等笔录证据具有言词证据的性质，不属于实物证据。这些言词证据取证方式具有特殊性，所以取得这些言词证据应贯彻最严格的程序法定原则，不能随便允许行政机关收集前述言词证据，否则会使证人、被害人、犯罪嫌疑人、被告人处于被非法取证的风险中。对于环境行政执法中移送过来的言词证据，司法机关不能直接作为刑事案件的证据使用，必须重新依法调查取证。环境行政机关获取言词证据比较灵活，取证时不可能严格遵循刑事诉讼法的取证主体、取证场所、取证时间、取证程序等严格的证据收集程序，还可能通过非法手段获取证据，因此刑事司法机关既要坚持非法证据排除法则排除非法取得的证据（包括言词证据），也要按照刑事诉讼法的规定重新获取言词证据。前述法律、法规、建设意见的规定也贯彻了这两个证据转化原则。

　　一个值得探讨的问题是，公安、检察、监察机关提前介入环境行政执法获取的证据在刑事诉讼中是否可以直接运用？环境行政执

---

〔1〕　参见陈瑞华：《刑事证据法学》，北京大学出版社 2012 年版，第 93 页。

法中发现涉嫌重大环境犯罪案件时，环境行政执法机关有些情况下可能会商请司法机关提前介入以获取环境犯罪的相关证据材料。司法机关提前介入可以指导环境行政执法机关收集证据，也可以自行收集供刑事诉讼程序使用的环境违法者有罪或者无罪的证据。环境行政执法商请司法机关提前介入的目的就是让证据收集主体、环境犯罪侦查主体合法。由于司法机关提前介入环境行政执法配合环境犯罪的调查时，涉嫌的环境犯罪尚未立案进入环境刑事诉讼程序，故在刑事程序启动前的调查行为只能算作初查行为[1]。初查中收集的证据是否可以直接运用理论上，存在争议。第一种观点为赞同说，认为初查属于任意侦查的范畴，"初查获得的证据可以直接在刑事审判中使用，并作为定案的依据"[2]；第二种观点为否定说，认为我国刑事诉讼法没有规定初查制度，因此初查制度具有"形式

---

〔1〕 初查制度主要规定在人民检察院的一系列司法文件中，公安机关文件、解释中并未见到有初查制度的规定。最高人民检察院 1983 年 3 月印发的《人民检察院直接受理自行侦查刑事案件的办案程序（暂行规定）》第二节规定了"立案前的审查和立案"，这是初查制度的雏形。1993 年 3 月最高人民检察院出台的《关于加强举报工作的决定》第 5 条规定："大力加强初查工作。初查是消化的前提和立案侦查的基础。"1993 年 11 月最高人民检察院下发的《关于进一步加强大案要案查处工作的通知》明确了"初查"作为人民检察院查处大案要案的一个重要程序和工作阶段。1995 年 7 月最高人民检察院出台的《关于要案线索备案、初查规定》进一步解释了"初查"制度，"初查，是人民检察院在立案前对要案线索进行审查的司法活动"。1996 年 9 月最高人民检察院发布的《人民检察院举报工作规定》第 5 条规定："初步调查（即初查）。"1999 年 9 月最高人民检察院出台的《人民检察院刑事诉讼规则（试行）》第 6 章第 2 节规定了"初查"制度，该规则 2012 年修改后"初查和立案"规定在第八章。1999 年 11 月最高人民检察院颁布的《最高人民检察院关于检察机关反贪污贿赂工作若干问题的决定》第 6 条规定："初查是检察机关对案件线索在立案前依法进行的审查，包括必要的调查……"《工作办法》第 26 条对公安机关的初查进行了规定："环保部门在执法检查时，发现违法行为明显涉嫌犯罪的，应当及时向公安机关通报。公安机关认为有必要的可以依法开展初查……"

〔2〕 参见万毅、陈大鹏："初查若干法律问题研究"，载《中国刑事法杂志》2008年第 4 期；孙杰："环境执法中的'以罚代刑'现象及其规制"，载《山东社会科学》2017 年第 3 期；等等。

违法性"[1]，初查不能等同于立案或者侦查的一部分[2]，因此对于初查的证据当然不能采信；第三种观点为转化说，认为虽然初查证据缺乏合法性而不能作为定案依据，但可以通过证据转化规则去实现初查证据合法化[3]。实践中对提前介入等初查活动取得的证据的采信情况也有所不同，有的法院允许作为证据使用，有些法院则限制乃至全面禁止初查证据在刑事审判中的运用。[4] 本书主张"赞同说"。否定说和转化说不认可初查证据的理由主要是初查活动本身没有取得刑事诉讼法的授权，因此欠缺合法性。但从初查的本质上看，初查活动确实属于一种侦查活动，可以纳入任意侦查的范围。从权力行使的视角看，初查主体资格合法，目的合法，只要进行初查活动的司法机关严格按照刑事诉讼取证原则和取证程序操作，其收集或者调查的证据可以在刑事诉讼中使用。提前介入环境行政执法中进行调查取得的证据也是如此。

第二，确立证据转化方式。环境行政执法机关收集的证据材料为刑事诉讼调查收集证据提供了基础。我国刑事诉讼法并未规定行政证据转化方式。根据前述相关法律、法规和建设意见的规定，我们认为环境行政执法证据材料转化为刑事诉讼证据主要有以下四种方式：

第一种：直接调取转化。此即对于环境行政执法机关移送的实物证据，司法机关通过审查后直接将其转化为刑事证据使用。司法

---

〔1〕　参见卢乐云："检察机关初查制度之价值评析及其实现——以法律监督权为视角"，载《中国法学》2010 年第 1 期。

〔2〕　参见林劲松："回顾与反思：透析刑事案件初查制度"，载《甘肃社会科学》2006 年第 1 期。

〔3〕　参见柳忠卫、滕孝海："论贪污贿赂犯罪初查证据的转化"，载《中国刑事法杂志》2009 年第 4 期。

〔4〕　参见龙宗智："初查所获证据的采信原则——以渎职侵权犯罪案件初查为中心"，载《人民检察》2009 年第 13 期。

机关对实物证据的审查包括对证据关联性、真实性和合法性的审查三个方面。关联性的审查主要从证据与待证事实之间的客观联系、联系程度等方面进行审查；真实性的审查可以"从证据形成的原因、发现证据的客观环境、是否为原件原物等方面进行审查"[1]；合法性的审查根据是刑事诉讼法等相关法律法规的规定，且应当受到刑事非法证据排除规则的限制。对于审判机关来说，上述证据则需要质证后方能作为定案的依据。

第二种：重新收集转化。此即对于环境行政执法机关移送的言词证据，应当重新收集、转化证据，以满足刑事诉讼程序对于犯罪嫌疑人或被告人的权利保障的需要[2]。

第三种：授权委托转化。这种转化方式主要是基于环境犯罪的特殊证据要求而定的。环境犯罪尤其污染环境类犯罪证据具有很强的专业性，其证据认定高度依赖环境鉴定意见和环境监测、环境检测和现场勘验等。司法机关工作人员一般没有这些证据的鉴定、监测、检测、勘验知识和设备。因此只能委托给环境行政执法机关予以调取转化。[3]

第四种：转化例外。此外，根据法律法规、相关司法文件规定，对于确有证据证实涉案人员或者相关人员因路途遥远、死亡、失踪或者丧失作证能力，证据无法重新收集，但其供述、证言或者陈述的来源、收集程序合法并由其他证据相印证的，经公安机关、人民检察院、检察机关、监察机关审查符合法定要求的，可以作为证据使用。

---

〔1〕 高通："行政执法与刑事司法衔接中的证据转化——对《刑事诉讼法》（2012年）第52条第2款的分析"，载《证据科学》2012年第6期。

〔2〕 参见曾粤兴、周兆进："论环境行政执法与刑事司法的衔接"，载《青海社会科学》2015年第1期。

〔3〕 参见孙洪坤、张毅："环境行政执法与刑事司法衔接的程序失灵研究"，载《政法学刊》2017年第3期。

　　为了防止有关证据灭失难取，环境行政执法机关以及提前介入的刑事司法机关还应当"采取先行登记保存等方法，固定对未来生态环境损害索赔所需要的证据"[1]。行政、司法实务中，难以解决的问题是对固体、液态废物污染案件犯罪证据如何分门别类进行保管、固定。这既是一个专业性、技术强的问题，也是一个证据转化中常见的问题，需要认真思考。此外刑事司法机关还应当完善环境犯罪的证据链。"为了克服环境行政执法与刑事司法衔接中的证据转化问题，则可实行建立检验鉴定一体化机制，……法定的检验鉴定机构出具的检验鉴定既可作为行政执法过程的证据，也可以在刑事司法程序中作为证据。"[2]

　　刑事司法中，公安机关在认定环境行政执法机关移送的证据时不能要求太苛刻，不能用法官对证据的要求来衡量，只要将生态环境执法部门运用自己的执法记录仪记录的证据结合其他证据如视频证据进行综合判断就可以证明犯罪事实基本存在的，就应当承认行政执法证据对犯罪事实的证据能力。在具体移送承接操作中，对于环保机关在认定倾倒、处置固体废物、危险废物涉嫌犯罪的案件，建议通过相关部门的审批或者授权，环保机关可以获得公安机关天网的部分使用权及其他技术侦查措施以确定车辆等行动轨迹；对于环保机关独自办理有困难的案件，应当强化线索通报的作用，扫除公安机关提前介入的障碍；对于非法处置固体废物的违法行为，目前行政处罚和刑事制裁之间的跨度过大。为了实现打击梯度的平稳过渡，建议对非法处置危险废物未达到 3 吨，或非法处置一般工业固体废物未达到公私财产损失 30 万元的案件，对违法人应按《中

---

〔1〕 汪劲："确立生态损害索赔诉讼与关联诉讼程序与证据规则"，载《中国环境报》2017 年 12 月 20 日，第 3 版。

〔2〕 参见李巧玲、范红霞："环境行政执法与刑事司法的协同整合"，载《产业与科技论坛》2015 年第 5 期。

华人民共和国治安管理处罚法》第 30 条进行行政拘留处罚。强化环保信息共享平台建设，着力实现网上案件移送公安机关、同步抄送检察机关的工作以提升办案效率。

为了加强证据转化的效力，提升证据转化水平，需要对自然资源保护部门以及生态环境行政执法人员进行专门培训，使其行政证据意识、程序意识向司法靠拢。要围绕移送工作推动行政执法证据、证明标准向刑事立案标准看齐，司法机关要对环境行政执法机关及其工作人员提出环境刑案移送的证据要求，以确保自然资源、生态环境保护部门移送的犯罪案件事实证据经得起法律的检验，避免公安、检察机关的立案"定放两难"。

二、移送与承接衔接机制问题解决的建议方案

环境行政执法刑案移送与司法承接的衔接机制是保证环境犯罪案件移送顺利进行的重要工作手段。针对目前存在的问题，需要消除刑事案件移送的障碍，建立顺畅的交接机制，提高刑事司法机关追究环境犯罪人刑事责任的效率以保障环境犯罪嫌疑人的合法权益。

（一）消除衔接程序故障

近些年来，党和国家十分重视环境保护工作，也注重运用刑事手段制裁环境犯罪行为，制定了一系列法律法规和制度保障环境犯罪交接工作的正常开展，环境犯罪交接机制也在逐步建立。但这些制度、机制在实施运行过程中还存在这样那样的问题，需要进一步完善。

1. 认真履职使案件得到连贯处理。案件处理不连贯的主要原因是移送承接双方渎渎职责、不履行或者不正确履行职责所致。要解决这个问题，必须督促环境行政执法机关和司法机关按照法定职责认真履职。如环境行政执法机关向司法机关移送涉嫌环境犯罪的案件后不能一移了之，不能认为案件被移送了就不关自己的事情，

不关注案件后续的进展，不配合司法机关的调查取证，更不注意及时收集该收集的证据材料。环境行政执法机关移送涉嫌环境犯罪案件的目的是与刑事司法机关一起解决涉嫌环境犯罪人的刑事责任问题，所以应当及时协助配合司法机关解决案件中的侦查及证据问题。刑事司法机关对于环境行政执法机关移送的涉嫌环境犯罪的案件应当认真对待，该立案的应当及时立案，该反馈的应当及时反馈，该要求补充材料的要及时通知环境行政执法机关补充相关材料。在案件移送承接程序上，刑事司法机关与环境行政执法机关不能互相踢皮球，应当齐心协力解决涉嫌环境犯罪案件中的相关问题。唯有如此，案件处理才能连贯、高效。

2. 解决环境行政执法程序中止期间的问题。环境行政执法程序中止实际上就是涉嫌环境犯罪案件移送期间行政执法的暂时停止，需要等到司法机关对移送案件终结后才能处理的状态。环境行政执法程序中止主要与刑事优先原则和环境行政执法机关移送的涉嫌环境犯罪是否构成犯罪不确定有关。环境行政机关只要发现涉嫌环境犯罪的问题，根据刑事优先原则就应当交由司法机关启动刑事追诉程序，行政执法程序只能暂时中止。司法机关审查、追诉移送案件需要一个较长的过程，如果移送的涉嫌环境犯罪被司法机关确定为犯罪，则需要经过公安机关、监察机关立案、侦查、调查，人民检察院提起公诉，人民法院审判等过程。如果司法机关确定为不构成犯罪[1]，则移送的涉嫌犯罪的案件要被司法机关退回至环境行政移送机关[2]，由环境行政执法机关决定是否进行行政处罚。

---

〔1〕　包括公安机关对移送涉嫌环境犯罪案件进行审查或者侦查后认为不构成犯罪，检察机关对公安机关的起诉意见审查后认为不构成犯罪以及人民法院判决不构成犯罪等情况。

〔2〕　环境行政机关认为如果公安机关涉对其移送的嫌环境犯罪的案件不予立案决定不当的，还可以申请公安机关复议，还可以建议人民检察院（现为监察机关）进行立案监督。

根据移送《工作办法》第 16 条、第 17 条、第 18 条的规定，可以从以下方面着手解决环境行政执法程序中止问题：

（1）对移送的涉嫌环境犯罪案件，环境行政执法机关已经作出警告、责令停产停业、暂扣或者吊销许可证的行政处罚决定的，不停止执行。对于尚未作出裁判的案件，环保部门依法应当给予或者提请人民政府给予停产、停业等行政处罚。本来，"一事不再罚"是行政执法、刑事司法机关对违法犯罪行为进行处罚的一个基本原则。表面上看，对涉嫌环境犯罪案件，环境行政执法机关既进行了行政处罚，司法机关还可能进行刑事处罚。但是"一事不再罚"中的"罚"是指性质相同的罚，如对同一环境违法行为重复进行行政处罚，或者对同一环境犯罪行为重复追究刑事责任等。对于不同性质的两次处罚来说，则是独立存在，不发生两者择一或者一事不再罚情况，进行双重处罚有其理论依据和法律依据。[1]《行政处罚法》第 28 条[2]、《环境行政处罚办法》第 9 条[3]规定的内容也蕴含了"一事不再罚"的精神。警告、责令停产停业、暂扣或者吊销许可证等行政处罚与人身罚、财产罚完全不同，而且是有效遏制环境犯罪尤其是污染类环境犯罪继续实施的有效措施，对被环境行政执法机关移送的涉嫌环境犯罪的被告人进行此类处罚，不会违反"一事不再罚"的处罚原则。如果环境行政执法机关等待"经过漫长的刑事诉讼程序，被法院确认有罪后，再由行政执法机关作出停产、停业之类的行政处罚，则不可能及时而有效制止这种行政违法

---

〔1〕 参见陈兴良："论行政处罚与刑罚处罚的关系"，载《中国法学》1992 年第 4 期。

〔2〕 该条规定："违法行为构成犯罪，人民法院判处拘役或者有期徒刑时，行政机关已经给予当事人行政拘留的，应当依法折抵相应刑期。违法行为构成犯罪，人民法院判处罚金时，行政机关已经给予当事人罚款的，应当折抵相应罚金。"

〔3〕 该条规定："当事人的一个违法行为同时违反两个以上环境法律、法规或者规章条款，应当适用效力等级较高的法律、法规或者规章；效力等级相同的，可以适用处罚较重的条款。"

行为的继续"[1]。

（2）对于环境行政执法机关移送的涉嫌环境犯罪的案件，公安机关审查后认为没有犯罪事实，或者立案侦查后认为犯罪事实显著轻微不需要追究刑事责任，或者人民检察院决定不起诉，或者人民法院判决无罪或者免予刑事处罚的案件，需要进行行政处罚的，应当将案件退回环境行政执法机关，或者书面告知移送案件的部门，由环境行政执法机关进行行政处罚。

（3）对于司法机关认定构成环境犯罪的案件，环境行政执法机关必须协助配合司法机关调查取证，服从司法机关裁决。

（4）对于有多个环境违法行为但只有其中一个行为涉嫌构成环境犯罪被环境行政执法机关移送的，根据行政效率要求，应当及时对其他不构成环境犯罪的环境违法行为进行处罚，无需等到刑事司法程序终结再进行处罚。因为此种情况不是针对同一案件事实进行处罚，若环境行政执法机关对不构成环境犯罪的环境违法行为也中止程序，则不利于行政效能的发挥，不符合依法行以及行政应急性原则。

3. 建立移送承接衔接协调部门。环境行政权和刑事司法权共同解决环境犯罪移送承接问题。由于权力性质不同，移送承接过程中难免会因程序实体问题产生摩擦，因此，国家建立一个协调部门协调解决其中的问题十分重要。目前来看，对于移送承接中的问题，除了行政权和司法权自身依照法定职权自觉行使职责外，外部监督如检察机关的监督、监察机关的监督也能够在一定程度上促成环境犯罪的交接成功。但是，实践中案件交接时还是存在一些互相扯皮的问题，最好能够设立一个协调机关对这些问题进行协调。我国现行党和国家机构架构中，对法律问题的协调机关是政法委，其

---

[1] 谢治东："行政执法与刑事司法衔接机制中若干问题理论探究"，载《浙江社会科学》2011年第4期。

"支持和监督政法各部门依法行使职权，督促、推动大要案的查处工作，研究和协调有争议的重大、疑难案件"职能与案件协调有关。问题在于，政法委是中央和地方党委领导和管理政法工作的职能部门，协调的都是公检法内部处理上有分歧的案件，目前没有协调行政机关与司法机关工作的职能。此外，十九大报告明确指出，要成立中央全面依法治国领导小组，《深化党和国家机构改革方案》将中央全面依法治国领导小组已经改为中央全面依法治国委员会。委员会的职能是"统筹协调全面依法治国工作"，其"坚持依法治国、依法执政、依法行政共同推进"职能、"统筹推进科学立法、严格执法、公正司法"职能中承担有法治协调工作，但该机构是中央国家机关，省及以下机关是否设立目前不明确。如果今后地方也设立了省级、市级、县级法治委员会，则该地法治委员会可以作为协调行政执法与刑事司法的机构，通过法律法规赋予其协调职能。总之，要协调行政执法与刑事司法职能，可以通过新设协调机构或者将协调职能增设给政法委，或者通过设立中央至地方法治委员会并赋予其协调职能的方式解决。新设协调机构不符合党中央、国务院精简机构的要求，将协调职能增设至政法委或者地方法治委员会则是一条简单易行的途径。如果地方党委设置了法治委员会，则应当将协调职能赋予该委员会，地方党委若不设置这类机构，可以考虑将协调职能赋予地方政法委。法治委员会成立后，要注意划分其与政法委的职能，否则会造成职能重叠，处理事项时出现互相推诿的现象。

（二）完善联动协作机制

1. 全面建立司法、监察提前介入制度。司法、监察提前介入制度是指环境行政执法机关在行使环境行政执法权过程中，发现涉嫌复杂、疑难的环境犯罪案件、环境渎职犯罪案件的行为人存在可能逃匿或者湮灭事实、毁灭证据的情况时，申请公安、检察、监察机关提前参与环境行政执法过程的制度。[1] 提前介入是司法权、监察权提前参与至环境行政执法权中行使监督权，旨在查处自己职权范围内的涉及环境犯罪、环境监管渎职职责的活动。提前介入制度有利于提前收集、固定证据，有利于对犯罪嫌疑人采取强制措施防止其逃匿，一定程度上可以扫除有案不移、有案难移的障碍。尤其对于涉嫌重大环境犯罪案件，多管齐下互相配合查处案件可以提高案件查处的效率。建立司法、监察提前介入制度就是应当明确司法机关、监察机关提前介入环境犯罪案件的时间、范围与方式，以充分发挥监督的功能。[2] 所以，应当在环境行政执法中涉嫌环境犯罪案件的移送和承接领域全面建立提前介入制度。《监察法》实施后，环境刑事案件的移送和承接衔接工作中建立公安、检察、监察机关提前介入制度将更加复杂：一是提前介入的主体增加了监察机关；二是提前介入后监督职责发生了变化，原来由检察机关履行的对是否涉嫌职务犯罪案件的监督职责一部分赋予了监察机关，检察机关只对涉嫌违法犯罪的单位进行法律监督。一般来说，发生重大环境污染事故后，前述三机关应当在事故处理小组的领导下第一时间介入案件，分工负责开展涉嫌刑事环境犯罪和渎职犯罪的查处工作。公安机关从侦查的视角了解是否存在涉嫌环境犯罪的行为，检察机关从法律监督的视角了解相关部门是否有失职渎职的行为，监察机关从国家监察的视角了解是否存在国家工作人员失职渎职的行为。各自的调查初步完成后，三部门与其他部门一起进行综合研判，最终确定案件的性质和相关人员、单位的责任，达到提前介入的目的。

---

〔1〕　参见孙洪坤、张毅："环境行政执法与刑事司法相衔接的程序失灵研究"，载《政法学刊》2017 年第 3 期。

〔2〕　蒋云飞："论环境行政执法与刑事司法衔接中检察监督之完善——以最高检挂牌督办 4 起腾格里沙漠污染环境案为例"，载《环境保护》2016 年第 7 期。

从已有法规、规章、建设性意见来看，《工作办法》第 26 条规定的"初查"、第 28 条规定的"联合调查"和第 31 条规定的"联合督办"工作、《2013 工作意见》第 2 条规定的重大案件会商和督办、紧急案件联合调查机制中实际上就规定了公安、检察机关提前介入的内容。实务操作中，司法、监察提前介入需要注意下列问题：

（1）要明确提前介入的案件范围，即公安、检察、监察机关提前介入的"度"的问题[1]。根据《工作办法》第 26 条的规定，公安机关介入环境行政执法的时间是环境行政执法机关向公安机关通报后公安机关认为有必要时。《2013 工作意见》第 2 条第 4 项规定的重大案件会商和督办制度要求环保部门会同公安部门联合挂牌督办，必要时邀请人民检察院等部门进行研判，并对案件情况进行讨论，第 5 项规定的紧急案件联合调查机制要求遇到重大环境污染等紧急情况，生态环保部门和公安机关要及时启动相应的调查程序，分工协作，防止证据灭失。有些地方法规中甚至明确了公安机关介入的案件范围，如广东省公安厅、环境保护厅等 21 部门共同印发的《关于公安机关提前介入行政执法机关办理的案件以及联合办案制度的规定》（以下简称《广东办案规定》）第 4 条就规定，公安机关可以提前介入调查的具体案件范围包括：可能判处有期徒刑以上刑罚的重大案件，危害国家安全、破坏环境资源的重大案件，在定性、法律适用方面争议较大的案件，上级机关交办或者督办的具有较大社会影响的案件以及公安机关认为需要提前介入并经行政执法机关同意的其他案件。山东省在 2013 年对公安机关提前

---

〔1〕　参见刘远、汪雷、赵玮："行政执法与刑事执法衔接机制立法完善研究"，载《政法论丛》2006 年第 5 期。该文认为，以下情形公安、检察应当介入：①社会团体、新闻媒体、广大群众反映强烈的行政执法案件；②违法行为涉及金额较多、涉及范围较广、造成影响较大而未移送的案件；③涉及重大人身安全、公共安全及利益的案件。实际上，我国已经将这种观点吸收在相关法律法规、建设性衔接意见中。

介入涉嫌环境污染犯罪案件的范围也进行了明确规定。[1]

根据上述衔接建设意见及地方法规规定，本书认为司法机关提前介入的案件应当包括以下几种情况：①环境行政执法机关发现涉嫌环境犯罪案件向公安机关通报公安机关认为有必要时；②发生重大、复杂、社会影响大的环境犯罪案件需要进行风险研判时；③发生重大环境污染等紧急情况时。司法、监察提前介入没有一个明确的时间点，完全视案件调查、研判需要而定。一般情况下重大环境犯罪案件发生时司法、监察机关肯定要提前介入。司法、监察机关提前介入后，可以调取相关环境行政执法证据材料，环境行政执法机关应当予以配合。司法、监察人员发现有涉嫌环境犯罪案件需要移送的，可以向环境行政执法机关提出移送建议，环境行政执法机关应当执行。环境行政执法机关拒不移送的，公安机关可以直接立案侦查，监察机关可以对环境行政执法人员进行渎职调查，对确切有渎职行为的，可以提出处分建议。

（2）确定提前介入的启动主体。一般情况下，环境行政执法机关先行发现涉嫌环境犯罪的案件，是否需要向公安、检察、监察等机关通报，其主动权掌握在环境行政执法机关手中。所以，一般涉嫌环境犯罪的案件的启动提前介入主体应当是环境行政执法机关。如《广东办案规定》第 6 条规定："行政执法机关请求公安机关提前介入或联合办案的……公安机关认为有必要的，可以邀请同级检察机关提前介入。"该条规定尽管也规定了公安机关在必要时可以

---

〔1〕　山东省原环境保护厅 2013 年 8 月 14 日印发的《全省环境保护部门调查与移送涉嫌环境污染犯罪案件的工作程序》第 7 条规定："环保部门环境执法机构在涉嫌环境污染犯罪案件调查过程中，有下列情形之一的，可以依据《全省公安环保联勤联动执法工作机制实施意见》，商请公安机关提前介入：①可能引发群体性事件或者暴力抗法的；②执法人员执行公务时，遇到恐吓、恶意阻挠或者暴力抗法的；③犯罪嫌疑人不明，需要控制犯罪嫌疑人、犯罪嫌疑人逃匿或者可能逃匿的；④环境违法行为情节严重的；⑤其他需要公安机关提供支持和协助的情况"。

邀请检察机关（现为监察机关）提前介入，但真正启动提前介入的主体仍然是环境行政执法机关。实践中，为了扩充自己的行政权力，环境行政执法机关很多情况下不愿意向公安、监察机关移送、通报环境犯罪案件。这种情况下由环境行政机关启动提前介入肯定不可能。对于这种情况，检察机关、监察机关不能主动介入环境行政执法机关查处案件的过程，只能对环境行政执法机关亵渎职务的行为进行法律监督。此外，重大环境事件发生后，地方党委、政府一般会立马成立调查组进行调查，这类案件公安、检察、监察一般也会被要求提前介入。公安、检察、监察机关提前介入环境行政执法机关办理案件的调查与联合办案工作，应当遵循一定的程序。首先，由环境行政执法机关出具商请函，对案件的基本情况、调查取证情况和商请事由进行说明；其次，公安机关接到商请函后应及时书面反馈给环境行政执法机关，一般控制在 2 个工作日内反馈是否有提前介入的必要；最后，建立商请救济机制。若环境行政执法机关对公安机关认为没有必要提前介入的反馈有异议的，可以协商解决，协商不了的，应当报请同级政法委决定。

（3）确定提前介入后的工作职责。按照现行规定，公安、检察、监察提前介入环境行政执法活动后，主要行使调查职责，开展案件研判、配合调查、案件调查、证据收集、法律适用、立案侦查等方面的工作。如《广东办案规定》第 5 条规定了公安机关提前介入行政执法机关执法活动的职责主要有：①帮助、协助行政执法机关及时发现、收集、固定证据，对相关产品、物品采取查封、召回、勘验、检验检疫、销毁、公共安全预警信息发布等相关措施提出意见，在制止或者防范危害扩大的同时，为移送公安机关立案侦查提供事实依据；②对行政机关发现的涉嫌犯罪案件采取的行政强制措施及收集的证据在刑事诉讼中的合法性、证明力进行评估，及时提出修正或补充意见；③了解案件情况及违法嫌疑人的社会危险性；对行政执法机关认为重大、复杂、疑难并涉嫌犯罪案件，可以就刑事案件立案追诉标准、证据的收集固定等方面提出意见。公安机关在提前介入调查中发现有证据证明有犯罪事实，需要追究刑事责任的，应当按照法定的管辖范围及时立案侦查。《广东办案规定》是 21 个部门印发的文件，适用于包括环境行政执法机关在内的 21 个部门。该文件对公安机关提前介入行政执法的职责进行了非常详尽的规定，可操作性强，可以在全国推广。另外，在已经成立了环保警察的地区，公安机关介入环境行政执法可以通过在环境行政执法机关成立环保警察联络室来强化现场执法，在环境犯罪线索备案、固定涉嫌环境犯罪的证据等重点环节与环境行政执法机关进行合作[1]。

2. 完善联动协作机制。完善合作联动机制主要应当从移送承接主体的联动协作具体操作中着手落实相关问题。具体应当做好以下方面的工作：

（1）高度重视联席会议和联络员制度。环境犯罪方面的联席会议应当确定会议主导者，联络员应当切实担当起联络职责，参与方不能只派员出席，应当建立相关工作制度，建议由各单位有决定权的负责人参会，增加会议透明度，通过良性互动，构建"'一体化'工作机制，有针对性地采取措施，及时解决工作中的问题"[2]，以"确保每一起环境违法案件都能够受到应有的处置，既符合公平、正义和法制的要求，也有利于强化对生态法益的保护"[3]。

（2）解决联合挂牌督办中存在的问题。对于联合挂牌督办的环境犯罪案件，相关部门应当首先形成共识，成立牵头部门，制定督办目标，分清职责，规范行政执法和司法程序，落实具体责任，做

---

〔1〕　参见郄建荣："环保部：争取公安第一时间介入涉刑案件"，载《法制日报》2017 年 12 月 8 日，第 6 版。

〔2〕　徐燕平："行政执法与刑事司法相衔接工作机制研究——兼谈检察机关对行政执法机关移送涉嫌犯罪案件的监督"，载《犯罪研究》2005 年第 2 期。

〔3〕　董邦俊："论我国环境行政执法与刑事司法之衔接"，载《中国地质大学学报》（社会科学版）2013 年第 6 期。

到分工合作，督办到位。不能让挂牌督办的环境违法犯罪案件成为"久拖不决"老大难问题。

（3）大力推进污染类环境犯罪侦查协作机制。污染类环境犯罪的侦查需要技术性侦查手段，依赖于生态环境行政主管部门的技术支持。具体侦查中，生态环境主管部门应当发挥专业优势，提供必要的环境监测、环境检测、环境损害鉴定等手段，与司法部门一起解决环境犯罪侦查工作中的取证问题。

（三）完善信息共享机制

完善环境案件信息共享机制首先要在全国范围内构建比较健全的环境信息共享平台。此外还要建立双向信息交流机制。信息交流可以保证环境行政执法与刑事司法衔接得以良性运转[1]。环境行政执法机关对于自己行政执法中发现的涉嫌环境犯罪的信息如案件来源、查获情况、犯罪嫌疑人信息、案件的事实、证据等应当向刑事司法机关移送，让刑事司法机关了解涉嫌环境犯罪的基本情况。环境行政执法机关移送涉嫌环境犯罪案件后，其调查工作中若发现新的与涉嫌犯罪案件相关的材料、证据，也应当及时送交给刑事司法机关。刑事司法机关在审查、立案、侦查、起诉、审判涉嫌环境犯罪过程中，也要将案件的受理、立案与否、侦查、起诉、审判的结果通报环境行政执法机关，以便环境行政执法机关处理相关案件事项。总之，信息交流机制的构建既是移送承接涉嫌环境犯罪案件的实践需要[2]，也是提高移送犯罪案件处理效率的有效途径。此外，信息共享机制中，针对平台运行、维护中存在的问题，相关部

---

〔1〕 参见曾粤兴、张勇："论我国环境刑法与环境行政法之间的协调与衔接"，载《河南财经政法大学学报》2013年第6期。

〔2〕 如在江苏，环境信息共享机制已经成为"该省推进'两法衔接'的'法宝'之一……2013年该省查处涉嫌环境犯罪案件51件，涉嫌环境犯罪立案数超过之前15年的总和，行政机关不愿、不敢、不能以罚代刑的氛围正在形成"。参见黄庆畅："'以罚代刑'不行了"，载《人民日报》2014年8月6日，第18版。

门应当"淡化机关间观念上的隔阂"[1] 予以解决，要"规范信息录入，明确录入的标准，程序、配备专人负责，及时更新数据，做到平台信息数据准确真实"[2]。

（四）完善衔接资金保障和奖惩机制

针对环境犯罪移送承接衔接机制中存在的问题，今后应当通过加强在环境行政执法设施方面的资金投入，建立专家培训机制培养专门环境执法和环境司法人才，对移送承接衔接单位应当根据工作情况建立奖惩机制奖优罚劣制度来予以落实。

三、移送与承接监督机制问题解决的建议方案

（一）完善环保督察制度

1. 赋予区域督察局行政处罚权。原区域环保督查中心 2017 年 11 月变更为区域督察局的身份后获得了行政执法权。"6 个区域督察局将进一步强化'督政'职能，与国家环境保护督察办公室一起，共同构建国家环保'督政'体系，进一步完善了环境保护督察体制，为中央环境保护督察工作提供有力保障。"[3] 问题在于，区域督察局虽然取得了行政执法权，但对执法结果的行政处罚权却由生态环境部生态环境执法局行使，其执法效率显然还是会大打折扣。随着区域督察局职能的增强，建议赋予区域督察局一定的行政处罚权以增强环境行政执法效果。

2. 中央环保督察制度法治化。中央环保督察体现"党政同责"。《环境保护督察方案（试行）》通过的主体是中央深化改革领导小组，其与《中央生态环境保护督察工作规定》印发的主体均

〔1〕 李辰星："论行政执法与刑事司法衔接机制之必要性及完善——中西案例对比思考"，载《兰州学刊》2016 年第 7 期。

〔2〕 刘海鸥："环境污染犯罪案件中行政执法与刑事司法衔接的问题与对策"，载《中国环境法治》2014 年第 2 期。

〔3〕 "环境保护部例行新闻发布会实录"，载《中国环境报》2017 年 11 月 24 日，第 2 版。

为中共中央办公厅和国务院办公厅，目前仅属于"党内规范性文件"或者"行政规范性文件"，规范级别较低。中央环保督察由于既"督企"也"督政"，对其进行法治化改造应当通过制定更高层级更高效力的环保督察专门立法。可以分别考虑行政层面制定规范中央到地方环保督察工作的《国家环境保护督察条例》，从党法层面制定规范党内公职人员的《中国共产党环境保护督察办法》。至于是否可以借鉴《党政领导干部生态环境损害责任追究办法（试行）》的立法模式将国法和党法融为一体，需要党和国家立法机关进行深度思考。本书认为，党法与国法约束的对象既有重合，也有差异。环保督察实际上是一种工作机制，旨在督促环境保护法律法规的落实。具体实施中，不同督察主体工作侧重点有所不同，应当根据不同的法律法规规范督察者的督察行为，对不同责任主体采取不同的责罚方式。若将党法与国法融为一体，则法律性质不好厘定，会破坏现有法律体系的框架。将环保督察制度法治化后，环保督察小组对企业、地方党委、政府进行问责都有了各自的法律法规依据，对违法犯罪、违规行为的制约力度更强，环保督察的效果会更加显著。可以考虑通过建立生态环境保护领域的党内法规体系、统筹党内法规与国家法律的关系、优化党内法规与配套法律制度的衔接机制等方式对中央生态环保制度予以法治化。[1]

3. 加大力度落实环保督察反馈的问题。环保督察中存在的问题归结在态度上无外乎"怕、慢、假、庸、散"等作风问题。污染查处直接影响地方经济发展，故地方环境保护工作一直是我国环境保护工作中的软肋。中央环保督察立足国家全局出手查处污染问题，通过治理污染、保护环境和资源推动绿色发展，可以避免地方党委政府治污中瞻前顾后的弊端。但正因为中央环保督察动了地方

---

〔1〕 冀鹏飞："论中央生态环境保护督察制度的法治化——以《中央生态环境保护督察工作规定》为中心"，载《环境保护》2019年第14期。

经济发展中的"奶酪"，所以环保督察反馈的许多问题并未得到地方党委政府的高度重视，对问题"睁一只眼闭一只眼"的情况非常普遍。要落实环保督察反馈的问题，首先，必须改变工作作风，对环保工作中作风问题采取"零容忍"的态度。环保督察的目的在于推动地方污染治理，保护地方青山绿水。地方党委政府应当正视中央环保督察问责的高压态势，加大治理"怕、慢、假、庸、散"等尸位素餐的工作作风，不要抱有侥幸心理。其次，要逐一解决环保督察所反馈的问题，在认真梳理问题后按照问题的轻重缓急，制定整改计划，落实具体问题。最后，要严肃追责。根据存在问题的大小厘清不同的责任，将法律责任、行政责任、纪律责任逐一落实到位。通过追责反促环境保护工作。

4. 强化挂牌督办环境违法犯罪案件的效果。挂牌督办案件本来是点对点的督查督办工作，但由于地方政府、污染企业乃至督办主体等方方面面的原因，导致一些督办案件变成了走过场，没有从根本上解决问题，更没有达到督办案件的效果。要强化挂牌督办效果，应当根据原国家环境保护总局办公厅 2006 年 9 月 30 日发布的《关于加强环境违法案件挂牌督办工作的通知》[1] 的要求从以下方面解决问题：首先，要落实挂牌督办主体的权力和责任。尤其在多个部门共同挂牌督办的情况下，要明确牵头单位，否则挂牌督办单位之间会互相推诿，都对挂牌督办案件不闻不问，最后对案件的督办不了了之。其次，对挂牌督办案件要实行全过程的监督管理。对挂牌督办的环境违法犯罪案件的立案、相关通知下达、相关信息公示、跟踪检查、整改验收以及结案等各个环节均要进行"盯关跟"，防止被督办企业敷衍塞责。再次，挂牌督办的每一个案件都要撰写整改落实反馈报告。督办主体不能只下达几道督办通知就了事，需要了解本部门挂牌督办案件最后的效果。这也是挂牌督办的最终目

---

〔1〕　尽管国家环境保护的机构名称已改，但该《通知》的精神仍可贯彻。

的所在。最后，在挂牌督办案件整改落实不力的情况下，应当对拒不整改的企业、环境监管失职人员进行追责。追责的宗旨也在保障挂牌督办案件问题的解决。

（二）完善检察、监督立法

针对目前检察监督中存在的立法障碍，应当通过完善立法的途径予以解决。

1. 应当完善《行政诉讼法》第 25 条第 4 款。将该款规定的"致使国家利益或者社会公共利益受到侵害"修改为"检察机关认为行政机关违法行使职权或者不作为有致使国家利益或者社会公共利益受到侵害的危险时应当提出检察建议，督促其依法履行职责……"。因为若行政执法机关的渎职行为需达到"致使国家利益或者社会公共利益受到侵害"时检察机关才出面予以监督，危害结果已经发生，检察监督变成了事后诸葛亮，监督效果会大打折扣。

2. 强化检察建议效果。《行政诉讼法》第 25 条第 4 款、《人民检察院组织法》第 21 条应当明确行政机关回复检察建议的具体时间，防止检察建议被束之高阁。从行政效率的视角考虑，当检察机关对环境行政等机关发出检察建议后，行政机关应当在 15 日内对整改情况进行回复。对于难度大问题多的整改建议，行政机关可以延迟 15 日回复发出建议的检察机关。

3. 全面赋予检察监督权。条件成熟时在《人民检察院组织法》中全面规定对行政执法的检察监督权。目前，环境执法权仅靠生态环境保护机关内部进行监督，但效果欠佳。环境行政执法权监督的最佳途径还是需要通过国家法律监督机关开展监督。

（三）全面修改其他法律、法规和司法文件有关监督内容

《监察法》实施后，针对之前颁布的与《监察法》抵触的法律、行政法规和相关司法文件，我国应当逐步对之进行修改，以使其与《宪法》《监察法》相协调，也使全新的监督机制在法律法规文件中体现。这项工作是个浩大的工程，我国目前正在紧锣密鼓地

开展法律法规和相关文件修改工作。

（四）落实各种监督制度

1. 强化内部监督。对于涉嫌环境犯罪案件的移送承接过程进行监督，上级环境行政机关和环境行政机关内部的监督机构、刑事司法机关的内部监督机构应当将监督落到实处，发现该移送不移送、该承接不承接等问题时应当随时予以纠正，将消极懈怠等渎职失职问题消灭在萌芽状态。强化环保执法领域依法履职履责，促进廉洁执法，斩断环境行政执法者与被执法者之间的利益链条，强化对执法过程的监督和管理，"加强行政执法监管的频次，同时要辅之自动在线监控技术手段，并鼓励公众有奖举报"[1]。对本地区生态环境和资源保护工作中渎职失职的人员严格按照《党政领导干部生态环境损害责任追究办法（试行）》追究相应责任。情节严重者根据《刑法》追究刑事责任。

2. 保障外部监督效果。外部监督是促进环境行政执法移送涉嫌环境犯罪与刑事司法机关承接移送来的涉嫌犯罪这个衔接过程最有效的监督手段。实践中各监管部门应当采取各种措施加强对行政执法与刑事司法之间衔接的监督和管理。具体可以采取以下措施着力解决问题：

（1）单独设立行政执法检察厅（处、科）。2018年10月修订的《人民检察院组织法》第18条规定："人民检察院根据检察工作需要，设必要的业务机构。"目前，最高人民检察院行使的监督职能由原来的部门集中行使转为分散部门行使。内部机构设置中，第一检察厅负责环境犯罪等案件的立案监督、侦查监督、审判监督工作，第七检察厅负责对行政执行活动实行法律监督，第八检察厅负责生态环境和资源保护民事公益诉讼、行政公益诉讼及监督等工

---

[1] 张先明："减轻执法成本　降低入罪门槛——最高法院、最高检察院、公安部、环保部有关部门负责人答记者问"，载《人民法院报》2013年6月19日，第3版。

作。2017年《行政诉讼法》已经赋予检察机关对环境资源保护等四个领域的行政执法行使法律监督权。目前来看，检察监督主要是法律监督，立法尚未全面赋权检察机关对全部行政执法领域行使法律监督权。但总体来看，检察机关承担的监督工作任务越来越重，有学者建议成立专门的行政执法监督部门，"主要承担对行政执法机关执法行为进行监督的任务。作为一个新设机构，其工作职责主要从侦查监督部门中剥离出来，负责监督行政执法机关是否将行政相对人涉嫌犯罪的案件依法移交公安机关处理，……并赋予其对行政执法机关案件处理结果的调查权、对案件不移送理由的质询权等权力"〔1〕。应该说这种建议颇为在理。尽管我国目前《人民检察院组织法》《行政诉讼法》尚未赋予检察机关对全部行政执法领域的检察监督权，检察机关内部根据法律监督的领域设置检察机构也有其合理性，但在失去职务犯罪侦查权后，检察机关无疑会将工作重心回归法律监督机关本位，对行政执法监督的力度势必加强。将行政执法监督、行政立案监督、行政侦查监督以及行政检察等有关行政监督的职能集中在一个部门行使，有助于实现行政监督的专门化和专业化，不仅可以有效遏制行政执法中滥用职权、玩忽职守、徇私舞弊等违法犯罪现象的蔓延，还可以形成检察业务中刑事、民事、行政监督三足鼎立、相互协调发展的格局。

（2）增强检察建议的刚性。检察建议权是一项柔性的、程序性的权力，其价值"一方面更容易在检察机关的行政违法检察监督权与有关部门环境行政权之间寻找到平衡，另一方面更容易为被监督者所接受执行，效率更高"〔2〕。2018年10月26日修订后的《人

---

〔1〕 王传红、维英："行政执法机关移送涉嫌犯罪案件机制研究"，载《中国刑事法杂志》2012年第3期。

〔2〕 郭林将："论检察建议对环境监督权的监督——基于浙江省环境检察建议的梳理与研究"，载《云南大学学报（法学版）》2013年第3期。

民检察院组织法》第 21 条规定："人民检察院行使本法第 20 条规定的法律监督职能，可以进行调查核实，并依法提出抗诉、纠正意见、检察建议。有关单位应当予以配合，并及时将采纳纠正意见、检察建议的情况书面回复人民检察院。抗诉、纠正意见、检察建议的适用范围及其程序，依照法律有关程序。"该条尽管尚存在被监督机关对检察建议的回复时间规定不明确、对被监督机关不配合、不回复检察建议没有具体制约措施等瑕疵，但要求被监督机关予以配合并及时回复，在一定程度上还是强化了检察建议的刚性。检察机关发出检察建议时，应当注意以下几个方面的问题：其一，检察建议书应当以人民检察院的名义而非检察机关内设单位的名义制作；其二，检察机关只能向同级被监督单位发出检察建议书；其三，对不按检察建议进行纠错的被建议单位要形成行政制裁机制，如被监督单位应当将部门、人员落实检察建议的情况纳入年终考核指标，被监督单位的上级主管部门对不落实、不回复检察建议的单位应当采取一定的制约措施等；其四，应当建立相应的检察建议纠错机制。对于错误发出检察建议的，检察机关可以自行纠错，也应当允许环境行政执法机关对检察建议提出书面复议或者提请上一级检察机关进行复核等方式予以纠错。《2018-2022 年检察改革工作规划》也提出了要完善检察建议制度，要"增强检察建议的刚性、精准性和可操作性"[1]。为了将检察建议落到实处，增强其法律效果，应当建立起检察建议的沟通、跟踪和反馈制度。检察机关和被监督的环境行政机关都是行使国家权力的机关，检察机关发出建议的目的旨在纠正偏离职责方向的环境行政权。发出检察建议前，检察机关应当主动与被建议单位进行沟通、协调。只有在没有沟通好的情况下才发出检察建议。检察建议发出后，被建议单位应当加强与检察机关的配合积极反馈相关整改信息，以便检察机关掌握被监

---

〔1〕《2018-2022 年检察改革工作规划》第 18 之规定。

督单位的整改情况。对于不积极整改的生态环境行政机关，检察机关应当建议上一级环境行政机关进行问责，必要时建议本级监察委员会对相关责任人问责。

（3）建立公众监督保障机制。公众监督是刑事案件线索的重要来源。我国十分重视环境保护公众参与。2015 年环境保护部专门制定了内容比较完善的《环境保护公众参与办法》。尽管环境保护部已经演变成生态环境部，但之前制定的行政规章并未被废止。实践中主要在于如何落实该办法的相关规定。比较切实可行的途径是环境行政机关应当为公众监督建立行之有效的监督通道，创造有利的监督条件，让公众愿意监督，顺畅监督。应当加大环境行政执法信息的公开力度、建立监督员制度、构建环境执法公众举报及时回应反馈制度、公众环保有效举报激励制度，如江苏靖江就拿出 30万元重奖"毒地"举报人周建刚[1]等。

（4）强化人大常委会环保执法检查。根据《中华人民共和国各级人民代表大会常务委员会监督法》第 22 条的规定，各级人大常委会每年应当有计划地对有关法律、法规实施情况组织执法检查。生态环境问题事关国计民生，习近平总书记指出："良好生态环境是最公平的公共产品，是最普惠的民生福祉。"这些年来，全国人大常委会和地方各级人大常委会都将环境执法检查作为每年的工作重点，取得了较好的效果。通过环境执法检查，立法机关可以了解环境法律实施的情况，了解环境行政执法与刑事司法衔接机制的运行情况，发现其中存在的问题，可以"促使立法者不断完善衔接机制立法，增强衔接机制立法的可实施性和实施的效果"[2]。

---

〔1〕 参见李显锋："30 万！靖江重奖'毒地'举报人周建刚"，载《北京青年报》2017 年 11 月 17 日。

〔2〕 沈晓军："我国环境行政执法与刑事司法衔接机制研究——以行为主体的利益选择为视角"，载《河南财经政法大学学报》2017 年第 2 期。

（五）织牢内外联合多元协同监督机制

1. 外部监督与内部监督衔接机制。如前所述，单纯的行政权力内部监督发挥的作用有限，环保行政权力之外的监督尤其是专门的中央环保督察以及检察监督、监察监督效果最为显著。但是，环境犯罪的特殊性在于其后果迟滞，因果关链条系复杂难以认定。查办案件时专业性强，需要环保机关工作人员的积极配合，调取证据时还需要专门的环保设备。外部单位在进行监督时，唯有与生态环保内设监督部门进行衔接、协调方能充分发挥监督作用。实践中，我国已经基本构建了对生态环境执法中移送涉嫌环境犯罪案件以及司法机关承接环境犯罪案件进行监督的内外衔接机制，并且取得了很好的效果。如 2010 年 10 月至 2011 年 12 月期间，最高人民检察院、公安部、监察部、商务部等四部门联合开展了"对行政执法机关移送涉嫌犯罪案件专项监督活动"。在相关部门的配合下，"全国检察机关共受理监督线索 90 167 件，审查行政执法机关备案 77 720 件，查询行政处罚案件 190 863 件，派员阅卷 158 102 件，督促行政执法机关移送涉嫌犯罪案件 6414 件"[1]。这个数字就涵盖了对环境犯罪移送承接过程监督后敦促移送的犯罪案件数。外部监督与内部监督衔接机制大体包括：

（1）监察监督与内部监督协调机制。《监察法》实施后，我国调查国家公职人员渎职失职犯罪的权力调整到了监察委员会。监督主体对生态环保机关和司法机关移送承接环境犯罪过程中监督时发现的涉嫌构成渎职犯罪的案件的调查职责在监察委。监察监督权行使时应当与生态环保、司法机关内部监督权衔接，发挥各自的监督职能，既分工又合作，共同解决环境行政执法移送与刑事司法承接环境犯罪过程中的监督问题。

---

〔1〕 孙莹："最高检：行刑执法监督活动督促移送案件 6414 件"，载 http：//www.chinanews.com/fz/2012/04-01/3793442.shtml，最后访问日期：2020 年 4 月 8 日。

（2）检察监督与内部监督协调机制。《监察法》实施前，检察机关在生态环境保护中发挥的作用有目共睹，不仅出台了相关检察机关为生态文明建设保驾护航的意见，还在生态环境保护机关设立了许多专门的检察监督机构，与生态环境部门的内设监督部门一起共同行使对跨职能的环境犯罪案件移送和司法承接中有关个案移送、两法衔接、立案、撤案等问题进行监督的监督权和对公安机关侦查活动进行监督侦查监督权，取得了很好的效果。如以湖南为例，2017年5月4日，湖南省人民检察院在湖南省环境保护厅（现生态环境厅）成立了全国首家省级驻环保部门检察联络室[1]；2017年5月23日，湖南省郴州市人民检察院成立了全国第一家东江湖生态保护检察局，全面推行"专业化法律监督+恢复性司法实践+社会化综合治理"的生态环境检察模式，着力解决有案不移、有案移不动、监督不到位的问题[2]；2018年10月24日，湖南汉寿县人民检察院成立了驻西洞庭湖国家级自然保护区管理局检察联络室，"将惩治、普法、修复、效益等功能集为一体，积极实现破坏生态环境资源案件办理的政治效果、法律效果、社会效果、经济效果与生态文明效果的有机统一"[3]。全国其他地方的检察联络室也如火如荼地在建设中，效果也十分明显。"环保+检察"模式的生态环保检察联络室的建立，可以让检察机关提前介入环境违法犯

---

〔1〕 郑涛、孙意国、唐龙海："湖南成立首家省级驻环保部门检察联络室"，载 http: //hunan. ifeng. com/a/20170505/5632743_0. shtml，最后访问日期：2020年4月8日。

〔2〕 湖南资兴："东江湖生态保护检察局挂牌成立"，http: //www. hn. xinhuanet. com/2017-05/24/c_1121027993. htm。生态检察成立的目的在于依法引导侦查、审查逮捕、审查起诉破坏环境资源保护的犯罪案件，严厉打击破坏环境资源保护犯罪，及时监督行政执法机关移送涉嫌犯罪案件、公安机关刑事立案活动和侦查活动、审判活动和刑事执行活动等情况，特别是发挥检察机关查办和预防职务犯罪的专业化优势，依法查办和预防环境资源保护领域内的职务犯罪。

〔3〕 刘玺东、米姣："环洞庭湖首家检察联络室挂牌成立"，载 http: //www. so-hu. com/a/271260522_100047038，最后访问日期：2020年4月8日。

罪案件，调查生态环境部门和公安机关违规违法问题。检察机关和生态环保机关通过建立联席会议制度、列席会议制度（环保工作人员列席检察机关会议）、联合调查与督办制度、信息共享制度等完善协调机制，解决监督中存在的问题。

（3）党委、人大、政协监督与内部监督协调机制。内部监督很多情况下是在党委领导下开展的，这二者之间的协调自然没有问题。人大通过环保执法检查行使监督职能，政协对环境行政执法机关行使的是民主监督职能。这些机关行使监督权时与生态环境行政执法机关内设监督部门一般会建立良好的协调关系，基本不会发生矛盾和冲突。

2. 外部监督之间的协同机制。

（1）完善监检监督协调机制。[1] 监察监督与检察监督互相配合互相制约协调衔接机制有明确的法律依据。宏观上，《宪法》第127条第2款和《监察法》第4条第2款都明确规定："监察机关办理职务违法和职务犯罪案件，应当与审判机关、检察机关、执法部门互相配合，互相制约。"具体衔接程序上，《监察法》第五章作了明确规定。部门规章层面，最高人民检察院2019年2月制定的《2018-2022年检察改革工作规划》提出检察机关要"健全与监察委员会工作衔接机制"[2]。监检监督协调机制主要涉及监察监督和检察法律监督的权限划分和程序衔接。《监察法》实施后，监检衔接机制的框架已经搭建起来。环境犯罪移送承接中，监察机关主要负责对生态环境执法人员该移送环境犯罪而不移送进行监督，对

---

〔1〕 袁博："监察制度改革背景下检察机关的未来面向"，载《法学》2017年第8期。

〔2〕《2018-2022年检察改革工作规划》第22项，具体内容是："完善检察机关对监察委员会移送案件的留置与强制措施转换、退回补充调查、自行补充侦查等工作机制。建立退回补充调查的沟通协调机制。健全案件线索移送与处置机制，对在履行职责中发现的公职人员违纪违法线索及时移送，形成监督合力。"

其渎职失职行为或者违纪违法犯罪行为进行调查。对于涉嫌构成环境渎职犯罪的人员在调查完毕后应当将调查结果移送人民检察院依法审查，提起公诉。检察机关主要负责对行使下列监督权：①对生态环保部门是否存在应当移送而没有移送涉嫌环境犯罪案件至刑事司法机关的全过程进行监督，监督调查生态环境执法机关是否存在违规违法行为，必要时提出检察建议；②对承接涉嫌环境犯罪案件的公安机关及其工作人员行使法律监督权，对其违法犯罪行为进行查处。2018 年 4 月 16 日，中共中央纪律检查委员会、国家监察委员会、最高人民检察院已经联合发布实施了《国家监察委员会与最高人民检察院办理职务犯罪案件工作衔接办法》，监检衔接机制已经构建。但其中尚存在没有理清的细节问题需要协调。这些问题有些是法律已经规定但操作中没有解决的，有些是法律比较模糊需要进一步明确的。应当以监察体制为导向、以法治价值为目标建立起微观和宏观监察权监督和检察权监督协调衔接机制[1]。这种协调机制目前已有地方开始构建，如西宁市城中区纪委监委与该区人民检察院联合制定了《城中区纪委监委与城中区人民检察院建立案件线索双向移送反馈机制的办法》，"从案件线索移送范围、移送时限、反馈办法、协作配合、沟通联络等方面进行了详细规定"[2]。

（2）健全监检监督与党委、人大、政协监督的衔接机制。这些监督各有其监督视角和领域，监察监督主要侧重于对环境犯罪移送承接过程中公职人员的渎职、失职行为进行监督。检察监督主要是对移送承接单位进行监督，也对承接的刑事司法工作人员的行为进

---

〔1〕 参见史凤林："监察权与司法权的协调衔接机制研究"，载《中共山西省委党校学报》2018 年第 2 期。

〔2〕 参见中区宣："中区建立案件线索双向移送机制"，载《西宁晚报》2018 年 8 月 30 日，第 A12 版。

行监督。党委监督是从从严治党的视角对党员干部进行的党内监督。人大监督主要是从权力来自于人民所以人民应当对权力负责、对行使权力的人负责的视角通过执法检查、视察、调查进行监督。监督的手段包括询问、质询、特定问题调查、罢免和撤职等。政协监督是一种民主监督，协商是监督的主要方式。这些监督方式有些时候同步实施，有些时候启动时间不同。如在对违法犯罪行为进行追责等刚性监督的情况下，政协监督一般不会介入，人大监督也可能不会出现，但监察监督、检察监督和党内监督可能会同时介入。多种监督机制同时介入时，需要监督权互相配合、互相制约，共同解决监督中发现的具体问题。一般来说，发生重大环境污染案件的情况下相关监督部门都会行使监督权，也会形成制裁重大污染环境犯罪行为的监督合力，强化制裁犯罪行为的力度。

3. 建立环境犯罪移送承接领域监督的保障机制[1]。

（1）建立各种监督权运行的保障机制。对环境犯罪移送承接进行监督的权力基本都是公权力。要保障环境犯罪移送承接工作依法依规进行，建立全过程监督机制至关重要。监督权运行需要构建保障机制，需要在人财物方面加以足够的保障。对环境犯罪移送承接的监督不同于一般犯罪，其要求有专门的懂环境保护技术的人员、有专门的环境监管手段和专门的环境监管设备，还有必要的环境监管运行经费。一般来说，国家肯定给上述监督部门配备了基本的人财物运行保障，但在专门经费上不一定给予足够的保障。实践中对环境犯罪移送承接过程进行监督需要特别保障时，国家要想方设法予以满足以达到监督的目的。

（2）建立环境职务犯罪预防合作机制。对环境犯罪移送承接过程进行监督实际上就是预防环境职务犯罪发生。我国实践中已经摸

---

〔1〕　梁静、任开志："环保领域行政违法行为检察监督实证分析——以 2017 年 A 市检察机关办理案例为对象"，载《四川民族学院学报》2018 年第 3 期。

索出一套环境职务犯罪预防合作机制，主要方法就是搭建执法平台，制定预防方案。我国多地已经建立了环保检察联络室平台，如福建省检察机关从 2017 年下半年至 2018 年 3 月 "已设立各级派驻河长办检察联络室 85 个、派驻检察联络员 146 名，实现了全省'全覆盖'"[1]。2016 年底至 2017 年底，湖南公安、检察驻环保联络室均实现了省、市、县三级全覆盖，"湖南省检察机关与环保部门紧密配合，建立完善了信息共享、联席会议、案件咨询等工作协调机制，监督移送了一批污染环境犯罪案件"[2]。制度建设方面，张家口市涿鹿县检察院与环境保护局联合下发了《关于在预防职务犯罪工作中加强联系配合的实施方案》，在环境保护领域提出了预防职务犯罪的工作思路。此外，人大、政府应当加大环保考核力度，解决地方政府干预立案处罚等问题。通过落实《生态文明建设目标评价考核办法》《党政领导干部生态环境损害责任追究办法（试行）》，加强地方政府绿色 GDP 的考核力度，在干部任用、评优评先等方面推行重大环境事件一票否决制，对干预污染环境罪立案的地方党政领导严格追责，使其"不敢、不想、不能"干预环境犯罪案件的立案查处工作，从而做到有案必移，移案必立，有罪必罚。

---

〔1〕 张仁平："福建：派驻河长办检察联络室（员）实现'全覆盖'"，载《检察日报》2018 年 4 月 17 日，第 1 版。

〔2〕 张东风、黄昌华、陈颖昭："湖南探索构建生态环保齐抓共管大格局"，载《中国环境报》2018 年 9 月 26 日，第 1 版。

附件材料

附件1 涉嫌环境犯罪案件移送书（格式）

（ ）环罪移字［ ］第（ ）号

×××公安局：

本机关在依法查处环境违法行为过程中，发现×××的违法行为涉嫌环境犯罪，依据《中华人民共和国行政处罚法》《环境保护行政执法与刑事司法衔接工作办法》（环环监〔2017〕17号）等有关规定，现将涉嫌环境犯罪的有关材料移送你机关，请查收。

附件：1. 涉嫌环境犯罪案件情况的调查报告

2. 涉案物品清单

3. 有关监测报告或者鉴定结论

××生态环境局（印章）

年 月 日

附件2 涉嫌环境犯罪案件移送书回执（格式）

移送案件名称	
移送书文号	
移送材料清单	1. 涉嫌环境犯罪案件的调查报告；2. 涉案物品清单；3. 有关监测报告或者鉴定意见；4. 其他有关涉嫌犯罪的材料

续表

移送单位	
移送人签名	
接收单位	
接收人签名	
移送接收日期	

附件 3　关于×××涉嫌环境犯罪案件的调查报告

我队于＿＿＿年＿＿＿月＿＿＿日起对×××于＿＿＿年＿＿＿月＿＿＿日至＿＿＿年＿＿＿月＿＿＿日实施的涉嫌环境违法行为情况进行了查处。现将查处过程中发现的涉嫌环境犯罪违法情况报告如下：

一、基本情况

二、涉嫌环境犯罪的事实

（一）

（二）

三、涉嫌环境犯罪的违法行为的处理、处罚情况

（一）

（二）

四、其他情况说明

（一）

（二）

××生态环境保护综合行政执法监察支队（大队）

（印章）

年　月　日

附件 4　生态环境局移送涉嫌环境犯罪案件材料清单

材料名称	数量	提供部门	备注
案件来源	1 套	××市生态环境保护综合行政执法支队（大队）	××市生态环境保护综合行政执法支队（大队）信访事项处理单 1 页
身份证明	1 份	××提供	1 页
调查询问笔录	3 份	××市生态环境保护综合行政执法支队（大队）3 份	1.×年×月×日调查 1 份 2.×年×月×日调查 1 份 3.×年×月×日调查 1 份
书证、物证	2 份	××市生态环境局	1.××市生态环境局查封决定书及查封物品清单 1 份 2. 送达回执 1 份
监测报告	1 份	××市环境监测站	监测报告单（ ）环监字第×× 号、共×页
危险废物类别的函	1 份	××市生态环境局	关于××非法收集、贮存、排放、倾倒、处置危险废物类别的函
照片及影像资料	1 套	×××市生态环境保护综合行政执法支队（大队）	1.×年×月×日对××贮存危险废物场所进行调查取证的摄像资料 2.×年×月×日查封现场摄像资料 3.×年×月×日发现××撕毁封条及转移、变卖被查封危险废物后的现场摄像资料

参考文献

一、中文文献

1. 傅学良：《刑事一体化视野中的环境刑法研究》，中国政法大学出版社 2015 年版。

2. 刘艳红、周佑勇：《行政刑法的一般理论》，北京大学出版社 2008 年版。

3. 谢佑平、万毅：《刑事侦查制度原理》，中国人民公安大学出版社 2003 年版。

4. 戴玉忠、刘明祥主编：《犯罪与行政违法行为的界限及惩罚机制的协调》，北京大学出版社 2008 年版。

5. 杨永华主编：《行政执法和刑事司法衔接的理论与实践》，中国检察出版社 2013 年版。

6. 王圆圆：《行政执法与刑事司法衔接研究——以食品安全两法衔接为视角》，中国政法大学出版社 2016 年版。

7. 侯艳芳：《环境资源犯罪常规性治理研究》，北京大学出版社 2017 年版。

8. 王灿发主编：《中国环境行政执法手册》，中国人民大学出版社 2009 年版。

9. 河北马倍战律师事务所编著：《环境行政执法精要》，中国环境科学出版社 2015 年版。

10. 杨曙光、王敦生、毕可志：《行政执法监督的原理与规程研究》，中国检察出版社 2009 年版。

11. 环境保护部环境监察局编：《环境典型案例分析与执法要点解析》，中国环境科学出版社 2012 年版。

12. 邓一峰：《环境诉讼制度研究》，中国法制出版社 2008 年版。

13. 贺海仁主编：《公益诉讼的新发展》，中国社会科学出版社 2008 年版。

14. 杜琪：《刑法与行政法关联问题研究》，中国政法大学出版社 2015 年版。

15. 金国坤：《行政权限冲突解决机制研究：部门协调的法制化路径探寻》，北京大学出版社 2010 年版。

16. 张康之：《合作的社会及其治理》，上海人民出版社 2014 年版。

17. 文伯屏编著：《西方国家环境法》，法律出版社 1988 年版。

18. 卢洪友等：《外国环境公共治理：理论、制度与模式》，中国社会科学出版社 2014 年版。

19. 姜明安：《行政法与行政诉讼》，中国卓越出版公司 1990 年版。

20. 陈光中主编：《刑事诉讼法学（新编）》，中国政法大学出版社 1996 年版。

21. 杨诚、单民主编：《中外刑事公诉制度》，法律出版社 2000 年版。

22. 陈瑞华：《刑事证据法学》，北京大学出版社 2012 年版。

23. 杜世相：《出庭公诉研究》，中国检察出版社 2000 年版。

24. 樊崇义：《证据法学》，法律出版社 2017 年版。

25. 张明楷主编：《行政刑法概论》，中国政法大学出版社 1991 年版。

26. 王锡锌：《公众参与和行政过程——一个理念和制度分析的框架》，中国民主法制出版社 2007 年版。

27. 赵秉志、王秀梅、杜澎：《环境犯罪比较研究》，法律出版社 2004 年版。

28. 杨春洗、向泽选、刘生荣：《危害环境罪的理论与实务》，高等教育出版社 1999 年版。

29. 付立忠：《环境刑法学》，中国方正出版社 2001 年版。

30. 卢永鸿：《中国内地与香港环境犯罪的比较研究》，中国人民公安大学出版社 2005 年版。

31. 郭建安、张桂荣：《环境犯罪与环境刑法》，群众出版社 2006 年版。

32. 刘仁文：《环境资源保护与环境资源犯罪》，中信出版社 2004 年版。

33. 姜明安：《监察工作理论与实务》，中国法制出版社 2018 年版。

34. 冯军、敦宁主编：《环境犯罪刑事治理机制》，法律出版社 2018 年版。

35. 赵星编：《环境犯罪论》，中国人民公安大学出版社 2011 年版。

36. 马倍战：《环境犯罪案件实务指南》，法律出版社 2013 年版。

37. 喻海松：《环境资源犯罪实务精释》，法律出版社 2017 年版。

38. 郑志：《环境犯罪被害人的法律保护》，社会科学文献出版社 2018 年版。

39. 陈国庆主编：《职务犯罪监察调查与审查起诉衔接工作指引》，中国检察出版社 2018 年版。

40. 武晓晨：《行政执法机关移送涉嫌犯罪案件涉及罪名的认定》，群众出版社 2003 年版。

41. 马小玲编著：《香港环境保护法制管理》，中国环境科学出版社 1996 年版。

42. 王秀梅：《破坏环境资源保护罪的定罪与量刑》，人民法院出版社 1999 年版。

43. 杜澎：《破坏环境资源犯罪研究》，中国方正出版社 2000 年版。

44. 王秀梅、杜澎：《破坏环境资源保护罪》，中国人民公安大学出版社 1998 年版。

45. 祝铭山主编：《破坏环境资源保护罪》，中国法制出版社 2004 年版。

46. 刘晓莉：《生态犯罪立法研究》，吉林大学出版社 2006 年版。

47. 王威、王伟编著：《侵犯环境犯罪研究》，天津人民出版社 2003 年版。

48. 张瑞幸、郭洁：《环境犯罪研究》，陕西人民出版社 2002 年版。

49. 利子平、胡福祥主编：《环境犯罪新论》，江西人民出版社 2002 年版。

50. 江伟钰、陈方林主编：《谁是资源环境的罪人——破坏资源环境的惩治与防范》，中国审计出版社 2001 年版。

51. 乔世明：《环境损害与法律责任》，中国经济出版社 1999 年版。

52. 肖剑鸣：《比较环境法》，中国检察出版社 2001 年版。

53. 张梓太：《环境法律责任研究》，商务印书馆 2004 年版。

54. 丰晓萌：《环境犯罪的基本理论及刑法立法研究》，中国水利水电出版社 2018 年版。

55. 刘斌斌、李清宇：《环境犯罪基本问题研究》，中国社会科学出版社 2012 年版。

56. 邓国良、石聚航：《生态犯罪的惩治与预防》，法律出版社 2015 年版。

57. 生态环境部生态环境执法局：《环境污染犯罪司法解释图解案例手册》，中国环境出版集团 2019 年版。

58. 李晓明：《行政刑法新论》，法律出版社 2014 年版。

59. 贺志军、袁艳霞：《知识产权刑事司法中国特色实证研究》，北京大学出版社 2016 年版。

60. 郑昆山：《环境刑法之基础理论》，五南图书出版公司 1998 年版。

61. 邱聪智：《公害法原理》，三民书局股份有限公司 1987 年版。

62. 林山田：《经济犯罪与经济刑法》，三民书局 1981 年版。

63. 叶俊荣：《环境政策与法律》，中国政法大学出版社 2003 年版。

64. ［德］哈特穆特·毛雷尔：《行政法学总论》，高家伟译，法律出版社 2000 年版。

65. ［美］罗伯特·阿格拉诺夫、迈克尔·麦奎尔：《协作性公共管理：地方政府新战略》，李玲玲、鄞益奋译，北京大学出版社 2007 年版。

66. ［美］约翰·D. 多纳林、理查德·J. 泽克豪泽：《合作：激变时代的合作治理》，徐维译，中国政法大学出版社 2015 年版。

67. ［美］科尼利厄斯·M. 克温：《规则制定——政府部门如何制定法规与政策》，刘璟等译，复旦大学出版社 2007 年版。

68. ［美］艾米·R. 波蒂特、马可·A. 詹森、埃莉诺·奥斯特罗姆：《共同合作：集体行为、公共资源与实践中的多元方法》，路蒙佳译，中国人民大学出版社 2011 年版。

69. ［美］理查德·A. 波斯纳：《法律的经济分析》（上），蒋兆康译，中国大百科全书出版社 1997 年版。

70. ［美］理查德·A. 波斯纳：《证据法的经济分析》，徐昕、徐昀译，中国法制出版社 2001 年版。

71. ［荷兰］迈克尔·福尔、［瑞士］冈特·海因主编：《欧盟为保护生态动刑：欧盟各国环境刑事执法报告》，徐平、张浩、何茂桥译，中央编译出版社 2009 年版。

72. ［日］藤木英雄：《公害犯罪》，丛选功等译，中国政法大学出版社 1992 年版。

73. ［日］我妻荣等编：《新法律学词典》，董璠舆译校，中国政法大学出版社 1991 年版。

74. ［日］藤仓皓一郎等主编：《英美判例百选》，段匡、杨永庄译，北京大学出版社 2005 年版。

75. ［日］日本律师协会主编：《日本环境诉讼典型案例与评析》，皇甫景山译，中国政法大学出版社 2011 年版。

76. 国际刑法学会：《环境刑法国际学术研讨会论文辑》1992 年。

二、外文文献

1. F. Hawkins, *Environment and Enforcement: Regulation and the Social Definition of Pollution*, Clarendon Press, 1984.

2. J. F. Dimento, *Environmental Law and American Business: Dilemmas of Compliance*, Plenum Press, 1986.

3. See R. H. Iseman, "The Criminal Responsibility of Corporate Officials for Pollution of Environment", *Albany Law Review*, Vol. 37, 1972.

4. M. W. Schneider, "Criminal Enforcement of Federal Water Pollution Laws in an Era of deregulation", *Journal of Criminal Law and Criminology*, Vol. 73, 1987.

5. EE C. Long, "Criminal Prosecution of Environmental Laws: Semi-white Collar Crime", *Federal Bar News and Journal*, 31: 266, 1984.

6. See "UN/WCED Proposals for International Environmental Law Development, Toward the year 2000", *Environmental Policy and Law*, 16: 90, 1986.

7. M. Kuruz, "Putting polluters in Jail: The Imposition of Criminal Sanctions on Corporate Defendants Under Environmental Statutes", *Land and Water Review*. 20: 82, 1985.

8. G. O. W. Mueller, "Offenses Against the Environment and Their Prevention: An International Appraisal", *The Annals*. 444: 56, July 1979.

9. 〔日〕伊东研佑:《环境刑法研究序说》,东京成文堂 2003 年版。

10. 〔日〕中山研一:《环境刑法概说》,东京成文堂 2003 年版。

11. 〔日〕町野朔编:《环境刑法的综合的研究》,东京信山社 2003 年版。

后　记

本书是国家社科基金项目"环境行政执法中刑案移送与司法承接衔接机制研究"（项目号 16BFX144）的最终成果，也是国家社科基金重大项目"污染环境犯罪多元治理机制研究"（项目号 19ZDA161）的前期成果，是我从环境刑事实体研究转向环境刑事程序研究的又一学术著作。

自 2002 年 9 月调入中南林业科技大学，我的学术研究便开始转向，由原来大而统的刑法学研究转为专攻环境刑事法。21 世纪早期，环境问题虽然已经非常严峻，环境法的研究也已经成为学界热点，但环境刑法的研究尚处在起步阶段。依托中南林业科技大学传统优势学科——环境科学、林学和生态学，我从最基本的环境刑法理论着手，踏上了学术研究的新征程。彼时，付立忠先生所著《环境刑法学》、杨春洗教授等所著《危害环境罪的理论与实务》、王秀梅教授所著《破坏环境资源保护罪的定罪与量刑》、杜澎教授所著《破坏环境资源犯罪研究》等学术著作成为我全新学术生涯的启蒙书。自此，我的研究开始围绕环境刑事法律问题展开，研究内容从环境刑法基本理论、环境犯罪、环境刑事责任到环境刑事追究，研究视野从微观到宏观、从实体到程序，研究方法从注释、分析到实证。这些研究拓宽了我的学术视野，并取得了一些研究成果。2004 年以来，我陆续出版了《环境刑法》《环境犯罪基本理论研究》《环境刑法的效率分析》《污染型环境犯罪因果关系证明研究》等四部学术专著，发表了系列学术论文。尽管这些著作、论文观点尚不十分成熟，内容也不太深入，视野也仍需开阔，但都是我潜心研究、付之心血的劳动成果。

生态环境保护既要有行之有效的执法、司法活动予以保障，也需建立切实可行且顺畅的衔接机制以提高效率。生态环境执法机关行使行政权，刑事司法机关行使司法权，而行政权与司法权属国家不同性质的权力，当两种权力发生纠葛时无法通过纵向的上下级行政或者司法关系进行协调，因而需要在两种权力之间建立必要的沟通、协调工作机制。目前来看，生态环境行政执法机关与司法机关交接刑事案件时，相关制度、机制已经比较完善，实施效果也越来越好，但有案不移、以罚代刑、移送承接衔接机制不畅、监督不到位等问题仍然存在。我国正在加快生态文明体制改革以建设美丽中国。改革生态环境监管体制，用最严格的制度、最严密的法治保护生态环境，着力解决突出环境问题是国家的职责所在。本书研究的出发点和落脚点都在于构建生态环境行政执法和刑事司法衔接领域良好的运行制度、衔接机制和监督制约机制，以使环境犯罪的移送和承接顺利进行，进而达到用严密法治保护环境的目的。

今日今时，习近平总书记的"绿水青山就是金山银山"的"两山论"早已耳熟能闻，我国生态文明建设、绿色发展正如火如荼地进行，环境保护已经成为国家政治、经济、法律、社会、民生等各个领域高度关注的问题。放眼全国，环境刑法研究队伍也在不断发展壮大，且取得了卓有成效，环境刑法已成为环境法学与刑法学的一个重要研究方向，环境刑法的研究也正在从肤浅不断走向深入。

本书撰写过程中得到了生态环境执法与刑事司法理论与实务同行们的大力支持。我的博士导师湘潭大学黄明儒教授，武汉大学秦天宝教授，天津大学焦艳鹏教授，山东大学侯艳芳教授，中南大学杨开湘教授，湖南工商大学刘期湘教授，中南林业科技大学王飞跃教授、向佐群教授、刘雪梅副教授、吴献萍副教授对本书的撰写提供了很大的帮助。浙江省台州市环境监察支队副支队长康乐根据生态环境行政执法实务经验亲自为本书的撰写提供补充意见。生态环境部李铮处长、湖南省人民检察院侦查监督一处宋德乾副处长、重庆市环境行政执法总队法规处王雪彬副处长、福建省人民检察院第八检察厅林芳副主任、福建晋江市生态环境局法规科叶兴灿科长等为本书的撰写提供了实务素材。感谢我所在的社科处同事刘灵犀、张展、张征、姚佳丽，他们的辛勤工作帮我减轻了行政事务的繁重压力，让我能够腾出时间开展学术研究。最要感谢的是我至亲至爱、相濡以沫的家人。年逾古稀父母的悉心关爱、兄弟姊妹血浓于水的亲情让我倍感温暖。先生的呵护备至、女儿的成长孝顺都是对我工作最大的支持。本书最终得以出版，还要感谢中国政法大学出版社阚明旗副社长及出版社的编辑们。他们严谨细致的工作作风、专业娴熟的编辑能力给本书增光添彩。

蓝天白云、绿水青山、鸟语花香、鱼翔浅底是我们每个人心之所向。环境保护事关国家绿色发展、高质量发展和人类永续发展，需要全体公民、全社会、全人类的共同努力。环境犯罪严重破坏了生态环境和资源，需要用严厉的手段予以制裁。作为环境保护最有力的手段，环境刑事法治在生态文明建设中发挥着日益重要的作用。生态环境行政执法中刑案移送与司法承接虽然是环境治理中的一个细节问题，却是制裁环境犯罪链条中的一个难点问题。建立顺畅的交接机制和监督制约机制势必会强化环境犯罪的制裁效果，可以有效遏制严重破坏生态环境的行为，进而促进、保障我国生态环境保护大业。

蒋兰香

2020 年 4 月于长沙汇贤居寓所